Louise Pelt
Die Anatomie der Einsamkeit

Weitere Titel der Autorin:

Die Halbwertszeit von Glück

LOUISE PELT

DIE ANATOMIE DER EINSAMKEIT

ROMAN

Lübbe

Die Bastei Lübbe AG verfolgt eine nachhaltige Buchproduktion. Wir verwenden Papiere aus nachhaltiger Forstwirtschaft und verzichten darauf, Bücher einzeln in Folie zu verpacken. Wir stellen unsere Bücher in Deutschland und Europa (EU) her und arbeiten mit den Druckereien kontinuierlich an einer positiven Ökobilanz.

NACHHALTIG PRODUZIERT

Originalausgabe

Dieses Werk wurde vermittelt durch die Michael Meller Literary Agency GmbH, München.

Copyright © 2025 by Louise Pelt
Copyright © 2025 by
Bastei Lübbe AG, Schanzenstraße 6–20, 51063 Köln

Vervielfältigungen dieses Werkes für das Text- und Data-Mining bleiben vorbehalten.

Umschlaggestaltung: Massimo Peter-Bille
Umschlagmotiv: © pluie_r/shutterstock
Satz: Dörlemann Satz, Lemförde
Gesetzt aus der Adobe Caslon
Druck und Verarbeitung: GGP Media GmbH, Pößneck

Printed in Germany
ISBN 978-3-7577-0103-1

2 4 5 3 1

Sie finden uns im Internet unter luebbe.de
Bitte beachten Sie auch: lesejury.de

Bei Fragen zur Produktsicherheit wenden Sie sich bitte an:
Produktsicherheit@bastei-luebbe.de

***

Für manche Geschichten braucht es nicht Zeit,
sondern Mut.

***

WELLENSCHLAG
März 1950

Die Steine waren glatt und warm unter ihren Füßen, einladend fast, als hätten sie sich den ganzen Winter danach gesehnt, berührt zu werden. Mathilde kannte diese Sehnsucht. Ihr Winter dauerte bald sieben Jahre.

Sie ging in die Knie und legte ihre Hand auf den Felsen, als wäre er ein schlafendes Tier, ein wunder Körper, der seinen letzten Atemzug unter ihren Fingern tat. Wenn sie die Augen schloss, konnte sie seinen Puls noch spüren. Auch Steine hatten ein Gedächtnis, das hatten Einsamkeit und Stille sie gelehrt. So wie ein Baum mit dem Wind wuchs und sich vom Boden nährte, trug auch ein Stein die Spuren der Zeit und unzählige Geschichten in sich, konserviert für die Ewigkeit, geschliffen von Wasser und Sturm. Ein stummer Zeuge der Unendlichkeit.

Nichts und niemand ging auf dieser Welt jemals verloren.

War dieser Umstand tröstlich oder grausam?

Mathilde wusste es nicht, aber allein der Gedanke brachte sie aus dem Gleichgewicht. Sie konnte sich kein Wanken leisten, ihr Entschluss war gefasst. Nach Jahren der Aussichtslosigkeit endlich ein Weg. Dafür musste sie mit beiden Beinen fest auf dem Boden stehen. Hatte sie ihre Schuhe und Strümpfe nicht deshalb schon oben an der Straße abgestreift, dort, wo auch ihr Fahrrad lag?

Das Fahrrad. Mathilde spürte einen Stich bei dem Gedanken an Mrs Fitzgerald. Sie hatte ihr das Rad vor einem Jahr geschenkt, genau wie Rock und Mantel. Die alte Dame war immer gütig und großzügig gewesen, hatte ihr ein Dach über dem Kopf und Arbeit geboten, ein Zusammensein. Aber Mathilde konnte ihr nicht ersetzen, was sie im Krieg verloren hatte. Nicht jeder Mensch taugte dazu, Lücken zu schließen. Mathilde war ja selbst eine.

Trotzdem hoffte sie, dass jemand das Fahrrad finden und nach St Just zurückbringen würde. Nach allem, was Mrs Fitzgerald für sie getan hatte, wollte Mathilde unter keinen Umständen, dass sie sie für undankbar hielt.

Viel zu schnell richtete sie sich aus der Hocke auf und ließ die Augen geschlossen, bis sich der aufkommende Schwindel verflüchtigt hatte.

Als sie die Lider wieder öffnete, war ihr Blick verschleiert. Schlieren vor dem Grau und Blau, als hätte jemand mit einem Pinsel über Himmel und Meer gemalt, um die Grenzen zu verwischen.

Agnes hatte das oft getan. Die Grenzen unter ihren Pinselstrichen aufgelöst. Blumen verwuchsen mit Zaunlatten, Boote mit dem Wasser, das sie trug. Ein Strich, und aus zwei Menschen wurde einer, aus dem Möglichen eine Wirklichkeit.

Die gerade Linie ist seelenlos. Das hatte Agnes gesagt, als Mathilde angemerkt hatte, dass sich selbst der Horizont unter den Borsten ihres Pinsels krümmte. *Gott begegnest du nur auf gewundenen Pfaden.*

In Mathildes Kehle begann es zu brennen. Sie schlang die Arme um ihren Oberkörper, doch Halt fand sie nicht. An einen

Gott glaubte sie schon lange nicht mehr, aber die Erinnerung an ihre Großmutter schmerzte. Was hätte sie dafür gegeben, noch einmal zwischen Agnes' Staffeleien zu stehen, noch ein weiteres Mal über die hartnäckigen Ölfarben zu schimpfen und Trost zu finden im Geruch der Lösungsmittel. Erstaunlich, wie selbst das Lästige Sehnsüchte wecken konnte, eine Ahnung von Zuhause und Sicherheit.

Beides hatte Mathilde vor langer Zeit verloren, so wie sie auch ihre Großmutter verloren hatte und all die anderen, die sie geliebt hatte. Es gab keinen Weg zurück, und nach den vielen Jahren, in denen sie davongelaufen war, hatte sie nun endlich erkannt, dass es auch nur noch einen einzigen gab, der vor ihr lag.

Man konnte vor vielen Dingen fliehen, aber niemals vor sich selbst.

Sie hatte es versucht, natürlich. Hatte alles abgestreift, was ein Mensch nur abstreifen konnte. Hatte ihren Namen abgelegt wie einen alten Hut. War aus ihrer Vergangenheit geschlüpft wie aus einem Nachthemd, genau wie ihre Großmutter es ihr in der verhängnisvollen Nacht geraten hatte. Mit Bürste und Seife hatte sie versucht, sich Blut und Erinnerung von der Haut zu kratzen, bis die Tränen selbst unter ihren Fingernägeln brannten. Aber von dem Schmerz in ihrem Inneren konnte sie damit nur kurz ablenken. Er wuchs wie ein Geschwür, genährt aus Kummer und Schuld, ihre Seele zerfurcht wie ein Acker, trocken und unfruchtbar. Wie sollte so ein Mensch noch einmal blühen?

Mathilde kannte die Antwort. Entschlossen rieb sie sich den Schleier von den Augen. Kein Pinselstrich würde ihr die Sache erleichtern. Sie musste selbst dafür sorgen, sich zwischen Himmel und Hölle aufzulösen, und dafür brauchte sie einen klaren Blick und einen wachen Verstand.

Die See wirkte ruhig, friedlich sogar. Ein graublauer Spiegel aus Licht und Versöhnung, der Stoff, auf dem sich Hoffnung betten ließ. Aber Mathilde wusste, dass der Schein trog. Unter dem Licht lag der Abgrund, so tief und dunkel, dass er sich jeder Vorstellungskraft entzog.

Wie viele Seelen waren der Einladung des Meeres schon gefolgt? Wie viele hatte es mit Trost und Abenteuer gelockt, mit der Aussicht auf einen Neubeginn, und dann ohne viel Aufsehen verschluckt?

Mathilde kannte ihre Geschichten, und als sie nun ein weiteres Mal die Augen schloss, mischten sich die Schreie all derer, die das Glück ebenso betrogen hatte, mit dem Kreischen der Möwen über ihrem Kopf. Hilflosigkeit und Wut schwollen hinter ihrer Stirn zu einem Lärm an, der kaum zu ertragen war. Sie riss die Augen erst wieder auf, als sie selbst das Bedürfnis verspürte, zu schreien.

Man musste nicht ertrinken, um unterzugehen.

Trotzdem tasteten sich ihre Füße weiter vor zum Wasser.

In den endlosen Sommern ihrer Kindheit hatte sie sich am Öresund immer davor gefürchtet, auf den dunklen Felsen am Ufer von Agnes' Garten auszurutschen. Doch heute, da sie den Ausgang der Geschichte kannte, fürchtete sie sich nicht mehr zu fallen. Angst büßte ihren Schrecken ein, wenn sie jenen gegenüberstand, die nichts mehr zu verlieren hatten. Sie war nur noch ein müdes Gespenst, zahnlos und lahm, seit Mathilde bereit war, in das Gedächtnis der Steine überzugehen, ihr Leben ein kurzes, wenn auch schweres Kapitel von Verlust und Schuld.

Ein Luftstoß zog vom Wasser hoch und löste ein Zittern in ihrem Körper aus. Von den Fingerspitzen kroch es die Arme hinauf, tastete sich über ihre schmalen Schultern und umschlang ihren Brustkorb, bis schließlich auch ihr Atem flatterte, als wären ihre Lungen die Flügel eines Kolibris.

Instinktiv tastete Mathilde nach dem Kompass in ihrer Manteltasche und verschaffte sich Gewissheit. *Einen Wellenschlag entfernt ...*
Ein bitteres Lachen drängte sich ihre Kehle hinauf. Nicht mal echte Wellen gab es heute, und doch musste sie darauf vertrauen, dass ihr letztes Erinnerungsstück an das, was hätte sein können, nicht log. Zuhause lag nur einen Wellenschlag entfernt, Glück. *Frieden.*
Die Zeit davonzulaufen war vorbei. Kein Flügelausstrecken, kein Kolibri. Sie konnte ihre Geschichte nicht neu schreiben. Alles, was ihr blieb, war, dem Ganzen ein Ende zu setzen. Das Semikolon gegen einen Punkt austauschen, und ihre nackten Füße fassten die letzten Zeilen in Stein.

Mathilde streifte ihren Mantel ab, ließ ihn auf die Felsen gleiten und machte einen Schritt ins kalte Grau. Mit leisem Schwappen griffen die Finger des Ozeans nach ihren Knöcheln.

Nie hatte Mathilde nachvollziehen können, warum sich so viele Menschen nach dem Meer sehnten. Es mochte schön aussehen, aber seine Gleichgültigkeit war grausam. Die See interessierte sich nicht für das Schicksal des Einzelnen. Es war ihr egal, ob eine Seele geliebt oder gelebt hatte, ob es an der Zeit war oder nicht. Vor dem Meer waren alle Menschen gleich. Vor dem Meer waren alle Menschen nichtig und die Schuld, die sie auf sich geladen hatten, nur eine Nebensächlichkeit. Das immerhin war ein tröstlicher Gedanke.

Mathilde presste die Zähne aufeinander und zwang sich zu einem weiteren Schritt. Wenn sie Glück hatte, würde die Kälte sie bald taub machen gegen jede Art von Gefühl oder Zweifel.

Hatte Ib nicht erzählt, dass die meisten Schiffbrüchigen nicht ertranken, sondern erfroren?

Ib. Ib und ... Die schlimmste aller Erinnerungen.

Mathildes Herz zog sich zusammen wie eine kleine, harte Faust. Sie hätte gerne noch ein letztes Mal geweint, aber seit einigen Wochen hatte sie nicht mal mehr Tränen. Der Jahreswechsel war ihre letzte Hoffnung gewesen, ein Grashalm, an den sie sich hatte klammern wollen, immerhin läutete er ein neues Jahrzehnt ein. Aufbruch, wohin das Auge reichte, Zuversicht. Der Krieg in Europa gehörte der Vergangenheit an.

Doch der Krieg in ihrem Inneren tat es nicht.

Entschlossen drängte Mathilde weiter ins Nichts und raffte ihren Rock nach oben. Er war mohnblumenrot und schwang weit, wenn sie sich drehte, vor ein paar Jahren hatte er noch Mrs Fitzgeralds Tochter zum Leuchten gebracht. Jetzt würde er untergehen mit einer jungen Frau, die selbst fast noch ein Kind war und gleichwohl die Schuld eines hundertjährigen Lebens auf dem Rücken trug.

Unter dieser Last schleppte Mathilde sich voran.

Sie war noch immer keine routinierte Schwimmerin, und trotzdem ärgerte sie sich, dass Ib ihr das Schwimmen beigebracht hatte. Der Weg, der vor ihr lag, wäre einfacher gewesen, wenn sie nicht gewusst hätte, sich über Wasser zu halten.

Die ersten sechzehn Jahre ihres Lebens hatte sie jede Art von Gewässer gemieden, nicht mal ihre Zehen hatte sie freiwillig in Seen oder Flüsse hineingehalten. In ihren Sommern bei Agnes hatte manchmal schon das Salz in der Luft gereicht, um ihr Übelkeit und Schwindel zu verursachen.

Ib hatte alles geändert. Er hatte ihr einen Zugang zur Schwerelosigkeit verschafft, er hatte sie mit dem Klang der Wellen versöhnt, und das war etwas, was der Körper nicht vergaß, egal, wie sehr der Geist sich danach sehnte. Das galt fürs Schwimmen wie fürs Lieben.

Natürlich war das hier nicht der Öresund, und es war auch nicht das Meer, von dem sie gemeinsam geträumt hatten. Es war nur die westlichste Spitze von England, *Land's End*, weiter hatte Mathilde es nicht geschafft. Aber griffen nicht alle Meere irgendwo ineinander, tauschten ihre Wasser aus und wurden eins? Und würde Mathilde nicht auch eins werden mit alldem, wenn sie sich nur weit genug ins Dunkel wagte?

Wenn das Meer nicht länger ihr Feind war, konnte es wenigstens ihre Erlösung sein.

Mathilde ließ endlich ihren Rock los und ging ein paar weitere Schritte, das Unbekannte hatte ihre Hüfte erreicht, der rote Stoff schwebte wie ein Nebel unter der Wasseroberfläche. Die Kälte war nun fast ein Segen. Sie drang in ihre Knochen und trieb sie an weiterzugehen. Schritte, so fest wie eben möglich, bis der Boden unter ihr nachgab und sie zur Seite rutschte. Ein kurzer Moment der Atemlosigkeit, als das Wasser ihr Kreuz unterspülte, an ihren Hals drang und durch ihr dichtes dunkles Haar fuhr, um ihr schließlich doch noch unter die Achseln zu greifen.

Mathildes Füße ertasteten einen Felsen am Grund, doch als sie sich darauf aufzurichten versuchte, zogen ihre Kleider sie zurück. Unter Wasser löste sich der Stoff von der Haut, strich wie ein Atemzug um sie herum, und auch ihre Schuld wog nicht mehr so schwer. Wie gut es tat, die Last in andere Hände zu legen, selbst wenn sie eiskalt sein mochten.

Mathilde schöpfte etwas Mut und machte ein paar unbeholfene Züge auf den Horizont zu, diese *seelenlose Linie*, und endlich war da eine Strömung, die sie packte und nach unten zog.

Instinktiv tasteten ihre Zehenspitzen nach einem Untergrund, aber da war nichts.

Die Strömung riss an ihr, zog sie weiter, als hätte das Nichts ein Maul, und als wäre sie seine erste Mahlzeit seit Langem. Eine Richtung gab es nicht, oben und unten lösten sich auf in Dunkelheit und Kälte.

Mathilde wehrte sich nicht. Sie schloss die Augen und kämpfte nicht dagegen an, ließ sich tragen und davonreißen, umherwirbeln und wiegen, und als sie die Augen wieder öffnete, sah sie seitlich über sich einen Schatten im fahlen Licht, schmal und länglich, beinahe vertraut. Vielleicht war sie dorthin unterwegs.

Die Luft in ihren Lungen wurde knapp.

Am liebsten hätte sie sich an ihrem Kompass festgehalten, aber er lag in der Manteltasche am Ufer. Mit etwas Glück würde er irgendwann jemand anderen nach Hause führen.

Mathilde ließ die Arme durch das Grau gleiten und streckte die Finger nach dem Schatten aus. Dann öffnete sie den Mund und atmete ein.

In diesem Moment verstand sie, dass Ertrinken kein sanfter Tod war.

Ihre Sinne schwanden, aber der Schmerz bäumte sich auf. Mathilde stieß einen Schrei aus, aber da war kein Laut. Kein Halt. Kein Trost. Sich aufzulösen war ein Gewaltakt, ein Krieg für sich.

Wenn das hier Sterben war, fühlte es sich wie eine Ewigkeit an. Jede Sekunde gefüllt mit tausend Erinnerungen. Worte, Begegnungen, Versagen, Verlust, mal groß und mal klein. Berührungen. Wie ein Spielball wurde Mathilde zwischen ihnen hin und her geschleudert, bis sich der Tod erbarmte und sie endlich davondriftete. Die Bilder verblassten, der Schmerz ebbte ab,

und irgendwann war da nur noch ein einziges, leises Geräusch. *Wellenschlag ...*
Mathildes Muskeln gaben unter der Gewalt nach.
War da nicht plötzlich eine Stimme, die nach ihr rief?
Vielleicht war das Ib.
Vielleicht fand sie jetzt einen Weg nach Hause.
Ein Lächeln legte sich auf ihr Gesicht, während sie sich einer Welt ohne Erinnerung hingab, einer ... Welt ...
Im Augenblick des Loslassens spürte sie die Hand an ihrem Oberarm.
Und auf einmal war da doch noch ein erstaunlich klarer, ein allerletzter Gedanke. *Wenn das nicht das Ende war, konnte es ein Anfang sein?*

EIN STURM ZIEHT AUF
November 2022

Schlechte Entscheidungen bringen gute Geschichten. Irgendjemand hatte das mit einem roten Stift auf den Spiegel über dem Waschbecken geschmiert, und Olive kamen die Worte wie blanker Hohn vor. Sie stieß ein Schnauben aus, das vom Rauschen des Föhns verschluckt wurde. Noch immer hing sie mit dem Kopf unter dem veralteten Händetrockner in der Damentoilette und versuchte zu retten, was von ihrer Frisur zu retten war. Nicht viel, so viel stand jetzt schon fest.

Ihr Nacken und Kreuz schmerzten, weil der Trockner viel zu niedrig hing, um sich nicht ungesund darunter verdrehen zu müssen, und mit jeder Kollegin, die den Raum betrat und sich an ihr vorbeischob, wuchs Olives Schmach. Auf einer *Was für ein verkorkster Tag*-Skala von eins bis zehn hatte sie längst die zwölf geknackt – dabei war es noch nicht mal halb neun.

Schlechte Entscheidungen bringen gute Geschichten. Olive drehte den Kopf und heftete ihren Blick auf den Boden. Was für ein Blödsinn! Wer immer das an den Spiegel geschrieben hatte, hatte keine Ahnung vom echten Leben. Olive Elizabeth Brown war eine Meisterin der schlechten Entscheidungen! Allein in den letzten vierundzwanzig Stunden hatte sie so viele davon getroffen, dass sie – wenn dieser lächerliche Kalenderspruch nur einen Funken Wahrheit in sich trüge – locker einen Pulitzerpreis dafür verdient hätte. Womöglich hätte man ihr Foto sogar unter dem Eintrag *Gute Geschichten* im Lexikon gefunden, selbst wenn sich heute keiner mehr die Mühe machte, ein echtes Lexikon zur Hand zu nehmen. Aber anstatt sich für ihre großartigen Geschichten feiern zu lassen, klemmte Olive nun unter dem dröhnenden Trockner, um Joyce unter die Augen treten zu können und ihrer Chefredakteurin endlich die Chance abzuringen, überhaupt mal eine echte Geschichte schreiben zu dürfen.

»Dein Handy klingelt!«

Erschrocken riss Olive den Kopf hoch und knallte mit der Schädeldecke gegen die Unterkante des Föhns. Sie hatte nicht bemerkt, dass jemand neben ihr am Waschbecken stand. Eine großgewachsene Frau mit nach vorne geklappten Schultern – *war das die Neue von den Anzeigen?* – zog ihre nassen Hände unter dem Wasserstrahl hervor und wischte sie, weil der Trockner besetzt war, an ihrer Jeans ab.

Olive verzog das Gesicht und rieb sich über den schmerzenden Scheitel. »Tut mir leid, ich …« Aber die Frau – *Moira? Mona? Molly?* – schien an einer Entschuldigung nicht interessiert. Stattdessen griff sie nach Olives vibrierendem Telefon, das in diesem Moment vom Waschbeckenrand zu rutschen drohte, und hielt es ihr mit einem matten Lächeln hin.

Ein kurzer Blick aufs Display verriet Olive, dass auch jetzt nicht derjenige anrief, von dem sie es sich bis zuletzt erhofft hatte, sondern ihre Schwester Sadie. Ihr Anruf verstummte in derselben Sekunde wie das aggressive Rauschen des Trockners. Das Fehlen von Geräuschen, das sich nun am Waschbecken breitmachte, dröhnte allerdings noch unerträglicher in Olives Ohren. Stille war manchmal die schlimmste Art von Lärm.

Olive versuchte sich an einem Lächeln, aber es wirkte offenbar gequält. Die Fremde jedenfalls – *es war ganz sicher die Neue von den Anzeigen* – blickte mit einer Mischung aus Mitgefühl und Verwirrung an ihr herab.

»Mieser Tag?«

Schnaubend fuhr Olive sich durch die noch immer feuchten Haare. *Mieser Tag* war eine Untertreibung, wenn man bedachte, was ihr heute alles widerfahren war. Wenn man all die schlechten Entscheidungen zusammenzog, die sie eigentlich zu einer guten Geschichte hätten führen sollen und nicht an einen weiteren Tiefpunkt ihres nun vierunddreißigjährigen Lebens.

Da waren zunächst einmal Marcus und der Irrglaube, dass er wusste, was für ein Tag heute war. Natürlich war Olive längst klar, dass das zwischen ihnen nirgendwohin führte. Zumindest nicht dorthin, wohin Olive sich seit geraumer Zeit sehnte.

Sie hatten sich auf der Weihnachtsfeier der Redaktion vor knapp drei Jahren kennengelernt, der letzten echten Party, bevor die Pandemie jede Chance auf ein unbeschwertes Sozialleben im Keim erstickt hatte. *Tom der Schreckliche* hatte Marcus mitgebracht, und das allein hätte Olive schon misstrauisch stimmen müssen. Sie hatte an dem Abend trotzdem zu viel getrunken und war hinterher mit ihm nach Hause gegangen, in sein schickes Apartment mit Blick auf den Fluss. Seitdem pflegten sie etwas, was Marcus gerne als *Freundschaft plus* bezeichnete, wobei das *Plus* für mehr oder weniger zufriedenstellenden Sex stand und *Freundschaft* wohl für den Umstand, dass er Olive mit korrektem Namen ansprach und nicht konsequent Natasha nannte, wie es ihre letzte Onlinebekanntschaft getan hatte.

Obwohl Olive sich nicht zu viel Hoffnung hatte machen wollen, war ihr Herz kurz ins Stolpern geraten, als er sie für gestern

Abend ins Theater eingeladen hatte. *Theater.* Das ging weit über das bedeutungslose Austauschen von Körperflüssigkeiten hinaus. Theater war Kultur, und Kultur war die Gartenpforte zwischen Kopf und Herz – so hatte Poppy es immer gesagt, bevor der Schlaganfall sie einen Schatten ihrer selbst hatte werden lassen. Theater war *intim*.

Das Stück hatte Olive im September bereits gesehen, und es hatte ihr damals schon nicht gefallen, aber trotzdem hatte sie am Ende die helle Seidenbluse mit den blassrosa Herzen (schlechte Entscheidung) und die Schuhe mit den hohen Absätzen (superschlechte Entscheidung) aus ihrem Kleiderschrank gezogen. Die Bluse hatte sie noch vor der Aufführung mit einer tomatenroten Vorspeise beim Italiener ruiniert, und die Schuhe hatten sich spätestens heute Morgen als hinterhältige Falle entpuppt – in dem Moment nämlich, als sie festgestellt hatte, dass es schier unmöglich war, auf Acht-Zentimeter-Absätzen durch den Londoner Regen zur Bushaltestelle zu hetzen, ohne dabei das letzte Fünkchen Würde zu verlieren.

Marcus hatte *nicht* daran gedacht, was für ein Tag heute war. Und genauso wenig hatte er daran gedacht, sein Versprechen zu halten und Olive am Morgen zu wecken, nachdem sie sich hatte breitschlagen lassen, nach dem Theater doch noch mit ihm nach Hause zu gehen. Dabei hatte sie vor und nach dem Sex mehrfach erwähnt, dass sie heute ihr Gespräch mit Joyce hatte. Dass sie unbedingt pünktlich in der Redaktion sein musste und vorher noch einmal zu Hause vorbeischauen, um das Tomatenmalheur gegen ein ordentliches Outfit auszutauschen, ein seriöses. Sie hatte ihm klargemacht, dass der Termin mit ihrer Chefin eine Riesenchance war, die größte Chance überhaupt, seit sie für die VOICES schrieb. Mit einem Flackern im Blick hatte er ihr versichert, dass sie sich keinen Wecker würde stellen müssen, weil er ohnehin früh wach sein und unter gar keinen Umständen zulassen würde, dass sie ihren *großen Tag* verschlief. In diesem Augenblick war Olive sich sicher gewesen, dass er nicht nur ihr Gespräch meinte.

Dann war sie heute Morgen vom Klingeln ihres Handys aufgewacht, neben einer leeren Betthälfte, viel zu spät, um es vor ihrem Termin noch mal nach Hause zu schaffen. Und es war auch nicht Marcus gewesen, der versucht hatte, sie anzurufen, sondern ihre Mutter. Die immerhin hatte nicht vergessen, welcher Tag heute war.

»Ich habe Geburtstag«, rutschte es Olive über die Lippen, obwohl sie ahnte, dass das den unangenehmen Moment zwischen *Martha? Monica? Mia?* und ihr nur noch schlimmer machte.

»Und der Mann, mit dem ich seit drei Jahren ins Bett steige, hat es vergessen – oder er hat es einfach nie gewusst. Auf jeden Fall hat er es nicht für nötig gehalten, mich rechtzeitig zu wecken, damit ich mich vor meinem Gespräch mit Joyce nochmal umziehen kann, deshalb trage ich eine Herzchenbluse mit Pomodoro-Flecken auf der Brust. Aber wenn ich Glück habe, fällt ihr das gar nicht auf, weil meine Hose völlig hinüber ist. Um den Bus noch zu kriegen, musste ich heute Morgen nämlich auf High Heels durch den strömenden Regen rennen, und weil ich dabei versucht habe, unter meiner Jacke Schutz zu finden, bin ich praktisch blind über eine Hundeleine gestolpert und zwei Meter weit geflogen.« Olive rieb sich den schmerzenden Ellenbogen und musste plötzlich lachen. »Aber weißt du, was echt witzig ist?« Sie warf *Melanie? Megan? Mitzi?* einen hilflosen Blick zu. »Die Hundedame, über deren Leine ich gestolpert bin, hieß Margaret Thatcher! Wer nennt seinen Hund denn bitte so? *Margaret Thatcher hat*

sie zu Fall gebracht – ist nicht die schlechteste Grabsteininschrift, oder?« Sie schüttelte ungläubig den Kopf, bis sie merkte, dass sich Anzeigen-*Mindy* ein allenfalls bemühtes Lächeln abrang, während sie auf beeindruckende Weise ihre Stirn in Falten legte. Olive ging plötzlich ein Licht auf. »Du heißt Margaret, oder? Margaret von den Anzeigen! Ich wusste gleich, dass ich dich kenne.«
Aber Margaret schien der Moment des Wiedererkennens kalt zu lassen. Mit einer Mischung aus Betroffenheit und Unbehagen strich sie sich die strähnigen Haare hinters Ohr. »Vielleicht solltest du lieber nach Hause gehen. Oder du fragst Steve vom Empfang nach Ersatzwäsche. Er hat eine Kiste unter seinem Tresen, da sind lauter Klamotten drin, die irgendwann mal liegen geblieben sind.« Mit diesen Worten und einem Lächeln, das wohl ein *Das wird schon* ausdrücken sollte, schob sie sich an Olive vorbei auf die Tür zu. Sie drehte sich erst noch einmal zu ihr um, als sie die Klinke bereits in der Hand hielt. »Ich bin Barbara und arbeite in der Personalabteilung. Und das mit deinem Freund und der Hundeleine tut mir echt leid. Aber trotzdem …« Sie lächelte, als wüsste sie genau, wie es in Olive aussah: »Happy Birthday.«

Schlechte Entscheidungen bringen gute Geschichten. Olive biss sich in die Wange, bis ihr der Schmerz Tränen in die Augen trieb. Den ganzen Tag über schwirrte dieser lästige Spruch wie eine Stechmücke um sie herum, surrte in ihrer Ohrmuschel und saugte sich immer wieder an ihr fest, als wollte er ihr um jeden Preis den letzten Nerv rauben. Auch jetzt, während sie in Joyce' Büro auf ihr langersehntes Gespräch wartete, fiel dieses Ding sie aus dem Nichts heraus an. Mit einem leisen Stöhnen massierte Olive sich die Schläfen. Vielleicht war es Zeit für einen Perspektivwechsel.

Ihre Großmutter hatte ihr beigebracht, dass sich nicht alles im Leben beeinflussen ließ. Was aber sehr wohl im eigenen Einflussbereich lag, war der Blickwinkel, aus dem man eine Sache betrachtete. Eventuell war der Spruch am Spiegel gar kein Spott, sondern ein Zeichen, etwas, das Olive zu ihren Gunsten nutzen konnte, und sie erkannte es nur noch nicht.

Joyce hatte ihren Termin am Morgen vergessen. Dabei hatte Olive alles gegeben, um es pünktlich zu schaffen. Mit einer Föhnfrisur, die vage an einen Atompilz erinnerte, und in einem rosafarbenen Trainingsanzug aus Steves *Kiste des Grauens* hatte sie sich um Punkt halb neun bei Libby gemeldet. Libby hatte kurz in ihren digitalen Kalender geschaut und ihren Blick dann für eine demütigend lange Weile an Olive hinabgleiten lassen. Erst als Olive sich geräuspert und noch einmal an ihr Gespräch erinnert hatte, hatte Joyce' Assistentin das Gesicht verzogen und eingeräumt, dass ihr wohl ein Fehler unterlaufen sei. Joyce sei nämlich außer Haus. Bis mindestens drei. Und auch dann sei ihre Agenda ziemlich voll. Aber wenn es *wirklich* wichtig sei, könne Olive es gegen fünf probieren – ohne Garantie selbstverständlich.

Hier saß Olive nun, selbstverständlich. Seit mittlerweile fünfundzwanzig Minuten, in ihrem lächerlichen Aufzug, in Joyce' beschämend schönem Büro, und versuchte krampfhaft, das Surren der *schlechten Entscheidungen* in ihrem Kopf zum Schweigen zu bringen.

Draußen war es stockfinster. Regen und Windböen, die Olive heute Morgen auf dem Weg zur Haltestelle noch als persönliche Provokation empfunden hatte, hatten sich im Laufe des Tages zu einem Novembersturm zusammengebraut. Immer wieder peitschte der Wind sein Wasser an das bodentiefe Bürofenster, zwischendurch klang es, als schleuderte jemand bedrohliche Mengen Kieselsteine gegen die Scheibe. Vermutlich bogen sich die Bäume an der Straße unter dem Sturm, aber das konnte Olive von ihrem Platz aus nicht sehen. Die Designerlampe, die den Raum in ein warmes Licht tauchte, verwandelte das Fensterglas vor dem Hintergrund der Nacht in einen Spiegel. Und plötzlich verzog sich das lästige Surren doch noch aus Olives Kopf und machte Platz für einen anderen, lang verschütteten Gedanken: *Wenn sich die Welt in Dunkelheit hüllt, bleibt dir nur der Blick nach innen.*

Olives Brustkorb schnürte sich zusammen. Poppy hatte das manchmal gesagt, wenn an der Küste bei Fairlight die Herbststürme gewütet hatten. Olive erinnerte sich nicht an Details, wohl aber daran, dass ihr diese Momente Angst gemacht hatten, selbst dann noch, als sie kein Kind mehr und für diese Art von Gespenstern längst zu alt gewesen war. Ihre Großmutter war eine zuversichtliche, liebevolle Frau gewesen, warm und voller Glauben an das Gute, aber wenn der Wind das Wasser aufs Land getrieben hatte, hatte sich etwas in ihr verschoben. Es wirkte dann, als rüttelten die Stürme nicht nur an den Fensterläden und Mauern ihres kleinen Hauses, sondern auch an Poppy selbst. Als würden die Winde nicht nur Dächer abtragen, sondern auch an der Fassade ihrer Großmutter kratzen, und das, was darunter zum Vorschein gekommen war, war Olive fremd gewesen. Wenn sie ganz ehrlich war, hatte sie gar nicht wissen wollen, was ihre Großmutter tief in ihrem Inneren verbarg. Jeder Mensch brauchte einen Hafen in seinem Leben, in dessen Schutz er fliehen konnte, sicher und windstill und vertraut. Poppy war dieser Hafen für Olive gewesen, und erst seit der Sturz und Schlaganfall sie in einen anderen Menschen verwandelt hatten, fragte Olive sich gelegentlich, ob sie nicht doch genauer hätte hinschauen sollen auf das, was ihre Großmutter mit sich herumgetragen hatte, damals, als draußen die Stürme tobten und Poppys Oberfläche Risse bekam.

Ohne dass sie es beabsichtigt hatte, war Olive vom Tisch aufgestanden und ans Fenster getreten. Während die Regentropfen auf der Außenseite ein wildes Bild der Unordnung zeichneten, betrachtete Olive ihr eigenes Chaos auf der spiegelnden Innenseite der Scheibe.

Ihre dunklen schulterlangen Locken hatten sich im Laufe des Tages ausgehangen und standen nicht mehr wie eine Gedankenblase um ihren Kopf. Der Anblick des rosafarbenen Trainingsanzugs allerdings war nach wie vor verstörend, vor allem weil Steve in seiner Altkleiderkiste keine passenden Schuhe gefunden hatte und Olive deshalb immer noch auf ihren unsäglichen High Heels durch den Tag stakste. Es gab Frauen, denen die Höhenluft nichts ausmachte. Frauen, die in ihren High Heels lebten. Joyce zum Beispiel war so eine Frau. Insgeheim hegte Olive sogar den Verdacht, dass ihre Chefin schon auf Zehn-Zentimeter-Absätzen zur Welt gekommen war und deshalb problemlos den London Marathon auf den Dingern laufen konnte, ohne auch nur einen Funken ihrer Anmut und Eleganz einzubüßen. Olive hingegen gehörte zu einer anderen Sorte Frau: die, denen schon schwindelig wurde, wenn sie sich zu lange auf die eigenen Zehenspitzen stellten. Selbst ohne den albernen Anzug wäre sie sich mit den Dingern verkleidet vorgekommen. Was hatte sie sich nur dabei gedacht? Als könnten ein paar Zentimeter unter den Fersen helfen, einen anderen Menschen aus ihr zu machen, eine Frau, die nicht krampfhaft nach etwas suchte, was sie nicht mal richtig benennen konnte.

So viele Möglichkeiten, so viele Menschen.

Und nicht ein einziger, der ihre Stimme hörte – nicht *einer*, der sie sah?

Olive versuchte, das quälende Gefühl der Einsamkeit, das seit geraumer Zeit an ihr haftete wie ein Schatten, mit der angestauten Luft in ihrem Brustkorb auszuatmen, und legte den Kopf zur Seite, um nach dem kleinen, herzförmigen Muttermal zu tasten, das sich unterhalb ihres rechten Ohres verbarg. Poppy hatte dasselbe Mal, es war all die Jahre ihr Geheimnis gewesen, ein stilles Zeichen, dass sie zusammengehörten. Der Beweis dafür, dass Olive Teil von etwas war, obwohl sie sich oft fremd in der eigenen Familie fühlte. Aber diese Verbindung zu ihrer Großmutter hatte sie besonders gemacht und ihr das Gefühl gegeben, nicht allein zu sein. Würde dieses Gefühl endgültig verfliegen, wenn Poppy nicht mehr da war?

Olive musste schlucken. Das hier war nicht der Zeitpunkt, sich etwas vorzumachen. Ihre Großmutter war längst nicht mehr da. In dem furchteinflößenden Pflegebett im Haus ihrer Eltern lag nur ein Schatten von Poppy, ein geschrumpftes, lichtdurchlässiges Abziehbild. Die Hülle eines Menschen, der einmal die Welt für Olive bedeutet hatte, ein Zuhause.

So lange Olive zurückdenken konnte, war ihre Großmutter alt gewesen, aber das hatte sie nicht davon abgehalten, auch mit über neunzig noch agil zu sein, körperlich wie geistig. Erst der Sturz im eigenen Badezimmer hatte aus Poppy eine alte Frau gemacht.

Im Krankenbett hatte sie auf einmal seltsame Dinge gesagt und getan, Dinge, die Olive ihr immer noch übelnahm, obwohl sie wusste, dass ihre Großmutter auch damals schon, noch vor dem Schlaganfall, nicht ganz bei Sinnen gewesen war. Die Sache mit den vorzeitigen Erbstücken zum Beispiel, die an Olive nagte, wann immer sie ihre Schwester mit der Perlenkette sah oder ihren Bruder vom Wagen schwärmen hörte.

Ihr eigenes, *ganz besonderes* Erbstück hatte Olive sorgsam unter dem durchgelegenen Bett in ihrer Anderthalbzimmerwohnung vergraben, so tief saß der Stachel der Enttäuschung.

Ein Poltern an der Tür ließ Olive zusammenzucken, und als sie erschrocken herumfuhr, platzte ihre Chefin ins Büro.

»Tut mir leid, ich wollte dich nicht warten lassen.« Energisch schloss Joyce die Tür und steuerte den Ledersessel hinter ihrem Schreibtisch an. Trotz aller Eile sah sie fantastisch aus, souverän und gefestigt, eine Frau, die nichts und niemand aus der Bahn warf. Olive musste hart dagegen ankämpfen, nicht sofort in einem Loch im Boden versinken zu wollen.

»Kein Problem«, stammelte sie und war erleichtert, dass ihr befremdlicher Aufzug Joyce nicht zu aufzufallen schien. Stattdessen wies ihre Chefin sie mit einem Nicken an, ihr gegenüber Platz zu nehmen, ließ ihre Finger in atemberaubender Geschwindigkeit über die Tastatur ihres Rechners fliegen und lehnte sich dann zurück, um Olive mit einem wohlwollenden Lächeln zu bedenken. »Also. Was liegt dir auf dem Herzen?«

Olive versuchte, eine bequeme Position auf ihrem Stuhl zu finden, aber jede Haltung fühlte sich fremd an. *Sie* fühlte sich fremd, dort, wo sie saß, und mit dem, was sie sich so sorgsam zurechtgelegt hatte.

»Ich ... wollte mit dir über meine Zukunft reden.«

»Deine Zukunft?« Ein Ausdruck der Belustigung huschte über Joyce' Gesicht, während sie ihre Fingerspitzen vor der Brust aneinanderlegte. »Sag bloß, du bist auch schwanger?«

Mit *auch* spielte ihre Chefin auf Carolyn an, und obwohl Olive die Frage mit hundertprozentiger Sicherheit verneinen konnte, verschlug ihr Joyce' ungenierte Grenzüberschreitung für einen Moment die Sprache.

Aber es half nichts. Sie musste sich auf ihr Anliegen fokussieren. Deshalb schluckte sie ihr Unbehagen runter wie einen alten Kaugummi und sprach es so ungeschmückt wie möglich aus: »Ich dachte, ich könnte vielleicht Carolyns Job übernehmen.«

Mit dieser Wendung hatte Joyce nicht gerechnet. Für den Bruchteil einer Sekunde rutschte ihr das Lächeln aus dem Gesicht und offenbarte einen Ausdruck aufrichtiger Fassungslosigkeit. Doch dann sammelte sich ihre Chefin wieder und setzte sich kontrolliert über den Augenblick der Überraschung hinweg. »Du willst Carolyns Job?«

Olive klammerte sich an die Armlehnen ihres Stuhls, als könnte er ihr Stabilität verleihen. »Wenn Carolyn in den Mutterschutz geht, wird ihr Posten ja erstmal frei, und ich habe mich schon immer für die Interviews interessiert, deshalb …« Sie verstummte, weil die Stirn ihrer Chefin mit jedem Wort mehr Falten warf. Einen Moment lang versuchte Olive, ihrem bohrenden Blick standzuhalten, doch dann gab sie auf und sackte leise stöhnend auf ihrem Platz zusammen. »Ich bin gut, Joyce!«

Endlich ließ ihre Chefin die Hände und Augenbrauen sinken. »Du schreibst Horoskope und Beziehungstipps.«

»Obwohl ich von beidem keine Ahnung habe!«, verteidigte sich Olive. »Ich möchte endlich echte Geschichten erzählen, ich will zeigen, dass ich eine Stimme habe. Dafür bin ich Journalistin geworden – dafür bin ich nach London gekommen.«

Joyce atmete geräuschvoll aus. »Ich weiß nicht, Olive. Unsere Leserinnen lieben deine Horoskope – das ist doch nicht nichts. Es wurden schon Verlobungen aufgelöst, weil sich *Widder endlich von alten Fesseln befreien und etwas Neues wagen sollten*.«

Ihre Chefin schien darin etwas Gutes zu sehen, aber Olive machte das nur unfassbar müde. »Ich bin Journalistin und keine Astrologin. Ich will unsere Leserinnen ja berühren, aber nicht mit Weisheiten aus der Kristallkugel.« Ihr Blick schweifte zum Fenster, hinter dem noch immer der Sturm tobte, wütend, laut und ungezähmt. »Da draußen warten so viele Geschichten. Ich finde, ich habe eine Chance verdient.«

Jetzt war es Joyce, die plötzlich müde wirkte. Sie blickte zur Seite, legte ihren Kopf in den Nacken und schien im Geiste bis drei zu zählen, bevor sie Olive wieder ins Gesicht sah. »Es fällt mir nicht leicht, das zu sagen, aber ich glaube nicht, dass du schon so weit bist.«

»Wie bitte?« Olive war so perplex, dass ihr ein hilfloses Lachen entwich.

Joyce sammelte sich erneut, wirkte aber immer noch ein wenig betreten. »Ich weiß deine Arbeit zu schätzen, Olive. Aber die Interview-Redaktion ist eine große Nummer. Dafür musst du in die Tiefe gehen …«

»Genau deshalb will ich den Job«, platzte es aus Olive heraus. »Ich *will* in die Tiefe gehen!«

Ihre Chefin zögerte. Aus ihrer Miene sprach Unbehagen, aber auch die Unfähigkeit, die richtigen Worte für das zu finden, was sie dachte.

Irgendwann hielt Olive das lähmende Schweigen nicht mehr aus.

»Sag es einfach. Ich komme schon damit klar, egal, was dir durch den Kopf geht.«

Doch als Joyce nach einem leisen Seufzen tatsächlich den Mund öffnete und zu reden begann, war sie sich plötzlich nicht mehr so sicher.

LUFTSCHLÖSSER
Juni 2000

Wie ein Teppich lag der Central Park zu ihren Füßen, grün und satt, ein Quell des Lebens in dieser niemals ruhenden Stadt. Zwischen den Häuserschluchten auf der gegenüberliegenden Seite drangen erste Sonnenstrahlen ins Herz von Manhattan und warfen ihr Licht wie Fingerzeige auf den neuen Tag.

Claire legte ihre Stirn an die Fensterscheibe. Sie war keine Träumerin und hatte ihr Ziel immer fest im Blick gehabt, und doch ertappte sie sich in Momenten wie diesen bei der Frage, ob das alles echt war.

Sie hatte es geschafft, bespielte ihre selbstgewählte Bühne mit Leichtigkeit und beherrschte den Raum an der Spitze, als wäre sie, Claire O'Leary, einzig und allein dafür geboren worden. Der atemberaubende Ausblick hier oben war nur einer von zahllosen Beweisen. Im Grunde hatte das Panoramafenster den Ausschlag gegeben, das Apartment zu kaufen. Claire machte sich nichts aus Statussymbolen, aber diese Aussicht hatte es ihr angetan, vom ersten Moment an, und sie konnte sich nicht vorstellen, dass sich das jemals ändern würde. *Angekommen*, schoss es ihr durch den Kopf, aber sie kam sich sofort albern vor.

Diese Art von Empfindsamkeit hatte Will in ihr Leben gebracht.

Claire schnaubte ungläubig, und als sie ihren Kopf zurückzog, um das Laken strammer um ihre Schultern zu ziehen, sah sie, dass ihr Atem einen trüben Fleck auf der kalten Scheibe hinterlassen hatte. Die Klimaanlage musste dringend neu eingestellt werden.

Claire schob eine Hand unter dem Laken hervor und wollte den Fleck wegwischen, als sich wie aus dem Nichts eine Erinnerung in ihr Bewusstsein drängte, eine, die sie vor langer Zeit unter ihrem neuen Ich begraben hatte. *Iris* …

In den dunklen Monaten hatten sie früher Geschichten an die Fenster ihres Kinderzimmers gemalt, Abenteuer aus atemwarmer Luft und kalten Fingerspitzen. Die Winter ihrer Kindheit waren so endlos, frostig und finster gewesen, dass Claire sich einbildete, die Kälte selbst heute noch gelegentlich in ihrem Nacken zu spüren.

Ihre Eltern hatten oft mehr als vierzehn Stunden im Laden gearbeitet, sogar an den Wochenenden, und ihre beiden Töchter hatten sie in dieser Zeit sich selbst überlassen. Claire und Iris hatten früh gelernt, diese Freiheit mit ihren eigenen Wirklichkeiten zu füllen. Die Fenstergeschichten waren Iris' Idee gewesen, wie fast alles damals.

Noch immer war es Claire ein Rätsel, wie zwei Kinder derselben Eizelle entspringen konnten, denselben genetischen Fingerabdruck trugen, und doch so verschieden waren. Von außen waren sie praktisch nicht zu unterscheiden. Die gleichen roten Haare, zwei identische Augenpaare. Selbst die Sommersprossen auf ihren Nasenspitzen schienen sich jedes Jahr aufeinander abzustimmen.

Innerlich aber trennten sie Welten.

Während Claire immer schon ruhig und kontrolliert gewesen

war, brannte in Iris seit jeher ein Feuer, das unzählige Gesichter trug. Freude, Wut, Liebe, Verzweiflung und Trauer, manchmal sogar alles zugleich. In Wisconsins Wintern, hinter beschlagenen Fenstern, war das ein Vorteil gewesen. Iris' Gedanken standen nie still. Ihre Geschichten trugen sie in Welten, von denen Claire nicht mal zu träumen imstande gewesen wäre, und Iris' Finger waren so flink und geschickt, dass Claire nichts anderes übrigblieb, als ihre Schwester bedingungslos zu bewundern.

Die Fantasie war Iris' größter Schatz. Wer hätte ahnen können, dass sie auch ihr Untergang sein würde?

Claire zuckte zusammen, als sie ein Klicken und das leise Surren der Tür hörte. Ohne dass es ihr bewusst gewesen war, hatte ihr Finger ein Herz auf die beschlagene Stelle der Scheibe gemalt, verloren vor dem Hintergrund der großen Stadt. Es war mit dem Atemfleck verblasst und jetzt schon nur noch die schwache Ahnung von etwas, was mal gewesen war.

Ertappt wandte Claire sich davon ab und sah zu Will, der in diesem Moment die Apartmenttür mit dem Fuß hinter sich zustieß. Er trug Shorts und ein altes Shirt, das schweißnass an seinem Oberkörper klebte, und in seinen Händen balancierte er zwei Kaffeebecher und eine große, weiße Papiertüte. Als er Claire in das Laken gewickelt am Fenster stehen sah, breitete sich ein Lächeln auf seinem Gesicht aus. »Du bist schon wach.«

In Claires Nacken stellten sich die Härchen auf wie eine unsichtbare Armee. Sie hatte sich noch immer nicht daran gewöhnt, dass es in ihrem Leben jemanden gab, der etwas in ihr aus dem Gleichgewicht brachte.

Will musste natürlich nicht wissen, dass er diese Macht über sie besaß. Er hielt sie für stark, zielstrebig, konsequent, eine Frau, die ihm in nichts nachstand. Vermutlich wusste er sogar, dass sie ihm überlegen war. Mit ihrem gestrigen Sieg vor Gericht hatte sie sich ein Denkmal gesetzt.

»Ich war mir nicht sicher, ob du zurückkommst oder gleich in die Kanzlei fährst«, sagte sie und gab sich Mühe, dabei gelassen zu wirken.

»Machst du Witze?« Will hob eine Augenbraue. »Ich lasse dich doch nicht ohne Frühstück zur Arbeit gehen!« Er streifte die Turnschuhe von seinen Füßen, war mit ein paar großen Schritten bei der Kücheninsel und stellte die Kaffeebecher darauf ab. Dann zog er einen Muffin aus der Papiertüte.

»Ist das …?«

»Ein Blaubeermuffin von Patti«, bestätigte er zufrieden, kam auf sie zu und hielt ihr den Kuchen wie eine Trophäe vors Gesicht.

Claire runzelte die Stirn. »Du bist bis zu Patti gelaufen, nur um mir einen Muffin zu besorgen?«

»Was heißt hier *nur*?« Will rückte noch näher an sie heran, so nah, dass sie sich sicher war, dass sein Atem einen Abdruck auf ihr hinterlassen würde, wie ihrer es eben noch auf der Scheibe getan hatte. Doch gerade als sie seine Lippen auf ihren erwartete, rückte er von ihr ab und biss selbst in den Kuchen, den er in den Händen hielt. »Patti macht die besten Muffins von ganz New York!« Grinsend tänzelte er zur Kücheninsel zurück und nahm sich einen der Kaffeebecher. »Keine Sorge«, sagte er mit vollem Mund. »In der Tüte sind noch zwei. Ich will schließlich nicht riskieren, dass du mich vor Gericht zerrst.« Mit einem Zwinkern verschwand er im Bad.

Claire sah ihm ungläubig nach, bevor sie das Laken über ihrer Brust festknotete und auf einem der Hocker an der Kücheninsel Platz nahm.

Der Kaffee war nur noch halb warm, was nicht verwunderlich war, weil Pattis Café mindestens zehn Blocks entfernt lag. Viel erstaunlicher war, dass Will unterwegs nicht die Hälfte verschüttet hatte. Dafür roch der Muffin, den sie nun aus der Papiertüte zog, noch immer so, als hätte Patti ihn eben erst aus dem Ofen geholt. Claire schloss die Augen und hielt sich das Gebäck unter die Nase. Wieso musste Will in aller Herrgottsfrühe durch die halbe Stadt laufen, um sie mit ihrem Lieblingsfrühstück zu überraschen? Das machte alles komplizierter, als es ohnehin schon war.

Pattis Café lag in der Nähe ihrer alten Wohnung, und ihre Blaubeermuffins waren nicht nur die besten, sie weckten auch Erinnerungen daran, wie alles seinen Anfang genommen hatte.

Ihre Beziehung hatte nicht vorsichtig begonnen, nicht tastend, sondern hungrig und getrieben. Etliche Monate hatten Will und sie sich in der Kanzlei Blicke zugeworfen, Blicke, die sie irgendwann nicht mehr als beliebig oder bedeutungslos hatten abtun können. Zwischen ihnen lag eine ganze Welt und trotzdem so viel Sehnsucht, dass es Claire manchmal den Atem verschlug. Sie hatte diese Seite an sich vorher nicht gekannt, und Will ging es genauso.

Das Problem war die strikte Firmenpolitik. Keine Beziehungen innerhalb der Kanzlei, im Grunde überhaupt nichts Privates. Dass Miles als ihr Assistent Claires Geburtstag kannte, war ihren Chefs genau genommen schon zu viel. *Stuart & McCaine* war eine der besten Kanzleien der Ostküste, vielleicht sogar landesweit. Gefühle hatten hier keinen Platz, und Leidenschaft gab es nur im Gerichtssaal. Wenn zwei Mitarbeiter dennoch eine Beziehung eingingen, mussten beide das Unternehmen verlassen – dem hatten sie mit der Vertragsunterzeichnung zugestimmt.

Nicht mal Miles hatte Claire von der Sache mit Will erzählt, dabei war sie sich sicher, dass ihr Assistent die Blicke längst bemerkt hatte, einem Miles entging so etwas nicht.

»Denk nicht mal im Traum daran, mit Cooper etwas anzufangen!«, hatte er sie vor ein paar Monaten noch ermahnt, und Claire hatte ordnungsgemäß mit großem Empören auf seine hochgezogenen Augenbrauen reagiert. Dabei hatten Will und sie damals schon längst alle Grenzen überschritten.

Im Grunde hatte es keine andere Möglichkeit gegeben. Das, was zwischen ihnen bestand, war nicht mit einem Fragezeichen versehen. Es ließ ihnen keine Wahl. Die Schwerkraft war ja auch keine Möglichkeit, sondern ein Naturgesetz, und wer wagte schon, ein solches in Frage zu stellen? Claire hatte die Nicht-Existenz von Alternativen erkannt, als Will und sie vor einem Dreivierteljahr spätabends gemeinsam in ein Taxi vor der Kanzlei gestiegen waren, wortlos. Als sie durch den New Yorker Mitternachtsregen zu Claires alter Wohnung gefahren waren, in ihren Ohren das Lärmen des eigenen Herzschlags. Als Claire ihn in den dritten Stock gezogen hatte und sie sich ineinander verschlungen hatten, noch ehe sie die Tür hinter sich hatten schließen können. Sie waren zwei Teile eines Ganzen. Keine Chance, sich dieser Gewalt zu widersetzen.

Natürlich war es nicht leicht gewesen, die Kräfte, die zwischen ihnen herrschten, im Büro zu verbergen. Aber zum Glück gehörten Claire und Will zu den Besten ihres Fachs. Die Masken, die sie vor Gericht trugen, halfen ihnen auch in den Konferenzräumen, im Aufzug oder vor den Toiletten.

Am erstaunlichsten für Claire war jedoch nicht das körperliche Verlangen. Sie hatte in ihrem Leben genug Sex gehabt und einige Männer begehrt. Aber mit Will war es anders.

Sie war verliebt. Mehr noch: Sie liebte ihn.

Das war nicht nur dumm, sondern auch gefährlich, und außerdem Neuland für sie. Liebe bedeutete Kontrollverlust, und wenn Claire O'Leary eines war, dann der Inbegriff von Kontrolle. Die Fähigkeit, ihre Gefühle zu beherrschen, hatte sie dorthin gebracht, wo sie heute war. *Wer* sie heute war.

Als ihre Eltern gestorben waren, war sie erst siebzehn gewesen, und sie hätte jedes Recht gehabt, daran zu zerbrechen. Aber im Gegensatz zu Iris hatte sie Trauer, Wut und Hilflosigkeit weit von sich geschoben, als wären es alte Möbelstücke, die man vor die Tür stellen konnte, und hatte sich auf ihr Ziel fokussiert. Das Wenige, was ihr nach dem Tod ihrer Eltern geblieben war, hatte sie angelegt und sich damit ihr Studium finanziert. Jede freie Minute hatte sie über Bücher gebeugt in Bibliotheken verbracht, hatte gelernt und geschrieben, bis ihr vor Müdigkeit die Augen tränten und die Fingerkuppen schmerzten. Auf diese Weise hatte sie sich mehrere Stipendien erarbeitet. Erst Yale, dann Harvard, Jahrgangsbeste. Abschluss mit Auszeichnung. Eine Handvoll Kanzleien hatten um sie geworben, aber am Ende war ihre Wahl auf *Stuart & McCaine* gefallen. Und ausgerechnet jetzt, wo sie es mit ihren sechsunddreißig Jahren an die Spitze geschafft hatte, war sie verliebt?

Nachdenklich strich Claire über die kleine Öffnung im Kaffeedeckel. Will sang unter der Dusche so unbedarft und schief, dass sie lächeln musste.

Die Morgensonne hatte sich bis zur Küheninsel vorgearbeitet, tastete sich langsam über die weiße Papiertüte bis zum Becher und Claires Handrücken.

Seit gestern gab es Hoffnung, dass ihr Versteckspiel ein Ende haben könnte. Mit ihrem spektakulären Sieg vor Gericht hatten sich etliche Türen geöffnet, aber nur eine, die sie wirklich in Erwägung zog, zu durchschreiten.

Noch einmal roch Claire an ihrem Muffin. Sie wollte Will. Sie wollte das alles. Hatte sie nicht schon beim Kauf des Apartments gewusst, dass es eigentlich zu groß für sie alleine war, zumal sie den Großteil ihrer Tage ohnehin in der Kanzlei verbrachte? Diese Räume schrien nach einem anderen Leben. Claire war sich nur nicht sicher, ob Will dieses Leben auch wollte.

Sie schreckte aus ihren Gedanken, als er ihr einen Kuss auf die Schulter drückte. »Du machst mich ganz nass«, beschwerte sie sich, legte aber den Kopf zur Seite, damit er auch die andere Schulter küssen konnte.

Er folgte ihrer Aufforderung und griff sich dann das Unterhemd, das er am Abend über einen der Hocker geworfen hatte. »Bin spät dran.« Zielstrebig schlüpfte er in die Klamotten, die in einer kaum nachvollziehbaren Spur über den Raum verstreut lagen.

Claire drückte ihre Schneidezähne in die Unterlippe, bis es wehtat. Gab es einen richtigen Zeitpunkt?

Offenbar entging Will der Ausdruck auf ihrem Gesicht nicht. »Was ist?« Keine vorwurfsvolle Frage, eher interessiert oder besorgt, und Claire gab das den letzten Impuls, über ihren Schatten zu springen.

»Ich habe mir gedacht, dass du vielleicht ein paar Sachen hierlassen könntest.«

»Sachen?«

»Zum Anziehen.«

Für einen Moment wirkte Will irritiert, dann lachte er auf. »Du willst, dass ich meine Klamotten hierlasse und nackt in die Kanzlei fahre? Ich glaube kaum, dass Richard und Phil das gutheißen würden.«

»Ich meine, dass du ein paar frische Sachen aus deiner Wohnung holen könntest, um sie bei mir zu lassen. Dauerhaft.« Das Blut rauschte so aufdringlich in Claires Ohren, dass es sie einige Mühe kostete, weiter ruhig zu wirken.

Will hielt beim Zuknöpfen seines Hemdes inne und blickte sie verblüfft an.

Mit einem Mal ahnte Claire, dass sie einen Fehler begangen hatte. Angespannt zog sie das Papier von ihrem Muffin. »Vergiss es. War eine blöde Idee.«

»Nein, nein.« Will fischte eine seiner Socken vom Boden. »Ich fühle mich geschmeichelt, dass du mir eine eigene Schublade überlassen willst.«

Claire konnte ihn nicht länger ansehen, hörte aber seine Schritte auf dem Parkett, und dann war er auch schon da und nahm ihr Kinn in seine Hand, sodass sie sich seinem Blick nicht mehr entziehen konnte. Er lächelte. »Vielleicht kriege ich irgendwann auch eine eigene Zahnbürste?« Seine Lippen legten sich auf ihre, und in diesem Moment löste sich der Knoten in Claires Brust. Sie klammerte sich an seinen Kuss wie an einen Rettungsreifen, hielt ihn auch dann noch fest, als sie spürte, dass er sich von ihr lösen wollte, und schob bestimmt ihre Hände unter sein frisch zugeknöpftes Hemd. Doch als ihre Finger versuchten, unter den Bund seiner Boxershorts zu gleiten, griff Will nach ihren Handgelenken und rückte von ihr ab.

»Ich habe einen wichtigen Termin.«

»Wichtiger als das hier?« Claire legte den Kopf schief und versuchte, ihre Hände spielerisch aus seinem Griff zu lösen, aber er ließ nicht locker.

»Ich bin nicht derjenige, der gerade einen Jahrhundertsieg errungen hat«, flüsterte er und gab ihr einen weiteren Kuss. »Wenn ich nicht aufpasse, muss ich am Ende noch mein Büro abgeben und wieder bei den Anfängern einziehen.« Er zwinkerte und ging zur Couch zurück, um sich seine Hose vom Boden zu greifen.

Claire wusste, dass das nur ein Scheinargument war. Will war einer der besten Anwälte der Kanzlei, er musste weder um seinen Job noch um sein Eckbüro bangen. Aber sie verstand auch, dass er seinen Termin nicht verschieben würde.

»Ich habe ein Angebot von *Miller & Jacobs* bekommen.« Wie von selbst hatten sich die Worte von ihrer Zunge gelöst, dabei hatte sie gar nicht vorgehabt, etwas zu sagen.

»Ein Angebot?« Will sah sie aufmerksam an.

Claire legte ihre Hände um den Kaffeebecher, obwohl er längst erkaltet war. »Sie wollen mich zur Partnerin machen.«

»Was?« Er ließ die Hose in seiner Hand sinken, und Claire konnte den Ausdruck auf seinem Gesicht nicht richtig greifen. Begeisterung war es nicht. Überrascht traf es eher. Schockiert?

Gerade als sie befürchtete, er würde nicht mal mehr atmen, stieß er eine gewaltige Menge Luft aus und ließ sich aufs Sofa sinken. »Wow, das ist ... großartig.«

»Findest du?«

»Natürlich.« Er schlüpfte erst mit dem einen und dann mit dem anderen Bein in die Hose. »Partnerin bei *Miller & Jacobs*, mit sechsunddreißig Jahren – das ist phänomenal.« Er versuchte sich an einem Lächeln. »Ich fände es nur schade, wenn ... du und ich ...« Plötzlich wirkte er wie ein kleiner Junge. Und mit einem Mal beschlich Claire eine Ahnung, worum es hier hing. Er war nicht etwa eifersüchtig und gönnte ihr den Erfolg nicht, wie es bei vielen anderen Männern der Fall gewesen wäre. Will hatte vielmehr Angst, sie zu verlieren – sie und das, was sie verband. Was sie beide ausmachte.

Ein übermächtiges Glücksgefühl rauschte durch Claires Körper und ließ ihr das Blut in die Wangen schießen. Sie glitt vom Hocker und setzte sich neben ihn auf die Couch. »Das könnte auch eine Chance sein.«

Wills Augen flohen vor ihrem Blick. »Natürlich ist das eine Chance. Du bist an der Spitze angekommen und ...«

»Ich meine nicht nur für meine Karriere«, unterbrach sie ihn. »Auch für uns beide.«

Verständnislosigkeit zeichnete sich auf seinem Gesicht ab.

»Wenn wir nicht mehr in derselben Kanzlei arbeiten, müssten wir nicht länger Versteck spielen.« Sie holte Luft und verspürte nun doch wieder eine leichte Unsicherheit. »Wir könnten ... Du könntest ...«

Wills Augen tasteten ihr Gesicht nach einer Antwort ab, und es dauerte erschreckend lange, bis er sie fand. Plötzlich wirkte er geradezu blass. »Du meinst ...?«

Claire nickte kaum merklich, bereute es aber sofort. Sie hatte ihn nicht in Verlegenheit bringen wollen, doch genau das war offenbar geschehen.

»Oh«, war das Einzige, was er sagte, und dann eine ganze Weile gar nichts.

Mit jedem Atemzug wuchs Claires Unbehagen. Die Härchen auf ihren Unterarmen stellten sich auf. »Du findest das nicht gut«, sagte sie schließlich und sparte sich das Fragezeichen.

»Doch«, erwiderte Will viel zu schnell, und Claire war verblüfft, wie schlecht er plötzlich lügen konnte. Vor Gericht war er glaubhafter.

»Ich bin einfach überrascht«, begann er sich zu verteidigen. »Ich war darauf nicht vorbereitet.«

»Nicht darauf vorbereitet, dass wir irgendwann den nächsten

Schritt gehen und unsere Beziehung offiziell machen?« In ihrer Stimme schwang mehr Enttäuschung mit, als ihr lieb war.

»Natürlich gehen wir irgendwann den nächsten Schritt.« Will atmete durch und legte endlich seine Hand auf ihren Arm. »Mir war nur nicht klar, dass irgendwann jetzt sein soll. Und ich bin nicht besonders gut in solchen Dingen. Gib mir ein wenig Zeit. Dann reden wir in Ruhe darüber.«

Claire schluckte gegen den Widerstand in ihrer Kehle an. Sie wollte das Gesicht abwenden, aber Will nahm noch einmal ihr Kinn und ließ sie nicht wegsehen. »Ich bin sehr, sehr stolz auf dich.« Seine Stimme war nur ein Flüstern. Er rieb über ihren Wangenknochen, als gäbe es dort etwas, was man wegwischen könnte, stand auf und schlüpfte an der Tür in seine Schuhe.

Claire richtete den Blick nach innen, noch lange nachdem die Tür hinter ihm ins Schloss gefallen war.

Die Sache war ein Fehler gewesen. Natürlich war sie das.

Wieso hatte sie es überhaupt ansprechen müssen? Sie hatte doch schon bemerkt, dass sich Wills Begeisterung in Grenzen hielt, als sie ihm die lächerliche Schublade für seine Sachen angeboten hatte.

Mit einem Mal wurde sie wütend, wütend auf sich selbst! Sie war nicht eine der besten Anwältinnen des Landes geworden, um sich wieder wie ein Kind zu fühlen. Verletzlich. Hilflos. Klein.

In den letzten Wochen hatte sie ganz New York City den Atem geraubt mit einem Prozess, den alle Welt als aussichtslos eingestuft hatte. Gestern hatte sie sie eines Besseren belehrt. Sie hatte sich unsterblich gemacht.

Aber was nützte Unsterblichkeit, wenn man sich zum Opfer der eigenen Gefühle machte?

Ruckartig erhob Claire sich von der Couch und trat zurück ans Fenster.

Was für ein Zirkus! Will würde sich schon wieder einkriegen. Es würde sich ein Weg zeigen, irgendein Weg zeigte sich immer. Und bis dahin würde sie das tun, was sie am besten konnte: die Zügel des Lebens fest in der Hand halten und kontrolliert einen Schritt nach dem anderen tun.

New York lag ihr zu Füßen, und dahinter wartete die ganze Welt. Sie würde ganz sicher nicht naiv sein und sich noch mehr Fehltritte leisten. Claire O'Leary ließ sich nicht von ihren Gefühlen in die Irre führen.

Gefasst hauchte sie gegen das kühle Fensterglas, und das kleine Herz, das ihr Finger vorhin so unbewusst gezeichnet hatte, wurde wieder sichtbar.

Diesmal zögerte sie nicht. Entschlossen rieb sie mit der Hand darüber, bis nichts mehr davon zu erkennen war.

Claire O'Leary zeichnete keine Luftschlösser an Fensterscheiben.

Hamburg, Juni 1941

AUF PAPIER

Ich banne meinen Abschied auf Papier,
Bewahre auch die schönen Dinge,
Auf dass ihr Lied fern von zu Haus
Nicht allzu bald verklinge.

Ich lege meinen Kummer in dies Buch.
Die Elbe fließt durch meine Finger auf die Seiten,
Auf dass ihr Rauschen und ihr Ruf
Mich in der Ferne noch begleiten.

Ich bette meine Hoffnung in die Zeilen,
Dass dies, Papa, ein Abschied ist auf Zeit,
Und wir, sobald die Waffen schweigen,
vereint werden: zu zweit.

Du schenkst mir dieses Buch und sagst:
Papier trägt mehr als tausend Worte,
Gibt Flügel der Erinnerung,
Bringt dich nach Haus, egal an welchem Orte.

Ich banne meinen Abschied auf Papier,
Auch wenn die Zeilen schmerzen,
Und trag dich bis ans End' der Welt
Gleichwohl in meinem Herzen.

GUT GENUG
November 2022

Als Olive um kurz nach elf aus dem Waschsalon kam, hatte der Sturm einen Großteil seiner Kraft eingebüßt, aber es regnete noch immer. Sie war zum dritten Mal nass geworden, aber das kümmerte sie nicht mehr. Sie konnte ohnehin nicht noch tiefer sinken. Vielleicht war das der einzig tröstliche Gedanke an diesem rundum schrecklichen Tag.

Erschöpft stellte sie die Plastiktüte mit der gereinigten Wäsche neben der Wohnungstür ab, streifte sich die durchnässten Stoffschuhe von den Füßen und ließ sich auf die Ledercouch fallen, die sie bei ihrem Umzug nach London vor dem Sperrmüll gerettet hatte.

Zehn Jahre lag das nun zurück. Zehn Jahre, in denen sie von der Zukunft geträumt hatte und davon, irgendwann mal irgendwo anzukommen. Zehn Jahre, in denen sie gehofft hatte, dass sie ihren Platz im Leben finden würde, wie die anderen um sie herum es taten, scheinbar ohne Anstrengung, als wäre es für sie alle nur eine Nebensächlichkeit und nicht der fortwährende Kampf, als den Olive die Suche empfand. Zehn Jahre, in denen sie sich kaum etwas mehr gewünscht hatte, als Teil von etwas zu werden, einen Ort zu finden, an dem ihr Körper, ihr Geist und ihr Herz zur Ruhe kommen konnten und sie so etwas wie Sicherheit verspürte. Zehn *lange* Jahre, die ihr rückwirkend wie ein einziger, gewaltiger Kraftakt vorkamen. Und trotz all dieser Bemühungen fühlte sie sich jetzt, an ihrem vierunddreißigsten Geburtstag, so allein und so wenig zu Hause wie jemals zuvor.

Olive schlug sich die Hände vors Gesicht und stöhnte in ihre Handflächen. Sie hätte lieber laut aufgeschrien, aber die dumpfen Fernsehstimmen über ihr ließen vermuten, dass Mr Cummings noch wach war, und ihren pedantischen Nachbarn, der jeden Lärm um diese Uhrzeit mit einer Standpauke über Ruhezeiten quittieren würde, konnte sie jetzt am allerwenigsten gebrauchen. Also lieber runterschlucken, die Verzweiflung und Müdigkeit und … was eigentlich noch alles?

Olive horchte in sich hinein, um eine Antwort zu finden, aber der Regen an der Fensterscheibe war lauter. Wenn sie ehrlich war, war sie ganz froh darüber. Ihre Großmutter hatte mit Sicherheit recht gehabt: Wenn sich der Rest der Welt in Dunkelheit hüllte, blieb nur der Blick nach innen. Aber was, wenn es gerade dieser Blick war, der am meisten schmerzte?

Olive drehte sich auf die Seite und starrte ins Leere.

Die Sache mit Joyce hatte dem Ganzen die Krone aufgesetzt. Sie hatte geahnt, dass ihre Chefin sie nicht für die beste Journalistin der Welt hielt, aber das, was sie ihr vorhin so schonungslos offenbart hatte, hatte Olive dann doch den Boden unter den Füßen weggezogen.

Ich glaube nicht an dich.

Du kratzt immer nur an der Oberfläche, schlägst keine Wurzeln in deinen Texten.

Eigentlich weiß ich gar nicht, wer du bist.

Du bist.

Du bist …

Nicht gut genug.

Olive zog das plattgelegene Kissen unter ihrem Kopf hervor und drückte es sich auf die Ohren, aber natürlich waren Joyce' Worte längst nichts mehr, was man von außen hätte abwehren können. Sie waren in Olive hineingesickert und hatten sich in ihrem Bewusstsein eingerichtet wie ein neuer Mitbewohner, einer, der keine Miete zahlte und nicht den Anschein erweckte, als wolle er bald wieder ausziehen.

Nicht gut genug.

Sie hätte lügen müssen, wenn sie behauptet hätte, diesen Gedanken nicht selbst schon oft gehabt zu haben. Manchmal waren die Zweifel, die sie mit sich herumtrug, so groß und schwer, dass sie unter ihrem Gewicht Nackenschmerzen bekam. Olive verabscheute sich für ihre Unzufriedenheit und das permanente Gefühl, nicht dazuzugehören. Was war nur falsch mit ihr? Hatte sie nicht alle Möglichkeiten der Welt? Sie war gesund, hatte eine große, fürsorgliche Familie in Ashford und einen Job in London. Sie hatte ganz sicher keinen Anspruch darauf, sich verloren und einsam zu fühlen, weil sie im Prinzip jederzeit die Option hatte, sich mit tausenden Menschen gleichzeitig zu vernetzen. Ein Schritt, ein Anruf, ein Klick – im Grunde war das *gute Leben* zum Greifen nahe. Und trotzdem lag Olive nun auf dieser ausrangierten Couch, an ihrem Geburtstag, den in London niemand zur Kenntnis genommen hatte, und ihr wurde schwindelig bei dem Gedanken, dass sie selbst für ihr Glück zuständig war. Konnte man an seinen eigenen Möglichkeiten zugrunde gehen?

Olive schüttelte müde den Kopf und rollte zurück auf den Rücken. Nicht alles war ihre Schuld. Jeder Mensch zweifelte gelegentlich an sich. Aber es war noch mal etwas ganz anderes, wenn die eigene Chefin einem ins Gesicht sagte, dass sie dich für unfähig hielt.

Nicht gut genug.

Die Worte waren Joyce nicht leicht über die Lippen gegangen, das glaubte Olive ihr sogar. Und trotzdem fragte sie sich, wie ein Mensch in der Lage war, so etwas Vernichtendes auszusprechen. Wäre es nicht anständiger gewesen, zu lügen? Olive jedenfalls hatte keine Ahnung, wie sie die Enttäuschung über die Wahrheit jemals überwinden sollte.

Bring mir eine Geschichte, hatte Joyce zum Abschluss gesagt, als würde das irgendetwas ändern. *Eine Geschichte, die mir nicht nur etwas über andere erzählt, sondern auch über dich. Dann reden wir über Carolyns Job.*

Aber Olive wollte nicht mehr reden. Sie wollte nie wieder über irgendetwas reden. In ihr war nur Leere, und Scham vielleicht. Und ein großer Haufen Schmerz.

In ihrer Hosentasche verkündete ihr Handy eine neue Kurznachricht. Nach dem Gespräch mit Joyce war Olive benommen nach Hause getaumelt und hatte sich aus dem durchnässten Trainingsanzug geschält. Dabei hatte das natürlich nicht gereicht. Am liebsten wäre sie gleich aus ihrer eigenen Haut geschlüpft, hätte sich gewünscht, ihr Leben und diesen verdammten Tag abstreifen zu können wie die geliehenen Kleidungsstücke, und das gesamte Paket irgendwo an jemand anderen abzutreten: *Umtausch ausgeschlossen!*

Auch die alte Jeans, die sie hinterher angezogen hatte, um ins Waschcenter zu gehen und zumindest noch die Seidenbluse zu retten, war nun nass und klebte an ihr wie ein Neoprenanzug. Es kostete Olives Finger einiges an Geschick, um ihr Mobiltelefon aus der klammen Hosentasche zu fischen.

Auch wenn sie sich dafür verachtete, hoffte sie insgeheim noch immer auf eine Nachricht von Marcus, irgendein Zeichen, dass er doch an sie gedacht hatte. Eine Entschuldigung vielleicht. Eine Erklärung. Ein verspätetes Feuerwerk an Glückwünschen. Aber stattdessen las sie nur eine weitere Nachricht von Sadie: *Bist du noch wach?*

Ihre Schwester hatte im Laufe des Tages ein paarmal angerufen, und auch ihr Bruder Colin hatte es versucht, aber Olive hatte es nicht über sich gebracht, mit ihnen zu reden. Schon der Anruf ihrer Mutter und der an ihren Vater weitergereichte Telefonhörer am Morgen waren eine Herausforderung gewesen. Seit Jahren stellten sie dieselben Fragen, und Olive war es leid, dass sie noch immer nicht die Antworten geben konnte, die sie sich für sich selbst und alle anderen erhoffte.

Ihr Job war *immer noch* unbefriedigend.

Sie hatte noch *keine* neue Wohnung gefunden.

Und nein, einen *Mann* gab es wohl auch nicht in ihrem Leben – wenn man von Mr Cummings in der Wohnung über ihr mal großzügig absah.

Am schlimmsten aber war, dass sie auch nicht mehr sagen konnte, wann sie mal wieder *nach Hause* kommen würde.

Seit Poppy nicht mehr die war, die Olive brauchte, scheute sie davor zurück, in ihr Elternhaus zu fahren – denn dort war ihre Großmutter nach dem Schlaganfall vor gut einem Jahr eingezogen. Olive war nicht stolz darauf, aber ihre Großmutter so zu sehen, hilflos und wirr, bereitete ihr mehr Kummer, als sie zu ertragen im Stande war.

Hatte sie überhaupt noch ein Zuhause?

Im Moment fühlte es sich nicht so an. Sie war dabei, davonzulaufen, und wusste nicht einmal, wovor.

Joyce wäre zumindest ein guter Anfang. Natürlich würde Olive ihr *keine* Geschichte bringen. Auf dem Weg in den Waschsalon hatte sich ihre Scham kurz zu einer Welle aus Wut und Empörung aufgetürmt. Wenn Joyce überhaupt noch etwas von ihr bekam, dann eine Kündigung! Was fiel ihr eigentlich ein, ein derartiges Urteil zu fällen, wo sie Olive im Grunde gar nicht kannte und ihr nie eine echte Chance gegeben hatte? Ihre Chefin war respektlos und gemein, ein kalter Fisch, und sie hatte keine Ahnung. Olive war gut – sie war verdammt noch mal *gut genug*!

Leider hatte dieser Zustand des Widerstandes nicht lange gedauert. Während sich ihre Wäsche in der Trommel gedreht hatte, gleichmäßig und ermüdend, waren Olives Empörung und Wut in sich zusammengefallen wie eine Hüpfburg, die man mit einem Messer attackiert hatte. Nichts als heiße Luft, und als sie aus Olive entwichen war, blieb nicht viel mehr übrig als eine leere, bedeutungslose Hülle. Sie hatte eine unbändige Erschöpfung verspürt und sich bei einer Frage ertappt, für die sie sich fast noch mehr schämte als für die erniedrigende Situation im Büro ihrer Chefin: Konnte es sein, dass Joyce recht hatte?

Ihr Handy verkündete eine weitere Textnachricht, auch diesmal war es Sadie. *Ignorierst du mich etwa?*

Olive richtete sich seufzend auf dem Sofa auf. Sie hatte keine Kraft mehr, nach einer Ausrede zu suchen. *Wärst du böse, wenn es so wäre?*

Natürlich ging es nicht darum, ihre Schwester zu ignorieren. Es ging vielmehr darum, die Wirklichkeit auszublenden, und wenn sie erst einmal mit Sadie sprach, wäre Olive dazu nicht mehr in der Lage.

Es dauerte einen Moment, bevor Sadies Antwort auf dem Display aufleuchtete: *Kein Problem. Wollte dir nur persönlich gra-*

tulieren – aber dann reden wir einfach ein andermal. Lieb dich, Livie.
Und dann in einer weiteren Nachricht: *Happy Birthday!* Dazu hatte sie ein altes Kinderfoto mitgeschickt, gelbstichig und verwackelt, aber Olive konnte nicht anders, als doch noch zu lächeln. Sie war auf dem Bild vielleicht vier, ihre Schwester sechs und Colin fast neun, und sie alle hatten sich von Kopf bis Fuß mit der Sprühsahne eingeschmiert, die Poppy zu jedem Geburtstag in rauen Mengen gekauft hatte. Wieder wurde Olive beim Gedanken an ihre Großmutter von einer lähmenden Wehmut ergriffen.

Lieb dich auch, tippte sie schnell, erhob sich vom Sofa und legte ihr Handy auf den Küchentisch.

Den ganzen Tag über hatte sie nichts Vernünftiges gegessen, und natürlich war sie nach dem Gespräch mit Joyce auch nicht wie ursprünglich geplant einkaufen gegangen. Hunger hatte sie auch jetzt nicht, aber trotzdem verspürte sie das Bedürfnis, die Leere in ihrem Inneren mit irgendetwas zu stopfen, im besten Fall mit etwas Genießbarem. Doch der Kühlschrankinhalt machte ihr einen Strich durch die Rechnung. Da war ein Stück Butter, aber kein Brot, und die letzten beiden Eier in der Packung waren bereits vor einer Woche abgelaufen. Im Gemüsefach fand sie eine Mohrrübe, die ihre besten Zeiten hinter sich hatte. Schrumpelig und schlaff weckte sie Assoziationen, die Olive jeden Anreiz nahmen, hineinzubeißen.

Frustriert schloss sie den Kühlschrank wieder und öffnete einen der Oberschränke. Ihr Ellenbogen tat immer noch vom Sturz über Margaret Thatchers Hundeleine weh, und plötzlich kam es Olive ganz unwirklich vor, dass all das an einem einzigen Tag stattgefunden hatte. *Ihrem Geburtstag.*

Als hätte die Erinnerung an ihren Ehrentag das Schicksal zu

einer Mitleidsgeste bewogen, fiel Olives Blick auf eine Tüte, die über den oberen Regalrand lugte. Sie streckte den schmerzenden Arm aus, zog an der Plastikecke und hielt im nächsten Augenblick eine Tüte mit eingeschweißten Schokoladencroissants in der Hand. Sie waren im Oktober abgelaufen, aber bei Gebäck sah sie die Sache nicht ganz so eng. Von außen sahen sie jedenfalls einwandfrei aus, also riss Olive die Tüte auf und zog eines der Croissants aus der Verpackung. Der Geruch erinnerte an Flugzeugessen, aber Olive war gerade nicht anspruchsvoll. Sie nahm sich die Zeit und legte das Croissant auf einen Teller, um sich damit an den Tisch zu setzen. Vor ihrem inneren Auge sah sie eine kleine Kerze, die auf dem Croissant flackerte.

»Alles Gute zum Geburtstag«, flüsterte sie sich zu und blies die unsichtbare Flamme aus. Durfte man sich etwas wünschen, wenn nicht einmal das Licht echt war, das man in Gedanken ausblies?

Olive hatte ihren armseligen Geburtstagkuchen zur Hälfte verspeist, als das Handy auf dem Tisch erneut piepte. Sie nahm sich vor, heute keine Nachrichten mehr zu lesen – nur um fünf Sekunden später doch noch zum Opfer ihrer Neugier zu werden. Aber auch diesmal wurde ihre naive Hoffnung enttäuscht. Es war wieder nur Sadie.

Olive wunderte sich, dass ihre Schwester um diese Uhrzeit überhaupt noch in der Lage war, Nachrichten zu schreiben. Seit sie vor sechs Monaten Zwillinge bekommen hatte, hatte Olive das Gefühl, dass Sadie spätestens mit Einsetzen der Dämmerung die Augen zufielen.

Hast du das mit dem Sturm mitbekommen?

Olive schnaubte und verschluckte sich an einem Krümel. Sollte das ein Scherz sein?

Ich lebe in London und nicht auf dem Mond, schrieb sie zurück und erntete prompt einen Emoji-Mittelfinger dafür.

Ich meine die Sache in Deutschland, schickte Sadie hinterher, und Olive hielt beim Kauen inne. Was hatten sie und der Sturm mit Deutschland zu tun?

Sie schickte ihrer Schwester zwei Fragezeichen. Im Textfeld tauchten drei Punkte auf, Sadie schien zu antworten. Weil dabei eine halbe Ewigkeit verging, stand Olive auf und nahm sich ein weiteres Croissant aus der Tüte. Sadies ziemlich lange Antwort leuchtete erst auf dem Display auf, als auch das in ihrem Magen verschwunden war.

Im nächsten Moment kam eine weitere Nachricht an, eine Bilddatei, die erst noch geladen werden musste.

Olive gab sich einen Ruck und öffnete die Textnachricht: *John hat einen alten Kollegen bei der Feuerwehr in Hamburg, auch in Deutschland hat es den ganzen Tag gestürmt. Etliche Keller sind vollgelaufen – und in einem wurde dabei eine Leiche freigelegt, die jahrelang eingemauert war. Rate mal, was diese Leiche in der Hand hatte?*

Olive stöhnte. Sie hatte keine Lust auf Ratespiele, also tippte sie auf die Bilddatei, aber der Ladeprozess wurde immer wieder abgebrochen. Offenbar funktionierte das WLAN wegen des Unwetters nicht zuverlässig.

Sieht das nicht aus wie das Ding von Poppy?, schrieb Sadie in diesem Moment.

Kann Foto nicht öffnen, tippte Olive und unterdrückte ein Gähnen. *Datei zu groß.* Sie hätte kein Problem gehabt, es dabei zu belassen, aber Sadie schien die Sache wichtig zu sein. Im nächsten Augenblick schickte sie das Bild noch einmal, diesmal mit weniger Volumen.

Als Olive die Datei öffnete, brauchte sie einen Moment, um zu verstehen, was ihre Schwester ihr gesendet hatte. Sie hatte einen Artikel abfotografiert – oder war es nur ein Facebook-Eintrag? Auf jeden Fall waren da Textfragmente in einer fremden Sprache, vermutlich Deutsch. Im Zentrum stand ein Foto, dunkel und ein bisschen verwackelt, und es zeigte das Fundstück aus den Händen der Leiche, von der Sadie gesprochen hatte.

Ein paar Sekunden starrte Olive auf das Bild wie auf einen fremden Busfahrplan, einen, der keinerlei Bedeutung für sie hatte, weil der Bus in einer anderen Stadt fuhr oder der Plan veraltet war. Doch dann durchzuckte es sie wie ein Stromschlag. Ihr blieb die Luft weg, und ihr Herz hämmerte in kleinen, festen Schlägen gegen ihren Brustkorb.

Das konnte nicht sein. *Unmöglich!*

Olive klammerte sich am Telefon fest und vergrößerte den Bildausschnitt, um einen Beweis zu finden, dass sie sich irrte. Aber während die Details unter dem Zoom undeutlich wurden, wurde der Abgrund in ihrem Kopf nur größer.

Besser?, schrieb Sadie, dabei machte dieses Bild überhaupt nichts besser. Es rief nur Fragezeichen in ihr hervor und weckte ein Unbehagen, dessen Ursprung Olive nicht greifen konnte. Das Blut rauschte so laut in ihren Ohren, dass sie sich nicht gewundert hätte, wenn Mr Cummings jeden Moment vor der Tür gestanden hätte, um sich zu beschweren. Mit einem Mal wusste Olive, dass es nur eine Möglichkeit gab, sich Sicherheit zu verschaffen.

Sie schoss durch den Raum und stieß die Tür zu ihrem winzigen Schlafzimmer auf, fiel auf die Knie und riss mit der linken Hand ein paar verwaiste Socken und die Plastiktüten mit ihren Steuerunterlagen unter dem kaputten Bettgestell hervor. Der Staub, den sie dabei aufwirbelte, löste einen heftigen Hustenanfall aus, aber Olive machte trotzdem weiter, bis sie den eingedrückten Schuhkarton an der Wand ausmachen konnte. Sie legte sich flach auf den Boden, damit ihr Arm bis nach ganz hinten reichte, und zog die unliebsame Erinnerung zurück ins Licht.

Auch auf dem Karton hatte der Staub seine Signatur hinterlassen.

Olive setzte sich auf und lehnte sich mit dem Rücken gegen ihr Bett. Dann erst legte sie ihr Handy zur Seite und hob den Deckel an.

Da lag er. Der Kompass.

Sofort verspürte Olive wieder einen Stich.

Sie hatte das Ding noch nie gesehen, bevor Poppy es ihr nach ihrem Sturz vor zwei Jahren geschenkt hatte. Sadie hatte die Perlenkette bekommen, an der ihre Großmutter mit ihnen Glücksmomente abgezählt hatte, und Colin hatte sie ihren geliebten Wagen geschenkt, den Kleinbus, den sie sich nach dem Tod ihres Mannes in den Achtzigerjahren gekauft hatte und mit dem sie jedes Jahr die Küstenstraßen abgefahren war, als wäre sie auf der Suche nach etwas, was sich nur im Salz der Meeresluft finden ließe.

Olive hatte den Wagen geliebt, und sie liebte auch die Kette und die vielen kleinen Erinnerungen, die sich mit den Perlen aneinanderreihten. Man konnte sie abtasten, auf Hochglanz bringen und wieder zum Leben erwecken. Aber den Kompass?

Das Ding war alt und angelaufen. Besuche bei zwei Antiquariaten in London hatten ihr offenbart, dass es ein handgefertigtes Einzelstück aus Dänemark war, darüber hinaus aber wertlos und in seiner Funktionsweise simpel.

Das allein hätte Olive nicht gestört, sie machte sich nicht viel aus materiellen Werten. Am meisten hatte sie getroffen, dass sie keinerlei Erinnerungen damit an ihre Großmutter verband. Ihr ganzes Leben lang hatte Olive diese besondere Verbindung zwischen sich und Poppy gespürt, ein Band, das Olive Kraft spendete und sie an sich selbst glauben ließ. Und dann hatte Poppy ihr ausgerechnet dieses belanglose Teil geschenkt, ein nicht mal handtellergroßes Stück Vergangenheit ohne Bedeutung.

Olive hatte sich Mühe gegeben, ihre Enttäuschung zu verbergen. Sie hatte sich fest vorgenommen, irgendwann in Ruhe mit ihrer Großmutter über den Kompass zu sprechen, aber dann hatte sie es immer wieder aufgeschoben, und der Schlaganfall, den Poppy kaum ein Jahr nach ihrem Sturz erlitten hatte, nahm Olive jede Hoffnung, dass sie dieses Versäumnis jemals würde nachholen können. Die Geschichte des Navigationsgerätes – sofern es denn eine haben mochte – war verloren, sie war untergegangen in dem Moment, in dem der Hirninfarkt auch ihre Großmutter in den Abgrund gerissen hatte.

Davon war Olive zumindest ausgegangen.

Aber jetzt war da dieses Foto, das Sadie ihr geschickt hatte.

Olive musste schlucken und nahm den Kompass aus dem Karton.

Schwer und kalt fühlte er sich an, und er weckte noch immer nichts als Enttäuschung in ihr. Die feinen Gravuren im Deckel waren hübsch, aber sie waren Olive auch fremd. Allerdings waren sie so speziell, dass sie ihr nun zumindest die Möglichkeit boten, sich Gewissheit zu verschaffen.

Angespannt nahm Olive ihr Handy vom Boden und öffnete Sadies Foto ein weiteres Mal. Und auch wenn sie sich nicht sicher war, auf welches Ergebnis sie hoffen sollte, versetzte ihr die Wucht der Erkenntnis, die im nächsten Augenblick über sie hereinbrach, einen Schlag in die Magengrube.

Die große Welle im Zentrum, die Gischt, die in kleinen Wirbeln zu den Seiten aufschäumte.

Der Sternenhimmel, der das Meer am Rand umschlossen hielt, als läge es geschützt zwischen zwei Händen.

Obwohl das Foto nicht die beste Qualität aufwies, bestand nicht der geringste Zweifel.

Was die Polizei in der Hand dieser Kellerleiche in Deutschland gefunden hatte, war nicht nur irgendein Kompass. Es war das exakte Ebenbild des Kompasses, den ihre Großmutter ihr vermacht hatte und der doch eigentlich ein wertloses Einzelstück sein sollte.

Das da war *Olives* Kompass.

GESPENSTER
Juli 2000

Die Aufzugtüren glitten geräuschlos auseinander und spuckten Claire mit einer Handvoll Kollegen im 28. Stockwerk aus. Will war keiner von ihnen, und Claire war sich mittlerweile sicher, dass er ihr aus dem Weg ging. Lächerlich, und trotzdem versetzte es ihr einen Stich.

Bis vor einer Woche hatten sie ihre Arbeitstage wortlos aufeinander abgestimmt. Ein synchronisiertes Kommen und Gehen, zufällig wirkende Begegnungen im Aufzug oder am Kopierer, denen kaum jemand eine Bedeutung beimessen konnte. Claire aber wusste um ihre Bedeutung. Und deshalb wusste sie jetzt auch, was es hieß, wenn diese Begegnungen plötzlich ausblieben.

Sieben Tage lag der verhängnisvolle Morgen zurück. Sieben Tage, an denen sie Will hatte auffordern wollen, zu vergessen, was sie gesagt hatte. Doch dazu hatte er ihr keine Gelegenheit gegeben. Es gab Männer, die Angst bekamen, sobald etwas zu ernst wurde, das war Claire nicht neu. Sie war nur nicht davon ausgegangen, dass Will einer von ihnen sein könnte.

Insgeheim ärgerte sie sich darüber, dass diese Gedanken und Gefühle sie überhaupt umhertrieben. Zerstreutheit sah ihr nicht ähnlich. Sie konnte froh sein, dass sie gerade erst einen der wichtigsten Prozesse des Jahres gewonnen hatte und ihr eine

Verschnaufpause zustand, sonst wäre ihren Chefs und Kollegen aufgefallen, dass etwas nicht stimmte. So aber nickten sie ihr wohlwollend zu, wenn sie ihr in der Kanzlei über den Weg liefen. Nur einer kreuzte diesen Weg eben nicht.

Während Claire auf ihr Büro zusteuerte, breitete sich etwas Kaltes hinter ihrem Brustbein aus. Sie kannte dieses Gefühl aus einer Zeit, die lange zurücklag, von dem Kind, das sie längst abgestreift hatte. Und dennoch war sie nun wieder da: die Angst, verlassen zu werden.

Claire verstärkte den Griff um ihre Ledertasche, bis ihre Fingerknöchel weiß hervortraten. Wie albern das war. Wer sagte, dass Will sie verlassen wollte? Vermutlich brauchte er nur etwas Zeit. Und konnte man überhaupt verlassen werden, wenn man gar nicht richtig zusammen war?

Kaum hatte Claire ihre Bürotür hinter sich geschlossen, steckte Miles seinen Kopf herein. »Da ist jemand für dich in der Leitung.«

Irgendetwas an ihm wirkte verändert. Sein Outfit saß wie immer perfekt, und die Frisur war auch dieselbe wie gestern, und doch war da etwas an ihrem Assistenten, das Claire heute fremd vorkam.

Sie ließ sich auf ihren Ledersessel sinken und schob die seltsamen Gefühle mit ihrer Aktentasche unter den Schreibtisch. »Ich brauche noch einen Moment. Sag einfach, ich rufe zurück.«

Aber Miles blieb regungslos in der Tür zum Nebenzimmer stehen. Plötzlich erkannte Claire, was anders war an ihm. Wo sonst Leichtigkeit und zu viel Energie lagen, schlummerte heute etwas Leidvolles in seinem Ausdruck. »Du solltest rangehen, Claire.«

Mehrere Alarmglocken begannen in Claires Kopf zu schrillen. Miles' Reaktion verhieß nichts Gutes. Entweder er wusste von Will – oder die neue Kanzlei war in der Leitung.

Die Leute von *Miller & Jacobs* hatten es in den vergangenen Tagen ein paarmal auf Claires Mobiltelefon probiert, aber sie hatte sie vertröstet und um mehr Bedenkzeit gebeten. Bleiben oder gehen? Eine Entscheidung zu treffen schien unmöglich, solange die Sache mit Will nicht geklärt war.

Wenn die neue Kanzlei jetzt aber schon auf ihrem Büroanschluss anrief, würde sie das Angebot nicht länger vor Miles geheim halten können. Sobald ihr Assistent Bescheid wüsste, blieb ihr kaum noch Zeit, sich frei zu entscheiden. Ein Umstand, der ihr Unbehagen bereitete. Sah Miles sie nur deshalb so merkwürdig an, weil er wusste, dass sie hinter seinem Rücken mit der Konkurrenz verhandelte?

In diesem Moment verschob sich etwas in seinem Blick. »Tut mir leid, Claire. Ich wusste nicht, dass du eine Schwester hast ...«

Eine Schwester? Während Miles die Tür hinter sich zuzog, schnellte Claires Blick zum blinkenden Telefon auf ihrem Schreibtisch. Konnte es sein, dass Iris in der Leitung war?

Claire versuchte, ruhig zu bleiben, aber ihr vegetatives Nervensystem machte ihr einen Strich durch die Rechnung. Ihr Atem wurde flach, und ihre Schultern versteiften sich.

Wie lange hatte sie nichts von ihrer Schwester gehört – zehn, elf Jahre?

Das letzte Mal hatten sie sich am leeren Grab ihrer Eltern getroffen, an einem Jahrestag, den Claire nicht mehr genau benennen konnte. An Iris' Auftritt hingegen erinnerte sie sich umso lebhafter.

Sie war betrunken gewesen, wieder einmal, vielleicht sogar

Schlimmeres. Außerdem war sie wütend gewesen wie eh und je. Sie so zu sehen, hatte Claire mehr Schmerz als Freude bereitet.

Wie konnte es sein, dass sie sich jetzt, nach all den Jahren, bei ihr meldete? Claire wusste nicht einmal, wo sich ihre Schwester gerade befand. Hatte Iris von ihrem Erfolg vor Gericht gehört und die Nummer der Kanzlei herausgefunden? Vielleicht hatten einige Zeitungen auch landesweit berichtet …

Das Engegefühl in Claires Brust verschlimmerte sich. Egal, wie Iris sie gefunden hatte: dass sie sie anrief, konnte nichts Gutes bedeuten. Mit großer Wahrscheinlichkeit steckte sie wieder in Schwierigkeiten.

Claire starrte auf das Telefon und hoffte, das blinkende Lämpchen mit ihrem Blick zum Erlöschen zu bringen, aber vergebens. Nachdem Miles im Nebenzimmer offenbar nicht vorhatte, die Sache zu übernehmen, musste Claire wohl über ihren Schatten springen und es hinter sich bringen. Sie holte noch einmal tief Luft und hob den Hörer an ihr Ohr: »Iris?«

Am anderen Ende der Leitung rauschte es, doch dann ertönte nicht etwa die Stimme ihrer Schwester, sondern die eines Mannes. Er räusperte sich, bevor er ihre Frage mit einer Gegenfrage beantwortete: »Spreche ich mit Claire O'Leary?«

Claire war einen Moment überrascht, aber geistesgegenwärtig genug, ihm nicht einfach zu geben, was er verlangte. »Wer will das wissen?«

»Tut mir leid«, sagte der Fremde und räusperte sich noch einmal. Er wirkte unbeholfen und definitiv schon etwas älter. »Sie kennen mich nicht. Es geht um Iris …«

Claire schloss die Augen und fuhr sich mit der Hand übers Gesicht. Sie hatte also recht gehabt. Iris steckte in Schwierigkeiten. Nichts hatte sich geändert.

Bevor ihr Kontakt abgebrochen war, hatte Claire ihre Schwester dreimal aus dem Gefängnis geholt und unzählige Male am Straßenrand aufgelesen. Nach dem Tod ihrer Eltern waren Iris' Launen vollkommen aus dem Ruder gelaufen.

»Sind Sie noch dran?« Die unsichere Stimme des Mannes riss Claire aus ihren Gedanken. Am liebsten hätte sie seine Frage verneint. Aber da er nun schon mal ihre Nummer hatte, war ein langfristiges Entkommen kaum wahrscheinlich.

»Was hat sie diesmal ausgefressen?«

»Wie bitte?« Der Fremde klang irritiert.

»Iris. Was hat sie angestellt? Geht es um Geld? Hat sie etwas gestohlen? Bitte sagen Sie mir, dass sie niemanden verletzt hat.«

Für einen Augenblick blieb es still in der Leitung, so still, dass Claire sich fragte, ob die Verbindung unterbrochen worden war oder ihr Gesprächspartner ohne ein Wort die Flucht ergriffen hatte – was in Hinblick auf Iris nicht die schlechteste Option gewesen wäre.

Aber dann fing er doch wieder an zu reden. »Nein. Nichts davon.«

»Was ist es dann?« Langsam wurde Claire ungehalten. Sie hatte genug Probleme, als dass sie sich jetzt noch um die ihrer Schwester hätte kümmern wollen. Zumal Iris niemals den Eindruck erweckt hatte, als wolle sie sich helfen lassen.

»Sie ist …« Der Fremde brach ab, offensichtlich auf der Suche nach den richtigen Worten.

»Ich habe noch zu tun«, drängte Claire und bemühte sich nicht, ihre Gereiztheit zu verbergen.

Der Fremde schluckte so schwer, dass man es durch die Leitung hören konnte. »Sie ist tot, Miss O'Leary. Es tut mir furchtbar leid, aber Iris ist …«

Tot. Das hatte er gesagt, mehrfach sogar, und doch konnte Claire es auch jetzt, viele Stunden später, noch nicht glauben.
Iris war tot.
Es waren Worte, die Claire verstand, und trotzdem drang ihre Bedeutung nicht in ihr Bewusstsein vor. Sie wirkten wie eine Maske, hinter der ihre Schwester Versteck spielte. Gleich würde Iris dahinter hervorspringen und sich kaputtlachen.
Tot.
Claire rollte sich auf dem Sofa zusammen und schlang die Wolldecke enger um sich. Der Fremde hatte noch mehr gesagt, aber sie hatte ihm kaum noch folgen können.
Boot. Ein Sturm. Das Meer.
Plötzlich hatten sich die Wände ihres Büros bewegt, New York war vor ihren Fenstern umgekippt wie eine Stadt aus Streichhölzern, und irgendwann hatte sie keinen Boden mehr unter den Füßen gespürt. Sie hatte *nichts* mehr gespürt, nichts mehr verstanden. Da war nur noch ein luftleerer Raum, der sie vom Rest der Welt abschirmte.
Nicht zurückgekommen.
Vor etwa einer Woche.
Der Hörer war ihr aus der Hand geglitten.
Iris ...
Miles war durch die Tür gestürmt. Hatte sie gestützt, auf das Sofa vor dem Regal verfrachtet und das Gespräch zu Ende geführt. Hatte Notizen für sie gemacht. Darüber, wo Iris gestorben war. Wo sie von ihrer Schwester Abschied nehmen könnte, wenn sie denn wollte. Wo sie anrufen konnte, wenn sie noch Fragen hätte oder ihre Meinung änderte. Aber woher sollte sie diese Fragen nehmen? Egal, wo Claire hinhorchte: nichts als Leere.

Miles hatte ihr ein Glas Wasser besorgt. Er hatte sie genötigt, ein Stück Schokolade zu essen, und hatte dann darauf bestanden, dass sie nach Hause ging.

Claire hatte sich geweigert, aber er war hartnäckig geblieben. Erst als er ihr hoch und heilig versprochen hatte, niemandem in der Kanzlei vom Tod ihrer Schwester zu erzählen, hatte sie ihre Tasche genommen und sich ein Taxi rufen lassen.

Sie hatten sich auf ein Magen-Darm-Virus geeinigt, welches Miles bei Bedarf vorschieben sollte, und kaum war Claire zu Hause durch die Tür getaumelt, hatte sie sich gefragt, ob sie sich womöglich wirklich etwas eingefangen hatte. Ihre Beine waren plötzlich zu schwach gewesen, um noch länger darauf zu stehen. Sie hatte sich zur Couch geschleppt.

Dort lag sie noch immer.

Und konnte es nicht glauben.

Iris war tot.

War Iris tot?

Da war eine Atemlosigkeit, eine Flachheit in ihrer Brust, aber mehr fühlte Claire nicht. Hatte sie es früher nicht immer gespürt, wenn ihrer Schwester etwas zugestoßen war?

Als Kinder hatten sie diese besondere Verbindung gehabt, geradezu gespenstisch. Aber nach dem Feuer hatte sich einiges geändert. Iris hatte sich geändert, und Claire hatte es auch. Ihr Band war den Flammen zum Opfer gefallen.

Aber sollte sie nicht trotzdem wenigstens weinen?

Sie hatte gerade ihre Schwester verloren, ihr Spiegelbild. Müssten da nicht Tränen sein und Schmerz?

Claire schloss die Augen und sah der Wahrheit ins Gesicht: Sie hatte Iris schon vor vielen Jahren verloren.

Mit dem Tod ihrer Eltern war sie ihr entglitten wie ein Fisch, den es zurück ins Wasser drängte. Nur dass Iris sich nicht dem Leben zugewandt hatte, sondern dem Untergang.

An Land gespült ...

Hieß das, dass sie ertrunken war? War Ertrinken ein gnädiger Tod?

Claire versuchte, etwas zu empfinden, aber da war wieder nur dieses Schwindelgefühl in einer übergroßen, alles verschlingenden Leere.

Jetzt war sie die Letzte.

Die Letzte ihrer Familie.

Die Letzte, die noch atmete und stand und weitermachte mit dem, was sich Leben nannte. Sie war eine Übriggebliebene.

Ruckartig richtete sich Claire aus der Waagerechten auf und vergrub das Gesicht in den Händen. Warum zum Teufel fühlte sie nichts?

Die Nachricht von Iris' Tod hatte etwas in ihr aufgerissen, und nun sickerten Verstand, Erinnerung und Kraft unablässig aus ihr heraus und machten es unmöglich, ein greifbares Gefühl zustande zu bringen.

Claire sah zum Fenster. Die Stadt wandte ihr Gesicht der Nacht zu. Wie lange hatte sie hier auf dem Sofa gelegen und sich dem Nichts hingegeben?

Ihre Augen waren trocken. Sie blinzelte ein paarmal, dann blieb ihr Blick an dem schlichten Servierwagen mit den Spirituosen hängen. Den Alkohol gab es nur, weil es Will gab, Claire trank nicht. Iris war ihr ein abschreckendes Beispiel gewesen, ein unermüdliches Mahnmal. Alkohol machte Kontrolle unmöglich. Und trotzdem – oder vielleicht gerade deshalb – zogen die Flaschen Claire in diesem Moment magisch an.

Sie raffte sich von der Couch auf, griff wahllos nach dem

erstbesten Flaschenhals und drehte den Verschluss auf. Der erste Schluck brannte sich ihre Kehle hinab bis in den leeren Magen. Mit der Flasche in der Hand schleppte sie sich zurück zum Sofa. Wie viel musste man trinken, um etwas zu betäuben, was gar nicht wehtat?

Claire nahm einen weiteren Schluck, und ihre Gedanken drifteten zu Will. Warum konnte er jetzt nicht bei ihr sein?

Claire nahm ihr Handy vom Tisch. Miles hatte eine Handvoll Nachrichten geschickt.

Wie geht's dir?
Brauchst du etwas?
Ruf an, wann immer dir danach ist!

Claire überflog die Zeilen und löschte sie der Reihe nach, ohne zu antworten. Stattdessen schrieb sie Will eine SMS:
Ich brauche dich.

Sie drückte auf *Senden*, bevor sie darüber nachdenken konnte, ob sie damit eine Grenze überschritt. Dann setzte sie die Flasche an ihre Lippen und trank, bis sie Luft holen musste. Das Zeug schmeckte so widerlich, dass sie die Zunge rausstreckte wie ein Kind.

Warum antwortete Will nicht? Konnte er seine Männerprobleme nicht einen Moment beiseiteschieben? Immerhin ging es um ihre Schwester!

Claire trank weiter, diesmal in kleinen Schlucken. Der goldbraune Pegel in der Flasche war bereits auf die Hälfte herabgesunken.

Die Buchstaben flimmerten vor ihren Augen, als sie eine weitere Nachricht tippte: *Können wir reden?* Und dann noch eine: *Bitte!*

Sie setzte die Flasche noch einmal an, wieder und wieder.

Langsam gewöhnte sie sich an das Brennen in ihrem Inneren. War es das, was Iris an dem Zeug gefallen hatte?

Endlich piepte ihr Telefon. Claire fasste danach, verlor dabei das Gleichgewicht und kippte die Flasche für einen kurzen Moment. Der Inhalt schwappte über ihre Hose und das Sofa, aber das war jetzt unwesentlich. Wichtig war nur, dass Will geantwortet hatte.

Claire kniff die Augen zusammen, um die Buchstaben und Worte zu entschlüsseln. Dann wurde ihr klar, dass die Nachricht nicht von Will kam, sondern wieder nur von Miles.

Was immer du brauchst, ich bin da.

Ein bitteres Lachen kroch über ihre Lippen, während sie aufstieß. Richtige Nachricht, falscher Absender. Es gab nichts, was Miles ihr hätte bringen oder geben können. Das Einzige, was sie jetzt brauchte, war Will.

Mittlerweile war sie zu betrunken, um sich an dieser Erkenntnis zu stören.

Sie wollte Will – und deshalb musste sie ihn sich holen!

Erst als sie unten aus der Haustür stolperte, stellte sie fest, dass sie keine Ahnung hatte, wo Will wohnte. Sie waren immer zu ihr gefahren, erst in die kleine Wohnung in Midtown und dann hierher.

Claire versuchte, sich zu konzentrieren. Bestimmt hatte er mal irgendwas gesagt. Eine Straße genannt oder zumindest einen Stadtteil. Doch selbst wenn dem so war, ließ der Alkohol in ihrem Blut keine Erinnerung daran zu. Aber sie war immer noch Claire O'Leary!

Unbeholfen winkte sie nach einem Taxi und fand sich schon zwei Minuten später auf einer schlecht gepolsterten Rückbank wieder. Als der Fahrer sie vor der Kanzlei absetzte, steckte sie ihm einen Hunderter zu. Zu viel für die Strecke, aber sie verfügte gerade nicht über die geistigen Kapazitäten, ein angemessenes Trinkgeld zu berechnen.

»Bin gleich zurück.« Sie musste aufstoßen. »Können Sie hier warten?«

Doch der Kerl schüttelte nur ungläubig den Kopf und fuhr, kaum, dass Claire die Tür hinter sich zugeschlagen hatte, davon.

»Arschloch«, murmelte sie und schleppte sich auf den Eingang zu.

Zum Glück war um diese Zeit nicht mehr viel los. Claire fuhr mit dem Aufzug in die Achtundzwanzigste und stellte erleichtert fest, dass nur in wenigen Büros Lichter brannten.

Angela hatte ihren Platz im Eingangsbereich längst geräumt, und darüber war Claire mehr als froh. Angela brachte die perfekten Eigenschaften für ihren Job als Empfangsdame mit: Sie war freundlich und zugewandt und hatte feine Sensoren dafür, wenn etwas nicht stimmte oder jemand nicht hier sein sollte. In ihrem derzeitigen Zustand ware Claire kaum in der Lage gewesen, sich ihr gegenüber nicht um Kopf und Kragen zu reden.

Zielstrebig steuerte Claire auf Wills Büro zu. Doch als sie die Tür aufdrücken wollte, stellte sie fest, dass sie verschlossen war. Was ungünstig war, weil sie vorgehabt hatte, auf seinem Schreibtisch nach einem Hinweis auf seine Privatanschrift zu suchen. Dieser Plan war nun hinfällig.

Zum Glück hatte Samantha ihr Büro nicht abgeschlossen. Es lag gleich neben Wills, und als seine Assistentin wusste sie mit großer Wahrscheinlichkeit, wo Will wohnte. Er hatte schon ein paarmal den Verdacht geäußert, dass sie in ihn verknallt war.

Ohne einen Anflug von Scham widmete Claire sich Samanthas Schreibtisch, zog Schubladen auf und wühlte in Papierstapeln. Im Terminkalender wurde sie schließlich fündig: Samantha hatte einige Privatrechnungen in Wills Namen beglichen und seine Anschrift dafür fein säuberlich an den Rand geschrieben.

Claire notierte sich die Adresse mit einem Kugelschreiber auf der Innenseite des Handgelenks. Dann taumelte sie zurück zum Aufzug.

»Das ist in Brooklyn«, sagte der Taxifahrer, auch er kein Inbegriff von Freundlichkeit.

Brooklyn? Claire kicherte grundlos, während sie ihren Kopf nach einer passenden Erinnerung abklopfte. Lebte Will tatsächlich in Brooklyn? Was um Himmels willen wollte er da?

Der Taxifahrer fand die Angelegenheit weniger erheiternd. Er warf einen genervten Blick über seine Schulter, bis ihr Kichern verstummte. »Ich will nur, dass hinterher keine Missverständnisse aufkommen!«

Claire fand das so lustig, dass sie am liebsten gleich noch mal gelacht hätte, aber sie traute sich nicht mehr. Stattdessen nickte sie so ernst wie möglich. »Wir fahren nach Brooklyn!«

Manhattan rauschte an ihr vorbei wie ein Traum aus Schatten und Licht. Obwohl sie New York nicht greifen konnte, spürte sie den Puls der Stadt bis ins Mark. Der Alkohol sorgte dafür, dass sie sich leicht fühlte, als wäre sie kein Teil dieser Welt mehr, aber auch noch nicht ganz fort.

Als sie schließlich vor einem hübschen Brownstone-Haus aus dem Taxi stieg, stellte sie fest, dass ihre Beine ihr noch immer nicht richtig gehorchten. Sie sammelte sich einen Moment und ging dann auf die Haustür zu, deren Nummer sie sich auf dem Handgelenk notiert hatte.

Ihr Finger fand den Klingelknopf. Claire lehnte sich in den

Türrahmen und versuchte, dabei möglichst verführerisch zu lächeln. Doch dieses Lächeln erlosch abrupt, als nicht Will die Tür öffnete, sondern eine Frau. Sie war hübsch. Schlank. Mit einem blonden Pixie Cut und großen, freundlichen Augen.

Claire war so erschrocken, dass sie instinktiv ein Stück zurücktaumelte, und sie wäre wohl die Stufen hinuntergefallen, hätte die Frau sie nicht am Arm gepackt und gehalten.

»Kann ich Ihnen helfen?«

Claires Kehle schnürte sich zusammen. Mit einem Mal war sie stocknüchtern. »Ich ... muss mich in der Tür geirrt haben. Ich ...«

In diesem Augenblick erschien Will auf der Treppe hinter der Frau, auf dem Arm einen kleinen Jungen im Pyjama, vielleicht vier Jahre alt, maximal fünf. Für den Bruchteil einer Sekunde weiteten sich Wills Augen, aber dann setzte er gefasst einen Schritt vor den anderen und kam auf sie zu. Profi durch und durch.

»Alles in Ordnung?« Er legte den Arm um die blonde Frau und bedachte Claire mit dem Lächeln eines Fremden.

»Alles gut«, beruhigte ihn die Frau. »Die junge Dame hat wohl ein bisschen viel getrunken und sich in der Tür geirrt.« Es lag kein Spott in ihrer Stimme, eher Mitgefühl.

Will lachte kurz auf, gab der Frau einen Kuss auf die Schläfe und ließ den Jungen auf ihren Arm hinüberklettern. Dann sah er Claire in die Augen. »Sollen wir Ihnen ein Taxi rufen?«

Claire konnte nicht antworten.

Sie wollte etwas sagen, aber da waren keine Worte. Da war keine Kraft, und auch keine Luft. Sie fühlte sich, als wäre sie in einem Film gelandet, einem von Grund auf falschen, völlig verkehrten Film.

Das da war Wills Frau.

Will hatte eine Frau?

Und offenbar auch ein Kind …

Fassungslos starrte Claire in die drei besorgten Gesichter und war nicht imstande, sich auch nur einen Millimeter zu bewegen.

»Vielleicht sollten wir einen Arzt rufen«, flüsterte die Frau irgendwann in Wills Richtung, und das ließ Claire endlich aus ihrer Starre erwachen.

»Kein Arzt«, sagte sie und strich sich die Haare aus der Stirn. »Mir geht's gut.« Und bei diesen Worten löste sich ein Erdrutsch aus Schmerz in ihrem Inneren, um sie unter sich zu begraben.

Mit allem, was Claire für wahr gehalten hatte.

Hellerup, September 1941

SOMMERREGEN

*Freund meiner Kindheit,
Gespenst aus blonden Sommerträumen.
Hand in Hand sprangen unsere Schatten über Pfützen,
Die der warme Regen
Zwischen Hambros und Hansens
In unsere Lebenslinien schrieb.*

*Ich kannte dich und hab
Dich dennoch nie erkannt.*

*Jetzt sehe ich, dass du
Ein Sommer bist im Herbst,
Nordstern im dunklen Meer.
Vollmond zur Mittagsstunde.
Dein Blick wirft seinen Anker
Am Grunde meiner Seele.*

*Wie kann es sein, dass ich
Nicht wusste, was ich suchte,*

Und auch nicht, wen?

SCHLECHTE ENTSCHEIDUNGEN
November 2022

Es fühlte sich unwirklich an wie ein Traum, dabei hatte Olive nicht einmal geschlafen. Die halbe Nacht hatte sie auf Poppys Kompass gestarrt und ihn mit dem Foto verglichen, das Sadie ihr geschickt hatte, so lange, bis ihr Akku aufgegeben und sie ihr Handy ohne Rücksicht auf die Nachbarn in die Zimmerecke geschleudert hatte.

Erst um kurz nach drei hatte sie sich endlich in ihr Bett gelegt, aber an Schlaf war auch dann nicht zu denken gewesen. Ausnahmsweise war daran mal nicht die furchtbare Matratze schuld, sondern ... *Wer eigentlich?*

Sadie auf jeden Fall, weil sie ihr das Bild geschickt hatte. Sadies Mann John, der bei der Feuerwehr arbeitete und auf einmal Kollegen in Hamburg hatte! Vor allem aber dieser verfluchte Sturm, der alles durcheinandergebracht hatte. Reichte es nicht, dass er ihre Frisur, ihren Ellenbogen und ihren Tag auf dem Gewissen hatte? Musste er auch noch Keller volllaufen lassen und Mauern einreißen, irgendwo in Deutschland und in ihrem Kopf?

Da war diese Leiche aus der Vergangenheit, verscharrt in einem Hamburger Keller. In ihrer Hand Poppys Kompass – oder zumindest ein erschreckend identisches Stück.

Hatte Olive damals nicht genau genug recherchiert? Die Männer im Antiquariat hatten unabhängig voneinander gesagt, das Teil wäre ein Einzelstück von geringem Wert. Aber warum hatte man sein Gegenstück dann in einen Keller eingemauert, in den Händen einer Leiche, die offensichtlich niemals hätte gefunden werden sollen?

Noch in der Nacht hatte Olive versucht, mehr zu erfahren, aber es waren nur frustrierend wenig Informationen verfügbar, und die ausschließlich auf Deutsch. Es hatte gedauert, bis sie sich mithilfe des schwächelnden Internets zumindest die Eckdaten übersetzt hatte. Da waren natürlich der Sturm und der vollgelaufene Keller. Ein Haus nahe der Elbe, und dann noch die Leiche. Wachsartig konserviert. Um wen es sich handelte? Unbekannt. Seit wann sie dort vergraben lag? Würde die Gerichtsmedizin erst herausfinden müssen. Aber da war dieses Fundstück: ein Kompass. Poppys Kompass.

Das war die Sache, die Olive am meisten aufwühlte. War im Grunde nicht Poppy diejenige, die sie um den Schlaf brachte?

In einem wirren Moment hatte ihre Großmutter ihr dieses seltsame Teil vermacht, als wäre es ein seltener Schatz. Aber warum hatte Olive das Ding dann vorher nie bei Poppy gesehen, wieso hatte ihre Großmutter es in all den Jahren niemals erwähnt? Es hatte so viel Zeit gegeben, so viele Tage und Nächte, etliche Herbststürme. Unzählige Gelegenheiten.

Olive versuchte, wütend zu werden auf ihre Großmutter, aber am Ende ärgerte sie sich nur über sich selbst. Sie war die Journalistin. Warum hatte sie nie nachgefragt?

Es konnte jedenfalls kein Zufall sein, dass das Pendant zu ihrem unliebsamen Erbstück ausgerechnet in den Händen einer eingemauerten Leiche auftauchte, es musste eine Verbindung geben, das spürte Olive mit einer Gewissheit, die ihr sonst fremd war. Wenn es aber kein Zufall war, was war es dann?

Als Olive sich am nächsten Morgen einen extrastarken Kaffee aufsetzte und den kunstvoll gravierten Kompassdeckel zum wiederholten Mal aufschnappen ließ, schoss es ihr wie ein Geistesblitz durch den Kopf. *Schlechte Entscheidungen bringen gute Geschichten.*

Vielleicht war das alles wirklich kein Zufall.

Vielleicht hatte ihre Großmutter ihr ein letztes Geschenk gemacht.

Olive wusste, was sie zu tun hatte. Es mochte eine weitere, furchtbar schlechte Entscheidung sein. Aber Olive Elizabeth Brown war sich so sicher wie nie, dass diese hier eine verdammt gute Geschichte bringen würde!

Joyce konnte ihre Überraschung nicht verbergen, als Olive zum zweiten Mal innerhalb von vierundzwanzig Stunden vor ihr saß und etwas einforderte. »Du willst einen Dienstwagen und das Budget für eine zweiwöchige Recherchereise?« Sie blinzelte ein paarmal irritiert und lachte dann auf, als hätte Olive einen schlechten Scherz gemacht.

Aber Olive war heute erstaunlich gefasst. In ihrer Hand ruhte der Kompass, und auch wenn es seltsam scheinen mochte, verlieh ihr sein Gewicht Kraft und Entschlossenheit. Er würde sie durch dieses Gespräch navigieren.

»Mit dem Flugzeug wäre ich schneller in Deutschland, aber ich muss vorher noch zu meiner Familie nach Ashford, also bietet sich ein Wagen eher an. Auch in Hinblick auf die Flexibilität.« So schlicht wie möglich, kein Wort zu viel.

Joyce sah Olive erwartungsvoll an, aber als sie verstand, dass sie nicht mehr sagen würde, lachte sie noch einmal auf. »Ich mag deinen neuen Humor.«

Olive ging nicht darauf ein. Sie war zu müde – von einer Nacht ohne Schlaf, aber auch davon, sich ständig beweisen zu müssen. »Du wolltest eine Geschichte von mir, eine, die in die Tiefe geht. Und ich glaube, ich habe diese Geschichte gefunden.«

»In Deutschland?«

»In den Händen einer eingemauerten Leiche«, korrigierte Olive sie.

Der Ausdruck auf dem Gesicht ihrer Chefin wirkte nun verstört. Vermutlich wartete sie noch immer darauf, dass Olive auflachte und alles als einen deplatzierten Scherz abtat, aber das würde nicht geschehen.

Irgendwann ging das auch Joyce auf. Mit einem leisen Stöhnen lehnte sie sich auf ihrem Stuhl zurück. »Leichen gibt es auch in London. Dafür musst du nicht nach Deutschland fahren, noch dazu für zwei Wochen.«

»Es geht aber nicht um die Leiche, sondern um das, was in ihrer Hand gefunden wurde.« Bevor ihre Chefin noch ratloser wirken konnte, löste Olive die Finger um ihr Erbstück.

Joyce rückte näher heran. »Was ist das?«

»Ein Kompass.« Als ihre Chefin danach greifen wollte, zog Olive die Hand zurück.

Joyce bedachte sie mit einem seltsamen Blick. »Und dieser Kompass wurde in der Hand einer Leiche gefunden?«

»Diesen hier habe ich vor ein paar Jahren von meiner Großmutter bekommen. Eine Art Erbe«, erklärte Olive und zückte ihr Handy. »Aber in Hamburg sind in den letzten Tagen einige Keller vollgelaufen, und in einem dieser Keller wurde eine eingemauerte Leiche freigelegt. Bisher weiß niemand, um wen es sich handelt. Aber das hier wurde in ihrer Hand gefunden.« Sie hielt Joyce das Foto hin, das Sadie ihr geschickt hatte.

Ihre Chefin nahm das Telefon an sich und betrachtete das Bild. »Die sehen ziemlich gleich aus.«

»Sie sind identisch«, stellte Olive klar, obwohl der endgültige Beweis dafür ausstand.

Joyce stöhnte noch einmal und gab ihr das Handy zurück. »Und wenn schon. Vielleicht gibt es tausende davon.«

»Gibt es nicht. Ich habe das prüfen lassen, als meine Großmutter mir das Teil geschenkt hat. Angeblich ist es ein Einzelstück.«

»Wertvoll?«

»Nein«, gab Olive zu. »Zumindest nicht im materiellen Sinne. Aber jetzt ist dieses Gegenstück aufgetaucht, unter ziemlich mysteriösen Umständen, und ich glaube, dass da eine Verbindung besteht. Dieser Kompass birgt ein Geheimnis, und dieses Geheimnis hat etwas mit meiner Großmutter zu tun.«

»Eine Familiengeschichte«, fasste Joyce zusammen, und Olive nickte.

»*Meine* Familiengeschichte.«

Tatsächlich schien ihre Chefin über die ungewöhnlichen Verknüpfungen nachzudenken. »Wie alt war deine Großmutter?«

»Sie wird nächsten Monat 98«, sagte Olive und weckte damit augenblicklich Joyce' Neugier.

»Warte mal. Sie lebt noch?« Ungläubig rutschte sie auf ihrem Stuhl nach vorne. »Warum rufst du sie dann nicht einfach an und holst dir die Informationen, die du brauchst? Das spart Zeit und ist deutlich günstiger als eine Reise nach Deutschland.«

Olive spürte, wie sich ein Ziegelstein auf ihre Brust legte. »Sie hatte vor vierzehn Monaten einen Schlaganfall und hat danach eine aggressive Form von Demenz entwickelt. Es ist kaum noch möglich, mit ihr zu sprechen. Aber ich glaube, dass ...« Mit einem Mal wurde sie doch wieder unsicher. »Ich glaube, dass diese Leiche irgendetwas mit ihr zu tun hat, dass es eine Spur in ihre Vergangenheit gibt. Und vielleicht ist das hier ...« Sie musste schlucken und schloss die Finger fest um den Kompass. »Vielleicht ist es meine letzte Chance, herauszufinden, wer meine Großmutter eigentlich war.« *Und die Verbindung wiederherzustellen, die uns einst ausgemacht hat*, dachte Olive bei sich, diese besondere Verbindung, nach der sie sich so schmerzhaft sehnte, dass sie es nicht auszusprechen vermochte.

Hinter Joyce' Stirn arbeitete es. Olive konnte jedenfalls sehen, dass sie nicht komplett abgeneigt war. Sie musste jetzt in die Vollen gehen, wenn sie endlich ihre Chance bekommen wollte. »Denk doch mal nach, Joyce: Wie gut kennen wir unsere Großeltern wirklich? Wir verbringen Jahre, wenn nicht Jahrzehnte mit ihnen, und doch haben wir keine Ahnung, wer sie waren, bevor sie unsere Großeltern wurden. Das ist nicht nur etwas, was mich betrifft, es betrifft uns alle.« Sie holte noch einmal tief Luft. »Im Leben meiner Großmutter gibt es einen blinden Fleck, da bin ich mir sicher. Ich weiß, dass du mich nicht für die beste Journalistin der Welt hältst, aber ich bitte dich: Gib mir die Chance, diesen blinden Fleck zu füllen. Ich kann dir nicht garantieren, dass die Geschichte, die ich finde, gut ist. Aber es wird *meine* Geschichte sein. Und das ist es doch, was du von mir verlangt hast, oder?« Olive heftete ihre Augen auf Joyce' Gesicht. Diesmal wäre sie nicht diejenige, die den Blick zuerst abwandte.

Tatsächlich war es ihre Chefin, die nach einer Weile zu blinzeln begann. Ihre Fassade bröckelte, Olive hatte es geschafft, die Schale zu knacken.

Doch ausgerechnet in dem Moment, in dem sich Joyce' Lippen öffneten und sie etwas sagen wollte, klopfte es in Olives Rücken an der Tür, und Tom Philips steckte seinen Kopf ins Büro.

Als er Olive bei Joyce am Tisch sitzen sah, schlich sich ein verblüffter Ausdruck auf sein Gesicht, doch der verflüchtigte sich schnell wieder. »Sorry«, murmelte er und verbarg nicht, dass er genervt war. »Libby sitzt nicht an ihrem Platz, und ich wusste nicht, dass du noch beschäftigt bist.« Offensichtlich war er mit Joyce verabredet. Als er jetzt jedoch drauf und dran war, die Tür wieder zuzuziehen und zu verschwinden, erwachte Joyce aus ihrer Denkstarre. »Warte, Tom! Komm rein!«

Olive stöhnte leise in sich hinein. Sie war so nah dran gewesen, und jetzt musste ihr ausgerechnet Tom dazwischenfunken. Hätte er nicht zwei Minuten später an die Tür klopfen können?

Zumindest schien auch er sich nicht wohl dabei zu fühlen, Joyce' Aufforderung Folge zu leisten. Mit sichtbarem Widerwillen betrat er das Büro und schloss zögerlich die Tür hinter sich. Von dort aus bewegte er sich keinen Zentimeter weiter. *Bloß nicht zu nah rankommen!* Olive konnte ihm praktisch ansehen, wie ungern er sich im selben Raum wie sie aufhielt – und nach etlichen Versuchen, seine Sympathie zu gewinnen, konnte sie dieses Gefühl heute nur noch erwidern. Sie hatte sich damit abgefunden, dass es Menschen gab, mit denen man niemals warm wurde, und für Olive war Tom Philips eben genau so ein Mensch.

Joyce hingegen schien sich über seine Anwesenheit zu freuen. Sie grinste ihn an, als hätte er ihr gerade einen hochdotierten Preis überreicht. »Du hast doch ein Auto?«, fragte sie ganz unverfänglich. »Und ein bisschen Deutsch sprichst du auch.«

Olive blieb die Luft weg. Sie hatte eine böse Vorahnung,

worauf ihre Chefin hinauswollte – ganz im Gegensatz zum ahnungslosen Tom.

»Wieso?«, hakte er nach, verschränkte aber vorsorglich die Arme vor der Brust.

Joyce ließ seine Frage unbeantwortet. Stattdessen blickte sie zu Olive und lehnte sich zufrieden in ihrem Sessel zurück. »Heute ist dein Glückstag! Bei Tom sind diese Woche zwei Fotojobs weggefallen, und wir wollten gerade besprechen, was er stattdessen tun könnte. Wenn das kein Zeichen ist.« Das Grinsen, das sich auf ihrem Gesicht ausbreitete, hatte etwas Unheilvolles.

Olive rutschte auf ihrem Stuhl herum. Sie wollte dieses Gespräch nur noch beenden oder besser noch: zurückspulen, auf null setzen, zu einem anderen Zeitpunkt neu beginnen. Auf keinen Fall wollte sie in Erfahrung bringen, was Joyce mit ihren Andeutungen meinte, denn sie war sich sicher, dass ihr die Antwort nicht gefiel.

Tom hingegen war sich der Gefahr, die im Raum stand, offenbar nicht bewusst. »Und was soll das heißen?«, murrte er, während er sich mit der Schulter an den Türrahmen lehnte.

Olive schloss die Augen, als könnte sie ihr Schicksal damit noch abwenden, aber natürlich war es dafür längst zu spät.

»Das heißt«, verkündete Joyce mit erschreckender Genugtuung in der Stimme, »dass ihr beide gemeinsam nach Deutschland fahrt.«

ZWEI SCHWESTERN
Juli 2000

Claires Finger klammerten sich so fest um den Rand des Motorbootes, dass ihre Knöchel weiß hervortraten. Sie war davon ausgegangen, dass ihr der Seegang nicht viel ausmachen würde, aber jetzt wurde sie eines Besseren belehrt.

»Dauert nicht mehr lange«, rief ihr der Bootsführer von vorne zu, ein älterer, von Sonne und Sturm gezeichneter Mann namens Luke. »Höchstens fünf Minuten!«

Claire rang sich ein Lächeln ab, sah sich aber nicht in der Lage, etwas zu erwidern. Vor vier Tagen waren ihr die Worte ausgegangen. Es gab Bilder, surreal wie Filmstreifen, die noch nicht entwickelt worden waren, und ein paar unliebsame Gefühle, aber nichts, was sie noch hätte sagen wollen oder können.

Der Fahrtwind ließ das aufgewirbelte Pazifikwasser in feinen Tropfen auf ihr Gesicht rieseln. Claire drehte den Kopf zur Seite, damit ihr Make-up nicht in Mitleidenschaft gezogen wurde, aber dann entschied sie sich doch um und lieferte sich schutzlos dem kalten Nass aus. Was nützte es hier draußen, die Fassade aufrechtzuerhalten?

Sie schloss die Augen. Das Salz in der Luft brannte in ihren Lungen und mischte sich mit dem Schmerz und der Scham, die sie empfand.

Für den Schmerz war Will verantwortlich, für die Scham ihre Schwester.

Nicht Iris' Tod hatte sie zur Flucht bewogen, sondern der Abgrund, der sich in New York zu ihren Füßen aufgetan hatte. Claire war nicht bereit gewesen, zu fallen. Also hatte sie das Einzige getan, was ihr aussichtsreich erschienen war, und war davongelaufen.

Wie weit dieses *davon* aber tatsächlich war, hatte sie erst verstanden, als sie an der Küste in dieses Boot gestiegen war. Der Ort, an dem ihre Schwester gestorben war, war nicht einfach nur abgelegen. Er war das Ende der Welt. Wer wusste schon, ob sich dort hinten am Horizont, im Schatten der Inselrücken, nicht doch das Nichts befand, eine Bruchkante, die direkt in den Abgrund führte? Vielleicht wäre es für Claire tatsächlich das Einfachste gewesen, vom Rand der Welt zu kippen. Oder belog sie sich am Ende selbst, und das war ohnehin längst passiert?

Beim bloßen Gedanken an das, was in Brooklyn geschehen war, zog sich ihr Magen zusammen. Obwohl sie die Adresse von ihrem Handgelenk geschrubbt hatte, bis die Haut wund war, spürte sie den Makel des Unauslöschlichen an sich haften. Es gelang ihr nicht, die Bilder von Will und seiner Frau, seiner kleinen Familie, zu verdrängen. Sie hatten sich in ihre Netzhaut gebrannt; selbst wenn Claire die Augen schloss, waren sie da. Negativbilder eines Glücks, das ihren Untergang bedeutete. Vor der Wahrheit konnte sie die Augen nicht verschließen.

Die Wahrheit ... Claire schnaubte, aber der Fahrtwind verschlang jedes Geräusch.

Sie war Anwältin, eine der Besten, und doch hatte sie die Wahrheit nicht gesehen. Sie hatte nicht mal den leisesten Hauch einer Ahnung gehabt, wie Wills Wahrheit in Wirklichkeit aussah, hatte sich blenden lassen von ihren Gefühlen. Schwach und blind und dumm. Das hatte die Liebe aus ihr gemacht.

Dabei hatte sie um die Gefahren des Verliebtseins gewusst. Jahrelang hatte sie sie umschifft wie Seeminen, nur um ihnen dann, auf dem Zenit ihres Erfolgs, doch zum Opfer zu fallen. Sie verdiente den Schmerz für ihre Naivität, und war dennoch überrascht, wie heftig er war.

Will, der den Arm um die Schultern seiner Frau legt.
Will mit seinem Sohn.
Will, der eine Familie hat – eine Familie liebt.

Er würde sie nicht aufgeben für das, was ihn mit Claire verband. Das hatte sie im Bruchteil einer Sekunde erkannt, als sich ihre Blicke getroffen hatten.

Sie konnte sich nicht erinnern, wie sie in jener Nacht nach Hause gekommen war, nur dass sie irgendwann die Tür ihres Apartments hinter sich geschlossen hatte und an der gigantischen Fensterfront auf den Boden geglitten war. Mit einem Mal hatte die Aussicht sie verhöhnt. Wie konnte einem die Welt zu Füßen liegen, wenn man sich gleichzeitig klein und verloren fühlte?

Immer wieder hatte Claire auf ihr Telefon gestarrt und auf eine Nachricht von Will gehofft. Eine Erklärung, ein Gesprächsangebot. Irgendetwas.

Aber im Grunde war diese Hoffnung selbst eine Lüge. Es gab nichts zu erklären, es brauchte kein Gespräch. Die Sache war vorbei.

Am schlimmsten war, wie das alles sie zurückgelassen hatte. Als *was*.

Irgendwann war sie auf dem Fußboden eingeschlafen, aber auch im Schlaf hatte sie keinen Trost gefunden.

Zum Glück war der nächste Tag ein Samstag, und niemand erwartete von ihr, in die Kanzlei zu fahren. Miles hatte frei, aber er rief trotzdem ein paarmal an und schickte unzählige Nachrichten. Er war besorgt, und Claire war beinahe froh darüber, dass es einen offiziellen Grund für ihr Elend gab. Nicht auszudenken, wie sie Miles ihren Zustand hätte erklären sollen, wenn ihre Schwester nicht gestorben wäre. Da war sie wieder, die Scham über ihre eigene Erbärmlichkeit. Aber so war es nun mal. Nicht einmal Miles sollte wissen, wie naiv sie in Wirklichkeit war, wie wenig professionell und wie verletzlich. Das Wochenende kam ihr dabei gelegen.

Als allerdings die neue Woche anbrach und sie sich noch immer nicht in der Lage sah, zur Arbeit zu gehen, erkannte sie, dass sie härtere Maßnahmen würde ergreifen müssen.

Sie brauchte mehr Zeit, um wieder zu Sinnen zu kommen. Zeit, um zu entscheiden, was sie als Nächstes tun würde. Wie ihre Zukunft aussehen konnte. Will hatte ein Loch in ihr Leben gerissen, für das sie sich schämte und das sie hasste – vor allem, weil es sich nicht einfach zuschütten ließ wie andere Niederlagen.

Also hatte sie Miles mitgeteilt, dass sie *doch* an die Westküste reisen würde. Dass sie eine Auszeit bräuchte, um Abschied zu nehmen und sich um den Nachlass ihrer Schwester zu kümmern. Dass das Wochenende ihr die Augen geöffnet hätte.

»Du tust das Richtige«, hatte Miles ihr versichert. »Es gibt wichtigere Dinge im Leben als Arbeit.«

Natürlich war Claire dankbar gewesen für sein Verständnis und die Bestätigung, aber gleichzeitig hatte sie einen Stich gespürt. Zum einen, weil sie Iris benutzte, um ihre Schwäche zu verdecken. Zum anderen, weil sie in den vergangenen zehn, fünfzehn Jahren kaum etwas wichtiger gefunden hatte als ihre Arbeit. Will vielleicht, aber das war ein Fehler gewesen. Die Quittung dafür musste sie nun begleichen.

Claires Magen begann zu rebellieren. Wenn sie sich jetzt übergab, konnte sie es auf den Seegang schieben – doch in diesem Moment drosselte Luke das Tempo. Die Motorengeräusche wurden leiser, und auch die Bewegungen des Bootes änderten sich. Es glitt nicht länger auf den Wellen auf und ab, sondern schwankte unschlüssig zu den Seiten.

»Da sind wir schon!« Luke sprach zu laut, offenbar dröhnte der Bootsmotor in seinen Ohren nach, und endlich öffnete Claire ihre Augen wieder.

Was sie sah, war ungewöhnlich. Schroff und unberührt und vielleicht deshalb auf befremdliche Weise schön. Eine felsige Insel, namenlos, wie Luke ihr vor der Abfahrt gesagt hatte. Darauf Bäume, die mit dem Wind gewachsen waren, und am Ufer ein Steg, der den Gezeiten trotzte, aber wenig vertrauenswürdig aussah. Claires Lippen öffneten sich, aber ihre Gedanken fanden keinen Weg nach draußen.

Hier hatte Iris gelebt – mitten im Nichts?

Sie versuchte, sich das Bild ihrer Schwester vor Augen zu rufen. Rastlos. Aufgedreht. Wütend. Nichts davon ließ sich mit diesem Lebensraum in Einklang bringen.

»Das Haus liegt den Weg hoch, auf der linken Seite. Sie können es vom Boot aus schlecht sehen, aber Verlaufen ist praktisch unmöglich.« Luke lächelte so breit über seine Schulter, dass sein ganzes Gesicht Falten warf.

Claire wusste noch immer nicht, was sie sagen sollte. Wenn das ein Scherz war, war er nicht besonders gut. Kein Mensch konnte hier leben – *so* leben. Aber Luke machte nicht den Anschein, als wolle er sie auf den Arm nehmen. Zielstrebig steuerte er auf den Steg zu und ließ den Motor auslaufen. Mit schwappenden Bewegungen schaukelte das kleine Boot an den dunklen Felsen vorbei.

Erst als der alte Mann das Boot angebunden hatte und ihren Koffer auf die verwitterten Holzbohlen hievte, sah Claire sich gezwungen, sich aus ihrer Starre zu lösen.

»Soll ich Ihnen das Gepäck hochtragen?«, bot Luke an, aber Claire lehnte ab.

»Das schaffe ich schon.« Sie versuchte sich an einem Lächeln und richtete sich auf. Dabei geriet das Boot in Schieflage. Claire verlor das Gleichgewicht, aber der Bootsführer griff beherzt zu und ersparte ihr einen Abgang ins Wasser.

»Man muss sich erst daran gewöhnen«, sagte er, aber Claire war sich nicht sicher, was er meinte. Den Wellengang, diese Insel? Oder dass sie jetzt keine Schwester mehr hatte und ihr Leben in Scherben lag?

Vorsichtshalber ließ sie sich von Luke auf den Steg helfen und zückte ihre Geldbörse. »Was schulde ich Ihnen?«

Er winkte ab, während er das Tau vom Pfahl löste. »Frankies Freunde sind auch meine Freunde.«

Frankie? Claire runzelte die Stirn. Sie hatte keine Ahnung, wer dieser Frankie war. Aber Luke warf bereits seinen Motor an und machte damit jeden Einwand hinfällig.

»Tut mir leid, die Sache mit Iris!«, brüllte er gegen den einsetzenden Lärm an und sah ihr mit aufrichtigem Bedauern in die Augen. »Sie war ein besonderes Mädchen!« Dann wandte er sich ab und brauste ohne ein Wort des Abschieds davon.

Claire sah ihm nach, bis er sich zwischen zwei anderen Inseln im aufgewirbelten Wasser auflöste.

Hatte er Iris als *Mädchen* bezeichnet? Sie war sechsunddreißig gewesen, genau wie Claire, und damit schon lange kein Mädchen mehr. Dass er sie als *besonders* empfunden hatte, wagte Claire hingegen nicht zu bezweifeln. Iris war immer schon besonders gewesen, in jeder Hinsicht. Besonders hübsch, besonders wild, besonders fröhlich, aber auch besonders traurig. Und ganz besonders wütend.

Noch immer konnte Claire nicht glauben, dass sie ausgerechnet hier ein Zuhause gefunden haben sollte ...

Ein Windstoß zog vom Wasser über den Steg. Es war kälter als in New York, viel kälter, als sie erwartet hatte. Vermutlich hatte sie falsch gepackt. Aber das spielte jetzt auch keine Rolle mehr, genau wie so viele andere Dinge, und deshalb umfasste Claire den Griff ihres Rollkoffers und setzte sich in Bewegung.

Trotz seines unverschämten Kaufpreises entpuppte sich ihr Koffer schon nach wenigen Schritten als Reinfall. Sobald der Steg endete, gab es nur noch einen schmalen Weg aus Schotter, eher über die Jahre plattgetreten als angelegt und absolut Rollkoffer untauglich. Mit einem Rucksack wäre sie besser beraten gewesen, aber wann hatte sie zuletzt einen solchen besessen? Außerdem hatte sie nicht ahnen können, dass es hier so aussehen würde. Sie hatte sich auf die Daten gestützt, die Miles am Telefon notiert hatte, als sie nicht mehr hatte zuhören können: der nächste Flughafen in Seattle. Der kleine Küstenort, an dem sie nach Luke und seinem Boot fragen sollte. Der Name des Bestattungsinstitutes, dessen Inhaber – *Clifford?* – bei Claire in der Kanzlei angerufen hatte.

Vor ihrer Abreise aus New York hatte sie sich nicht mehr bei ihm gemeldet. Man hatte mit der Einäscherung nicht länger warten wollen, und nachdem sie ursprünglich entschieden hatte, nicht anzureisen, war Iris' Körper ohnehin schon am Wochenende verbrannt worden. Es bestand also keine Notwendigkeit zur Eile, und abgesehen davon war Claire nicht erpicht darauf, unmittelbar nach ihrer Ankunft mit wildfremden Menschen über Iris' Tod zu sprechen. Deshalb hatte sie sich direkt zu Bootsmann Luke durchgefragt, und hier war sie nun. In einer Welt, die ihr nicht fremder hätte sein können.

Die Rollen ihres Koffers blockierten nun schon zum dritten Mal, und Claire hatte die Nase voll. Gegen den Kiesboden konnte sie nur verlieren, deshalb kippte sie ihr Gepäckstück und trug es den ausgetretenen Pfad hinauf.

Als sie realisiert hatte, dass Iris auf einer Insel gelebt hatte, hatte sie an alles Mögliche gedacht, aber sicher nicht an so etwas. *Inselleben* klang vielleicht etwas abgeschieden, aber Claire hatte zumindest mit einer Siedlung gerechnet, mit Wegen und Parkbänken und auch ein paar Geschäften und Cafés. Aber hier war nichts. Keine Menschenseele. Keine Anzcichen für Zivilisation, bis auf den verwitterten Steg und das kleine, graue Steinhaus, das sich linksseitig in die Landschaft duckte. Luke hatte recht. Verlaufen konnte man sich nicht.

Je näher Claire dem Haus kam, desto größer wurde das beklemmende Gefühl in ihrer Brust. Ihr fiel erst auf, dass sie keinen Schlüssel hatte, als sie ihren nutzlosen Koffer vor der Tür abstellte. Aber die Tür ließ sich auch ohne öffnen – natürlich. Warum abschließen, wenn es keine anderen Menschen gab? Hier war weit und breit niemand, der hätte einbrechen können, und vermutlich auch nichts, was es sich zu stehlen lohnte. Und trotzdem zögerte Claire, über die Schwelle ins Haus zu treten. Das hier war Iris' Reich gewesen, ihr Rückzugsort. Ungefragt einzudringen fühlte sich falsch an. Iris war zwar ihre Zwillingsschwester, der Mensch, der ihr auf dieser Welt am nächsten stand, aber gleichzeitig eine Fremde. Claire hatte jedenfalls keine Ahnung, wer ihre Schwester in den letzten zehn Jahren gewesen war. Sie hatte ja nicht einmal gewusst, *wo* sie gewesen war.

Obwohl sie sicher war, keine Antwort zu erhalten, klopfte sie an den Türrahmen. »Hallo?«

Ein paar Sekunden ließ sie die Stille auf sich wirken, dann packte sie ihren Koffer, trat ins Innere und schloss die kreischende Tür hinter sich.

Das war es also.

Das letzte Zuhause ihrer Schwester.

Claire horchte in sich hinein, aber es gelang ihr nicht, ein Gefühl zu greifen. Also ließ sie ihren Blick durch das Haus schweifen.

Sie stand in einem Windfang, wie sie ihn aus ihrem Elternhaus kannte, nur kleiner. An der Garderobe hingen ein paar funktionale Jacken und Mäntel, darunter standen zwei Paar Stiefel, als würden sie auf etwas warten. Derbe, hochgeschlossene Schnürschuhe und Gummistiefel, deren ursprüngliches Gelb man unter dem Dreck nur erahnen konnte.

Claire stellte ihren Koffer ab und berührte einen der Mäntel, als müsste sie überprüfen, ob er auch wirklich echt war.

Ein Knacken ließ sie zusammenzucken. »Hallo?«, rief sie noch einmal, erhielt aber auch jetzt keine Antwort.

Vermutlich sprach nur der Holzboden. Claire kannte das aus dem Haus ihrer Eltern. Wenn sich das Wetter änderte, begann das Holz zu erzählen. Als Kinder hatten Iris und sie seinem Flüstern gelauscht, dicht aneinandergedrängt unter Claires Bettdecke, und Iris hatte für sie übersetzt. Iris sprach unendlich viele

Sprachen, und es hatte eine Zeit gegeben, in der Claire sie dafür geliebt hatte. Aber diese Zeit war lange vorbei. Sie waren keine Kinder mehr, und Iris war tot.

Tot.

Noch immer konnte Claire das nicht begreifen. Die Bedeutung des Wortes entglitt ihr jedes Mal aufs Neue, da war nur die Hülle von etwas, das Claire nicht fassen konnte. Vielleicht gehörte es zu einer von Iris' Sprachen, und Claire hatte den Zugang dazu schon vor vielen Jahren verloren.

Zwei Schritte, und sie stand in einem übersichtlichen Raum, Küche und Wohnzimmer zugleich. Auf der linken Seite befand sich eine kleine Küchenzeile und unter dem Fenster ein Tisch mit zwei Stühlen. Die Einrichtung war einfach, rustikal. Nicht Claires Geschmack, aber auf eigentümliche Weise gemütlich. Rechts stand ein Sofa vor einem in die Wand gefassten Kamin. Die Steine um die Feuerstelle waren unbehauen und ragten ungleichmäßig aus der Wand heraus, am Boden kauerten Aschereste und ein paar schwarze Holzscheite. Ganz schwach konnte Claire noch eine Ahnung von Leben in der Luft ausmachen, von einem Feuer, das Wärme gespendet hatte, und den Blumen, die auf dem Tisch standen und den Kampf gegen die Zeit verloren hatten.

Wie konnte dieser Ort ein Teil derselben Welt sein, in der auch *sie* lebte?

In New York erzählte das Holz keine Geschichten. In New York wurden Steine und Menschen in Form gebracht, um ihrem Potenzial maximal gerecht zu werden. Claire war schleierhaft, wie man sich freiwillig für dieses Leben hier entscheiden konnte.

Zwei Schwestern, zwei Wege. Zwei Welten.

Trotzdem war sie überrascht, festzustellen, dass Iris' Welt

nicht im Chaos versank. Das Haus war klein, jedoch nicht überladen, vor allem aber war es ordentlich und sauber.

Vor den Fenstern hingen rot-weiß karierte Vorhänge, wie damals in der Küche ihrer Eltern. Claires Blick fiel auf einen Lichtschalter neben der Tür, und als sie ihn probehalber betätigte, sprang die Lampe unter der niedrigen Decke surrend an und hüllte den Raum in ein warmes Licht. Strom gab es also.

Zwei Räume gingen vom Hauptraum ab, der eine ein schlichtes Bad, der andere ein kleines Schlafzimmer. Claire blieb in der Tür stehen und starrte auf das ungemachte Bett in der hinteren Ecke. Es sah aus, als wäre Iris gerade erst aufgestanden, als bestünde jederzeit die Möglichkeit, dass sie zurückkäme.

Claire musste schlucken.

Kaum etwas war schlimmer, als vergeblich zu warten.

Ihr Blick floh zum Schlafzimmerfenster auf der linken Seite. Auch hier die Vorhänge mit dem Karomuster, zugezogen. Plötzlich drängte sich ein verblasstes Bild in ihre Erinnerung. Iris, die am Küchentisch saß und ihre Finger durch die Flamme einer Kerze führte, so langsam, dass Claire sich einbildete, ihren Schmerz zu fühlen. Sie hatte kaum hinsehen können, aber Iris hatte sich in all den Jahren nie verbrannt. Irgendwann hatte ihre Mutter keine Kerzen mehr gekauft.

Claire ging auf das Fenster zu und zog die Vorhänge zurück. Das Wasser konnte man von hier nicht sehen, nur den Wald, der sich hinterrücks ans Haus schmiegte. Krumme Bäume, von den Jahren gebeugt.

Sie wandte den Blick ab, und als er auf den kleinen Schreibtisch in der dunklen Zimmerecke fiel, war sie beinahe erleichtert. Hierhin hatte Iris ihr Chaos also verbannt.

Claire tat einen Schritt darauf zu, um Einzelheiten in der

Unordnung auszumachen, hielt aber genügend Abstand, denn berühren wollte sie nichts. Jedes Chaos hatte sein System, und sie hatte nicht vor, etwas durcheinanderzubringen.

Da waren hauptsächlich lose Blätter, kreuz und quer übereinandergelegt, fast ausschließlich Zeichnungen. Dazwischen Bleistifte, Federn, ein Fässchen mit Tinte. Über der Tischplatte hingen Bilder von Tieren und Pflanzen. Claire betrachtete die feinen Linien. Sie konnte sich kaum vorstellen, dass ihre Schwester die nötige Ruhe und Geduld aufgebracht hatte, um derart elegant und detailgetreu zu zeichnen. Aber was wusste sie schon von Iris – von der Iris, die auf dieser Insel gelebt hatte und im Meer vor der Tür gestorben war?

Mit einem Mal machte sich ein merkwürdiges Gefühl in ihr breit. Was tat sie hier eigentlich? Was erwartete sie von dieser Reise, was hatte sie sich erhofft?

Ihr Aufbruch aus New York war eine Flucht gewesen, dem Wunsch geschuldet, einem Schmerz zu entkommen, vor dem es in der Stadt kein Entrinnen gab. Aber warum in aller Welt hatte sie ausgerechnet an diesen Ort kommen müssen? Hier gab es nichts für sie. Keinen Frieden, keinen Trost. Nicht einmal eine Schwester.

Mit einem lautlosen Stöhnen sank sie auf das ungemachte Bett, legte sich auf den Rücken und blickte zur Zimmerdecke hinauf.

Plötzlich war sie müde, so müde, dass es sich nur schwer ertragen ließ.

In den letzten Tagen hatte sie kaum ein Auge zugetan. Sie hatte ein paar Pillen eingeworfen, um zumindest kurz in den Schlaf zu finden, aber erholsam war das nicht gewesen. Jetzt aber rollte die Müdigkeit über sie wie eine Flut, eine Naturgewalt, die nach ihren Gliedern griff und sie tiefer in die Matratze zog. Auch ihre Lider konnten sich dieser Kraft nicht widersetzen, und so legte Claire den Kopf zur Seite und schloss die Augen. Sie würde sich einen Moment ausruhen, nur einen kurzen Moment.

Als sie die Augen wieder aufschlug, war es stockfinster, nur das fahle Licht des Mondes drang durch das Fenster. Sie musste den halben Tag und die Dämmerung verschlafen haben, aber müde war sie noch immer.

Claire richtete sich halb auf der Matratze auf und fischte ihr Mobiltelefon aus der Innentasche ihres Blazers, um die Uhrzeit zu prüfen. Mitternacht war gerade verstrichen. Sie spielte mit dem Gedanken, sich wieder hinzulegen und weiterzuschlafen, da machte sich ihre Blase bemerkbar.

Erleichtert stellte sie fest, dass es im Bad nicht nur Strom, sondern auch fließend Wasser und eine funktionierende Spülung gab. Darüber hinaus wurde allerdings wenig Komfort geboten. Das Waschbecken hatte einen Sprung, als wäre es schon mal von der Wand gefallen, und der Spiegel, der darüberhing, war an vielen Stellen blind. Trotzdem reichte es aus, um Claire vor Augen zu führen, wie furchterregend sie aussah. Ihre Wimperntusche war verwischt und hatte gewaltige Schatten unter ihre Augen gelegt. Claire versuchte, das krümelige Schwarz mit kaltem Wasser wegzuwaschen, machte die Sache aber nur schlimmer. Die Farbe ließ sich erst entfernen, als sie die Abschminktücher aus ihrem Koffer im Windfang geholt hatte. Die Augenringe blieben trotzdem.

Iris hatte offenbar kein Make-up benutzt, zumindest konnte Claire im Bad keines entdecken. Auf dem Waschbeckenrand stand eine henkellose Tasse mit Zahnbürste und einer halbvollen Tube Zahnpasta, daneben ein Tiegel mit einer geruchlosen, festen

Creme. Mehr Pflegeprodukte gab es nicht – und genau genommen wäre für mehr auch kein Platz gewesen. Claire bezweifelte, dass sie ihre Kosmetika und Pflegemittel in dem winzigen Bad würde unterbringen können. Am besten ließ sie alles im Koffer, sie würde ohnehin nicht lange bleiben.

Über der Kloschüssel hing ein Holzschrank, und als Claire ihn öffnete, entdeckte sie darin Medikamente sowie Verbandszeug und Handtücher. Sie seufzte leise, und in diesem Moment zog es in ihrer Magengegend. Konnte das Hunger sein?

Seit Freitag hatte sie kaum etwas gegessen, aber auf dem Flug nach Seattle hatte sie zumindest ein paarmal von dem Truthahnsandwich abgebissen, dass ihr die Flugbegleiterin serviert hatte. Das lag natürlich eine Ewigkeit zurück.

Claire trat aus dem Bad und schaltete das Licht im Wohnraum an. Die Glühbirne flackerte mahnend unter der Zimmerdecke, als wollte sie daran erinnern, dass Elektrizität keine Selbstverständlichkeit war.

Die Küche war übersichtlich ausgestattet, und in den wenigen Schränken fand Claire außer Kartoffeln und ein paar Gläsern mit eingemachten Früchten eine angebrochene Packung gezuckerter Cornflakes. Immerhin gab es einen kleinen Kühlschrank, und in dem stand eine Flasche Milch – sauer, wie Claire kurz darauf feststellte. Dann würde sie die Cornflakes eben ohne Milch essen, als Kinder hatten sie das oft getan.

Sie nahm ein Schälchen aus dem offenen Regal, füllte ein paar Cerealien hinein und setzte sich damit an den Tisch.

Während die Frühstücksflocken zwischen ihren Kiefern krachten, wandte sie den Blick zum Fenster. Durch die vor der Nacht spiegelnde Scheibe konnte sie draußen nicht viel erkennen. Nur der silberweiße Mond und eine Handvoll Sterne setzten sich gegen die Finsternis durch – und Claire überkam das Gefühl, dass das Universum hier im Nirgendwo viel größer war als im niemals erdunkelnden New York. Oder war sie nur kleiner geworden, auf dieser Insel im Nichts, am Tisch der Schwester, die ihr fremd geworden war?

Mit einem Mal durchzuckte sie noch ein anderer Gedanke. Beunruhigt griff sie nach ihrem Telefon, und ihr Puls beschleunigte sich: Sie hatte keinen Empfang!

Kein Empfang bedeutete, dass sie nicht erreichbar war, und schlimmer noch: dass sie selbst niemanden erreichen konnte!

Angespannt schob sie ihren Stuhl zurück, durchquerte den Raum mit wenigen Schritten und trat durch die Haustür nach draußen.

»Komm schon!« Sie hielt ihr Telefon in die Höhe, aber auch jetzt fand sie kein Netz. Panik stieg in ihr auf. Sie eilte in Richtung Steg, stolperte fast, und auch ihr Herzschlag geriet aus dem Takt. Aber auch hier nichts.

Kein Empfang. Kein Netz.

Sie war allein.

»Verdammt!« Claire stieß einen befremdlichen Laut aus, doch der interessierte hier draußen niemanden. Wenn sie nicht telefonieren konnte, wie sollte sie dann von dieser Insel runterkommen?

Luke war einfach davongefahren, war mit der Oberfläche des Meeres am Horizont verschmolzen, aber er hatte nichts davon gesagt, wie sie ihn würde zurückholen können!

Iris ...

Iris, Iris, Iris!

In diesem Augenblick fühlte sich der Name ihrer Schwester an wie ein Rettungsreifen.

Iris musste irgendwie aufs Festland gekommen sein. Sie hatte Lebensmittel besorgt, Medikamente, alles, was sie hier draußen benötigte – es musste also einen Weg geben! Hatte sie ein Boot gehabt? Gab es irgendwo einen Telefonanschluss?

Claire hastete zum Haus zurück und umrundete es mit wenigen Schritten. Auf der Rückseite war ein kleiner Verschlag, auch er unverschlossen. Allerdings fand sich in seinem Inneren weder ein Boot noch ein Telefon, sondern nur ein Generator und eine Anlage, die wohl für die Wasserversorgung verantwortlich war.

In Claires Ohren rauschte es, und mit dem Rauschen sickerten die Worte des Bestatters in ihr Gedächtnis zurück. Iris war mit dem Boot aufs Meer hinausgefahren.

Ein Sturm.

An Land gespült.

Tot ...

Und das Boot?

Er hatte nicht erwähnt, was mit dem Boot geschehen war – aber Claire war intelligent genug, ihre Schlüsse zu ziehen.

Es gab kein Boot mehr.

Das Boot war dem Sturm zum Opfer gefallen, genau wie ihre Schwester. Als Claire verstand, was das bedeutete, sank sie auf die Knie und übergab sich so heftig wie nie zuvor in ihrem Leben.

Diese Insel war kein Zufluchtsort.

Sie war ein verfluchtes Gefängnis.

Hellerup, Dezember 1941

UNTER DEMSELBEN MOND

So wie der Mond zwei Seiten hat,
Hat auch das Glück
Ein weiteres Gesicht und
Das heißt Scham.

Wie kann mein Herz leicht sein,
Wenn nicht weit von hier
Ein Untier seine Wunden
In das Fleisch der Menschen schlägt?

Wie kann ich tanzen wollen,
Wie lachen, wenn anderswo
Der Tod mit kalten Fingern
Um sich greift?

Blut sickert in die Äcker,
Ertränkt junger Menschen Träume,
Während ich meine Flügel ausstrecke
Und lerne, wie man fliegt.

Sag, stiller Wintermond:
Ist mein Erwachen ein Verrat?

SPRÜHKÄSE
November 2022

Tom, ausgerechnet *Tom der Schreckliche* – konnte sich das Schicksal noch grausamer gegen sie wenden?

Olive presste sich ihr Kissen vors Gesicht und schrie hinein, um Mr Cummings nicht unnötig zu provozieren. Dann schleuderte sie das Kissen durch den Raum und stopfte ein paar Klamotten in ihre Reisetasche. Sie wusste, dass ihr Verhalten kindisch war, aber wer wollte ihr vorschreiben, sich erwachsen zu benehmen? Ihr Leben hatte gerade wenig mit dem einer Erwachsenen zu tun, sie hatte die Kontrolle verloren, auf allen erdenklichen Ebenen, und die Sache mit Tom war der Tropfen, der das Fass zum Überlaufen brachte.

Wie hatte diese Geschichte, die doch *ihre* hatte werden sollen, nur so eine furchtbare Wendung nehmen können, noch dazu, wo sie kaum angefangen hatte?

Egal wie vehement Olive protestiert hatte: Joyce hatte einfach nicht lockergelassen. Schlimmer noch: Mit jedem verzweifelten Versuch, aus der Nummer herauszukommen, hatte ihre Chefin sich mehr in die Story verbissen, mit der Olive sie geködert hatte.

»Überleg mal, wie groß wir das aufziehen könnten. Jeder von uns hat schließlich Großeltern! Wenn das, was du nach Hause bringst, gut ist, ist vielleicht sogar eine Titelstory drin.«

Olive war beinahe schwindelig geworden. Wie lange hatte sie von einer Chance wie dieser geträumt, wie oft hatte sie sich ausgemalt, eine richtige, wirklich wichtige Geschichte schreiben zu dürfen? Jetzt bekam sie diese Chance – und musste sie ausgerechnet mit Tom Philips teilen?

Verzweifelt schlug Olive sich die Hände vors Gesicht.

Natürlich war Tom ein fantastischer Fotograf. Er hatte einen Blick für das Wesentliche und die Schönheit im Einfachen, man hatte ihm dafür schon etliche Preise an die Brust geheftet. Olive war klar, dass sie sich eigentlich hätte glücklich schätzen müssen, dass Joyce ihr den Besten an die Seite stellte. Das Problem war nur: Tom Philips konnte Olive nicht ausstehen – und er gab sich auch keine Mühe, das zu verbergen. Wann immer Olive ihm in der Redaktion über den Weg lief, wandte er den Blick ab und tat so, als hätte er sie nicht gesehen. In Situationen, in denen das nicht möglich war, zeigte er seine Abneigung ohne jede Scheu. Wenn Olive etwas sagte, stöhnte er leise oder gähnte, wenn sie ihn ansprach, gab er vor, dass ihm gerade etwas Wichtiges dazwischengekommen sei. Eine Nachricht, die niemand hatte eingehen hören, oder der Kaffee, der ihn plötzlich auf die Toilette trieb. Einmal hatte er sich sogar geweigert, überhaupt mit Olive zusammenzuarbeiten. Olive hatte versehentlich ein Gespräch mitgehört, dass nicht für ihre Ohren bestimmt gewesen war, und sie hatte versucht, der ganzen Sache nicht zu viel Bedeutung beizumessen, aber die Vehemenz, mit der Tom es abgelehnt hatte, mit ihr zu arbeiten, hatte ihr doch einen Stich versetzt.

Als sie sich Marcus vor ein paar Monaten anvertraut hatte, hatte er die Sache einfach abgetan, indem er Tom als Idioten bezeichnete. Dabei waren sie früher Freunde gewesen, Tom hatte zu Beginn seiner Arbeit bei der VOICES sogar bei ihm gewohnt, bis er eine Wohnung gefunden hatte. Seitdem schienen sich die beiden nicht mehr viel zu sagen zu haben. Marcus jedenfalls blockte konsequent ab, wenn Olive versuchte, Toms Verhalten zu verstehen, und er ermutigte sie, Tom einfach aus dem Weg zu gehen.

Aber wer war schon Marcus? Er hatte sich noch immer nicht bei ihr gemeldet, und Olive war es leid, auf etwas zu warten, was vermutlich nie passieren würde. Tom aus dem Weg zu gehen war jetzt wohl auch keine Option mehr.

Auch er hatte sein Schicksal nicht widerstandslos hingenommen. Ziemlich energisch hatte er auf Joyce eingeredet und ihr ein Potpourri aus Gründen präsentiert, warum er nicht mit Olive nach Deutschland fahren könne. Da waren ein paar Projektideen, ein Arzttermin und irgendeine Sache mit seiner Schwester, aber jeder Gegenwind hatte Joyce nur entschlossener gemacht. Am Ende hatte sie die Rechercherreise auf eine Woche heruntergebrochen, und Olive konnte nicht sagen, ob das gut oder schlecht war. Eine Woche reichte kaum aus für das, was sie sich vorgenommen hatte. Gleichzeitig waren diese sieben Tage viel zu lang, wenn sie sie mit Tom Philips würde verbringen müssen.

Stöhnend ließ Olive sich auf einem der Küchenstühle nieder und griff nach dem Kompass, den sie auf dem Tisch abgelegt hatte.

Poppy hatte ihr dieses Ding nicht ohne Grund vermacht, dessen war sie sich seit der Sache mit der Leiche und dem Foto sicher. Aber was, wenn das, was Olive auf ihrer Reise herausfinden würde, gar nicht für eine Geschichte taugte? Oder wäre es am Ende weit schlimmer, wenn es das tat?

Eine eingemauerte Leiche in einem Keller in Deutschland zeugte nicht von einer großen Erfolgs- oder Liebesgeschichte. Eine Leiche im Keller war nichts, was sie mit ihrer Großmutter in Verbindung brachte oder bringen wollte, und mit einem Mal beschlich Olive das ungute Gefühl, dass sie das, was sie über Poppys Vergangenheit zutage bringen würde, vielleicht gar nicht wissen wollte.

Wenn sich die Welt in Dunkelheit hüllt, bleibt dir nur der Blick nach innen.

War Olive bereit für diesen Blick?

All die Jahre hatte sie weggesehen. Sie hatte es sich bequem gemacht auf der breiten Couch des Nichtwissens, und es wäre ein Leichtes gewesen, jetzt einfach dort sitzen zu bleiben. Dennoch spürte Olive neben aller Sorge um das, was im Dunkeln verborgen lag, noch etwas anderes. Vielleicht war das hier die letzte Gelegenheit, herauszufinden, was es mit ihrem Erbe auf sich hatte, was der Kompass ihrer Großmutter bedeutet hatte. Vielleicht war das hier die letzte Chance, in Erfahrung zu bringen, wer Poppy eigentlich war und was sie all die Jahre vor ihnen verborgen hatte. Vielleicht war es eine Möglichkeit, das wiederzufinden, was sie mit dem Abdriften ihrer Großmutter verloren hatte, eine Verbindung wiederherzustellen, die gekappt schien.

Egal was Olive herausfinden würde: Im besten Fall war es ein Teil ihrer eigenen Geschichte. Aber wollte sie die um jeden Preis mit den Leserinnen der VOICES teilen?

Sie wusste es nicht. Was sie allerdings ohne jeden Zweifel wusste, war, dass sie Tom Philips nicht dabeihaben wollte. Sie trat diese Reise ohnehin schon mit schwerem Gepäck an. Das Letzte, was sie dabei noch gebrauchen konnte, war ein schlecht gelaunter Starfotograf, der keinen Hehl daraus machte, dass er sie so sympathisch fand wie eine hartnäckige Schuppenflechte.

Allein die Vorstellung, dass sie ihn in den Kreis ihrer Familie mitnehmen musste, war grauenvoll. Seit sie Joyce' Büro verlassen hatte, hatte Olive krampfhaft darüber nachgedacht, wie sich diese Situation vermeiden ließe, aber eine Lösung war ihr bisher nicht eingefallen. Es führte kein Weg daran vorbei: Sie musste für ihre Recherche zuerst nach Ashford fahren, um mit ihrem Vater zu reden, immerhin kannte er Poppy am längsten von allen. Außerdem hoffte sie insgeheim auf einen wachen Moment ihrer Großmutter. Wenn sie Glück hatte, konnte Poppy selbst erklären, was es mit dem Kompass auf sich hatte – und mit seinem unheilvollen Gegenstück in Deutschland.

Ihre Mutter hatte Olive am Telefon allerdings nicht viel Hoffnung gemacht. Seit Wochen schon war Poppy nicht mehr richtig ansprechbar gewesen, aber natürlich freute sich Mary trotzdem, dass ihre Tochter so kurz nach ihrem Geburtstag überraschend nach Hause kommen würde. Olive freute sich auch: auf ihre Eltern und eine warme Mahlzeit am Küchentisch ihrer Familie. Wenn nur die Sache mit Tom nicht wäre …

Die Fahrt nach Ashford würde bei guter Verkehrslage etwa zwei Stunden dauern, und das war erst der Anfang. Spätestens morgen oder übermorgen mussten sie weiter nach Dover, über den Ärmelkanal nach Calais, und dann auf direktem Wege nach Deutschland. Olive mochte sich gar nicht ausmalen, wie sie all diese Stunden auf engstem Raum mit Tom durchstehen sollte.

Mit einem Mal wurde ihr übel. Auch heute hatte sie kaum etwas zu sich genommen. Tom würde sie gegen halb sieben abholen, er musste vorher ein paar Dinge regeln, und das verschaffte ihr noch eine gute halbe Stunde, um zumindest eine Kleinigkeit zu essen.

Unglücklicherweise hatte sie auch heute nicht die Muße gehabt, den Einkauf zu erledigen, aber dort, wo sie gestern die Croissants gefunden hatte, stieß sie nun auf eine Dose Sprühkäse und eine Notfallration Cracker. Olive riss die Verpackung auf und wollte gerade den Deckel der Sprühdose abnehmen, als ihr Handy piepte.

Bin da.

Großartig, jetzt kam er auch noch zu früh! Stöhnend stopfte Olive die Cracker und den Dosenkäse in ihre Reisetasche, packte den Kompass dazu und griff sich ihren Pass und den Haustürschlüssel. Zuletzt nahm sie ihre Jacke vom Haken der Garderobe und löschte das Licht.

Als sie die Wohnungstür hinter sich ins Schloss gezogen hatte, blieb sie kurz im dunklen Treppenhaus stehen. In spätestens einer Woche wäre sie wieder zurück, das stand fest.

Sie wusste nur nicht, ob sie dann noch dieselbe wäre.

Olive hatte keine Ahnung gehabt, wie klein ein Mini wirklich sein konnte, insbesondere dann, wenn man ihn mit einem Menschen teilte, der einen nicht ausstehen konnte.

Als sie unten durch die Haustür gestolpert war und Tom in seinem dunkelgrünen Kleinwagen am Straßenrand entdeckt hatte, hatte sie flüchtig mit dem Gedanken gespielt, einfach wieder im Hausflur zu verschwinden, weitere Nachrichten zu ignorieren und die Sache sang- und klanglos im Nichts versickern zu lassen. Aber dann hatte Tom ihr mit Lichthupe zu verstehen gegeben, dass er sie gesehen hatte, und das hatte ihren Plan zunichtegemacht. Also hatte sie sich ihrem Schicksal ergeben, die Schultern gestrafft und all ihre aufgestaute Verzweiflung ein letztes Mal in die Londoner Abendluft geseufzt, bevor sie die Beifahrertür aufgerissen und ihre Reisetasche über den Vordersitz nach hinten geworfen hatte.

»Cooles Auto«, hatte sie gelogen und sich ein Lächeln abgerungen, aber Tom hatte sich nicht die Mühe gemacht, darauf einzugehen oder es aus Höflichkeit zu erwidern.

»Dein Gurt«, war das Einzige, was über seine Lippen kam, bevor er den Schlüssel im Zündschloss drehte und sie durch die dunkle Herbstnacht ins Ungewisse fuhren.

Mittlerweile waren sie schon fast anderthalb Stunden unterwegs und hatten noch immer kein Wort miteinander gewechselt. London hatten sie hinter sich gelassen, kurz hinter der Stadtgrenze hatte es wieder zu regnen begonnen, erst nur leicht, dann immer heftiger. Zwischendurch prasselte der Regen so stark auf die Windschutzscheibe, dass Olive keine zehn Meter weit sehen konnte.

Wegen einer Sperrung hatten sie die Autobahn verlassen und fuhren nun auf der Landstraße, und mit jeder Meile, die sie durch die Novemberdunkelheit zurücklegten, wurde Olives Bedürfnis stärker, tiefer in ihren Sitz zu sinken. Am liebsten wäre sie ganz darin verschwunden. Der Regen und das Schwarz der Nacht trieben sie in die Enge, am schlimmsten aber war das Gefühl, nicht weglaufen zu können. Das Schweigen, das zwischen Tom und ihr Platz genommen hatte, war unerträglich, geradezu physisch. Ein aggressiver, schwergewichtiger Körper, der zwischen ihnen saß und Olive die Luft zum Atmen nahm.

Es gab Menschen, mit denen man wunderbar schweigen konnte, Menschen, in deren Beziehung Schweigen ein Qualitätsmerkmal war, eines, das auf Verständnis, Vertrauen und Zeit basierte. Für Olive war Poppy so ein Mensch gewesen, sie hatten einander immer schon ohne Worte verstanden. Einen Menschen zu finden, mit dem man auf diese Weise schweigen konnte, war ein großes Glück, das wusste Olive, vielleicht das größte Glück von allen.

Doch sie hatte dieses Glück verloren, als sie ihre Großmutter verloren hatte, und das Schweigen zwischen Tom und ihr war definitiv nicht von der guten Sorte. Es tat weh, es lärmte in ihren Ohren, und irgendwann hielt Olive es einfach nicht mehr aus. »Tut mir leid!«

Tom tat das, was er immer tat, und gab vor, sie nicht gehört zu haben. Aber Olive hatte nicht vor, ihn damit davonkommen zu lassen. »Dass Joyce dich dazu verdonnert hat, diese Reise mit mir zu machen.«

Sie sah ihn so hartnäckig von der Seite an, dass er irgendwann aufgab und leise stöhnte. »Ist ja nicht deine Schuld.«

»Natürlich ist es das«, erwiderte sie beinahe belustigt. »Ohne mich und meinen Kompass wärst du wohl kaum in dieser Situation.«

Tom sah sie nicht an, aber sie merkte, dass es ihn einige Mühe kostete, sie zu ignorieren. Offenbar setzten die räumlichen Gegebenheiten auch ihm zu. Vielleicht konnte Olive diesen Umstand nutzen, um alles, was vor ihnen lag, etwas weniger schrecklich zu gestalten.

»Was hältst du davon, wenn wir nochmal ganz von vorne anfangen? Wenn wir so tun, als würden wir einander nicht kennen, nur für die nächste Woche?«

Tom stieß ein ungläubiges Lachen aus, vermied es jedoch auch jetzt, sie anzusehen. »Ich kenne dich aber.«

»Nein«, korrigierte Olive ihn nach kurzer Bedenkzeit. »Du kannst mich nur nicht ausstehen, das ist ein Unterschied.«

Sie sah, wie Toms Finger ihre Position auf dem Lenkrad veränderten, als suchten sie nach mehr Halt. »Wer sagt, dass ich dich nicht ausstehen kann?«

Jetzt war es Olive, die sich ein Lachen nicht verkneifen konnte.

Sie war vielleicht nicht die beste Journalistin der Welt, aber naiv und blind war sie auch nicht. Man musste kein Nobelpreisträger sein, um herauszufinden, was Tom Philips von ihr hielt.

»Versuch es einfach«, sagte sie schließlich. »Ich finde das alles auch nicht optimal. Aber wenn wir es schaffen, einander unvoreingenommen und freundlich zu begegnen, würde es die Sache schon bedeutend einfacher machen. Für mich geht es hier nämlich um etwas.« Sie wusste selbst nicht, woher sie auf einmal den Mut nahm, all das auszusprechen. Vielleicht war es der reine Überlebenswille, oder einfach die Erkenntnis, dass es keinen anderen Weg gab als den nach vorne.

Tom starrte eine Weile konzentriert auf die Fahrbahn vor sich und zuckte dann mit den Schultern. »Meinetwegen. Ich bin Tom, und du bist Olive, und es geht bei dieser Sache hier um …?«

Offensichtlich wartete er darauf, dass sie den Satz für ihn beendete.

In Joyce' Büro hatte er mitbekommen, dass sie erst nach Ashford und dann nach Deutschland würden fahren müssen und dass es sich um eine Familiengeschichte handelte. Aber jetzt verlangte er offenbar ein paar Details, und Olive versetzte sein unerwartetes Interesse in Aufregung. Vielleicht hatte sie es ja geschafft. Vielleicht würden sie sich wirklich neutral begegnen können und dieses gemeinsame Projekt durchziehen, ohne dass es zu unangenehm werden müsste.

»Einen Kompass«, sagte sie eine Spur zu energisch. »Es geht um den Kompass, den meine Großmutter mir geschenkt hat.«

»Und dieser Kompass ist so besonders, weil …?« Wieder zwang Tom sie, die Lücken zu füllen.

Eigentlich hatte Olive keine Freude an Fragespielchen dieser Art, aber am Ende war alles angenehmer, als sich weiterhin anzuschweigen. »Weil ich davon ausgegangen bin, dass es sich um ein Einzelstück handelt – aber gestern habe ich erfahren, dass ein identischer Kompass gefunden wurde.«

»In Hamburg?«

»In Hamburg«, bestätigte Olive und rieb mit dem Finger über einen Fleck auf ihrer Hose. »In den Händen einer Leiche, die in einem Keller vergraben war.«

»Dann ist das also ein Kriminalfall?«

»Ich hoffe nicht«, gab Olive zu, obwohl ihr klar war, dass die Umstände etwas anderes vermuten ließen. »Aber ich mache diese Reise, um es herauszufinden.«

»*Wir* machen diese Reise«, korrigierte Tom sie, und als Olive ihn ein weiteres Mal von der Seite ansah, ertappte sie sich bei der Feststellung, dass er gerade viel weniger gemein aussah, als er in Wirklichkeit war. Vielleicht hatte der Vorschlag mit dem Neuanfang ja gefruchtet.

»*Wir* machen diese Reise«, gab sie ihm recht und sah zum Seitenfenster hinaus. Der Novemberregen lag über Kent wie eine Decke aus ungeweinten Tränen und drückte ihren Wagen tiefer in die Straße. Noch bevor Olive sich damit befassen konnte, ob dieses Bild schief war, hörte sie, wie sich Tom neben ihr räusperte.

»Zeigst du ihn mir?«

Olive war derart perplex, dass ihr Gespräch entgegen aller Annahmen noch nicht beendet war, dass sie keine Ahnung hatte, wovon er sprach.

»Deinen Kompass«, half er ihr auf die Sprünge und blickte dafür sogar kurz zu ihr rüber.

»Klar«, erwiderte sie überrascht. »Er ist in meiner Reisetasche, ich muss nur …« Doch als sie ihre Hand auf den Gurt legte, um ihn zu lösen, hielt Tom sie davon ab.

»Nicht jetzt gleich. Ich meinte später, bei deinen Eltern vielleicht.«

Olive hielt einen Moment inne und sank dann in ihren Sitz zurück. »Natürlich. Wenn wir diese Reise gemeinsam machen, solltest du ihn dir auf jeden Fall ansehen.«

Sie wünschte, sie hätte das, was sie sagte, auch genauso gemeint, aber die Realität sah anders aus. Die Vorstellung, dass Tom sich ihren Kompass ansehen wollte, behagte ihr nicht. Ihr Erbstück war Privatsache, auch wenn sie es mit ihrem Vorstoß bei Joyce zum Teil eines Jobs gemacht hatte. Trotzdem wollte sie diesen Teil nicht unbedingt mit Tom teilen. Im Grunde reichte es doch, wenn er Fotos vom Haus und vom Keller machte, von den Menschen, mit denen sie auf ihrer Reise sprechen würden.

In diesem Augenblick hörte Olive ein seltsames Geräusch. Zuerst konnte sie es nicht richtig zuordnen, aber als es zum zweiten Mal erklang, war sie sich sicher, dass hier ein Magen knurrte. Allerdings nicht ihrer.

»Hast du Hunger?« Die Frage war überflüssig, Toms Magen knurrte nämlich schon wieder.

»Kein Problem«, behauptete er. »Ich halte es noch aus.«

Olive hielt das jedoch für keine gute Idee. Sie wusste, worauf es am Ende hinauslaufen würde. Sobald sie in Ashford über die Türschwelle ihrer Eltern getreten wären, würde er seinen leeren Magen vor ihrer Mutter kaum verbergen können. Mary Brown witterte einen hungrigen Mann zehn Meilen gegen den Wind und würde darauf bestehen, dass er zum Essen blieb. Selbst wenn die Wogen zwischen ihr und Tom durch das Friedensabkommen ein wenig geglättet waren, fand Olive diese Vorstellung noch immer alles andere als reizvoll.

»Magst du Cracker mit Käse?«

»Wie bitte?« Tom wirkte amüsiert oder irritiert, ganz genau konnte Olive das nicht sagen.

»Cracker mit Sprühkäse«, wiederholte sie und nutzte seinen kurzen Moment der Verwirrung, um ihren Gurt zu lösen und sich zwischen den Sitzen nach hinten zu lehnen.

»Was machst du da?« Tom fand das offenbar nicht witzig. »Du musst dich anschnallen, Olive!«

»Entspann dich!« Sie schob sich noch etwas weiter zwischen die Sitze, um an ihre Reisetasche zu kommen. »Ich habe was zu essen dabei.«

»Ich will aber nichts essen!«, protestierte Tom. »Ich will, dass du dich hinsetzt und anschnallst!«

Zum Glück bekam Olive endlich den Griff ihrer Tasche zu fassen. Doch als sie daran zog, stellte sie fest, dass sie sich nicht richtig bewegen ließ. Sie schien irgendwo festzuhängen. »Ich hab's gleich …«

»Verdammt, Olive, ich meine es ernst!«

Olive rollte mit den Augen. Sie hatte es fast. Sie musste nur ein bisschen fester an der Tasche ziehen, nur noch ein Stück, dann konnte sie sie nach vorne holen und sich wieder anschnallen.

»Scheiße, Olive!«, brüllte Tom, packte sie hinten an der Jacke und zog sie zurück – genau in dem Moment, in dem auch Olive besonders fest an ihrer Tasche riss. Endlich löste sie sich und flog in Olives Arme. Allerdings war der Ruck so heftig und kam so überraschend, dass Olive auf die Mittelkonsole und gegen das Armaturenbrett knallte und dann mit ihrem vollen Körpergewicht auf Tom fiel. Der stieß einen Fluch aus und riss das Steuer herum – genau in diesem Augenblick kamen ihnen durch den Starkregen zwei Scheinwerfer entgegen.

Olive hörte sich schreien und versuchte, von Toms Schoß zu

rutschen, aber es war zu spät. Tom hatte die Kontrolle über den Wagen verloren.

Wie durch ein Wunder wich das Auto aus dem Gegenverkehr in letzter Sekunde aus, doch der Mini schoss da schon über die nasse Fahrbahn hinaus.

Das Letzte, was Olive dachte, bevor ihr Kopf gegen die Scheibe schlug, war, dass sie Sprühkäse noch nie wirklich hatte ausstehen können.

BESUCH
Juli 2000

Claire hatte nicht geglaubt, dass es eine Steigerung davon gab, sich verlassen zu fühlen, aber jetzt lehrte das Leben sie auf grausame Weise, wie falsch sie damit gelegen hatte: Sie fühlte sich *vergessen*.

Daran war die Insel schuld. Abgelegen, allein, aus dem Bewusstsein der Welt gefallen. Nicht einmal einen Namen hatte dieses verfluchte Eiland, und mit jedem Augenblick, der verstrich, mit jeder Minute und jeder Stunde, in der niemand kam, weil niemand nach ihr suchte, spürte Claire, wie alle Eigenschaften dieser Unglücksinsel auf sie übergingen, in sie hineinsickerten und sie bis in die letzte Haarspitze ausfüllten. Was sie in ihrem Leben geschaffen hatte, hatte hier keine Bedeutung, *sie* hatte keine Bedeutung. Sie war allein, sie driftete ab, belanglos. Noch nie war ihr so speiübel gewesen.

Claire ging in die Knie und hob einen glatten, faustgroßen Stein vom Boden auf. Kurz horchte sie in sich hinein, in der Hoffnung, eine Verbindung zu spüren, aber dann stieß sie einen Schrei aus und warf ihn aufs offene Meer hinaus. Er flog nur ein paar Meter, bevor ihn das blaugraue Wasser verschlang, so wie der Wind ihren Schrei verschluckt hatte, als wären sie und der Stein und ihre Verzweiflung gar nicht da, niemals da gewesen.

Was nützte Wut, wenn es keinen gab, der sich daran störte?

Irgendwann am frühen Morgen, der neue Tag war schon eine blasse Ahnung am Horizont gewesen, war Claire noch mal eingeschlafen. Als sie wieder zu sich gekommen war, hatte die Sonne hoch am wolkenlosen Himmel gestanden. Ihr Mobiltelefon hatte ihr mit der größtmöglichen Gleichgültigkeit offenbart, dass es bereits nach eins gewesen war – und dass sie noch immer keinen Empfang hatte. Sie hatte ein paar trockene Cornflakes heruntergewürgt, sich anschließend übergeben und war dann nach draußen gegangen.

Hier stand sie nun, im Pazifikwind, der seit gestern kräftiger geworden war, und fror.

In New York wurde es zu dieser Zeit unerträglich heiß, die Menschen flohen vor der Hitze aus der Großstadt ans Meer. Und sie? War näher am Meer als je zuvor und verabscheute alles daran. Aber das hier war ja auch nicht Long Island – es war ihr Untergang. Wenn ihr nicht so elend zumute gewesen wäre, hätte sie darüber glatt lachen müssen.

Einmal mehr verfluchte sie Will. Seinetwegen war sie davongelaufen. Wie hatte sie ihm so viel Macht über sich geben können? Und wieso in aller Welt war sie ausgerechnet an diesen Ort geflüchtet? Er weckte nichts als Widerstand und ein paar Fragen und Erinnerungen, denen Claire sich unter keinen Umständen stellen wollte.

Obwohl sie Will hasste, sehnte sie sich mit jeder Faser ihres Körpers nach ihm, und das setzte ihr am meisten zu. Wenn sie auf dieser Insel im Nirgendwo verenden würde, war er es, den sie am meisten vermisste. Nicht New York, nicht die Blaubeermuffins und auch nicht ihren Job. Er war es. Und ein winziger, unvernünftiger Teil von ihr hoffte immer noch, dass er ihre Rettung sein könnte. Er musste doch merken, dass sie fort war. Würde er irgendwann nach ihr suchen?

Miles zumindest wusste, wo sie steckte. Er hatte die Notizen für sie gemacht und ihr sogar den Flug nach Seattle gebucht. Es gab also Hoffnung. Vielleicht würde jemand kommen und sie finden, wenn nicht Will, dann wenigstens Miles.

Aber heute konnte sie damit wohl kaum rechnen. Sie war erst vierundzwanzig Stunden auf der Insel. Wie viele würden es werden, bevor sie jemandem fehlte?

Claire hob einen zweiten Stein auf und schleuderte ihn ins Meer.

Sie brauchte eine Aufgabe, einen Plan, an dem sie sich festhalten konnte, das war schon immer ihre Rettung gewesen.

Natürlich hatte sie mit dem Gedanken gespielt, zu schwimmen. Vom Ufer aus konnte sie weitere Inseln sehen, sie lagen zu allen Seiten, vermeintlich nah. Aber Claire wusste, dass es unklug war, ins Wasser zu gehen. Die wenige Nahrung, die sie in den letzten Tagen zu sich genommen hatte, konnte sie nicht bei sich behalten, und der Ozean war eiskalt. Vermutlich würde sie auf den ersten hundert Metern erfrieren.

Es musste einen anderen Weg geben. Sie würde sich auf der Insel umsehen, in Ruhe und mit klarem Verstand, das war ein vernünftiger erster Schritt. Aber dafür musste sie besser ausgerüstet sein. Selbst wenn sie nicht ins Wasser ging, war es zu kalt für die Sachen, die sie am Körper trug.

Entschlossen kehrte sie ins Haus zurück und durchwühlte ihren Kofferinhalt, dabei stand längst außer Frage, dass sie falsch gepackt hatte. Ihre High Heels konnte sie am Ende der Welt genauso wenig gebrauchen wie den Zweiteiler von Chanel.

Trotzdem kostete es sie Überwindung, sich einzugestehen,

dass es nur einen Ausweg für ihr Problem gab, und selbst dann fühlte sie immer noch einen gewaltigen Widerstand, Iris' Schrank zu öffnen.

Schmucklose Kleidungsstücke, funktional. Claire sah nicht zu genau hin und griff sich einen Wollpullover. Er war grob gestrickt und würde seinen Zweck erfüllen. Als sie Kinder waren, hatte ihre Mutter für sie gestrickt. Sie hatte alte Kleidungsstücke aufgeribbelt, um neue daraus zu machen, aber Claire war immer bewusst gewesen, dass sie nicht wirklich neu waren. Iris und sie trugen nur alte Leben neu auf, und Claire hatte deren Narben auf ihrer Haut gespürt, ihre Enttäuschungen zwischen den Maschen. Sie hatte früh verstanden, dass ihre Hauptaufgabe im Leben darin liegen würde, die Pullover der Vergangenheit abzustreifen.

Nun zog sie doch wieder einen über und vermied, mit der Nase darin zu versinken. Sie nahm eine Jogginghose aus dem Schrank und schloss ihn wieder, um nicht darüber nachzudenken, wie viel Kontrolle sie noch verlieren konnte.

An der Garderobe entschied sie sich für Iris' Schnürstiefel. Sie waren schmutzig, aber bei der Erkundung der Insel würden sie wohl ihren Dienst tun.

Als Claire zum Wasser hinunterging, nahm sie eine Veränderung wahr. Der Wind hatte an Kraft zugelegt, und das Blau des Himmels war eingetrübt, als hätte sich ein Brautschleier über den Ozean gelegt. Am Horizont küsste das Blau ein blasses Grau, und der Wind applaudierte, indem er kleine Wölkchen aus Schaum ans Ufer peitschte. Die Wasseroberfläche schien in Aufruhr, als hätte darunter ein Ungeheuer geschlafen, das nun erwachte.

Claire machte das keine Angst. Sie fürchtete sich weder vor Ungeheuern noch vor dem Wind. Iris' Sachen hielten sie warm, und außerdem hatte sie einen Plan, endlich wieder.

Einfach draufloszulaufen ergab keinen Sinn. Sie würde sich am Ufer entlang bewegen, einmal um die Insel herum. Falls es hier noch andere Menschen gab, würden sich ihre Spuren am ehesten in Ufernähe finden. Vielleicht gab es noch einen weiteren Steg auf der anderen Seite, oder besser noch: ein Boot.

Außerdem wollte Claire ein Gefühl dafür bekommen, wie groß Iris' Insel war. Wenn sie die Küstenlinie ablief, würde das am ehesten klappen.

Der Steg war ihr Ausgangspunkt, und nachdem sich rechts in der Ferne ein Waldstück auftat, entschied sie, linksherum zu gehen.

Sie holte tief Luft und hoffte, dabei auf etwas Zuversicht zu stoßen, spürte aber wieder nur Widerstand in sich. Alles in ihr wehrte sich dagegen, hier zu sein. Nichts von alledem war richtig. Die Insel stieß sie ab, als wären sie zwei gegensätzliche Magnetpole, und hielt sie gleichzeitig wie eine Geisel. Sie wollte nicht hier sein, kein Mensch konnte das wollen. Aus Trotz heraus setzte sie sich in Bewegung.

Die Felsen liefen auf dieser Seite des Stegs erst steil und dann immer flacher ins Meer hinein, und auch wenn es sich seltsam anfühlte, in den Stiefeln ihrer Schwester zu laufen, war Claire dankbar für das feste Schuhwerk. Mit jedem Schritt verlor sich ein wenig von ihrer Anspannung. Ihr Körper funktionierte, ihre Füße trugen sie zuverlässig am Ufer entlang, aber ihr Verstand klinkte sich nach und nach aus, ihre Gedanken verflüchtigten sich und wurden gemeinsam mit der Wut vom Wind aufs offene Meer getragen, als hätten sie Flügel aus Seidenpapier. Claire hinterfragte nicht, ob es ihr damit gut ging, sie nahm hin, einfach nur zu atmen und am Leben zu sein, Schritt für Schritt für Schritt.

Sie war etwa eine halbe Stunde unterwegs, als sie auf eine

kleine Bucht stieß, die zwischen ein paar größeren Felsen ausgespült worden war. Die Steine am Boden waren feiner, fast sandartig. Claire ließ sich an einer günstigen Stelle hinuntergleiten und verharrte einen Moment im Windschatten der Felsen. Wenn die Flut kam, wäre der kleine Strand, auf dem sie stand, vermutlich verschwunden.

Claire schauderte, als ihr bewusst wurde, welche Gewalt der Natur innewohnte. Der Ozean hatte diese Bucht ins Land gefressen, Wasser war stärker als Stein. Wie konnte etwas, was sanft zwischen Fingern hindurchfloss, die Kraft haben, einen Körper in die Tiefe zu ziehen, ein Leben zu beenden?

Claire kreuzte ihre Arme vor der Brust und sah aufs Wasser. Vielleicht waren es immer die Dinge, die sich nicht greifen ließen, die einen Menschen am meisten verletzen konnten.

Aber sie war nicht hier, um die Geheimnisse des Lebens zu ergründen. Wenn sie sich einen Überblick über ihre Situation verschaffen wollte, musste sie weiterziehen.

Der Weg zurück auf die Felsen stellte sie vor eine Herausforderung. Die Steine waren glatt und boten kaum eine Möglichkeit, sich festzuhalten, und als Claire endlich eine geeignete Stelle fand, blieb ihr Blick an ein paar seltsamen Kerben im Stein hängen. Sand hatte sich in den Kratzern abgelagert, aber trotzdem wirkten sie nicht wie etwas, das die Natur geschaffen hatte. Claire spürte, dass diese Narben im Stein genauso wenig hierher gehörten wie sie selbst, und deshalb folgte sie einem Impuls und rieb mit den Fingern darüber, kratzte die Rillen mit ihren Nägeln aus, bis die Kerben freilagen und ihr Nagellack abblätterte.

Buchstaben. Jemand hatte auf Augenhöhe sechs Buchstaben in den Felsen gekratzt, Buchstaben, die Claire schwindelig machten, jeder einzelne ein Hieb in den Magen.

Da stand ihr Name, C L A I R E, die einzelnen Lettern auf wackeligen Füßen, für die Ewigkeit von Iris in diesen Stein gebannt.

Wie von Sinnen begann Claire, über den Stein zu reiben, in der Hoffnung, dass alles nur eine Täuschung war, der Nährstoffmangel, die Insel, die Sache mit Will!

Aber die Buchstaben blieben an ihrem Platz, ihr Verstand spielte ihr keinen Streich, und mit dieser Erkenntnis kehrte auch die Wut zurück. Claire nahm den nächstbesten Stein vom Boden und schlug damit auf die Lettern ein, sie schlug und hämmerte, schrie sogar, aber die Gravur zeigte sich davon unbeeindruckt. Iris musste viel Zeit dafür aufgewendet haben, den Namen ihrer Schwester zu verewigen, unsinnig viel Zeit.

Warum zur Hölle hatte sie Claire überhaupt an diesen Ort verbannt, was hatte sie sich dabei gedacht? Sie waren kein Liebespaar, das seine Initialen für die Nachwelt hinterließ! Was von ihrer Liebe übriggeblieben war, war traurig und kalt, mit Scham behaftet, nichts, was es sich zu konservieren lohnte.

Atemlos ließ Claire den Stein in ihrer Hand sinken. Ihr Herz schlug so heftig, dass sie es zwischen den Schlüsselbeinen ihren Hals hinaufwandern spürte. Am Himmel über ihr kreischte eine Möwe, und als Claire den Kopf hob, um ihr nachzusehen, streifte ihr Blick ein kleines Loch, das sich links neben ihrem Namen zwischen zwei Felsen schmiegte. Der Stein glitt aus ihren Fingern, und kaum war er zu Boden gefallen, folgte ihre Hand einer alten Erinnerung und tastete sich in den dunklen Hohlraum vor. Als sie klein gewesen waren, hatten Iris und sie sich gegenseitig Schätze in einem Baumloch am Rande des Walds versteckt, Claires Körper schien sich daran früher zu erinnern als ihr Kopf.

Tatsächlich war da etwas zwischen den Felsen. Es war glatt,

etwa so groß wie ihre Hand, und noch während Claire es aus seinem Versteck zog, erkannte sie, dass es sich um eine kleine Flasche handelte.

Als sie das dunkle etikettfreie Glas in den Händen hielt, stieß sie ein Schnauben aus. Was sollte das sein? *Eine Flaschenpost?*

Das sah Iris ähnlich, sie hatte immer schon gerne gespielt. Hatte nicht verstehen wollen, dass sie nicht ewig ein Kind bleiben konnte, dass man sich nicht für alle Zeit vor der Verantwortung drücken konnte, erwachsen zu werden. Und jetzt wollte sie ihre Spielchen mit Claire spielen, indem sie einen Flachmann zwischen zwei Felsen versteckte?

Das braune Glas ließ keinen Blick auf den Inhalt zu, aber als Claire die Flasche schüttelte, bewegte sich etwas in ihrem Inneren. Am liebsten hätte Claire ihr Fundstück ins Meer geworfen, aber war das nicht schon zu viel? Würde sie damit nicht bereits in einen Dialog treten mit Iris und auf ihr unsinniges Spiel eingehen?

Sie hatte nicht vor, ein Gespräch mit Iris zu führen. Was sollte das auch bringen, jetzt, wo sie tot war? Schlafende Hunde wurden bissig, wenn man sie weckte, und Claire wollte nur eines: so schnell wie möglich von dieser verfluchten Insel herunterkommen und die Tür hinter sich schließen, ein Kapitel beenden, das schon längst hätte geschlossen werden sollen. Für Spiele war sie nicht nur zu alt, sondern auch zu müde. Deshalb schob sie die Flasche zurück in den Hohlraum zwischen den Felsen und wandte sich ab. Sollte die Flut sie holen.

Sie fand eine Stelle, an der sie zurück auf das höher gelegene Ufer klettern konnte, rieb sich die Hände an Iris' Hose ab und setzte ihren Weg fort. Keine Umwege, kein Abschweifen. Sie würde stur an der Küste entlanglaufen, bis sie einen Ausweg fand.

Nach einer Weile änderte sich die Vegetation, der Boden unter ihren Sohlen wurde weicher, und Büsche drängten sie von ihrem Weg an der Uferlinie ab. Einige trugen Beeren, von denen Claire ganz sicher nicht essen würde. Die Natur war einem nur dann ein Freund, wenn man ihre Regeln kannte, und wenn Claire sich einer Sache sicher war, dann, dass sie das nicht tat.

Weil es am Ufer nicht weiterging, folgte sie einem Pfad, der sich zwischen den Bäumen hindurchschlängelte. Hinweise auf menschliches Leben fand sie nicht. Keine Wegweiser, kein liegen gebliebener Müll, kein Boot.

Mit einem Mal stellten sich die Härchen in Claires Nacken auf, und ein Schauer lief ihre Wirbelsäule hinab. Sie begann wieder zu frieren, und als sie zwischen den geduckten Bäumen hindurch in Richtung Ufer sah, stellte sie fest, dass eine dunkle Wolkenfront vom Meer heraufzog.

Das hier war kein geschützter Raum. Das Wetter konnte innerhalb weniger Minuten umschwenken – aber die Wolken konnten sich auch genauso schnell wieder auflösen, wie sie gekommen waren. Claire hatte einen Plan und würde sich nicht davon abbringen lassen.

Nur wenig später landete der erste satte Tropfen auf ihrem Scheitel.

Sie ging trotzdem weiter. Äußere Umstände hatten sie noch nie von ihrem Weg abgebracht, und das würde sich jetzt nicht ändern. Sie würde erst wieder stillstehen, wenn sie die Insel umrundet hatte. Was konnten Regen und Wind ihr schon anhaben im Vergleich zu dem Unwetter, das in den vergangenen Tagen über sie hereingebrochen war?

Claire musste schlucken. Jedes Mal, wenn ihre Gedanken zu Will drifteten, spürte sie ein Brennen in ihrer Mitte. Sie wollte die Erinnerungen verbannen, aber die Bilder drängten sich immer wieder zurück vor ihr inneres Auge, wie Gespenster, die an den entlegensten Orten lauerten.

Will mit seiner Frau.

Will mit seinem Sohn.

Will, dessen Atem sie noch in ihrem Nacken spürte, wenn sie die Augen schloss …

Ein Windstoß fuhr zwischen den Bäumen hindurch und scheuchte ein paar Vögel auf, die kreischend in den grauen Himmel davonstoben.

Dann setzte der Platzregen ein.

Claire zog den Kragen des Pullovers über ihren Hinterkopf, aber es nützte nichts. Regen und Wind hatten kein Erbarmen, trieben sie in die Enge und gaben ihr schnell zu verstehen, dass sie nicht die geringste Chance hatte. Selbst als sie einsah, dass Weglaufen keine Option war, und Schutz im Windschatten eines Baumes suchte, holten sie sie ein. Plötzlich verstand Claire, warum die Bäume hier so geduckt wuchsen. Sie hatten sich Wind und Wetter unterworfen, hatten ihre Unterlegenheit akzeptiert und lebten nun mit krummen Rücken.

Aber in Claire regte sich immer noch Widerstand. Sie würde sich nicht in die Knie zwingen lassen, also löste sie sich vom Stamm und setzte ihren Weg fort. Bald war sie so durchnässt, dass sie genauso gut hätte nackt herumlaufen können. Widerwillig musste sie sich eingestehen, dass der Regen vielleicht doch stärker war als sie. Wenn sie nicht krank werden wollte, musste sie umkehren und sich abtrocknen. Es war schwer genug, allein zu sein – aber allein und krank?

Claire wischte sich den Regen aus den Augen und schlug den Heimweg ein. Sie würde nicht an der Küste zurücklaufen, das dauerte zu lange. Stattdessen nahm sie den direkten Weg durch das Inselinnere, sie hatte eine vage Ahnung, in welcher Richtung das Haus lag. Wenn sie sich beeilte, könnte sie schon in einer halben Stunde im Trockenen sein.

Doch auch diese Hoffnung entpuppte sich als Trugschluss. Regen und Wind blieben unerbittlich und verwiesen Claire auf ihren Platz im großen Gefüge. Sie war nicht nur nass und durchgefroren, sondern auch klein. Und sie hatte die Orientierung verloren.

Plötzlich sah alles gleich aus, grau und braun und feucht, sattes Moos und buckelige Baumrücken. War sie an dieser Stelle nicht schon vorbeigekommen?

Entkräftet ließ sie sich auf allen vieren nieder und spürte, wie der Schlamm durch ihre Hose sickerte. Zu schreien lohnte sich nicht, also grub sie stattdessen ihre Finger in den Untergrund und schleuderte den Schlamm mit vollen Händen von sich.

Erst als ihre Arme zu schmerzen begannen und ihr Atem schwer wurde, kroch sie weiter und lehnte sich gegen einen Baumstamm.

Mit einem Mal hatte sie das Gefühl, ihren Körper zu verlassen, sich immer weiter von sich selbst zu entfernen und sich durch ein fremdes Objektiv zu sehen. Weiter und immer weiter entfernte sie sich von sich selbst, bis ihr Körper irgendwann nur noch ein kleiner, unscheinbarer Punkt war, ein winziger Fleck in der Landschaft, und sich die Welt am Horizont krümmte.

Sie war klein und ohne Bedeutung, das lag auf der Hand. Wie hatte sie jemals etwas anderes annehmen können?

In New York hatte sie sich wichtig gefühlt, sie war Teil von etwas gewesen. Aber von was? War im Grunde nicht alles und jeder bedeutungslos im Kontext des großen Ganzen? Wie hatte

Iris es nur ausgehalten, jeden Tag mit dieser Erkenntnis konfrontiert zu werden?

Auf einmal fuhr Claire mit voller Wucht in ihren Körper zurück und ließ einen beunruhigenden Gedanken zu. Vielleicht hatte Iris es gar nicht ausgehalten …

War sie deshalb bei Sturm aufs Meer hinausgefahren? War ihr Tod am Ende kein Unfall, sondern eine Entscheidung? Deutete nicht auch die Flasche, die sie für Claire versteckt hatte, darauf hin?

Claires Magen krampfte sich zusammen, sie versuchte, gegen den Brechreiz anzuatmen, sank aber mit jedem Atemzug tiefer in den Abgrund.

Erst als sie den Kopf in den Nacken warf, schob sich eine Veränderung in ihren Blick und riss sie aus dem Strudel, der sie nach unten zog. Da war etwas, das hier nicht hingehörte, aber es dauerte einen Moment, bis sie verstand, was es war.

Eine Rauchsäule am Himmel. Niedrig, weil sie vom Regen zu Boden gedrückt wurde und sich kaum über den Baumkronen halten konnte. Aber dennoch: Rauch bedeutete, dass ein Feuer brannte. Und wenn ein Feuer brannte, lag es nahe, dass es von einem Menschen entfacht worden war. Sie war nicht allein auf der Insel!

Ihre Beine zitterten, ihr ganzer Körper bebte, als sie sich vom Boden aufraffte, den Blick auf die Rauchfahne geheftet. Das war ein Ankerpunkt, ein Ziel, ihre Rettung! Claire musste einfach dem Rauchzeichen folgen. Sie stolperte ein paarmal, stand wieder auf und schleppte sich weiter, ihren Anker fest im Blick.

Irgendwann nahm der Wald ein Ende, und als Claire endlich wieder freie Sicht hatte, traute sie ihren Augen kaum: Es war das Haus, *Iris' Haus*, aus dessen Schornstein Rauch aufstieg.

Halluzinierte sie, hatte sie am Ende alles nur geträumt? War Iris gar nicht tot, war sie zurückgekehrt?

Einen Moment lang war Claire nicht in der Lage, sich zu bewegen, doch dann bündelte sie ihre Kräfte und stürmte los. Auf den letzten Metern rutschte sie aus und landete bäuchlings im Schlamm. Sie schob den Schmerz beiseite, wischte sich den Dreck aus den Augen und taumelte weiter, immer weiter, bis sie die Türklinke runterdrückte und ins Innere des Hauses drängte. Atemlos sah sie sich im Wohnraum um. »Hallo?«

Keine Antwort, aber im Kamin brannte ein Feuer – das Feuer, das sie durch den Wald zurückgeführt hatte. Keuchend zog sein Atem hinauf durch den Schornstein.

Claire durchquerte den Raum, schaute ins Schlafzimmer und ins Bad, aber auch hier war niemand. Dann blieb ihr Blick am Tisch hängen.

Einkäufe. Auf der Tischplatte standen zwei volle Einkaufstüten!

Claire eilte auf sie zu und riss sie um. Milch, Kaffee, Brot, Butter. Gemüse und Wasser. Irgendjemand war hier gewesen, hatte ein Feuer gemacht und ihr Lebensmittel gebracht.

Plötzlich kam ihr ein Gedanke. Sie stürmte zurück zur Tür, flog beinahe hinaus in den Regen und hinunter zum Steg.

»Hey!«, schrie sie, obwohl sie sah, dass dort kein Boot ankerte. »Hey!«

Niemand war hier, nichts. Und doch bildete sie sich ein, einen Punkt am Horizont zu erkennen, der kleiner wurde. Kleiner und kleiner und kleiner, bis er irgendwann vor dem Nichts verblasste.

»Hey«, sagte Claire noch einmal, diesmal leise, und stützte sich auf ihren Knien ab.

Sie war wieder allein.

Hellerup, April 1942

EIN TRAUM BRAUCHT

Was braucht ein Traum zum Keimen?
Hoffnung, flüstert der Wind.

Was braucht ein Traum zum Gedeihen?
Geduld, flüstert die Zeit.

Was braucht ein Traum zum Bleiben?
Mut, flüstert die Welt.

Was braucht ein Traum zum Fliegen?
Liebe, flüstert das Herz.

VON DER VERGANGENHEIT
November 2022

»Ihr habt wirklich großes Glück gehabt …« Konzentriert setzte ihr Vater die letzten Stiche, um die Platzwunde an Olives Schläfe zu schließen.

Olive stöhnte leise. Sie hatte das Nähen nicht so schmerzhaft in Erinnerung, vielleicht war ihr Vater aber auch aus der Übung, und von *Glück* konnte man bei alldem wohl ohnehin kaum reden.

Sie waren im Straßengraben gelandet. Olive hatte kurz das Bewusstsein verloren, während Tom auf wundersame Weise unverletzt geblieben war. Sein Wagen war es jedoch nicht. Wie schlecht es um den Mini stand, konnte Colin noch nicht sagen.

Sie waren schon so nah an Ashford gewesen, dass Olive in einem Anflug von nicht selbstverständlicher Geistesgegenwärtigkeit darauf bestanden hatte, ihren Bruder anzurufen. Er war gemeinsam mit seinem Team aus der Werkstatt angerückt und hatte den Wagen aus dem Graben gezogen. Außerdem hatte er John informiert, und das hatte ihnen ein Großaufgebot an Rettungskräften und Polizei erspart.

Von dem Wagen auf der Gegenfahrbahn war keine Spur mehr gewesen. Offenbar war der Fahrer durch Nacht und Regen davongefahren, ohne sich ein Bild von Toms und Olives Zustand zu machen. Dass keine weiteren Verkehrsteilnehmer in Mitleidenschaft gezogen worden waren, konnte man immerhin als positiv verzeichnen. Der Rest aber war eine Katastrophe.

Colin hatte den Mini direkt in die Werkstatt schleppen lassen und versprochen, sich den Schaden noch in der Nacht anzusehen. Olive wusste, dass ihr Bruder zaubern konnte, wenn es um Autos ging, und so klammerte sie sich an die Hoffnung, dass es nur eine oberflächliche Geschichte war. Wie sollten sie ihre Reise sonst fortsetzen, und schlimmer noch: Wie sollte sie es aushalten, für den Rest ihres Lebens in Tom Philips' Schuld zu stehen, weil sie seinen Wagen für ein paar Cracker mit Sprühkäse zu Schrott gefahren hatte? Allein der Gedanke daran ließ sie ein weiteres Mal stöhnen.

»Brauchst du ein Schmerzmittel?« Ihr Vater tupfte die Naht mit Desinfektionsmittel ab und tröstete sie mit einem liebevollen Blick.

»Für das, was ich habe, gibt es kein Schmerzmittel …«

George Brown lachte auf, als hätte seine Tochter einen Scherz gemacht. »Dein Freund ist wohlauf, er wirkt nur etwas angespannt. Aber keine Sorge: Die Kochkünste deiner Mutter haben bisher jede schlechte Laune in die Flucht geschlagen!«

Jetzt konnte Olive sich ein drittes Stöhnen nicht verkneifen. Sie hatte ihrem Vater mehrfach gesagt, dass Tom nicht ihr *Freund* war, sondern ein Kollege, aber in der Familie Brown machte man da keinen Unterschied. Jeder Mensch hatte es verdient, in den Arm genommen und ein Teil von etwas zu werden. Das machte es für Olive nur noch schlimmer, dass sie sich im Kreise ihrer großen, fürsorglichen Familie manchmal so fehl am Platz fühlte, so fremd, allein und andersartig, wie ein Samen, der vom Wind herumgetragen wurde, aber nirgendwo Boden zum Keimen fand, keinen Ort zum Bleiben und Wurzelnschlagen. Ihre Großmutter war die Einzige gewesen, mit der sie dieses Gefühl hatte teilen können, die Einzige, die es verstanden hatte, ohne dass Olive es hatte aussprechen müssen. Seit Poppy nicht mehr Poppy war, gehörte Olive nirgendwo mehr hin …

Natürlich hatte ihre Mutter nach dem Unfall darauf bestanden, dass Tom blieb, nicht nur zum Essen, sondern gleich für die Nacht. Leere Zimmer gab es genug. Olive hatte sich nicht getraut, zu protestieren, aber Tom hatte sich immerhin bemüht, dem Albtraum zu entkommen – vergebens. Gegen Mary Brown hatte er keine Chance.

Er würde also hierbleiben. Sie würden gemeinsam am Esstisch ihrer Kindheit sitzen, zwischen ihren Eltern, und Tom würde den womöglich intimsten Einblick in ihre Seele bekommen, den es überhaupt gab. Ihre Eltern wussten, wer sie war, bevor sie überhaupt versucht hatte, jemand anderes zu sein, und Olive hatte die Erfahrung gemacht, dass sie keine Hemmungen hatten, auch vor Wildfremden aus dem Nähkästchen zu plaudern. Den eigenen Eltern konnte niemand entwachsen, zwischen Mutter und Vater blieb man auf ewig ein Kind.

»Kommst du mit runter?« Ihr Vater stand bereits an der Zimmertür, seine alte Praxistasche unterm Arm, und warf ihr ein mitfühlendes Lächeln zu.

Olive wollte *nicht* mit runterkommen, nicht, solange Tom da unten war. Aber bevor sie das auch nur zu Ende denken konnte, klingelte ihr Handy auf der Bettdecke.

»Sadie«, sagte sie, als wäre das Entschuldigung genug.

Ihr Vater ging leise seufzend. Als die Tür hinter ihm ins Schloss fiel, legte Olive sich auf ihrem Bett zurück und nahm den Anruf an. »Du bist meine Rettung!«

»Bin ich immer schon gewesen«, erwiderte Sadie, und Olive hörte, dass sie nebenbei aß. »Ma hat mich angerufen. Bist du okay, Livie?«

Olive rollte mit den Augen. Nichts war okay, am allerwenigsten sie selbst. Sie hatte sich noch nie so fremd gefühlt im eigenen Leben, aber das in allen Einzelheiten vor ihrer Schwester zu erörtern, überstieg gerade ihre Kapazitäten, geistig wie emotional. »Ich habe nur eine Platzwunde und eine leichte Gehirnerschütterung.«

»Ich würde sofort rüberkommen, aber Bobby zahnt gerade. Ich habe seit drei Tagen nicht geduscht, und mein Beckenboden macht ...«

»Mir geht's gut, Sadie!«, unterbrach Olive ihre Schwester, bevor die noch weiter ins Detail gehen konnte. »Pa hat die Wunde genäht, ich werde es überleben.«

»Ich weiß.« Sadie schmatzte in den Hörer. »Aber ich hätte mir zu gern deinen neuen Freund angesehen. Kommt ja nicht alle Tage vor, dass du einen Mann mit nach Hause bringst.«

Ruckartig richtete Olive sich auf dem Bett auf, vergaß dabei aber die frische Naht an ihrer Schläfe. »Tom ist nicht mein Freund!« Mit kurzer Verzögerung schoss der Schmerz in ihren Kopf und zwang sie, durchzuatmen, bevor sie weitersprach. »Er ist ein Kollege und unterstützt mich bei einem Projekt, aber keiner von uns ist begeistert davon.«

Es dauerte einen Moment, bis Sadie weiterkaute. »Er sieht ziemlich gut aus.«

»Woher weißt du, wie Tom aussieht?«

»Ma hat ein Foto rumgeschickt.«

»Wie bitte?« Olives Blut schoss in ihren Kopf. Ihre Mutter hatte ein Foto von Tom gemacht und es anschließend herumgeschickt? *An wen?* Sadie, die Familienchatgruppe – oder gleich an alle Einwohner von Ashford?

Fassungslos ließ sie sich zurück auf den Rücken sinken. Dabei machte sie offenbar Geräusche, die sie nicht beabsichtigt hatte.

»Bist du gerade ohnmächtig geworden?«, hakte Sadie nach und hörte dafür sogar auf zu kauen.

»Leider nicht.« Olive atmete langsam aus. »Tom ist Fotograf bei der VOICES. Er dokumentiert meine Reise nach Deutschland, weil unsere Chefin ihn dazu verdonnert hat. Angeblich spricht er etwas Deutsch und hat einen Wagen – *hatte* einen Wagen«, korrigierte sie sich. »Meinetwegen ist das Auto nun kaputt, aber Tom konnte mich schon vorher nicht ausstehen. Und er sieht ganz sicher *nicht* gut aus!«

Einen Augenblick blieb es still in der Leitung, dann griff Sadie den Faden auf, der sie offenbar am meisten interessierte. »Du fährst nach Deutschland? Etwa wegen der Sache mit dem Kompass?«

Wieder schoss Olive ein stechender Schmerz in den Kopf, dabei hatte sie sich nicht einmal bewegt. Alles war so überstürzt gelaufen, dass sie Sadie noch nicht in ihre Pläne eingeweiht hatte. Selbst ihre Eltern wussten nicht genau, warum sie so spontan vorbeischauen wollte, sie hatte ihnen nur von einer Recherchereise erzählt. Alles Weitere hatte sie ihnen in Ruhe nach ihrer Ankunft mitteilen wollen, aber letztere war nun ja anders verlaufen als geplant.

»Ich habe das Gefühl, dass dieser deutsche Kompass irgendwie mit dem in Verbindung steht, den Poppy mir geschenkt hat. Und ich glaube, dass da eine Geschichte begraben liegt. Eine richtig gute.«

»Kann schon sein.« Sadie zögerte. »Aber ist es wirklich gut, diese Geschichte gleich mit der ganzen Welt zu teilen?«

Olive lachte tonlos auf. »Ich kann dich beruhigen: Nicht mal ein Bruchteil der Weltbevölkerung liest die VOICES.«

»Du weißt, was ich meine, Livie.« Offenbar hatte Sadie ihre Mahlzeit beendet oder zumindest unterbrochen. »Wenn Poppys Kompass mit diesem Leichenfund in Deutschland zusammenhängt, dann …« Sie verstummte, aber Olive brauchte nicht mehr Worte.

»Dann könnte es sein, dass Poppy eine Vergangenheit hat, die wir nicht kennen«, vervollständigte sie den Gedanken ihrer Schwester.

Selbstverständlich hatte sie darüber nachgedacht, genau wie über die Frage der Öffentlichkeit. Für den Umstand, aus der Sache einen Job gemacht zu haben, schämte sie sich mittlerweile sogar ein wenig. Aber das Gespräch mit Joyce hatte Spuren hinterlassen, und Olive verspürte den Drang, es endlich allen zu beweisen. Sie *war* gut genug!

Dass sie für den Beweis ihre Großmutter mit hineinziehen musste, war allerdings ungünstig – zumal Letztere nicht einmal protestieren konnte.

»Hast du schon mit ihr gesprochen?«, durchbrach Sadie die Stille.

»Ich hatte noch keine Gelegenheit.« Vorsichtig erhob sich Olive vom Bett und trat ans Fenster ihres Kinderzimmers. Von hier aus konnte man zu dem kleinen Anbau hinuntersehen, in dem sich früher Pas Praxisraum befunden hatte und der seit dem Schlaganfall als Poppys neues Zuhause diente. Die Vorhänge waren zugezogen, aber im Fenster brannte Licht. Olives Schultern wurden schwer. »Ma meint, sie hatte heute keinen guten

Tag. Also werde ich wohl erstmal mit Pa reden, wenn sich eine ruhige Minute ergibt.« Mit *ruhig* meinte sie einen Moment ohne Nadeln im Gesicht und vor allem: ohne Tom.

»Wieso willst du mit Pa sprechen?« Sadie klang irritiert.

»Er ist ihr Sohn. Als Enkelkind stellt man meist ja keine Fragen, aber er wird sicher etwas wissen über ihre Zeit vor der Familiengründung. Ihre Kindheit, ihre Jugend. Woher sie den Kompass hat, zum Beispiel.«

Am anderen Ende der Leitung erklang ein belustigtes Schnauben. »Und du denkst ernsthaft, Pa hat ihr all diese Fragen gestellt?«

Olive wusste, worauf ihre Schwester hinauswollte. Ihr Vater war nicht bekannt dafür, besonders neugierig zu sein – diesen Part übernahm traditionell ihre Mutter. George Brown war ein zuverlässiger, harmoniebedürftiger Ehemann, Vater und pensionierter Hausarzt, der seine größte Zufriedenheit in der Ruhe fand. Olive konnte sich nicht daran erinnern, ihn jemals in ein echtes Streitgespräch verwickelt gesehen zu haben, er fand es schon übergriffig und unangenehm, seine Patienten nach ihrer Krankenversicherung zu fragen. Prekäre Themen sprach er von sich aus nicht an, und auch um die Intimsphäre anderer machte er einen großen Bogen. Trotzdem hoffte Olive, dass er irgendetwas über Poppys Kompass wusste.

»Ich sollte runtergehen, sonst kommt Ma am Ende hoch, um mich zu füttern«, sagte sie und spürte gleichzeitig eine zentnerschwere Erschöpfung in ihren Gliedern. »Kannst du noch den Kontakt zu Johns Kollegen in Deutschland für mich herstellen? Es wäre hilfreich, wenn ich in Hamburg einen Ansprechpartner hätte.«

»Natürlich, ich schicke dir gleich seine Nummer. Adam hat

mit John die Ausbildung gemacht und dann eine deutsche Ärztin geheiratet. Er kann dir sicher noch ein paar Informationen beschaffen. Aber Livie?« Olive konnte das Seufzen ihrer Schwester nicht überhören. »Pass bitte auf dich auf.«

Das Essen kostete sie einige Kraft, aber es verlief weniger vernichtend, als Olive befürchtet hatte. Als sie nach unten in die Küche gekommen war, hatte Tom ihrer Mutter bereits geholfen, den Tisch zu decken, und Olive bemerkte im Bruchteil einer Sekunde, dass Mary Brown in ihren Gast völlig vernarrt war. Sie hing an seinen Lippen wie ein verliebter Teenager und lachte über jedes Wort von Tom, als wäre alles, was er von sich gab, nicht nur unfassbar geistreich und interessant, sondern auch höchst amüsant.

Auch während des Essens änderte sich daran nichts – außer, dass nun auch ihr Vater offenkundig fasziniert zu sein schien von ihrem Überraschungsgast.

Während Tom ihren Eltern gegenüber freundlich und aufgeschlossen war, ignorierte er Olive mit beeindruckender Hartnäckigkeit. Er sah ihr nicht ein einziges Mal ins Gesicht, aber im Prinzip war ihr das ganz recht. Er hatte jeden Grund, verärgert zu sein. Olive hatte sich dieses Elend selbst eingebrockt, also musste sie jetzt auch damit klarkommen, dass Tom Philips zwischen ihren Eltern saß wie ein Mitglied des Königshauses und große Portionen des Shepard's Pie in sich hineinschaufelte, den Ma zu Olives Ehren zubereitet hatte.

Wenigstens hatten ihre Eltern keine Gelegenheit, peinliche Anekdoten über ihre jüngste Tochter zum Besten zu geben – Tom faszinierte sie nämlich so sehr, dass sie Olives Existenz fast zu vergessen schienen. Sie stellten eine Menge Fragen zu seiner

Arbeit, und zu Olives Überraschung erzählte Tom sehr ausführlich und offen von der Zeit, bevor er bei der VOICES angeheuert hatte. Er hatte die halbe Welt bereist, im Regenwald genauso fotografiert wie in Krisengebieten und den Weltmetropolen und hatte dabei die unglaublichsten Menschen getroffen.

Auch wenn Olive es sich nur ungern eingestand, musste sie zugeben, dass sein Leben beeindruckend war. Bei allem, was er erlebt hatte, war es kaum nachvollziehbar, dass es ihm nun genügte, für ein Londoner Lifestylemagazin zu arbeiten.

Am erstaunlichsten fand Olive aber, dass er so ein großes Mitteilungsbedürfnis an den Tag legte. Er wirkte nicht ansatzweise wortkarg oder verschlossen. Wie konnte dieser Mann am Esstisch ihrer Eltern derselbe sein, der sie in seinem Mini angeschwiegen hatte, derselbe, der vermutlich eines seiner Beine eingetauscht hätte gegen die Möglichkeit, sie *nicht* auf dieser Reise zu begleiten?

Irgendwann, es war mittlerweile nach elf, und er hatte zweimal Nachschlag sowie eine große Portion Brotpudding vertilgt, bedankte Tom sich für das großartige Essen und bat um Entschuldigung. Er war müde und wollte sich hinlegen, und natürlich hatten ihre Eltern das allergrößte Verständnis und bedankten sich ihrerseits für die nette Unterhaltung.

Ihre Mutter begleitete Tom, um sicherzustellen, dass er genug Handtücher und Extrakissen fand, und erst als die beiden die Küche verlassen hatten, spürte Olive die Anspannung, die von ihr abfiel. Erschöpft sank sie gegen die Stuhllehne.

»Hast du noch Schmerzen?«, fragte ihr Vater und begann den Tisch abzuräumen.

Olive log mit einem Kopfschütteln und ging ihm zur Hand. »War einfach ein langer Tag.« In dieser Sekunde hörten sie Mary in Colins ehemaligem Zimmer auflachen. Offenbar hatte Tom wieder etwas Witziges gesagt.

»Ist ein netter Kerl, dein Tom«, sagte ihr Vater und spülte die Teller im Waschbecken vor.

»Er ist nicht *mein* Tom, sondern ein Kollege«, korrigierte Olive ihn eine Spur zu schroff. Erst das amüsierte Stirnrunzeln ihres Vaters ließ sie einlenken. »Aber ja, er war heute Abend sehr nett zu euch.«

Olive sah das Zucken um die Mundwinkel ihres Vaters, doch bevor er das Thema noch weiter vertiefen konnte, beschloss sie, die Gelegenheit für etwas anderes zu nutzen. »Wie geht's Poppy?«

Ihr Vater nahm sich die Zeit, erst einen nassen Teller in den Geschirrspüler zu räumen, bevor er antwortete. »Sie hatte schon bessere Tage.«

Olive wusste, dass ihm Poppys Zustand zusetzte. Auch mit fast siebzig wollte man seine Mutter nicht sterben sehen. Trotzdem musste Olive noch ein paar Schritte weitergehen.

»Du erinnerst dich an den Kompass, den sie mir nach dem Sturz geschenkt hat, oder?«

Überrascht sah ihr Vater vom Geschirr auf. »Bist du immer noch enttäuscht?«

Olives Schultern versteiften sich. Sie hatte nicht gewusst, dass ihre Enttäuschung über Poppys Erbstück derart offensichtlich gewesen war.

»Nein«, behauptete sie wenig überzeugend. »Ich will mich nur genauer damit beschäftigen.«

»Hat diese Sache von Sadie etwas damit zu tun?«

Jetzt war Olive vollends überrascht. Nie im Leben hätte sie damit gerechnet, dass ihre Schwester auch ihren Vater über den

Kompassfund in Deutschland informiert hatte. Dann blieb ihr nun wohl nur noch die Flucht nach vorne. »Der Kompass ist identisch mit dem von Poppy.«

»Das weißt du doch gar nicht«, widersprach ihr Vater. »Das Foto ist nicht besonders gut.«

Für einen Moment verschlug es Olive die Sprache. Er hatte also auch das Bild gesehen. Hinter ihrer Wundnaht begann es zu pochen. »Es ist gut genug, um zu erkennen, dass sich die beiden Kompasse sehr ähnlich sind. Und ich kann mir nicht vorstellen, dass Poppy mir ein Erbstück anvertraut, das keine Bedeutung für sie hat. Wenn es eine Verbindung gibt zwischen meinem Kompass und dem bei der Leiche, dann …«

Ein Dessertschälchen entglitt den Händen ihres Vaters und zerbrach auf dem Küchenboden. Das Klirren hallte schmerzhaft in Olives Ohren nach, und als sie auf die vielen Scherben zu ihren Füßen sah, war sie sich nicht sicher, ob es ein Versehen gewesen war oder ob ihr Vater das Schälchen absichtlich hatte fallen lassen. Er wirkte verkrampft, beinahe nervös.

Nach kurzem Verharren in ihren jeweiligen Positionen bückten sie sich gemeinsam nach den Scherben, aber George war so unkonzentriert, dass er sich gleich an der ersten Scherbe schnitt. Fluchend richtete er sich wieder auf. »Das kommt davon, wenn man in alten Geschichten herumgräbt …«

Olive sah ihn verblüfft an. »Du meinst Poppys Kompass?«

Er versuchte, ihrem Blick auszuweichen, aber als sie sich vom Boden erhob, um ihm ein Tuch zu reichen und ihm einen Stuhl zurückzuziehen, knickte er ein und folgte ihrer stummen Anweisung. Mit einem kaum wahrnehmbaren Stöhnen nahm er am Tisch Platz.

»Tut mir leid, Liebes. Ich weiß nichts über deinen Kompass.

Bevor Poppy ihn dir geschenkt hat, habe ich ihn nur ein einziges Mal gesehen, und damals war ich noch ein Kind.«

Jetzt pochte es nicht nur hinter Olives Schläfe, sondern auch in ihrem Brustkorb. »Hat sie dir etwas darüber erzählt?«

Ihr Vater schloss kurz die Augen, dann schüttelte er den Kopf. Auf einmal wirkte er viel älter. »Sie hat gar nicht mitbekommen, dass ich ihn gefunden habe. Mein Vater hat mich im Sturmzimmer erwischt.«

Das Sturmzimmer. Das hatte Olive beinahe vergessen. Dieser niedrige dunkle Raum unter dem Dach im Haus ihrer Großmutter bei Fairlight. Niemand außer Poppy durfte über die Luke in der Zimmerdecke hinaufsteigen, aber Olive hätte es auch ohne Verbot nie gewagt. Das Ungesagte hatte ihr schon damals Angst gemacht.

Angespannt setzte sie sich zu George an den Tisch. »Hat dein Vater dir etwas über den Kompass erzählt?«

Wieder schüttelte er den Kopf. »Dein Großvater war kein großer Redner, das war kaum jemand damals. Er hat mir nur eindrücklich klargemacht, dass der Kompass meine Mutter sehr traurig machen würde.«

»Traurig?« Instinktiv runzelte Olive die Stirn, vergaß dabei aber die Naht. Vielleicht wurde es wirklich Zeit für ein Schmerzmittel.

»Ich wollte sie nicht traurig machen, welches Kind will das schon«, fuhr George unterdessen fort. »Und mein Vater wollte es auch nicht. Also habe ich ihn zurückgelegt, und wir haben nicht mehr darüber gesprochen.«

Olive blickte ihn regungslos an. Dann lehnte sie sich auf ihrem Stuhl zurück und ächzte gemeinsam mit dem Holz. Sadie hatte recht gehabt. Die wichtigen Fragen hatte ihr Vater seiner

Mutter niemals gestellt. Aber bedeutete das auch, dass sie diese Fragen nicht stellen durfte?

»Warum schenkt sie mir einen Kompass, der sie traurig macht?«, murmelte Olive gedankenversunken und war überrascht, als ihr Vater sich räusperte.

»Deine Großmutter hatte … ein Leben, bevor sie deinen Großvater kennengelernt hat. Ein Leben, das ihr … großen Kummer bereitet hat.« Jedes Wort kostete ihn Überwindung, das konnte Olive sehen und hören, und irgendwann wich die angestaute Luft mit einem gewaltigen Seufzen aus ihm heraus. »Ich weiß so gut wie nichts von diesem Leben. Ich weiß aber, dass nicht jede Geschichte das Leben besser macht. Es gibt auch Geschichten, die am besten dort aufgehoben sind, wo sie keiner erzählt.«

Olive lachte auf, aber es klang eher wie ein Schnauben. »Und wo soll das sein?«

Ihr Vater erhob sich mühsam von seinem Stuhl und ging zur Tür. Als er schon halb aus der Küche verschwunden war, drehte er sich noch einmal zu ihr um.

»In der Vergangenheit, Olive. Einige Geschichten sollten am besten für immer in der Vergangenheit bleiben.«

GERÄUSCHE
Juli 2000

Ich bin nicht allein.

Ich bin *nicht* allein!

Das war in den vergangenen Stunden ihr Mantra geworden, und Claire wiederholte es stoisch, um nicht den Verstand zu verlieren.

Sie würde nicht hier draußen sterben, würde nicht in Vergessenheit geraten. Die Insel würde sie nicht verschlucken. Irgendjemand war gekommen und hatte ihr Essen gebracht, Trinkwasser. Dieser Jemand wusste, dass sie hier war und wieder etwas brauchen würde.

Ich bin nicht allein.

Sie musste ruhig bleiben, sie konnte das. Essen, trinken, schlafen. Überleben. Das war nicht schwer, sie hatte alles, was sie brauchte. Fortan würde sie beim Haus bleiben, in der Nähe des Stegs. Keine Ausflüge mehr, kein Abdriften.

Ich. Bin. Nicht. Allein.

Wenn das nächste Mal ein Boot anlegte, würde sie sich die Seele aus dem Leib schreien und loslaufen, an Bord springen, und dann nichts wie weg. Weg von dieser Insel, weg von Iris' Spielchen, weg von …

Claires Lungen begannen zu flattern, und die Übelkeit kam

zurück. Sie rollte sich auf die andere Seite des Bettes, das Gesicht zur Wand gerichtet. Nichts und niemand sollte sie so sehen. Nicht das Fenster und nicht die Nacht dahinter, und erst recht nicht das Zeug, das Iris hinterlassen hatte und das sie nun von allen Seiten anstarrte.

»Ich bin allein ...«, flüsterte sie so leise, dass sie es selbst kaum hören konnte, aber es überhaupt ausgesprochen zu haben, es über ihre trockenen Lippen in die Wirklichkeit hinauszulassen wie einen Hund von der Leine, verstärkte die Wucht der Worte um ein Vielfaches, die Gewalt dieser Erkenntnis.

Sie war allein, nicht nur auf dieser verdammten Insel.

Sondern überall auf der Welt.

Bisher hatte sie es vielleicht geahnt, aber es hatte sich nie in ihr Bewusstsein vorgedrängt, und vor allem hatte es ihr nicht viel ausgemacht. Erst seit sie Will verloren hatte, schmerzte das Alleinsein wie ein Stachel, der sich immer tiefer in ihr Fleisch grub.

Dabei hatte sie Will nicht einmal verloren. Das Zusammensein mit ihm war nur eine Illusion gewesen. Reichte die Illusion von etwas, um es zu vermissen, um sich verloren zu fühlen, verloren zu sein?

Claire biss sich auf die Innenseite der Wange, um das Brennen hinter ihrem Brustbein zu betäuben und den aufkommenden Brechreiz zurückzudrängen.

Sie war aus New York geflüchtet, um alldem zu entkommen. Und nun war sie ausgerechnet an dem einen Ort gestrandet, an dem sie vor rein gar nichts fliehen konnte. Weil niemand hier war. Weil es hier nichts gab, was sie von ihrem Schmerz hätte ablenken können.

Weil sie sich selbst schutzlos ausgeliefert war.

Wütend wälzte sie sich auf den Rücken, zog das Kissen unter ihrem Kopf hervor und schleuderte es durch den Raum.

Es war dunkel, Mitternacht musste längst verstrichen sein, und draußen regnete es noch immer. Die Tropfen prasselten hart gegen das Fenster und wurden vom Wind über die Scheibe getrieben.

Wieso hatte sie die Vorhänge nicht zugezogen? Sie wollte Regen und Wind nicht sehen und auch nicht hören, denn solange sich das Wetter nicht beruhigte, würde garantiert niemand rausfahren und sie abholen. Warum zum Teufel stürmte es überhaupt, mitten im Sommer?

Am liebsten hätte Claire ihr Gesicht ins Kissen gedrückt, aber Letzteres lag nun unter dem Fenster auf dem Boden. Sie rang einen Moment mit sich und raffte sich stöhnend auf. Doch kaum hatte sie das Kissen in der Hand, blieb ihr Blick an Iris' Schreibtisch hängen.

All diese Zettel, die vielen Bilder.

Seit sie auf der Insel war, in Iris' Haus, hatte Claire diesen Widerstand in sich gespürt. Sie wollte nicht hinsehen, nicht zu genau zumindest, denn damit würde sie Iris eine Tür öffnen, und das war nicht gesund. Niemand konnte absehen, was dabei zutage gefördert würde. Über Iris und das, was sie zurückgelassen hatte, aber auch über Claire selbst.

Sie hatte damals die Tür zugeschlagen, nachdem sie verstanden hatte, dass sie ihre Schwester nicht würde retten können, und es war ihr schwerer gefallen als jemals etwas zuvor. Sie hatte sie fest hinter sich verschlossen, weil sie sonst womöglich mit Iris untergegangen wäre.

Seitdem waren viele Jahre vergangen, mehr als ein Jahrzehnt. Aber wer konnte schon mit Sicherheit sagen, dass es nicht immer noch so kommen konnte? Sie konnte immer noch mit Iris untergehen, die Verbindung zu ihrer Schwester konnte sie selbst heute noch in die Tiefe reißen.

In diesen Abgrund wollte Claire nicht blicken.

Trotzdem stellte sie fest, dass ihre Füße sie, ohne dass sie es beabsichtigt hatte, an den Tisch geführt hatten.

Claire presste sich das Kissen vor die Brust wie eine Rettungsweste, ihre Finger krallten sich so fest in die Daunen, dass es wehtat. Die Übelkeit schwelte in ihrer Mitte wie eine Warnung, aber dennoch konnte sie nicht wieder zurücktreten, sie konnte sich nicht abwenden. Iris' Erbe hielt nicht nur ihren Blick gefangen, sondern gleich ihren ganzen Körper.

Das Mondlicht, das durchs Fenster drang, war unbeständig und schwach, Wind und Wolken machten es zu einem unzuverlässigen Partner. Es war praktisch unmöglich, Details im Chaos auszumachen.

Noch immer spürte Claire den Widerstand in sich, aber mit einem Mal war da noch eine andere Kraft. Das Alleinsein trieb sie in Iris' Arme.

Ihre rechte Hand löste sich vom Kissen und wanderte zur Lampe, die auf dem Schreibtisch stand. Die Glühbirne surrte, als wäre sie ihrerseits unschlüssig, doch dann unterwarf sie sich dem Stromkreislauf und ließ ihr Licht auf die Bühne zu ihren Füßen fallen. Claire wusste, dass sie diese Bühne nicht betreten sollte, aber ihr Körper hatte ihren Verstand längst überlistet, also zog sie sich den Stuhl zurück und setzte sich. Das Kissen ruhte noch immer vor ihrem Bauch, vielleicht konnte es ein Puffer sein zwischen ihr und dem, was ihre Schwester noch zu sagen hatte.

Iris' Tisch. Das hier war Iris' Schreibtisch, der Platz, an dem sie gesessen und ... was? Gezeichnet hatte?

Claire verspürte den Drang, zu schlucken, aber auch in ihrer Kehle hatte sich der Widerstand verfestigt.

Aber vielleicht war das hier gar kein Untergang. Konnte es nicht auch eine Chance sein?

Als sie noch klein waren, hatte Claire oft davon geträumt, Iris zu sein. Lebendig wie Iris. Mutig wie Iris. Stark wie Iris. *Iris, Iris.* Selbst um ihren Namen hatte Claire sie beneidet. Konnte sie dem Alleinsein entkommen, wenn sie zu einem Teil von Iris wurde?

Langsam fuhr ihr Finger über die ungleichmäßige Tischkante. Flecken, Kerben und Splitter erzählten eine Geschichte. Hatte Iris sie geschrieben? Was genau hatte sie hier getan, an diesem Tisch, auf dieser Insel? Wie hatte sie gelebt? Und wofür?

Während ihr Finger im Holz zu lesen versuchte, rauschten ihre Gedanken plötzlich durch Raum und Zeit und beförderten Bilder an die Oberfläche, deren Existenz sie lange vergessen hatte.

Sie sah einen Wintermorgen in Wisconsin, der Neuschnee hatte den Boden um ihr Elternhaus über Nacht in ein wolkenweißes Bett verwandelt. Sie hörte Iris, die vom Fliegen sprach, und spürte den kalten Windzug, der von draußen hereindrang, während sie gemeinsam auf das Fensterbrett ihres Kinderzimmers kletterten. Sie fühlte Iris' Hand in ihrer, verschlungen, ihre Finger fügten sich perfekt ineinander.

Und dann erinnerte sich ihr Körper auch an den freien Fall aus dem ersten Stock, an die Luftblasen hinter ihrem Bauchnabel und das kurze Schwingen der Hoffnung, tatsächlich abzuheben und davonzufliegen, diese Welt hinter sich zu lassen, alle Grenzen zu überwinden und den Himmel zu ihrem Zuhause zu machen.

Sie hatte sich den Knöchel und das Handgelenk gebrochen, noch wochenlang hatte der Schmerz sie bei jedem Schritt und jeder Handbewegung daran erinnert, dass Träumereien ihren Preis hatten. Dass sie nicht wie Iris war, dass sie nicht dasselbe Talent hatte wie ihre Schwester, das Talent, sich im richtigen Moment abzurollen, das Talent, sich nicht vor dem Abgrund zu fürchten.

Iris hatte sie getragen und gefüttert, sie hatte die Hausaufgaben für sie gemacht und ihr Zöpfe geflochten, bis die Brüche verheilt waren.

Wann genau hatte ihre Schwester verlernt, zu fallen?

Claire riss ihre Finger zurück, als hätte sie sich an der Erinnerung verbrannt. In ihrem Inneren schlug eine Faust um sich, machte weder vor dem Herzen noch vor ihren Lungen halt, und als Claire dem Druck nicht mehr standhalten konnte, sprang sie auf, stieß den Stuhl hinter sich um und schlug die Lampe mit dem Kissen vom Tisch.

Ihr Licht erlosch, genau wie Iris erloschen war.

Einen Augenblick stand sie reglos in der Dunkelheit, die nun viel stärker war als zuvor, dann presste sie die Augenlider aufeinander, bis auch die Bilder dahinter verschwunden waren.

Erst als das Zittern in ihrem Inneren abebbte, öffnete sie die Augen wieder, nahm das Kissen vom Boden und kroch zurück ins Bett.

Widerstand war eine verlässliche Festung.

Sie würde sich dahinter verschanzen, bis sie bereit war für Iris' Erbe. Ihr Körper und Geist waren gerade zu schwach, um sich der Gewalt ihrer Erinnerungen auszusetzen. Sie hatte nicht genug Kraft für diese Auseinandersetzung und würde sie vielleicht niemals haben.

Claire O'Leary hatte selbst in dreißig Jahren nicht gelernt, sich richtig abzurollen.

Aber dafür hatte sie gelernt, gar nicht erst zu fallen.

Am Morgen regnete es noch immer, dafür reichte ein flüchtiger Blick aus dem Fenster. Der Himmel war grau, und die Tropfen stoben unter dem Dirigat des Windes über die Scheibe. Claire spürte Enttäuschung in sich aufsteigen, gepaart mit der üblichen Übelkeit. Dieses Eiland vergiftete sie.

Benommen stieg sie aus dem Bett, schlüpfte in die Sachen ihrer Schwester und trat in den Wohnraum. Ein Großteil der Lebensmittel lag noch immer auf dem Tisch, nur Milch und Butter hatte Claire gestern noch kaltgestellt.

An Frühstück war trotzdem nicht zu denken, ihr Magen drehte sich beim bloßen Gedanken an Essen um. Deshalb nahm Claire lediglich einen Schluck Wasser aus einer der Flaschen und zog im Windfang die Gummistiefel an. Zuletzt warf sie sich Iris' gelben Regenmantel über, klappte die Kapuze über ihren Kopf und trat aus dem Haus.

Die frische Luft nahm augenblicklich einen Großteil des Gewichts von ihren Schultern. Es war nicht mal kalt heute. Der Wind schien nachgelassen zu haben, vielleicht kam er aus einer anderen Richtung, und auch der Regen hatte sich verändert. Eher feine Tropfen, die in der Luft lagen und kaum störten, während sie gleichzeitig in alle Poren drangen und von innen heraus nässten. Die Art von Regen, die gar nicht richtig da war und doch überall.

Claire schloss den Mantel noch etwas höher und stiefelte den Pfad hinab zum Steg. Dort, wo der Boden nicht knirschte, schmatzte er unter ihren Sohlen wie feuchte Kinderküsse. Himmel und Meer verschmolzen am Horizont zu einer Einheit, unmöglich, zu sagen, wo das eine aufhörte und das andere begann. Wieder machte sich Enttäuschung in Claire breit. Da war nichts, was die graue Einheit störte. Kein Boot, keine Rettung. Kein

Entkommen. Trotzdem gab sie sich einen Ruck und ging bis zum Ende des Stegs.

»Ich bin nicht allein«, murmelte sie in ihren Kragen, als könnte sie damit etwas wahr werden lassen, an das sie selbst nicht glaubte.

Dabei *wollte* sie glauben!

Sie *wollte* an die Möglichkeit glauben, dass jeden Moment ein Punkt im Grau auftauchte und die Aussichtslosigkeit durchbrach.

Sie *wollte* glauben, dass Will nach ihr suchte.

Sie wollte sogar daran glauben, dass Iris zurückkam, dass alles nur ein Missverständnis war, das Unglück anderer Menschen.

Sie wollte glauben. Aber sie war nicht naiv und konnte es nicht erzwingen.

Claire riss sich von ihrer Position los und wanderte von einer Ecke des Stegs zur anderen, das feuchte Holz quietschte unter ihren Gummisohlen. Sie schob die Kapuze zurück, so weit nur, dass sie ihren Blick uneingeschränkt über das Wasser gleiten lassen konnte.

Aus der Ferne musste sie in Iris' gelbem Mantel aussehen wie ein Lichtstrahl, wie eine Sonnenblume auf einer Wiese aus Beton. Vielleicht war jemand auf den anderen Inseln und sah sie leuchten?

Der Tag war träge wie das Meer, als wäre er noch gar nicht richtig aufgewacht. Wie konnte das hier für Iris ein Zuhause gewesen sein?

Instinktiv verschränkte Claire die Arme vor dem Oberkörper. Der Ozean war ein grauer Riese, wer mochte ihn schon verstehen? Niemand wusste, was in der Tiefe lauerte, keiner war gefeit vor den Launen des Wassers. In einer Sekunde konnte man hier seinen Frieden finden und in der nächsten öffnete sich ein Schlund und zog eine Schwester in die Tiefe …

»Ich habe keine Angst«, flüsterte Claire und blieb auf der Stelle stehen, um sich und dem Meer zu beweisen, dass das keine leeren Worte waren. Ihre Augen bewegten sich unter der Kapuze, wanderten die Weite ab, betasteten sie auf der Suche nach Unebenheiten. Aber da war nichts. Wasser und Gischt und Wolken und Himmel, grau in grau. Sogar die anderen Inseln wirkten, als lägen sie unter einem Schleier begraben. Leblose Körper, zur Seite gekippt und mit Planen abgedeckt.

Am liebsten hätte Claire wieder einen Stein geworfen, um sie zu wecken, aber auf dem Steg war nichts, was sich bewegen ließ. Nichts, was sie von sich stoßen konnte. Selbst für einen Schrei war sie zu kraftlos. Wozu sollte sie sich aufbäumen, wenn keiner da war, der sich daran störte?

Sie war müde.

Müde.

Hatte sie nicht gerade erst geschlafen?

Sich dem Grau zu entziehen war kaum möglich. Claire spielte mit dem Gedanken, den gelben Mantel abzustreifen und einfach mit dem Grau zu verschmelzen, dem Druck nachzugeben und nicht länger dagegen anzuleuchten. Aber sie begann nun doch wieder zu frieren. Die Feuchtigkeit war durch den Regenmantel gedrungen, sogar die Unterwäsche auf ihrer Haut fühlte sich klamm und kalt an. Es wurde Zeit, ins Haus zurückzukehren. Sie würde sich umziehen und vor dem Kaminfeuer aufwärmen, sofern Letzteres in der Zwischenzeit nicht erloschen war. Über dem Schornstein lag nur noch die Ahnung einer Rauchsäule.

Als Claire das Ende des Stegs erreicht hatte, hörte sie ein Geräusch, das fremd war. Es klang hell und leicht und schwach, nichts, was in dieser Art von Welt zu Hause war. Ihr Blick überflog die Umgebung, tastete sich an den Felsen entlang und den

Bootssteg hinab. Aber da war nichts. Hatte sie sich das Geräusch eingebildet, hatte es nur in ihrem Kopf existiert? Irgendwann kam man hier bestimmt an diesen Punkt.

Claire schüttelte den Gedanken ab, wandte sich zum Haus und ging ein paar Schritte den Pfad hinauf, da hörte sie es wieder. Keine Einbildung, es war real. Sie riss sich die Kapuze vom Kopf, um besser sehen und hören zu können.

»Hallo?« Mit langsamen, bewusst gesetzten Schritten ging sie zurück auf den Steg und lauschte. Tatsächlich wurde das gleichmäßige Schwappen der Wellen von einem Fiepen unterbrochen.

Claire ging in die Knie und versuchte, durch einen Spalt zwischen den Holzbohlen zu blicken, aber das war aussichtslos. Also trat sie an den Rand des Stegs, hockte sich auf die nassen Planken und heftete ihren Blick nach unten, dorthin, wo Wasser auf Land traf. Der Boden befand sich etwa anderthalb Meter unter ihr, glatte dunkle Felsen, an denen sich die flachen Wellen brachen. Claire sah eine Handvoll Plastikmüll zwischen angespülten Ästen, Algen und Schaumkronen.

»Hallo?«, versuchte sie es noch einmal und horchte nach einer Antwort, irgendeiner Reaktion. Aber nichts geschah. Erst als sie sich wieder aufrichtete, hörte sie das Geräusch erneut. War da nicht eine Bewegung im Schwarz der Algen?

Claire ging zurück auf die Knie. Da war etwas Dunkles, Weiches. Aber was? Eine Bewegung konnte sie nicht mehr ausmachen, nur das sanfte Hin- und Herwiegen des Meerwassers.

Gerade, als sie aufgeben wollte, schob sich eine winzige Schnauze aus dem Algenteppich. Kein Müll also, ein Lebewesen. Und auch wenn Claire nicht sagen konnte, um was für ein Tier es sich handelte, wusste sie eines genau.

Dass es ohne sie sterben würde.

Hellerup, Juni 1942

VON DIR

Wir sehnen uns nach Wahrheit
Und gehen dann
An ihr zugrunde.

Wie glücklich war ich, als
Ich keine Fragen stellte,
Wie dumm zugleich.

Blindheit schützt vor Scham und Schuld
Und doch
Würde ich mir immer wieder
Die Augen öffnen lassen

Von dir.

Was ich sehe,
Lässt mich untergehen,
Und macht mich doch
Zu einem Menschen.

PERGAMENTPAPIER
November 2022

Olive wartete, bis auch die letzten Geräusche im Haus verstummt waren, dann schlug sie die Bettdecke zurück und nahm den Kompass von ihrem Nachttisch. Kalt und schwer lag er in ihrer Hand, vor allem aber fremd. Sie musste endlich etwas tun, um das zu ändern.

Noch immer wusste sie genau, welche Treppenstufen knarzten und wie sie ihre Schritte setzen musste, um unbemerkt ins Erdgeschoss zu gelangen. Die Klaviatur des Hauses hatte sich für alle Zeit in ihr Gedächtnis gebrannt. Früher hatten Sadie und sie sich manchmal auf diese Weise davongeschlichen und die Nacht zum Tag gemacht, auf einer fremden Party, in einem Leben, in dem alles noch vor ihnen lag.

Jetzt gab es keine Party, die sie lockte, keine verbotenen Küsse und kein Kribbeln in Hinblick auf das Morgen. Heute Nacht war da nur ihre Großmutter, die unten in der alten Praxis ihres Vaters lag, ihre Großmutter, die nicht mehr ganz da war, aber auch noch nicht weg.

Das Dazwischen war ein furchteinflößender Ort.

Nach dem Essen hatte Olive schon einmal bei ihrer Großmutter reingeschaut und sich am Türrahmen abstützen müssen bei Poppys Anblick. Blass und klein hatte ihr zusammengesunkener Körper unter der schweren Bettdecke gelegen und Olive selbst die Luft aus den Lungen gepresst. Doch ausgerechnet als sie endlich die Kraft verspürt hatte, ans Bett heranzutreten, war ihre Mutter ins Zimmer geplatzt. Hatte noch schnell nach dem Rechten sehen und die Windel wechseln wollen, und Olive hatte das gereicht, um ihre Gehirnerschütterung vorzuschieben und die Flucht zu ergreifen.

Jetzt aber würde sie niemand stören.

Sie schlich den Flur im Erdgeschoss hinab, vorbei an der Stube und am Schlafzimmer ihrer Eltern. Vor Colins Zimmer blieb sie stehen und lauschte. Tom schien zu schlafen. Unter der Tür drang kein Licht mehr hindurch, und es waren auch keine Bewegungen zu hören. Wie unwirklich, dass sie endlich nach Hause gekommen war und einen Fremden mitgebracht hatte, schlimmer noch: einen Fremden, der sie nachweislich nicht ausstehen konnte.

Aber mit Tom würde sie sich morgen wieder herumschlagen und vermutlich auch noch die kommenden Tage – je nachdem, was Colin ihr am Morgen zum Zustand des Autos mitteilen würde. Nun musste sie sich erst einmal Poppy widmen.

Auch diesmal zwang sie der Anblick ihrer Großmutter zum Innehalten. Es war erschreckend, was am Ende eines Lebens vom Menschen übrigblieb.

Poppy war fast achtundneunzig, ein Alter, das nur die wenigsten Menschen erreichten, und mit einem Mal ertappte sich Olive bei der Frage, ob früher zu sterben nicht gnädiger gewesen wäre.

Ihre Eltern hatten eine Pflegekraft eingestellt, die jeden Tag zweimal vorbeischaute und sie bei Poppys Versorgung unterstützte. Olive hatte Tamara noch nicht kennengelernt, aber Sadie hatte erzählt, dass selbst sie sich über Poppys Durchhaltevermögen wunderte. In ihrem hohen Alter und mit dem Schlaganfall und der Demenz im Gepäck hatte die Pflegerin längst damit gerechnet, dass Olives Großmutter ihren Frieden finden würde. Stattdessen wirkte es auch ein Jahr nach dem Hirninfarkt so, als klammerte Poppy sich am Leben fest wie an einem Stück Treibholz auf offener See. Warum ließ sie nicht endlich los?

Olive gab sich einen Ruck und trat näher an das Pflegebett heran.

Ihre Eltern hatten es ans Fenster geschoben, sodass Poppy in den Garten hinausschauen konnte, aber Olive bezweifelte, dass sie sich noch allzu sehr am Ausblick erfreute.

Leise zog sie sich einen Hocker heran und setzte sich neben ihre schlafende Großmutter. Poppys Haut war dünn wie Pergamentpapier, unter der Oberfläche schimmerte ein Netz aus feinen blauen Adern, als wäre ihr Körper nichts anderes als eine verblasste Landkarte.

Vorsichtig griff Olive nach ihrer Hand.

»Poppy …« Sie sprach so leise, dass sie es selbst kaum hören konnte, und obwohl sie nicht mit einer Reaktion gerechnet hatte, regte sich etwas in ihrer Großmutter. Ihr kleiner Finger zuckte in Olives Handfläche, dann kippte auf einmal ihr Kopf zur Seite, und sie hob ihre schweren Lider. Für einen Moment sah Olive nur Leere in ihrem Blick, die einstmals vertrauten Augen glasig und fremd, aber dann weiteten sich Poppys Pupillen, und ihre Züge wurden weich. »Olive …«

Ihre Stimme war nicht mal ein Flüstern, eher die Ahnung von etwas, aber diese Ahnung reichte aus, um Olive Tränen in die Augen zu treiben. »Ich bin Olive, ja«, bestätigte sie und drückte Poppys Hand. »Wie geht's dir?«

Doch als Poppy im nächsten Moment ihren Kopf in die Mitte zurückfallen ließ und die Lider wieder schloss, musste sie einsehen, dass sie sich zu früh gefreut hatte.

Was hatte sie schon erwartet? Obwohl sie seit zehn Monaten nicht mehr zu Hause gewesen war, hatte sie von Sadie und ihren Eltern erfahren, wie es um ihre Großmutter stand. Es war naiv gewesen, trotz allem auf ein aufschlussreiches Gespräch mit Poppy zu hoffen. Sie hatte die Gelegenheit verpasst, der letzte richtige Zeitpunkt war vor langer Zeit verstrichen, und daran trug Olive eine Mitschuld. In diesem Bett lag nicht mehr die Großmutter, die sie kannte und brauchte.

Langsam legte Olive ihren Kopf in den Nacken und atmete ein. Alles an ihr tat weh, innen wie außen.

Erst jetzt spürte sie, wie fest ihre linke Hand den Kompass umschlossen hielt. Das Metall war warm geworden, und als Olive ihre Finger löste, bemerkte sie, dass der Deckel einen Abdruck auf ihrer Handfläche hinterlassen hatte. Die feine Gravur hatte sich oberflächlich in sie hineingebrannt, die Welle war für einen flüchtigen Moment ein Teil von ihr. Vielleicht war sie auch ein Teil des Sturms, der ihre Großmutter regelmäßig in das Zimmer unterm Dach getrieben hatte.

»Erinnerst du dich an den Kompass, den du mir geschenkt hast?« Wieder nur ein Flüstern, und Olive bezweifelte, dass ihre Großmutter wach war und sie gehört hatte. Doch Poppy schlug die Augen auf und wandte ihr erneut das Gesicht zu. Der Moment des Wiedererkennens blieb aus, hinter den Lidern ihrer Großmutter konnte Olive nur Unsicherheit sehen, und das schmerzte. Trotzdem musste sie es versuchen.

»Diesen hier.« Sie hielt den Kompass dicht vor Poppys Gesicht. »Du hast ihn mir gegeben, nach deinem Sturz …«

Im Blick ihrer Großmutter veränderte sich etwas. Ihre Pupillen zogen sich zusammen, und dann beschleunigte sich auch ihre Atmung, und ihr Brustkorb flatterte unter der Bettdecke, die ganze Landkarte ihres Körpers geriet in Aufruhr, als ihre Finger nach dem Kompass griffen.

Nur mit Mühe konnte sie ihn halten. Ihre trockenen Lippen öffneten sich und gaben ein paar Worte frei, doch es war nur unverständliches Zeug, Fantasiewörter. Die Sprache einer Frau, der man Worte und Würde geraubt hatte.

»Du erkennst ihn, oder?«, versuchte Olive ihr zu helfen, aber Poppy wurde immer nervöser. Ihre Pupillen flackerten, die Laute, die sie von sich gab, wirkten unkontrolliert und verängstigt.

»Ist schon okay«, beruhigte Olive sie und versuchte, ihr den Kompass wieder abzunehmen, aber plötzlich zog ihre Großmutter die Hand weg. Ihre Finger krallten sich krampfhaft um das Metall, und als Olive es noch einmal probierte, entglitt der Kompass ihrem Griff und wurde auf den Boden geschleudert.

»Alles gut«, flüsterte Olive und strich Poppy über die kalte Wange, doch als sie sich umdrehte und nach dem Kompass bückte, musste sie mit Schrecken feststellen, dass sie nicht alleine waren. Tom stand im dunklen Flur hinter der offenen Zimmertür – und hielt seine Kamera vor dem Gesicht.

»Hast du *Fotos* von uns gemacht?« Olive fühlte sich, als hätte ihr jemand mit der flachen Hand vor die Brust geschlagen, und endlich ließ Tom die Kamera sinken.

Mit einem Mal wirkte er jünger und unsicherer, als sie ihn in Erinnerung hatte, und außerdem sehr müde.

»Tut mir leid, ich wollte … Eigentlich wollte ich mir ein Glas Wasser holen.«

Olive war fassungslos, sprachlos. Sein Bedauern klang aufrichtig, aber das änderte nichts daran, dass er ihre Privatsphäre verletzt hatte!

»Tut mir wirklich leid«, murmelte er noch einmal, als er merkte, dass Olives Entsetzen nicht kleiner wurde. Dann drehte er sich in der Tür um und verschwand in der Dunkelheit des Flurs, als hätte ihre Begegnung niemals stattgefunden.

Olive brauchte einen Moment, um sich zu beruhigen. Das Blut rauschte in ihren Ohren, pochte hinter ihrer frischen Naht, und ihr Gesicht glühte vor Aufregung wie eine Herdplatte, aber irgendwann gab sie sich einen Ruck und hob den Kompass vom Boden auf. Zum Glück war nichts zerbrochen.

Als sie sich wieder ihrer Großmutter zuwandte, stellte sie fest, dass Poppy immer noch zitterte. Eine Träne hatte sich über ihr Gesicht verirrt, und ihr Atem ging viel zu flach. Behutsam legte Olive eine Hand auf ihre.

»Schon gut, Poppy«, flüsterte sie, »alles ist gut.« Dabei schrie jede Faser in ihr, dass dem nicht so war.

Toms Wagen hatte keinen Totalschaden, aber er war auch nicht fahrtüchtig – das erfuhr Olive, als sie am nächsten Morgen mit einem Brummschädel in die Küche kam und ihren Bruder mit Tom am Frühstückstisch sitzen sah.

Olive gab sich nicht die Mühe, gute Miene zum bösen Spiel zu machen, immerhin verschoben sich gerade die Grenzen, wer hier eigentlich auf wen wütend war. Tom für seinen Teil schien sein nächtliches Herumschnüffeln derart unangenehm zu sein, dass er die Nachricht vom Ausfall seines Minis nicht mal mit einem grimmigen Blick quittierte.

»Ich krieg das wieder hin«, versicherte Colin zwischen zwei Schlucken Kaffee. »Aber es wird ein paar Tage dauern.«

Mit einem leisen Stöhnen lehnte Olive sich in den Türrahmen. »Das war's dann wohl mit unserer Recherche.«

»Wieso?« Ausgerechnet Tom hob den Kopf von seinem Frühstücksteller und blickte sie überrascht an.

»Hast du Colin nicht gehört? Dein Wagen fährt erst in ein paar Tagen weiter. Und Joyce hat uns eine Woche gegeben. Wie sollen wir in der Zeit nach Deutschland kommen und wieder zurück?«

»Wir könnten uns einen Leihwagen nehmen …«

Olive lachte auf, aber es klang bitter. »Joyce ist bestimmt begeistert, wenn sie einen Leihwagen auf unserer Reisekostenabrechnung entdeckt. Sie war ja schon angespannt, als sie verstanden hat, dass wir unterwegs auch irgendwo schlafen müssen.« Sie stieß sich vom Türrahmen ab und ging auf die Kaffeemaschine zu, um sich eine Tasse einzuschenken.

Colin räusperte sich in die Stille hinein. »Ich könnte euch Agnes leihen.«

Verblüfft drehte Olive sich zu ihm um. Doch bevor sie etwas sagen konnte, runzelte Tom die Stirn. »Wer ist Agnes?«

»Mein alter Kleinbus«, klärte Colin ihn auf, bevor Olive ihn mit einem engagierten Kopfschütteln davon abhalten konnte. »Ihr hättet sogar zwei Schlafplätze und eine kleine Küche an Bord, das könnte die Reisekosten deutlich verringern.«

Olive unterdrückte ein weiteres Stöhnen, legte die Hände um ihre warme Kaffeetasse und hoffte, dass wenigstens das Hämmern hinter ihrer Stirn endlich aufhören würde.

Colin hatte recht. Wenn sie den Bus nehmen würden, könnten sie ihre Reise wie geplant fortsetzen. Heute Abend schon könnten sie in Hamburg sein und sich mit der Kellerleiche beschäftigen. Auch wenn Olive nicht im Traum auf die Idee gekommen wäre, eine Nacht mit Tom in der alten Agnes zu verbringen, konnten die Schlafmöglichkeiten und die Küchenzeile doch von Vorteil sein.

Trotzdem verspürte sie einen seltsamen Druck auf der Brust bei dem Gedanken, mit Agnes auf diese Reise zu gehen. »Ich weiß nicht, ob das eine gute Idee ist …«

»Komm schon, Livie«, erwiderte Colin und sah sie mit einem herausfordernden Funkeln in den Augen an. »Hast du eine bessere?«

Leider musste Olive sich eingestehen, dass sie die nicht hatte. Als auch Tom nur ratlos mit den Schultern zuckte, stand Colin auf und stellte seine leere Tasse zufrieden in den Geschirrspüler. »Dann ist es beschlossen. Ich fahre jetzt in die Werkstatt und mache Agnes für euch bereit. Wenn ihr in fünf, sechs Tagen zurückkommt, ist der Mini hoffentlich fertig, und wir tauschen wieder. Ihr beide geht jetzt besser duschen. Ihr seht aus wie zwei Untote.« Mit einem Zwinkern, das Olive nur weitere Kopfschmerzen bereitete, verschwand er zur Küchentür hinaus.

Sie sah ihm unschlüssig nach, trank endlich einen Schluck von dem viel zu starken Kaffee und schloss die Augen.

Sie öffnete sie erst wieder, als Tom sich am Tisch bewegte.

»Ich mag deinen Bruder«, murmelte er, während er aufstand und seinen Teller in die Spülmaschine räumte. »Hätte nur nicht gedacht, dass er seinen Autos Namen gibt.« Er schüttelte amüsiert den Kopf, und Olive wunderte sich einmal mehr, dass er überhaupt zu einer Art Belustigung imstande war. Offenbar weckte ihre Familie die heiteren Seiten an ihm.

»Der Bus gehörte meiner Großmutter. Sie hat ihn Colin vor ein paar Jahren geschenkt, der Name stammt noch von ihr. Angeblich hat sie ihn nach ihrer eigenen Großmutter benannt.«

Olive wusste selbst nicht, warum sie diese Einzelheiten mit Tom teilte, genau genommen hatte er keine Details verdient.

»Vielleicht ist das gar nicht so schlecht«, sagte er, nachdem er einen Augenblick geschwiegen hatte. »In dieser Geschichte geht es schließlich um deine Großmutter. Ist doch schön, wenn sie uns auf diese Weise begleitet.«

Obwohl Olive sich gerne das Gegenteil eingeredet hätte, musste sie sich eingestehen, dass Tom Philips damit ausnahmsweise recht hatte.

Sie konnte nicht gehen, ohne noch einmal bei Poppy vorbeizuschauen.

Colin hatte die alte Agnes bereits in der Einfahrt abgestellt, Schlüssel und Papiere lagen auf dem Küchentisch, direkt neben dem gigantischen Lunchpaket, das ihre Mutter für Tom und sie zubereitet hatte. Nie im Leben würden sie all das essen können …

Kopfschüttelnd stellte Olive ihre Reisetasche auf einem Stuhl ab und ging den Flur hinab in Richtung Anbau. Toms Tür stand offen, er hatte Colins Zimmer schon geräumt. Wenigstens musste sie jetzt nicht mehr damit rechnen, dass er sie heimlich fotografieren würde.

Als sie die Tür zum alten Praxisraum öffnete, stellte sie fest, dass sie trotzdem nicht mit ihrer Großmutter alleine war. Ihr Vater tupfte Poppy gerade die Mundwinkel ab und zog die Decke über ihrem Brustkorb zurecht. Als er Olive in der Tür bemerkte, zuckte er beinahe ertappt zusammen.

»Tamara hat heute einen freien Tag«, murmelte er und schob die Vorhänge zurück, um das blasse Licht der Novembersonne ins Zimmer zu lassen.

Olive trat neben ihm ans Bett ihrer Großmutter. »Ich wollte mich nur verabschieden.«

Poppy schlief schon wieder, und im Grunde war Olive erleichtert darüber. Es tat ihr noch immer leid, dass sie sie in der Nacht so aufgewühlt hatte.

»War sie heute Morgen ... irgendwie verändert?«, hakte sie nach und konkretisierte es, nachdem ihr Vater nicht zu verstehen schien, worauf sie hinauswollte: »Geht es ihr heute schlechter als sonst?«

»Ich glaube nicht, nein. Aber so genau kann das keiner sagen.«

Ihren Vater so zu sehen, erschöpft und wehmütig, machte Olive traurig.

Vorsichtig legte sie ihre Hand auf die ihrer schlafenden Großmutter. Poppys Finger fühlten sich auch jetzt kalt und knochig an, die Haut dünn und verletzlich wie die Membran von Seifenblasen.

Olive verspürte das Bedürfnis, etwas zu sagen, aber sie wusste nicht, was. Sollte sie sich dafür entschuldigen, dass sie fast ein Jahr gebraucht hatte, um herzukommen? Und wem galt diese Entschuldigung dann: ihrer Großmutter oder ihrem Vater?

Wie viele Fragen sie auf einmal hatte, jetzt, wo Poppy vor ihrer aller Augen verblasste.

Olive spürte, wie sich Tränen ankündigten, aber sie wollte nicht weinen. Es konnte sein, dass das der letzte Abschied von ihrer Großmutter war.

Wie einen Windhauch ließ sie ihre Finger über Poppys Pergamenthaut gleiten. Dann beugte sie sich vor und gab ihrer Großmutter einen Kuss auf die Stirn. »Mach's gut, Poppy. Ich mache mich jetzt auf die Reise zu einer Geschichte. Vielleicht ist es deine.«

Sie richtete sich gerade wieder auf, als sie hörte, wie sich ihr Vater in ihrem Rücken räusperte. »Olive, ich …«

Als sie sich zu ihm umdrehte, sah sie, dass er an die dunkle Regalwand herangetreten war und eine kleine Kiste aus einer der unteren Schubladen hervorzog.

»Ich habe über unser Gespräch gestern nachgedacht, und ich …« Er hielt inne, offenbar auf der Suche nach den richtigen Worten, aber sie kamen ihm nur zögerlich über die Lippen. »Ich weiß, dass deine Großmutter ein paar unschöne Dinge erlebt hat, bevor sie meinen Vater getroffen hat. Bevor sie sich in Fairlight niedergelassen und eine Familie gegründet haben.« Er zögerte noch einmal und klammerte seine Finger um die Kiste, eine Blechdose, wie Olive nun erkannte. »Ich habe früh gelernt, keine Fragen zu stellen, und deshalb habe ich mich auch damit abgefunden, keine Antworten zu bekommen. Das war meine Entscheidung und …«

»Du musst dich nicht dafür rechtfertigen«, unterbrach Olive ihren Vater, aber er sah sie mit einem Ausdruck an, den sie nur schwer deuten konnte.

»Das stimmt«, sagte er nach einer Weile mit belegter Stimme. »Ich muss mich nicht rechtfertigen. Aber ich sollte dir die Möglichkeit einräumen, eine eigene Entscheidung zu treffen.« Er rang merklich mit sich, doch dann hielt er ihr die lindgrüne Blechdose hin.

Olive wagte nicht, danach zu greifen.

»Was ist das?«

»Nach ihrem Sturz hat Poppy nicht nur euch Kindern Geschenke gemacht«, fuhr ihr Vater leise fort und sah auf die Dose in seiner Hand. »Sie hat auch mir etwas gegeben.«

Olive musste schlucken. »Und was ist da drin?«

»Ich weiß es nicht«, sagte ihr Vater. »Ich habe mich entschieden, sie nicht zu öffnen. Und ich werde es vermutlich niemals tun.« Er kämpfte noch einmal mit sich, bevor er ihr in die Augen blickte. »Aber ich gebe dir die Möglichkeit, es zu tun.«

Olive war sprachlos. In ihren Ohren rauschte das Blut wie ein Wasserfall, und ihr Herz schlug ohnehin zu schnell, als dass sie noch etwas hätte sagen können.

»Ich weiß nicht, was sich darin befindet, Olive«, sprach ihr Vater weiter. »Aber ich vertraue dir Poppys Erbe an. Wenn du es denn haben willst.« Ein weiteres Mal hielt er ihr die alte Blechdose hin.

Wollte sie …?

Schlechte Entscheidungen bringen gute Geschichten, schoss es ihr durch den Kopf, und sie biss sich unschlüssig auf die Lippe.

Dann streckte sie die Hand aus.

ENTFREMDUNG
Juli 2000

Es ist nur ein Tier, flüsterte der Widerstand in ihrem Kopf, *wen kümmert, ob es lebt oder stirbt?* Aber ihr Körper folgte einer anderen Stimme. Sie war leise und entschlossen und setzte sich über alle Einwände hinweg.

»Wehe, du pinkelst mich voll«, warnte Claire das Tier, dabei war sie längst nass bis auf die Knochen. Sie schloss die Haustür hinter sich, streifte die Gummistiefel im Windfang ab und eilte mit wenigen Schritten zum Sofa. Dort erst schlüpfte sie aus dem Regenmantel, wickelte das dunkle Bündel aus ihrem Pullover und legte es auf einem der durchgesessenen Polster ab.

Das Feuer war fast abgebrannt, nur noch etwas Glut glimmte am Steinboden. An Brennholz mangelte es nicht, Iris hatte einen gigantischen Vorrat angelegt, der sich an der Wand neben dem Kamin bis knapp unter die Decke erstreckte. Claire griff sich eine Handvoll Scheite und schob sie nacheinander in die Glut. Mit Sicherheit gab es Regeln für das hier, ein Richtig und ein Falsch, aber Claire hatte keine Möglichkeit, sich mit ihnen vertraut zu machen. Sie musste auf den größten Betrüger der Welt vertrauen: das Glück.

»Komm schon!« Mit dem Schürhaken stocherte sie in der Glut und redete sich ein, dass sie das Feuer vor allem um ihrer selbst willen am Leben halten musste, und ihre Hartnäckigkeit zahlte sich aus. Die Hitze griff auf die frischen Scheite über, und nach und nach fingen neue Flammen an zu atmen.

Erleichtert sank Claire auf ihren Hosenboden und sah ins Feuer, verfolgte, wie die Flammen die Herrschaft über das Holz ergriffen, wie ihre Zungen sich zischend und knackend ihre Beute einverleibten.

Feuer lärmte, und Claire wusste, dass es kein Erbarmen kannte.

Schon einmal hatten Flammen ihr Leben verändert, schon einmal hatte ein Feuer ihr alles genommen.

Diesmal würde es anders sein. Dieses Feuer war ihr Freund, es hatte sie bereits im Wald gerettet, und bevor nun doch wieder Erinnerungen aufflackern konnten, riss Claire ihren Blick von den verlorenen Holzscheiten los und wandte sich der einen Sache zu, die vielleicht noch nicht verloren war.

Der kleine Körper lag zitternd vor ihr, das nasse Fell glatt und dunkel.

Am Steg hatte sie nicht gezögert, war in die Tiefe gesprungen und hatte das winzige Etwas aus den Algen gezogen. Ohne zu wissen, was sie genau in den Händen hielt, hatte sie ihren Mantel geöffnet und das flach atmende Bündel vor ihrem Bauch in Iris' Pullover gewickelt. Wie sie die Felsen wieder hinaufgekommen war, konnte sie nicht mehr sagen, aber irgendwie hatte sie das kleine Tier ins Haus gebracht. Völlig umsonst vermutlich, denn wer sagte schon, dass es nicht trotzdem sterben würde?

Trotz des Feuers kroch Kälte Claires Nacken hinauf, und sie bildete sich ein, unter sich das leise Brechen von Eis zu hören.

Iris' Sachen waren klamm, doch am meisten fror Claire von innen heraus.

Ohne nachzudenken, zog sie Pullover und Shirt über ihren

Kopf, schlüpfte aus Iris' Hose und warf alles zum Trocknen über einen Stuhl. Dann eilte sie in Unterwäsche ins Schlafzimmer, griff sich die Bettdecke und kehrte damit aufs Sofa zurück.

Sie setzte sich in die andere Ecke, möglichst weit weg vom Fellbündel, zog die Knie an den Körper und die Decke bis zum Kinn, als könnte sie sich so einen Wall schaffen, eine kleine Festung, hinter der sie in Ruhe Entscheidungen treffen konnte.

Wieder spürte sie den Widerstand in sich, seine Worte hallten durch ihre Gedanken.

Was machst du hier eigentlich?

Es wird ohnehin sterben.

Du kannst nichts tun – und selbst wenn du könntest, wüsstest du nicht, was.

Für so was bist du nicht die Richtige!

Du weißt nicht mal, was es ist.

Dieser Umstand wurmte sie am meisten.

»Was bist du?« Unschlüssig löste sie sich aus ihrer Festung und hob das Bündel vom Polster. Es war nur wenig größer als ihre Hand, sein Fell war kurz und fast schwarz, aber das konnte auch an der Nässe liegen. Als Claire vorsichtig mit der Decke über seinen Rücken rieb, richtete sich das Fell in widerspenstigen Büscheln auf.

Sein Schwanz war länglich und breit und wurde zum Ende hin schmaler. Die Augen waren geschlossen, sie wirkten beinahe zusammengekniffen, blind vielleicht, und auch das Köpfchen erinnerte Claire an einen Maulwurf. Aber passte das mit dem Schwanz zusammen?

Auch die spitzen Ohren störten bei dieser Vorstellung. Sie waren klein und lagen am Kopf an – hatten Maulwürfe überhaupt Ohren?

Claire fuhr mit den Fingern über die winzigen Krallen an seinen Pfötchen, und als der kleine Kerl zu zittern begann, folgte sie einem Impuls, lehnte sich zurück gegen das Seitenpolster der Couch und legte ihn unter der Decke auf ihrer Brust ab.

Es war ein seltsames Gefühl.

Das Zittern ebbte ab, während sich das Tier im Rhythmus ihrer Atmung auf ihrem Brustkorb auf und ab bewegte, aber trotzdem wirkte sein Körper viel zu schlaff, mehr tot als lebendig. Was hatte sie sich nur dabei gedacht, ihn aus dem Wasser zu ziehen? Vermutlich hatte sie sein Leid nur unnötig verlängert.

»Es tut mir leid«, flüsterte sie und schloss die Augen. Hinter ihren Lidern tanzten die Rottöne, und noch bevor sie sich darüber wundern konnte, dass sie mit einem Tier sprach, stoben ihre flammenden Gewänder auseinander und drifteten gemeinsam mit Claires Gedanken davon.

Als sie die Augen wieder aufschlug, war es finster vor den Fenstern. Das Feuer war ein Stück heruntergebrannt, aber immer noch kräftig genug. Trotzdem wollte Claire auf Nummer sicher gehen und etwas Holz nachlegen. Doch als sie das Fellbündel auf ihrer Brust bemerkte, schaffte sie es nicht mehr, sich zu bewegen. Es lag ganz ruhig da, kein Anzeichen von Lebendigkeit, aber es war warm. Tot konnte es also nicht sein. Noch nicht.

Sie spürte ein Ziehen in ihrer Brust, eine Regung in ihrer Mitte, die sie nicht kannte. War es so, wenn man ein Kind hatte?

Das Ziehen verdichtete sich zu einem bleischweren Knoten. Claire blickte an die Zimmerdecke und versuchte, den Gedanken an Will zu verdrängen, ihn gar nicht erst zuzulassen, aber es war zu spät.

Sie hatte nie einen Kinderwunsch verspürt, ihre Karriere hatte ihre volle Aufmerksamkeit erfordert. Außerdem bedeuteten Kinder Unsicherheit. Wer ein Kind hatte, machte sich empfänglich für Sorgen, Ängste und Zweifel, und dafür war in ihrem Leben kein Platz.

Erst seit es Will an ihrer Seite gab, hatte sie sich gelegentlich bei dem Gedanken an ein Baby ertappt. In flüchtigen Momenten hatte sie in ihm auch den Vater gesehen, der er würde sein können, nicht ahnend, dass er längst einer war.

Will war ein Vater. Er hatte ein Kind.

Warum hatte sie das nicht gesehen?

Claire biss sich in das weiche Innenfleisch ihrer Wange, bis sie Blut schmeckte. Schmerz ließ sich mit Schmerz betäuben. War es nicht genau das, was Iris getan hatte?

Nach dem Tod ihrer Eltern waren Iris' Gefühle außer Kontrolle geraten. Die Wut hatte sie zerstört, und sie riss auch alle anderen mit in den Abgrund. Claire hatte keinen anderen Weg gesehen als den Absprung. Sie hatte für ihre Schwester gekämpft, aber am Ende hatte sie keine andere Wahl gehabt, als sich von Iris zu lösen.

Auf ihrer Brust gab das Tier einen Laut von sich.

Hatte sie keine Wahl gehabt?

Sie versuchte zu schlucken, aber ihre Kehle war zu trocken. Hätte sie sich mehr Mühe geben müssen mit Iris, hatte sie sie zu früh aufgegeben?

Mit Sicherheit wäre es einfacher gewesen, wenn ihre Schwester sich hätte retten lassen wollen. Aber nach dem Unglück war Iris bis in die letzte Faser zerstörerisch gewesen, vernichtend wie ein Tropensturm, erbarmungslos wie das Feuer selbst. Dann war da auch noch diese andere Sache, die in Claire brannte, dieses Ungetüm, dem sie auf keinen Fall ins Gesicht sehen konnte.

Langsam ließ sie ihren Kopf zur Seite sinken und blickte in die Flammen. Der Grat zwischen Leben und Untergang war schmal, genau wie das Band, das Schuld von Unschuld trennte. Im Gericht konnte sie Opfer und Täter benennen, aber wenn es um Iris ging, scheute sie sich vor der hässlichen Fratze der Wahrheit.

Vielleicht war es gar nicht Iris, die ihr nach dem Feuer fremd geworden war.

Vielleicht hatte Claire sich von sich selbst entfremdet.

Ein Fiepen riss sie aus ihren Gedanken, und sie spürte eine leichte Bewegung auf der Brust.

Sie musste dringend trinken, ihr Körper war dehydriert, und auch das Tier würde etwas brauchen, wenn es eine Chance haben sollte. Sie hob es von ihrem Brustkorb, formte ein Nest aus Iris' Decke und legte den kleinen Kerl hinein.

Als sie wieder auf die Beine kam, musste sie innehalten. Ihr Kreislauf spielte verrückt. Erst als sich der Schwindel verzogen hatte, trat sie an die Küchenzeile und trank eine der Wasserflaschen leer.

Was konnte sie ihrem Findelkind geben?

Sie machte sich keine Hoffnung, dass es noch lange leben würde, aber für seinen Tod wollte sie auch nicht verantwortlich sein. Wasser war immer gut, jedes Lebewesen brauchte Wasser. Aber das Tierchen war noch klein, ein Baby vermutlich, und außerdem war es ein Säugetier. Soweit Claire wusste, nahmen Säugetiere erst mal nur Milch zu sich. Katzen tranken Milch aus Schälchen – und konnte es nicht sein, dass das Bündel auf dem Sofa ein Kätzchen war?

Selbst wenn dem nicht so sein sollte: Ihre Möglichkeiten waren begrenzt. Außer Milch gab es in Iris' Küche nichts, was sie dem Winzling hätte verfüttern können. Cornflakes konnte sie ihm wohl schlecht anbieten. Also holte sie die Flasche aus dem Kühlschrank.

Die Milch war zu kalt, und vermutlich würde das Tier nicht aus einem Teller trinken. Aber mit einem Löffel konnte sie eventuell nachhelfen. Sie schüttete etwas Milch in ein Schälchen, nahm einen Löffel aus der Schublade und ging zurück zum Sofa. Während sie das Schälchen nah an das Kaminfeuer stellte, wärmte sie den Löffel zwischen ihren Handflächen.

Als sie das Gefühl hatte, dass auch die Milch nicht mehr kühlschrankkalt war, hockte sie sich vor das Sofa und zog das Nestchen mit dem Tier zu sich heran. Sein Fell war getrocknet und stand zu allen Seiten ab. Ansonsten regte sich wenig Widerstand in ihm. Es wirkte noch immer schlapp und hilflos, aber zwischendurch zuckte es und gab Geräusche von sich.

Claire schöpfte etwas Milch aus dem Schälchen und versuchte, sie mit dem Löffel ins kleine Maul zu träufeln. Der Großteil ging daneben und sickerte in die Decke, aber irgendwann war das Schälchen leer und Claire hoffte, dass auch etwas in seinem Magen gelandet war. Sie stellte Schale und Löffel auf den Boden, rückte die Decke möglichst weit von der Sofakante und beobachtete ihren kleinen Mitbewohner.

Geräusche machte er nicht mehr, und auch sein Körper beruhigte sich. Nach einer Weile hob und senkte sich sein Brustkorb in einer Regelmäßigkeit, die auf Claire übergriff. Sie atmete gemeinsam mit dem Tier, und mit einem Mal hatte sie das Gefühl, dass auch das Haus mit ihnen atmete, *ein und aus*, als könnten sie sich gegenseitig Trost spenden und die Last gemeinsam tragen, wenn nur ihre Herzen im gleichen Takt schlügen.

Höchstwahrscheinlich würde der kleine Kerl sterben, daran

konnte sie nichts ändern. Mit Tieren kannte sie sich nicht aus, sie wusste ja nicht mal, was sie vor sich hatte. Ein Säugetier, mehr konnte sie nicht sagen, und Säugetiere wurden von ihren Müttern ernährt, hielten sich in ihrem Schutz auf, bis es nicht mehr nötig war. Bis sie stark und lebenstüchtig genug waren, um ihr sicheres Nest zu verlassen.

War Claire stark genug gewesen, als sie aus dem Nest gestoßen worden war?

Iris war es nicht gewesen.

Wer war mit siebzehn schon bereit, ohne Eltern zu leben?

Nicht mal das Haus war ihnen geblieben, kein einziges Erinnerungsstück. Runtergebrannt bis auf die Grundmauern. Nichts, an dem sie sich hätten festhalten können.

Obwohl das Unglück lange zurücklag und sie die Gedanken daran oft verdrängt hatte, spürte sie, dass sich die Wunden von damals noch frisch anfühlten. Wie konnten Erinnerungen verblassen, während der Schmerz, der mit ihnen einherging, stärker wurde?

Kummer und Schuld waren nicht mit dem Feuer erloschen. Sie hatten in ihnen weitergebrannt und sie von innen ausgehöhlt, bis Claire die Entscheidung gefällt hatte, die Brandschutztür hinter sich zu schließen.

Iris hatte einen anderen Weg gewählt.

Sie war direkt ins Feuer gelaufen.

Obwohl es warm war im Haus, begann Claire zu frösteln. Sie trug noch immer nur Unterwäsche, also richtete sie sich von ihrem Platz vor dem Sofa auf und ging ins Schlafzimmer. Sie schaltete das Licht unter der Zimmerdecke an, und nachdem sie sich frische Wäsche übergestreift hatte, glitt ihr Blick zu Iris' Schreibtisch. Wieder spürte sie den Widerstand wie eine

Warnung in sich, aber gleichzeitig zog sie etwas zum Chaos hin.

Diesmal war kein Kissen zwischen ihr und dem Tisch, als sie sich setzte. Sie zögerte nicht, griff nach dem ersten Bild, das sie zu fassen kriegte.

Ein Vogel am Himmel, Grautöne auf weiß. Die Striche waren so leicht, als könnten sie selbst abheben und davonfliegen.

Für Claire waren Vögel immer nur Vögel gewesen. Aber dieses Tier hatte eine Seele. War es ein Reiher? Wo flog er hin, was trieb ihn an?

Es sah aus, als läge sein Weg in den Linien der Zeichnung beschrieben, als hätte Iris ihn gekannt, mehr noch: als hätte sie das Tier durchschaut.

Claire kannte ihren eigenen Antrieb im Leben. Sie hatte den Weg an die Spitze gesucht, weil er ihr als sicherster Ausweg vorgekommen war, der Talsohle zu entkommen. Wer ganz oben stand, stark und unverwundbar, konnte nicht im Schatten eingehen.

Aber die Luft an der Spitze war dünn. So dünn, dass ganz oben kaum etwas wuchs. Und wo ging man noch hin, wenn man den höchsten Punkt erreicht hatte?

Gedankenversunken fuhren Claires Finger über die Schwingen des Vogels, sodass etwas Kohlestaub auf ihrer Haut haften blieb. Dann ließ sie das Bild zurück auf den Tisch sinken und nahm das nächste.

Ein Baum, krumm und geduckt, mit dem Wind an den Felsen entlanggewachsen. *Überleben bedeutet Anpassung.*

Claire wusste nicht, woher der Gedanke kam, aber er entlockte ihr ein Lachen. In New York galt das Gegenteil. Anpassung war der erste Schritt in die Belanglosigkeit, das Abtauchen in der namenlosen Menge, das Verschmelzen mit der Nichtigkeit. Wer überleben wollte, musste hervorstechen. Jahrelang war Claire davon ausgegangen, dass dieses Gesetz überall galt, aber nun erkannte sie, wie kurzsichtig sie gewesen war. Wer hier draußen lebte, schaffte es nur nach den Gesetzen der Natur. Wasser, Wind, Sonne und der Erdboden gaben den Takt der nächsten Schritte vor. Ein Narr, wer sich dagegen auflehnte.

Kaum vorstellbar, dass Iris zu alldem bereit gewesen war. Anhand der schieren Menge an Zeichnungen schätzte Claire, dass sie ein paar Jahre hier gelebt hatte. Wenn sie aber die Regeln der Natur gekannt hatte, warum war sie dann hinausgefahren in den Sturm? Wieso hatte sie sich am Ende doch noch aufgelehnt gegen Mutter Natur und ihre Gesetze?

Claire zog eine weitere Zeichnung aus dem Stapel. *Das Haus.* Jeder Strich saß präzise, es gab keine Anzeichen für Korrekturen. Iris musste sehr genau hingesehen haben, die Bilder schienen durch sie hindurch aufs Papier geflossen zu sein. Offenbar hatte sie die Welt um sich herum gezeichnet, sie hatte ihr Leben kartografiert.

Claire ertappte sich bei dem Gedanken, wie ihre eigene Welt in Zeichnungen aussehen würde. Was würde sie auf Papier bannen, wenn sie sich würde entscheiden müssen?

Sie war eine reiche Frau, allein das Apartment am Central Park war ein Vermögen wert. Und doch fühlte sie sich mit einem Mal ärmer, als ihre Schwester es gewesen war.

Claire schloss die Augen und horchte in sich hinein. Doch bevor sie ihrer Trauer Raum geben konnte, schob sich Wut in ihren Weg.

Man konnte ihre Leben nicht miteinander vergleichen, niemand konnte Iris und sie aneinander messen!

Entschlossen schlug sie die Augen wieder auf und zerknüllte das Bild in ihrer Hand. Dann fegte sie mit dem Arm über die Tischplatte und beförderte einen ganzen Stapel Papier auf den Boden. Die Zeichnungen, die dabei zum Vorschein kamen, waren anders als die, die ganz oben auf dem Tisch gelegen hatten. Es waren Linien und Kreise, große Schatten und Schraffierungen.

Irritiert ging Claire in die Knie und betrachtete ein paar dieser Bilder. Sie zeigten nichts, ergaben keinen Sinn, und auf einmal fühlte Claire sich bestätigt: Das da war Iris' wahres Gesicht! Sinnloses Gekritzel, Geschichten ohne Zusammenhang.

Claire musste lachen, und ihr fiel die Flasche zwischen den Felsen wieder ein. Selbstverständlich hatte Iris auch hier nur gespielt! Hatte unsinniges Zeug gemalt, Claires Namen in Felsen gekratzt und alberne Schätze für sie versteckt, obwohl sie nicht einmal wissen konnte, dass ihre Schwester jemals einen Fuß auf die Insel setzen würde. Aber jetzt war sie hier, Claire war hier – und sie hatte keine Angst mehr!

Ihr Blick glitt zum Fenster. Die Morgendämmerung hatte eingesetzt, am Himmel setzte sich ein schmaler Streifen Tag gegen die Nacht durch. Sie würde das Licht auf ihre Seite ziehen und den Spielchen ihrer Schwester ein Ende bereiten. Sie würde Iris Schachmatt setzen! Aber dafür musste sie sich den Geistern der Vergangenheit stellen und die Flasche aus ihrem Versteck holen.

Kein Regen mehr, und auch der Wind hatte sich gelegt. Claire hatte kurz mit dem Gedanken gespielt, das Tierbaby einzupacken und unter der Jacke mitzunehmen, aber dann hatte sie den Rand des Nestes doch nur etwas höher gezogen und sich allein auf den Weg gemacht. Vermutlich schlief der kleine Kerl, wer wusste schon, ob er überhaupt noch mal aufwachen würde.

Im Gegensatz zum letzten Mal hatte Claire heute ein festes Ziel vor Augen. Sie stellte den Kragen ihrer Jacke auf, nickte der Dämmerung zu, als könnte sie sich so mit ihr verbünden, und marschierte los.

In der Dunkelheit der ausklingenden Nacht führten ihre Schritte eine Art Dialog mit dem Boden, eine Absprache mit der Natur, deren Worte Claire nicht verstand. Doch je stärker das Morgenlicht die Finsternis am Himmel zurückdrängte, desto leiser wurden ihre Schritte, und ihre Augen übernahmen das Gespräch.

Sie fand die Bucht ohne Probleme. Diesmal stand das Wasser höher, Claire konnte nicht sagen, ob die Flut kam oder ging. Sie ließ sich an einer geeigneten Stelle auf den Sandboden hinab und blinzelte sich am Felsen entlang, bis sie ihren Namen fand.

Offenbar hatte sie die Flasche bei ihrem Aufbruch tiefer in das Loch geschoben, denn sie ließ sich diesmal schwerer greifen. Claire musste ihr Handgelenk verdrehen, um sie aus dem Hohlraum zu ziehen. Als der dunkle Glaskörper in ihrer Handfläche lag, beschleunigte sich ihr Puls.

Nasser Sand haftete auf der Außenseite, und während Claire die Flasche von einer Hand in die andere führte, bewegte sich das Etwas in ihrem Inneren. Claire war nicht bereit, sie vor Ort und Stelle zu öffnen. Stattdessen schob sie sie in die Jackentasche und schlug den Weg zurück ein.

Schon von Weitem fiel ihr auf, dass etwas anders war. Erst konnte sie die Änderung nicht festmachen, es war wie ein Fehler, der sich unbemerkt ins Bild geschlichen hatte. Aber dann traf die Erkenntnis sie mit einer Wucht, die sie beinahe in die Knie zwang.

Da war ein Boot!

Ein leeres Boot am Steg, unwirklich, und doch real! Es schaukelte auf dem Wasser auf und ab, als hätte es schon immer dort gelegen, als gehörte es hierher wie die Felsen und der Wind und das verfluchte Meer!

Claire brauchte einen Moment, um sich zu sammeln, dann schnellte ihr Blick zum Haus, und sie setzte sich in Bewegung, getrieben wie ein Tier auf der Jagd.

Sie stieß die Tür auf, ohne zu klopfen, polterte mit schweren Schritten durch den Windfang – und da saß sie!

Als wäre es das Normalste der Welt.

Als würde auch sie hierhergehören wie das kleine Boot am Steg, als wäre sie immer schon da gewesen: eine Frau, nicht mehr ganz jung, mit einer groben Strickmütze auf dem Kopf, die Haare darunter dunkel und kurz. Sie hatte am Tisch Platz genommen, vor sich ein Becher, aus dem es dampfte, und in ihrem Schoß hielt sie das Tierbaby.

Eher beiläufig sah sie zu Claire auf, und die war derart erschüttert, dass sich ihr ganzer Körper versteifte. Bevor sie einordnen konnte, was hier geschah, kam die Wut zurück. Sie schäumte wie die Gischt auf dem Wasser und türmte sich binnen Sekunden zu einer gewaltigen Flutwelle auf, und als diese Welle sie von innen zu zerdrücken drohte, öffnete Claire die Schleusen.

Ihre Wut entlud sich in einem Schrei, der alles zum Einsturz brachte und Glas zerspringen ließ.

Erst als ihr die Stimme versagte und die Luft ausging, sah sie, dass in Wirklichkeit alles noch stand.

Ihr Schrei hatte nichts zerbrochen, an der Wand hinter der Fremden lagen nur die dunklen Scherben von Iris' Flasche. Claire musste sie im Affekt nach ihr geworfen haben.

Die Frau selbst saß dennoch ungerührt da, Claire konnte

nicht mal sagen, ob sie bei dem Angriff geblinzelt hatte. Zusammengezuckt war sie jedenfalls nicht. Auch jetzt zeigte sich keine Regung auf ihrem Gesicht, kein Verblüffen und kein Schrecken. Unbeirrt blickte sie Claire an.

»Du siehst ihr wirklich ähnlich«, sagte sie irgendwann in die quälende Stille hinein und wandte sich wieder dem Fellknäuel zu.

Claire wusste nicht, ob sie lachen oder noch einmal schreien sollte.

Hellerup, September 1942

UFER

Wie die Äpfel im Garten glühen,
So glüht ein Geheimnis in mir,
Wirft das Licht der Hoffnung auf ein
Besseres Morgen.

Du lehrtest mich zu schwimmen,
Und ich fragte nicht, warum.
Du gabst mir Flügel zum Fliegen,
Und ich wusste nicht, wohin.

Jetzt sehe ich,
Für welches Ufer ich bestimmt bin.
Wo meine Heimat liegt und
Mein Zuhause.

Weil du mein Mond bist und
Mein Meer,
Und alle Kräfte ziehen mich
Zum Wir.

DIE ANDERE SEITE
November 2022

Auf der Fahrt nach Dover stellte Olive sich schlafend. Noch während Tom sich mit dem Bus vertraut machte und der Kies in der Einfahrt unter ihren Reifen knirschte, legte sie ihren Ausweis in die Mittelkonsole, lehnte ihren Kopf an die Scheibe und schloss die Augen. An Schlaf war dabei nicht zu denken, selbst wenn sie einiges nachzuholen hatte. In den vergangenen sechsunddreißig Stunden war zu viel passiert, Dinge, die sie auf erschreckende Weise aufgewühlt hatten, und sie brauchte Zeit zum Nachdenken. Vor allem aber brauchte sie Ruhe und wollte nicht riskieren, dass Tom ausgerechnet jetzt anfing, das Gespräch zu suchen.

Selbst als er die alte Agnes nach der Passkontrolle in Dover auf die Fähre rollen ließ, gab Olive nicht zu erkennen, dass sie hinter ihren geschlossenen Lidern hellwach war.

»Olive …«, flüsterte Tom, nachdem er den Motor auf dem Parkdeck abgestellt hatte, und fasste sanft an ihren Arm. »Wir müssen aussteigen.«

Aber Olive blieb ihrer Rolle als schlafende Beifahrerin treu, seufzte nur kurz auf und kippte den Kopf träge zur anderen Seite, und Tom gab seinen Weckversuch auf. Sie hörte, wie er seinen Gurt löste, die Tür öffnete und leise den Bus verließ.

Zur Sicherheit wartete sie noch ein paar Minuten, bevor sie erst das eine und dann das andere Auge öffnete und sich versicherte, dass sie wirklich alleine war. Dann holte sie tief Luft, zum ersten Mal, seit sie in Ashford aus der Einfahrt ihres Elternhauses gerollt waren, und ließ ihren Kopf gegen die Nackenstütze sinken.

Obwohl ihr Gespräch mit Joyce erst am Vortag stattgefunden hatte, begann Olive diese Reise jetzt schon bitterlich zu bereuen. Erst die Sache mit Tom, dann der Unfall, für den sie maßgeblich verantwortlich war, und jetzt noch die Nacht unter dem Dach ihrer Eltern, in dessen Schatten auch Poppy lebte – wenn man von leben noch sprechen konnte.

Olive musste schlucken, löste ihren Gurt und zog von hinten ihre Reisetasche auf ihren Schoß. Sie zögerte, öffnete den Reißverschluss dann aber doch und holte die Blechdose raus, die ihr Vater ihr am Morgen gegeben hatte. Dass er keine Antworten haben wollte, hatte sie zunächst fassungslos gemacht, aber mittlerweile konnte sie seine Bedenken nachvollziehen. Da war eine Angst, diffus und dicht wie Küstennebel. Dass es Geheimnisse in Poppys Leben gab, stand mittlerweile außer Frage. Aber Olive war sich nicht mehr sicher, ob sie diese Geheimnisse kennen wollte. Vielleicht hatte ihr Vater recht. Vielleicht blieben einige Geschichten am besten unerzählt.

Wie gut kennen wir unsere Großeltern wirklich?

Die Frage war eine gute Grundlage für eine Story, verdammt gut sogar. Olive konnte nur nicht sagen, ob sie auch mit jeder Antwort würde leben können. Mit einem Mal fühlte sich alles falsch an. Diese Reise, noch dazu in Poppys Bus. Dass Olive sich unbedingt hatte beweisen wollen. Und dass sich die kleine Kiste jetzt in ihrem Besitz befand, alles völlig verkehrt! Dieses Erbe gehörte ihrem Vater. Aber wenn er es nicht wollte – war sie dann berechtigt, es an sich zu nehmen?

Unschlüssig fuhren Olives Finger die Kanten des Blechdeckels entlang. Die Kiste war blassgrün mit goldenen blumenartigen Ornamenten und Punkten und hatte keinerlei Verschluss. Besonders wertvoll konnte der Inhalt also nicht sein.

Olive kippte die Dose vorsichtig zu den Seiten. Im Inneren rutschte etwas hin und her, aber was immer es war, es war eher leicht und nicht aus Metall. *Kein Kompass.*

Olive zog ihr Erbstück aus ihrer Jackentasche.

Ihre Großmutter hatte am Meer gelebt, bis Sturz und Schlaganfall sie zu einem Umzug gezwungen hatten. Das war vielleicht eine Verbindung zu der Welle auf dem Deckel. Waren es nicht Seefahrer, die Kompasse benutzten, Menschen, die nur überleben konnten, wenn sie den richtigen Weg fanden?

Olive ließ den Messingdeckel aufschnappen und betrachtete die zitternden Nadeln im Inneren. Sie war sich nicht mal sicher, ob das Ding noch funktionierte, lesen konnte sie es jedenfalls nicht. Wie sollte sie wissen, ob es sie irgendwohin führte – und ob sie da überhaupt hinwollte?

Ein Poltern riss Olive aus ihren Gedanken. Sie erschrak so sehr, dass ihr die Blechkiste beinahe vom Schoß rutschte.

»Sie müssen aussteigen!« Ein Mann im Overall hämmerte von außen gegen die Scheibe. »Während der Überfahrt darf niemand im Wagen bleiben!«

Olive versuchte, ihr rasendes Herz zu beruhigen, während sie das Fenster herunterkurbelte. »Tut mir leid, ich bin eingeschlafen«, log sie und bemühte sich um ein Lächeln, aber den Parkdeckwächter schien das nicht zu beeindrucken.

»Ich kann leider keine Ausnahme machen.« Er klopfte noch

einmal gegen die Wagentür, obwohl das überflüssig war. »Während der Überfahrt müssen Sie Ihr Fahrzeug verlassen, so sind die Regeln.«

Hastig schob Olive die Blechdose zurück in die Reisetasche, steckte den Kompass in ihre Jacke und stieg aus. »Ich wollte wirklich keine Umstände bereiten.«

Offenbar glättete ihre Einsicht die Wogen ein wenig. Der Mann zuckte zumindest etwas unbeholfen mit den Schultern und ließ sich dann doch noch zu einem Lächeln verleiten. »Tut mir leid, ich befolge nur die Anweisungen. Aber falls es hilft: Die Luft an Deck ist herrlich heute!«

Als Olive wenige Minuten später an die Reling trat, musste sie ihm recht geben. Die Luft *war* herrlich – genau das, was sie jetzt brauchte.

Die Fähre hatte den Anleger in Dover mittlerweile hinter sich gelassen, Englands weiße Felsen lagen auf dem Wasser wie ein aufgeschlagenes Buch. Auch wenn sich der Sturm der letzten Tage gelegt hatte, ging auf dem obersten Deck ein ordentlicher Wind. Olive schloss ihre Jacke noch etwas höher und drehte ihr Gesicht in Fahrtrichtung. Mit zusammengekniffenen Augen versuchte sie, am Horizont das französische Festland auszumachen, *die andere Seite*, aber es gelang ihr nicht. Dabei waren die Bedingungen gut. Der Novemberhimmel war blau und klar, nur hier und da durchzogen von ein paar schleierhaften, lichtdurchlässigen Wolken. Die Sonne stand nicht besonders hoch, aber das war für diese Jahreszeit nicht ungewöhnlich. Auf ihren Urlaubsfahrten nach Italien hatten Olive, Sadie und Colin früher oft das Spiel gespielt: *Wer sieht die andere Seite zuerst?* Von Frankreich aus war es einfacher, die Kreidefelsen machten eine Tarnung des englischen Bodens unmöglich. Die französische Küste hingegen duckte sich gegen das Meer, ergeben und respektvoll, selbst an diesem klaren Herbstmorgen. Olive gab es schließlich auf, etwas sehen zu wollen, was sich ihren müden Augen nicht erschloss. Stattdessen blickte sie aufs Wasser hinab, das sich fast schwarz gegen die weiß aufwirbelnden Schaumkronen abzeichnete. Der Seegang war kaum der Rede wert, aber über ihrem Kopf kreischten die Möwen, als wollten sie sie vor etwas warnen. Vielleicht hofften sie aber auch nur auf eine schnelle, leicht zugängliche Mahlzeit.

Wieder glitt Olives Blick zum Horizont, und im nächsten Moment registrierte sie eine Bewegung neben sich.

»Kaffee?« Tom wartete ihre Antwort nicht ab, sondern hielt ihr wie selbstverständlich einen der beiden Becher hin, die er in den Händen trug.

Am liebsten hätte Olive abgelehnt, aber ein Kaffee war jetzt genau das Richtige, und so verflog ihr Widerstand mit dem heißen Dampf, der aus den braunen Pappbechern aufstieg.

»Danke.« Sie rang sich ein Lächeln ab, aber Tom nahm es nicht einmal wahr. Sein Blick war aufs Meer hinaus gerichtet.

Erstaunlicherweise fühlte sich seine Anwesenheit hier an Deck nicht so störend an wie im Bus, und auch das Schweigen zwischen ihnen war weniger quälend als am Tag zuvor. Manchmal konnte es versöhnlich sein, in die gleiche Richtung zu sehen.

»Da hinten ist Frankreich«, sagte er irgendwann, als Olives Becher schon halb leer war, und auch sie konnte nun das Festland ausmachen. Ein schmaler Streifen Ungewissheit am Horizont. In Olives Brust zog sich etwas zusammen.

»Ich habe gedacht, du schläfst«, murmelte Tom in den Fahrtwind, und als Olive auch jetzt keine Anstalten machte, auf das

Gespräch einzugehen, fuhr er fort: »Hab versucht, dich zu wecken. Dachte, mit Kaffee wäre es einfacher, aber als ich zurück am Wagen war, warst du …«

»Ich habe nur so getan, als würde ich schlafen«, fiel Olive ihm ins Wort, um die Sache abzukürzen. »Ich wollte nicht reden, also habe ich es uns beiden leichtgemacht.«

Tom wirkte nicht sonderlich überrascht von ihrem Geständnis. Für einen winzigen Moment zuckten sogar seine Mundwinkel, aber dann wurde sein Blick wieder ernst. Er leerte seinen Becher in einem Zug und zerdrückte ihn in seiner Hand. »Ich möchte mich entschuldigen, Olive. Wegen heute Nacht. Ich hatte nicht vor, euch zu belauschen. Aber als ich mir ein Glas Wasser holen wollte, habe ich dich dort am Bett deiner Großmutter stehen sehen und konnte nicht widerstehen, meine Kamera zu holen. Wenn du willst, lösche ich die Bilder.«

Olive war sprachlos. Sie konnte sich nicht daran erinnern, dass Tom jemals so lange am Stück mit ihr geredet hatte. Außerdem wirkte er aufrichtig betroffen, und als Olive in sich hineinhorchte, stellte sie fest, dass ihre Wut über die Geschehnisse der Nacht mit dem Kaffee in ihren Händen erkaltet war.

»Entschuldigung angenommen«, murmelte sie und heftete ihren Blick auf den Horizont. »Mir tut es auch leid. Dass ich deinen Wagen zu Schrott gefahren habe …«

Tom ächzte leise, vielleicht war es auch ein Lachen. Gekonnt katapultierte er seinen zerdrückten Kaffeebecher in den Mülleimer, der ein paar Meter entfernt stand, und stützte sich neben Olive auf der Reling ab. »Dein Bruder kriegt das wieder hin.«

»Aber dass es so weit gekommen ist, war meine Schuld. Ich hatte nicht vor, uns in Gefahr zu bringen.«

Tom reagierte nicht auf ihre Worte, Olive war sich nicht mal sicher, ob er sie gehört hatte. Aber dann nickte er kaum merklich und drehte sich zu ihr um. »Kann ich ihn jetzt mal sehen?«

»Wen?«

»Deinen Kompass.«

Olive verschluckte sich und musste husten, dabei hatte sie nicht einmal getrunken. Sie war derart überrumpelt, dass sie nicht in Erwägung zog zu lügen und stattdessen mit ihrer Rechten in die Jackentasche fuhr, um Tom den Grund für ihre Reise hinzuhalten. Er zögerte nicht lange, nahm den Kompass und drehte ihn behutsam in seinen Händen.

Mit jeder Sekunde, die verstrich, wurde Olive nervöser. Sie klammerte sich an ihren Becher, der mit jedem Schluck leichter wurde und weniger Halt bot.

»Darf ich?«, fragte Tom nach einer Weile, und weil sie nichts anderes als ein Nicken zustande brachte, ließ er den Messingdeckel aufschnappen.

Auch für den Innenteil nahm er sich Zeit, und Olive bereitete das Unbehagen. Die Art, wie er den Kompass studierte, war zu intim, aber sie traute sich nicht, ihn zu unterbrechen. Ernüchtert stellte sie fest, dass nun auch ihr Kaffeebecher leer war.

Als sie ihn in den Mülleimer geworfen hatte, betrachtete Tom immer noch das Innere des Kompasses. »Weißt du, wo das ist?«

Verunsichert schob Olive ihre Hände in die Jackentaschen. »Wo was ist?«

Tom hielt ihr den aufgeklappten Kompass hin. »Hier sind Koordinaten in den Deckel graviert.«

Olive kannte die winzigen Zahlen und Buchstaben in der Innenseite des Deckels. Einer der Antiquare hatte ihr gesagt, dass es sich um eine Art Signatur handelte, Kompassmacher hatten dafür unterschiedliche Methoden gewählt: Wappen, Namen oder eben Zahlen und Buchstabenkombinationen. Vielleicht hatte er sogar erwähnt, dass es Koordinaten waren, aber Olive hatte dem nicht allzu viel Bedeutung beigemessen.

Tom zückte sein Handy und tippte darauf herum. »Dänemark«, sagte er nach ein paar Sekunden. »Irgendwo bei Kopenhagen.«

»Der Kompass wurde in Dänemark gefertigt«, sagte Olive, als müsste sie sich verteidigen, und kreuzte unschlüssig die Arme vor der Brust.

»Das erklärt eventuell, warum deine Großmutter Dänisch spricht.«

»Dänisch?« Im ersten Moment dachte Olive, sie hätte sich verhört, dann stieß sie ein ungläubiges Lachen aus. »Poppy spricht kein Dänisch!«

»Poppy?« Tom hob den Blick, sein Gesicht verzog sich zu einem Fragezeichen. Olive kannte diese Irritation. In Großbritannien war *Poppy* ein Spitzname für Großväter, und der Rufname ihrer Großmutter hatte häufig für Verwirrung gesorgt.

»Ist nicht ihr echter Name, aber wir nennen sie so, schon immer«, klärte Olive ihn auf, hielt sich dabei aber immer noch vorsorglich an sich selbst fest. »Mein Großvater hat ihr diesen Namen verpasst, weil sie bei ihrer ersten Begegnung einen roten Rock getragen hat. *Wie eine Mohnblume in der Nacht*. Poppy.«

»Und wie heißt sie wirklich?«

»Tilly.« Olives Antwort kam wie aus der Pistole geschossen. »Tilly Brown.«

»Tilly?«

»Von Mathilde. Aber diesen Namen hat nie jemand benutzt.«

Hinter Toms Stirn schien es zu arbeiten. »Mathilde könnte

ein dänischer Name sein. Ich bin mir jedenfalls sicher, dass ich mich letzte Nacht nicht verhört habe. Deine Großmutter hat Dänisch mit dir gesprochen, und ich glaube, dass sie dich ... *Freya* oder so genannt hat.«

Einen Moment lang starrte Olive ihn fassungslos an, dann schüttelte sie den Kopf. »Das war kein Dänisch. Seit ihrem Schlaganfall redet Poppy manchmal wirres Zeug, sie leidet an vaskulärer Demenz. Die Fantasiesprache ist ein Teil davon.« Noch einmal lachte sie auf, es klang beinahe spöttisch. Aber dass Tom in den seltsamen Lauten ihrer Großmutter eine echte Sprache vermutete, war schlichtweg absurd!

Als Olive auffiel, dass er die Angelegenheit nicht annähernd so belustigend fand wie sie, ruderte sie zurück. »Tut mir leid, Poppy ist Britin durch und durch – alle Browns sind das!«

Tom ließ den Kompass in seiner Hand zuschnappen. »Mag ja sein. Aber ich habe eine Zeitlang in Grönland gearbeitet und würde meine Hand dafür ins Feuer legen, dass deine Großmutter letzte Nacht Dänisch gesprochen hat.«

Er sah nicht so aus, als wollte er Olive provozieren, aber trotzdem klappte ihr der Mund auf. Was er sagte, konnte unmöglich wahr sein. Er kannte Poppy nicht – nicht so, wie Olive sie kannte! Dass er behauptete, sie spräche Dänisch, war lächerlich! Schnaubend wandte Olive ihren Blick ab.

Offenbar merkte Tom, dass dieses Gespräch sie wütend machte, denn auf einmal streckte er die Hand nach ihr aus. »Ich wollte dir nicht ...«

Olive stieß seinen Arm weg und nahm ihm den Kompass ab. Sie wusste selbst nicht, warum sie so aufgebracht war. Vermutlich lag es daran, dass er sich ein Urteil erlaubte, obwohl er keine Ahnung hatte – obwohl er Poppy überhaupt nicht kannte!

Olive hingegen kannte ihre Großmutter. Sie wusste, dass Poppy kein Dänisch sprach!

»Misch dich einfach nicht ein«, sagte sie schließlich und kniff die Augen zu einer Warnung zusammen. »Und sei lieber vorsichtig, wofür du deine Hand ins Feuer legst. Einhändig lässt sich die Kamera beim Spionieren schlecht halten.«

Dann drehte sie sich um und verschwand durch die Tür im Bauch der Fähre.

ENTSCHEIDUNGEN
Juli 2000

»Ich habe Tee gekocht.« Die Fremde sah nicht auf, sondern widmete sich dem Tier in ihrem Schoß.

Claire war fassungslos. Ihr fehlten nicht nur die Worte, sie konnte sich auch nicht bewegen, und so stand sie reglos auf dem Fleck und starrte die Frau an, die in aller Seelenruhe das kleine Bündel begutachtete. Irgendwann nahm die Alte ihren Becher und trank, und dabei glitt ihr Blick kurz zu Claire. »Willst du auch?«

Das reichte, um Claire aufzurütteln. Sie öffnete den Mund und wollte etwas sagen, aber es war ein Ding der Unmöglichkeit, die richtigen Worte zu finden. Also lachte sie auf, schüttelte den Kopf und vergrub das Gesicht in ihren kalten Händen. Danach erst fühlte sie sich gewappnet und funkelte die Fremde an. »Was fällt Ihnen ein, in mein Haus einzudringen – und wieso zum Teufel sind Sie nicht früher gekommen? Ich war tagelang allein, ich dachte, ich sterbe! Wissen Sie, wie sich das anfühlt, mutterseelenallein auf einer Insel im Nirgendwo? Dieses beschissene Stück Land hat ja nicht mal einen Namen, ich hätte verhungern können, verdursten! Was, wenn ich mich verletzt hätte, wenn Sie nur noch einen verwesten Rest von mir vorgefunden hätten?« Claires Stimme überschlug sich, Speichel flog über ihre Lippen, aber die Fremde zeigte sich davon nicht beeindruckt. Sie sah auf das Tier hinab, als spräche Claire eine fremde Sprache, das Gesicht regungslos und leer, bis Claire es nicht mehr aushielt, auf sie zuschnellte und mit der flachen Hand auf den Tisch schlug.

Endlich blickte die Frau ihr in die Augen. »Willst du nun Tee oder nicht?«

Claire packte ihren Becher und schleuderte ihn dorthin, wo auch Iris' Flasche gelandet war.

Die Alte zuckte auch diesmal nicht zusammen, hob aber immerhin die Augenbrauen unter ihrer Mütze. »Das ist wohl ein Nein.«

»Haben Sie mir zugehört? Haben Sie auch nur ein Wort von dem verstanden, was ich gesagt habe?«

Die Frau atmete hörbar ein und wieder aus und lehnte sich wie in Zeitlupe auf dem ächzenden Stuhl zurück. »Erstens warst du nicht auf dich allein gestellt. Ich habe dir alles gebracht, was du brauchst.«

»Und dann sind Sie abgehauen!«

»Weil du unterwegs warst und ein Sturm aufgezogen ist«, fuhr die Fremde fort, und ihre Worte klangen nicht wie eine Entschuldigung. »Außerdem ist das nicht dein Haus, sondern meins.«

»Wie bitte?« Irritiert kniff Claire die Augen zusammen.

»Dieses Haus gehört mir«, wiederholte die Fremde und widmete ihre Aufmerksamkeit wieder dem Tier.

Claire fühlte sich wie vor den Kopf geschlagen. Sie versuchte, die Informationen zu sortieren und zu verstehen. Hatte dieser Luke sie auf der falschen Insel abgesetzt? War das am Ende gar nicht Iris' Haus?

»Ich … dachte, meine Schwester hätte hier gelebt.«

»Das hat sie, einige Jahre sogar.« Die Fremde schob sich die rote Mütze aus der Stirn. »Haus und Insel gehörten meinem Vater. Iris hat für ihn gearbeitet, bevor er starb. Deswegen hat es sich richtig angefühlt, als sie eingezogen ist.«

Iris' Namen aus einem anderen Mund zu hören, war seltsam und falsch, und es ergab keinen Sinn. Nicht in Claires Welt und nicht für die Iris, die sie gekannt hatte. Iris hatte nicht gearbeitet, erst recht nicht für einen alten Mann, nicht am Ende der Welt, und dass diese Fremde so etwas behauptete, fühlte sich an wie eine Provokation!

Mit einem Mal konnte Claire es nicht länger ertragen, dass die Alte ihr Findelkind in den Händen hielt, und nahm ihr das Tier ab. Sein winziger Körper fühlte sich weich und warm an, und es war auch etwas wacher als gestern, lebhafter.

Die Fremde nahm die Wollmütze ganz vom Kopf und stöhnte gerade so laut, dass es nicht zu überhören war. »Einen Fuchs holt man nicht ins Haus.«

Claire blickte sie misstrauisch an. »Wie kommen Sie darauf, dass es ein Fuchs ist?«

»Sein Fell färbt sich erst nach ein paar Wochen rot. Am Anfang sind sie fast schwarz. Ich schätze, er ist erst ein paar Tage alt.«

Unschlüssig sah Claire auf das Tier in ihren Händen. Es sah nicht aus wie ein Fuchs. Die Ohren waren zu klein, der Schwanz nicht buschig genug.

»Er lag halbtot am Ufer ...«

»Und?«

»Ich konnte ihn nicht sterben lassen!«

Die Fremde senkte belustigt den Kopf, bevor sie ihre Mütze wieder aufsetzte und Claire ansah. »Er wird so oder so sterben.«

Hinter Claires Rippen begann es zu brennen. Sie wusste

selbst, dass seine Überlebenschancen nicht hoch waren, aber jetzt, wo diese unsägliche Frau ihn dem Tode weihte, regte sich Trotz in ihr. Der Widerstand wechselte die Seiten. Egal welche Rolle die Fremde in Iris' Leben gespielt haben mochte – Claire konnte sie nicht ausstehen!

»Er stirbt nicht. Nicht solange ich mich um ihn kümmere.« Entschlossen drehte sie sich zum Kühlschrank und holte die Milch raus.

In ihrem Rücken stieß die Fremde ein seltsames Geräusch aus, vermutlich ein weiteres Lachen. »Du wusstest nicht mal, dass es ein Fuchs ist.«

Claire ignorierte ihren Einwand. Sie trug den Welpen zurück in sein Nest auf dem Sofa und bereitete die Fütterung wie in der Nacht vor.

Die Milch war heute kälter. Unter den Blicken der Alten hatte Claire nicht die Geduld, noch länger zu warten, und obwohl sie dagegen ankämpfte, zitterte ihre Hand, während sie den Löffel an das kleine Maul führte.

»Mit dem Zeug bringst du ihn um«, kam es irgendwann vom Tisch, aber Claire zwang sich, nicht hinüberzusehen. »Er braucht Welpenmilch. Oder dieses Pulver, das sie auch Säuglingen geben.«

Mit jedem Wort, das die Fremde sagte, schoss mehr Blut in Claires Gesicht. Ihre Wangen glühten, und an ihren Schläfen pulsierte es. Am liebsten hätte sie sie rausgeschmissen, aber sie konnte sie wohl kaum aus ihrem eigenen Haus werfen, also presste sie die Kiefer aufeinander und beendete die Fütterung, so gut es ging.

Die Alte beobachtete sie stumm. Sie bewegte sich erst hörbar auf dem Stuhl, als Claire fertig war und Schüssel und Löffel im Spülbecken reinigte. »Und ich dachte, *Iris* wäre verrückt ...«

Claire fuhr zu ihr herum und konnte sich nur mit Mühe davon abhalten, auch noch das Schälchen nach ihr zu werfen. Was wusste diese schreckliche Frau schon von Iris und ihr?

Erstaunlicherweise hielt sie ihrem wütenden Blick stand, und am Ende war es Claire, die den Druck nicht mehr ertrug und sich mit einem Schnauben von ihr abwandte. Sie stellte das nasse Schälchen weg, und als sie sich mit beiden Händen auf der Küchenzeile abstützte, um ihren Puls zu beruhigen, kam die Übelkeit zurück.

Claire schloss die Augen und versuchte, dagegen anzuatmen, aber es war aussichtslos. In letzter Sekunde schaffte sie es durch den Wohnraum ins Bad und erbrach sich in die Kloschüssel. Außer bitterem Gallensaft gab ihr Körper nicht viel her, aber die Anspannung ihrer Muskeln entlud sich in immer neuen Wellen, machte ein Aufrichten und Durchatmen unmöglich, und ließ Claire erst nach einer Ewigkeit gekrümmt auf den Boden sinken. Wie hatte sie nur zulassen können, dass das alles derart tief in ihren Körper eindringen konnte?

Mit letzter Kraft stemmte sie sich vom Boden auf und betätigte die Spülung. Als ihr Blick in den Spiegel fiel, erschrak sie. Sie erkannte die Frau darin nicht wieder und fragte sich, ob die blinden Flecken ihrem Kreislauf oder dem Spiegelglas geschuldet waren. Sie drehte das Wasser auf und hielt ihre Handgelenke unter den kalten Strahl.

Als sie aus dem Bad treten wollte, sah sie die Glassplitter auf dem Boden. Die Scherben von Flasche und Becher waren bis in die hinteren Räume geflogen. Hätte Claire nicht noch immer Iris' Stiefel getragen, hätte sie sich womöglich die Fußsohlen aufgeschnitten. Nicht auszumalen, mit blutigen Füßen, allein auf dieser Insel ...

Jetzt erst fiel es ihr wie Schuppen von den Augen. *Sie war nicht allein* – und sie musste auch nicht länger auf der Insel bleiben! Draußen am Steg lag ein Boot, und die Fremde am Tisch mochte eine Qual sein, aber sie war auch ihre Rettung!

Sie konnte endlich weg von hier, musste nur die Sachen zurück in ihren Koffer werfen und Iris von sich abstreifen. Mit dem nächsten Flieger könnte sie wieder in New York sein!

Die Scherben knirschten unter ihren Sohlen, als sie in den Wohnraum stürmte. Die Alte war nicht verschwunden, sondern saß noch immer am Tisch, als wären nur zwei Wimpernschläge vergangen.

»Ich packe«, verkündete Claire, aber noch während sie sich dem Schlafzimmer zuwandte, hörte sie die Frau hinter sich schnauben.

»Hab mir gedacht, dass du verschwindest, wenn's drauf ankommt.«

Einem Impuls folgend drehte Claire sich zu ihr um. Erst wusste sie nicht, was die Alte meinte, doch dann sah sie, wie ihr Blick zum Sofa wanderte.

Der Fuchs.

Ein Schauer legte sich wie eine kalte Hand in ihren Nacken. »An Land gibt es sicher einen Tierarzt.«

»Der wird ihn einschläfern. Dein Fuchs ist halbtot. Leben ist ein Luxus, den sich nicht jeder leisten kann.«

Die Alte wollte sie provozieren, das spürte Claire. Und tatsächlich fiel es ihr plötzlich schwer, klar zu denken. Zentimeter für Zentimeter wanderte die Kälte ihren Körper hinab.

»Dann nehme ich ihn eben mit«, sagte sie schließlich und verschwand im Schlafzimmer.

Auch hier lagen Scherben, aber Claire gab sich nicht die

Mühe, sie zu umschiffen. Eilig zog sie den Rollkoffer aus der Ecke, warf ihn aufs Bett und stopfte die wenigen Sachen hinein, die ihr gehörten.

»Du willst einen Fuchs ins Flugzeug mitnehmen?«, hörte sie die Fremde aus der Küche rufen.

Claire presste ihre Lippen aufeinander. Ihr war klar, dass das nicht gehen würde. Es war schon kompliziert, einen stubenreinen Hund mit an Bord zu nehmen, das wusste sie von Miles, der sehr an seiner Pudeldame hing. Aber einen Fuchswelpen? Wenn überhaupt würde sie ihn unbemerkt in die Maschine schmuggeln müssen – und sie war Anwältin genug, um zu wissen, dass das illegal war.

Aber sie konnte diese schreckliche Frau unmöglich recht behalten lassen, sie *konnte* ihr diese Bestätigung nicht geben!

Hin- und hergerissen ließ Claire sich aufs Bett sinken und vergrub das Gesicht in ihren Händen.

Sie war kein schlechter Mensch.

Sie war nicht perfekt und hatte in ihrem Leben etliche Fehler gemacht. Aber sie war niemals den einfachsten Weg gegangen. Sie *hatte* um Iris gekämpft!

Trotzdem war offensichtlich, dass diese Frau ein anderes Bild von ihr hatte, ein Bild, das Iris gezeichnet haben musste wie die Tiere an den Wänden, und Claire konnte sich gut vorstellen, wie dieses Bild aussah. Aber die Wahrheit hatte viele Gesichter, und auch wenn Iris und sie fast gleich ausgesehen hatten, taten es ihre Wahrheiten nicht.

Legte sie sich diese Erklärung für die Fremde zurecht oder für sich selbst?

Claire nahm die Hände von ihrem Gesicht. Ihr Blick wanderte zur Seite, streifte die karierten Vorhänge und blieb am

Schreibtisch hängen. Zu seinen Füßen häufte sich noch immer das Chaos, für das Claire verantwortlich war: die umgestoßene Lampe und die unzähligen Zeichnungen, die wild durcheinanderlagen. Aber Claire fiel jetzt noch etwas anderes auf. Ein dunkel schimmerndes Etwas schmiegte sich am Fuße des Tisches an den Papierhaufen und hatte sich wie ein Finger unter eines der Blätter geschoben. War das der Hals der Flasche, die Iris zwischen den Felsen versteckt hatte?

Offenbar waren die Scherben weiter geflogen, als Claire angenommen hatte, vielleicht hatte sie das Flaschenstück aber auch nur mit den Stiefeln über den Boden geschoben, ohne es zu merken.

Sie stand vom Bett auf und bückte sich danach. Es war der Flaschenhals. Der Schraubverschluss saß unversehrt auf der Öffnung, aber an der Unterseite klaffte eine scharfe Bruchkante.

Claire hatte ganz vergessen, sich zwischen den Scherben nach dem Flascheninhalt umzusehen, sie war viel zu aufgebracht wegen der Fremden am Küchentisch. Doch als sie das Bruchstück jetzt in ihrer Hand drehte, fiel ihr auf, dass etwas im Hals feststeckte. Ein Stück Pappe hatte sich im enger zulaufenden Glas verkeilt. Es war ein Puzzleteil, an der einen Seite ein wenig geknickt und minimal aufgequollen.

Instinktiv wanderte Claires Blick über den Boden, aber sie konnte keine weiteren Teile eines Puzzles entdecken. Als sie das kleine Fragment in ihrer Hand drehte und das Motiv darauf erkannte, wusste sie, dass sie auch keine weiteren finden würde. Ihr Herzschlag setzte aus, bevor er in der nächsten Sekunde wie ein Rennpferd davonzugaloppieren drohte.

Das konnte nicht sein.

Nicht dieses Puzzleteil, nicht nach all der Zeit.

Claire konnte es nicht glauben und wusste doch, dass es wahr war.

Sie kannte dieses Stück Pappe, erkannte es genau, auch wenn sie Jahrzehnte nicht daran gedacht hatte, weil es schon vor langer Zeit verschwunden war. Aber jetzt lag es hier, in ihrer zitternden Hand, weil Iris es für sie versteckt hatte.

Iris, die selbst verschwunden war.

Iris, die sie allein zurückgelassen hatte, mit alldem, was nicht gesagt worden war.

Iris, die immer noch eine Geschichte erzählte, selbst jetzt.

Plötzlich wusste Claire, was sie zu tun hatte.

Sie schloss ihre Finger um das Puzzleteil und stellte sich in den Rahmen der Schlafzimmertür.

Die Alte saß noch immer an ihrem Platz. »Bist du fertig?«

Claire presste die Lippen aufeinander und zögerte. Aber dann sah sie den Fuchswelpen auf dem Sofa, fühlte das Puzzleteil in ihrer Hand, und ihr Mund öffnete sich wie von selbst.

»Ich bleibe«, sagte sie mit belegter Stimme und dann gleich noch einmal, diesmal fest, als müsste sie ihre Entscheidung in Stein fassen, damit sie wirklich gültig war.

»Ich bleibe.«

Hellerup, März 1943

LICHTER

Wie zwei Kinder gehen
Hoffnung und Angst Hand
In Hand,
Stehen am Abgrund einer neuen
Welt und wissen nicht,
Ob es sich lohnt zu springen.

Mit jedem Tag wächst das Morgen
Tief in mir,
Doch auch die Ungewissheit
Wird zum Ungetüm.

Wenn es dunkel wird um uns,
Wer taugt uns dann zum Licht?

BAHLSEN
November 2022

Immer wieder fuhr Olives Hand zu dem Muttermal unter ihrem Ohr, aber sie konnte darin weder Halt noch Antworten finden. Nicht einmal ein Gefühl ließ sich greifen. Früher hatte das kleine, leicht erhabene Herz ihr Sicherheit gespendet, es hatte eine Verbindung zu Poppy hergestellt, aber dieses Band schien mittlerweile gekappt.

Noch immer konnte sie nicht verstehen, warum Toms Bemerkungen sie so wütend gemacht hatten. Sie hatte gewusst, dass der Kompass in Dänemark hergestellt worden war, die Koordinaten an sich waren unverfänglich. Erst Toms alberne Behauptung, Poppy spräche Dänisch, machte aus den Zahlen und Ziffern ein Problem.

Er kannte ihre Großmutter nicht. Sie hingegen hatte unzählige Erinnerungen an Poppy, aber die dänische Sprache und eine *Freya oder so* spielten in keiner davon eine Rolle. Olive war sich sogar ziemlich sicher, dass ihre Großmutter nie ein Wort über Dänemark verloren hatte, es war also absurd, dass sie die Sprache dieses fremden Landes beherrschen sollte. Er musste sich verhört oder geirrt haben, er hatte schlichtweg keine Ahnung! Damit konnte Olive leben.

Womit sie hingegen nicht gut klarkam, war der Zweifel, den

seine lächerliche Behauptung in ihr gesät hatte. Vielleicht lag es an ihrer Müdigkeit und der Gehirnerschütterung, vielleicht auch an dem Kompassfund bei der Leiche oder dem, was ihr Vater über Poppys früheres Leben angedeutet hatte, auf jeden Fall keimte seine blöde Bemerkung in ihr wie Unkraut, und Unbehagen und Zweifel schlugen Wurzeln, um nach und nach ihr ganzes verunsichertes Ich einzunehmen.

Dabei war die Wahrheit so simpel wie kindisch: Olive *wollte* nicht, dass Tom recht hatte.

Resigniert ließ sie die Hand von ihrem Muttermal sinken und blickte verstohlen vom Beifahrersitz zu Tom rüber. Sie waren nun schon eine Weile auf dem Festland unterwegs, hatten Brügge und Gent hinter sich gelassen und den Weg Richtung Antwerpen eingeschlagen, aber Olive hatte sich noch immer nicht an den Rechtsverkehr gewöhnt. Als Kind hatte sie die verkehrte Welt lustig gefunden, aber jetzt brachte der permanente *Falsch-Falsch-Falsch*-Alarm in ihrem Kopf sie beinahe um den Verstand. Das Navigationsgerät im Handy veranschlagte noch sechseinhalb Stunden bis Hamburg, und Olive hatte keine Ahnung, wie sie das aushalten sollte.

Zwischen Tom und ihr herrschte mal wieder Schweigen. Seit ihrem Gespräch an Deck der Fähre hatten sie kein Wort mehr miteinander gewechselt. Vermutlich hatte er verstanden, dass sie verärgert war, vielleicht schwieg er aber auch nur, weil er seinerseits Probleme hatte, sich auf den Rechtsverkehr zu konzentrieren. Olive war das ganz recht. Wenn sie nicht redeten, hatte sie mehr Zeit, nachzudenken – über die Blechdose zum Beispiel.

Sie hatte sie noch immer nicht geöffnet, und auch dafür war Tom verantwortlich. Sie wollte nicht, dass er beim Öffnen dabei war, und außerdem fürchtete sie sich davor, dass er eben doch recht haben könnte. Dass das, was sich in der Kiste befand, seine Behauptung womöglich bestätigte. Dass Poppy tatsächlich Dänisch sprach und es eine Verbindung nach Kopenhagen gab. Und dass Olive das in all den Jahren, die sie Seite an Seite mit ihrer Großmutter verbracht hatte, nicht gesehen hatte. Die Vorstellung, dass Tom Philips Poppy anhand weniger Berührungspunkte womöglich besser verstanden hatte als ihre Enkelin, war unerträglich.

»Bleibst du im Wagen, oder willst du dir kurz die Beine vertreten?« Toms Stimme riss sie völlig unvorbereitet aus ihren Gedanken. Erst jetzt realisierte sie, dass sie nicht mehr fuhren, sondern auf einem verlassenen Parkplatz standen.

Offenbar bemerkte Tom ihre Irritation. »Ich muss meinen Kaffee loswerden.« Er deutete auf ein wenig einladendes Toilettenhäuschen neben zwei Picknicktischen. »Und außerdem würde ich gerne etwas essen. Kriegst du nicht auch langsam Hunger?«

Olive wusste nicht, ob sie Hunger hatte, nickte aber trotzdem stumm und löste ihren Gurt. Etwas frische Luft konnte nicht schaden.

Als Tom von der Toilette zurückkam, hatte sie das Proviantpaket ihrer Mutter auf einem der Picknicktische ausgebreitet: eine Handvoll Sandwiches, frisches Obst, Reste vom Shepard's Pie und zwei unterschiedliche Kuchen.

»Deine Mutter meint es ziemlich gut mit uns«, stellte Tom fest und nahm sich ein Käsesandwich, während Olive sich erstmal für einen Apfel entschied.

»Hast du deinen Freund erreicht?« Er sprach mit vollem Mund, und allein das überraschte sie so sehr, dass sie sich an ihrem Bissen verschluckte und zu husten begann.

»Wieso sollte ich Marcus anrufen?«

Ein seltsamer Ausdruck schlich sich auf Toms Gesicht. »Ich spreche von deinem Freund in Deutschland.«

Er meinte Adam, natürlich. Kurz bevor sie auf der Fähre zurück in den Bus gestiegen war, hatte Olive versucht, ihn anzurufen, aber sie hatte nur seine Mailbox erreicht. Also hatte sie ihm eine Nachricht hinterlassen mit der Bitte um Rückruf und dann noch eine SMS geschrieben, aber bisher hatte er nicht geantwortet.

»Vermutlich arbeitet er. Ich probiere es später noch mal. Eigentlich ist er nur ein ehemaliger Kollege meines Schwagers, deshalb will ich nicht zu aufdringlich sein.«

Toms Mundwinkel zuckten. »Du bist Journalistin. Steht nicht in eurer DNA, dass ihr aufdringlich seid?«

»In meiner DNA steht vor allem, dass ich ein Mensch bin«, verwarnte Olive ihn. »Und du willst mir sicher nicht erklären, dass du mich besser kennst, als ich es tue.« Es klang beleidigt und eine Spur zu schroff, aber Tom schien sich daran nicht zu stören. Er biss noch einmal in sein Brot, kaute in aller Seelenruhe und redete erst wieder, nachdem er seinen Bissen runtergeschluckt hatte. »Ich habe auch einen Kontakt in Hamburg.«

»Einen Kontakt?« Irritiert blickte Olive von ihrem Apfel auf.

»Eine Polizistin. Ich könnte sie anrufen. Vielleicht hat sie Informationen über deine Leiche.«

»Es ist nicht *meine* Leiche. Und ehrlich gesagt wäre es mir lieber, wenn du dich aus der Sache raushältst.«

Tom runzelte die Stirn und starrte sie an. »Dann war dein Vorschlag, dass wir nochmal von vorne anfangen, also nur eine Farce?«

»Das war, bevor du mich heimlich belauscht hast und mir weismachen wolltest, dass meine Großmutter Dänisch spricht!«

»Sie *hat* Dänisch gesprochen, Olive, ob du das wahrhaben willst oder nicht. Ich wollte nur behilflich sein.«

»Du bist aber nicht hier, um zu helfen! Du sollst einfach deine Fotos machen.«

Einen Moment schaute Tom sie an, als hätte sie ihn mit einer Steinschleuder attackiert und nicht mit Worten. Dann legte er sein angebissenes Sandwich auf die Tischplatte und senkte den Blick. »So funktioniert das nicht. Das alles war ein großer Fehler.«

»Natürlich war es ein Fehler!« Olive schnaubte. »Wir hätten niemals zulassen dürfen, dass Joyce uns gemeinsam auf diese Reise schickt.«

Tom sah ihr in die Augen und schüttelte ungläubig lachend den Kopf.

»Was ist so witzig daran?«

»Dass du denkst, *wir beide* wären das Problem!«, erwiderte er und kreuzte die Arme vor der Brust, ohne ihrem Blick auszuweichen. »Vielleicht waren wir in den letzten Jahren nicht die besten Freunde, vielleicht gibt es Dinge, die zwischen uns stehen. Aber diese Dinge sind nicht dafür verantwortlich, dass diese Reise eine Katastrophe ist.«

»Was denn sonst?«, murmelte Olive und bereute es sofort, weil sie ahnte, dass sie seine Antwort nicht hören wollte.

»Du bist es, Olive, du bist das Problem!« Er schüttelte noch einmal den Kopf, wirkte jetzt aber nicht mehr amüsiert. »Du behauptest, dass du diese Reise machst, um herauszufinden, wer deine Großmutter wirklich war, was sie vor euch verborgen hat. Aber sobald eine Spur zutage kommt, verschließt du die Augen und trittst um dich wie ein Kind.« Er lehnte sich über die Tischplatte, als wäre das, was er ihr sagen wollte, ein Geheimnis. »Deine Angst ist das Problem, Olive. Sie ist größer als dein Wunsch, die

Wahrheit zu erfahren. Und solange du dir das nicht eingestehst und Hilfe zulässt, ist dieses Projekt zum Scheitern verurteilt.« Mit diesen Worten zog er seinen Oberkörper zurück, stand von der Bank auf und nahm sich sein Sandwich. »Ich gehe spazieren. Wenn ich wiederkomme, solltest du eine Entscheidung getroffen haben: Entweder wir brechen diese Reise ab und fahren zurück – oder du bist bereit, deine Vorbehalte abzustreifen und mit mir gemeinsam herauszufinden, was deine Großmutter ungesagt gelassen hat.«

Siebzig Minuten. So lange blieb Tom verschwunden, und zwischendurch fragte Olive sich, ob er vielleicht gar nicht mehr zurückkehren würde.

Sie war zunächst wütend gewesen, aber das war im Grunde nichts Neues mehr, wenn es um Tom Philips ging. Erst nach einer Weile hatte sie festgestellt, wo der Ursprung ihres Zorns lag: Tom hatte sie durchschaut, selbst ohne seine Kamera. Sie *hatte* Angst. Und so ungern sie es auch zugab, musste sie sich eingestehen, dass die Frage, die er ihr gestellt hatte, eine ehrliche Antwort verdiente.

War sie bereit, sich dieser Geschichte zu öffnen, egal was dabei ans Licht kommen würde?

Als Tom endlich zwischen den Bäumen am vorderen Ende des Parkplatzes auftauchte, kannte sie die Antwort.

Sie hatte wieder auf dem Beifahrersitz Platz genommen und vorsichtshalber ihren Gurt angelegt, dabei würden sie vermutlich nicht so bald losfahren. Tom öffnete die Fahrertür und ließ sich mit einem leisen Ächzen auf dem Sitz nieder, sagte sonst aber nichts. Olive wusste, dass sie an der Reihe war, und trotzdem kostete es sie einige Überwindung, aus der Reisetasche im Fußraum die Blechdose hervorzuziehen.

»Du hast recht«, begann sie und musste sich räuspern, weil ihre Stimme belegt war. »Ich habe Angst. Es war mir vielleicht nicht von Anfang an bewusst, aber die Angst war die ganze Zeit da, und sie ist größer geworden.« Sie holte Luft, als könnte sie damit gleichzeitig etwas Mut und Entschlossenheit einatmen. »Ich hätte diese Reise lieber alleine gemacht oder zumindest mit jemandem, der mir nahesteht. Aber die Wahrheit ist: Du verstehst mich. Und das ist mehr, als ich es mir von einer Reisebegleitung hätte erhoffen können.« Endlich drehte Tom sich zu ihr um. Er wirkte aufrichtig verblüfft, aber Olive war noch nicht fertig. »Wir sind keine Freunde, aber ich glaube, wir könnten Kollegen sein. Diese Geschichte gehört mir, doch du siehst Dinge, die mir verborgen bleiben. Deshalb könnten wir ein gutes Team sein. Falls du dazu noch bereit bist …« Sie legte ihm die Blechdose wie ein Friedensabkommen in den Schoß.

Einen Moment blickte er sie irritiert an, dann widmete er sich der Kiste. »Was ist das?«

»Der Grundstein für unsere weitere Zusammenarbeit«, sagte Olive, und das Fragezeichen in Toms Blick wurde größer. »Als meine Großmutter mir vor zwei Jahren den Kompass überlassen hat, hat jeder von uns ein Geschenk bekommen. Meine Schwester hat Poppys Perlenkette gekriegt und Colin den Bus. Mein Vater hat diese Blechdose erhalten. Er hat sie mir heute Morgen gegeben.«

»Und was ist da drin?«

»Mein Vater wollte es nicht wissen«, gab Olive zu. »Er findet, die alten Geschichten sollten in der Vergangenheit bleiben.«

Tom lachte auf, aber Olive warf ihm einen warnenden Blick zu. »Ich weiß, was du jetzt denkst – aber ich bin nicht wie er!«

»Aber du hast die Dose auch nicht geöffnet, oder?«

»Noch nicht!«, verteidigte sie sich. »Ich habe mir gedacht, wir könnten sie vielleicht …«

Es dauerte erstaunlich lange, bis Tom verstand, worauf sie hinauswollte. »Du willst, dass wir sie gemeinsam öffnen?«

Olive nickte, in der Hoffnung, sich damit davon zu überzeugen, die richtige Entscheidung getroffen zu haben. »Vier Augen sehen mehr als zwei.«

Tom zögerte, als wollte er erst sichergehen, dass sie ihren Entschluss nicht revidierte, dann drehte er die Kiste in seiner Hand.

»*Bahlsen, Hannover*«, las er und zeigte Olive die Prägung auf der silberfarbenen Unterseite der Dose. »Die machen Kekse, schon seit über hundert Jahren.«

In Olive machte sich ein ungutes Gefühl breit. »Hannover ist in Deutschland, oder?«

»Gar nicht weit weg von Hamburg«, bestätigte Tom. »Aber das muss nichts heißen.«

Olive ließ ihren Hinterkopf gegen die Nackenstütze sinken. Vielleicht hatte er recht, vielleicht war das alles wirklich nur ein Zufall. Dass ihre Großmutter eine uralte Keksdose hütete, die ihren Ursprung in Deutschland hatte. Dass das Gegenstück zu ihrem Kompass in den Händen einer Hamburger Kellerleiche aufgetaucht war. Vielleicht hatte all das nichts zu bedeuten. Gleichzeitig wusste Olive, dass das hier nicht der Moment war, sich etwas vorzumachen.

»Mach sie auf«, forderte sie Tom mit fester Stimme auf.

»Willst du das nicht machen?«

Olive schüttelte den Kopf und sah ihm dabei zu, wie er mit seinen Fingernägeln unter den Deckelrand griff. Das Blech hatte sich offenbar verzogen, deshalb dauerte es etwas, bis sich der Deckel lösen ließ.

»Ein Notizbuch«, fasste Tom den Inhalt der Dose nüchtern zusammen, und Olive wusste nicht, ob sie enttäuscht oder erleichtert sein sollte.

Sie löste ihren Gurt und beugte sich über die Kiste. »Sonst nichts?«

»Sonst nichts.« Vorsichtig nahm Tom das Heft in die Hand.

Die Dose war nun vollkommen leer. Nicht mal ein einsamer Kekskrümel hatte sich hineinverirrt.

Tom hielt ihr das Büchlein hin, und Olive nahm es an sich, obwohl sie deutliches Unbehagen verspürte.

Der Umschlag war dunkelgrau und unscheinbar, die Ecken und Ränder abgegriffen. Kein Zweifel, dass es alt war, älter als Olive, vermutlich sogar älter als ihr Vater. Es war kleiner als ein Schulheft und auch nicht besonders dick. Trotzdem wog sein Gewicht auf beunruhigende Weise schwer in Olives Hand.

War es ein Tagebuch? Sein Zustand deutete darauf hin, dass es im Laufe der Jahre oft zur Hand genommen worden war. Allerdings war es für ein Tagebuch recht dünn. Hätte Poppy in ihrem fast hundertjährigen Leben nicht unzählige Bücher füllen müssen? Warum lag dann nur dieses eine in der Blechdose, die für Olives Vater bestimmt war?

Olive schluckte gegen den Kloß in ihrer Kehle an und schlug die erste Seite auf. Das Papier war von der Zeit vergilbt, und die Handschrift war so befremdlich, dass sie sie nicht entziffern konnte.

»Sütterlin«, merkte Tom an. »Eine alte Schreibschrift, die hauptsächlich im deutschsprachigen Raum benutzt wurde.«

»Deutsch?« Über Olives Arme lief eine Gänsehaut, bis sich auch die Haare in ihrem Nacken aufstellten. Eine Leiche in einem deutschen Keller. Eine deutsche Keksdose. Und jetzt noch eine alte deutsche Schrift? An einen Zufall zu glauben wurde unmöglich.

»*Für Mathilde*«, übersetzte Tom. »*Vergiss nicht, zu schreiben. In Liebe, Papa.* Und darunter eine Adresse …« Konzentriert kniff er die Augen zusammen. »*Walter Beckmann*. Mit einer Anschrift in Hamburg.« Ungefragt zückte er sein Handy und gab die Adresse ein, dann zeigte er Olive das Display.

»Das liegt in Nähe der Elbe«, stellte sie verblüfft fest. »Genau wie das Haus, in dem die Leiche gefunden wurde.«

»Dann ist das das Haus, in dem deine Großmutter gelebt hat?«

Olive hatte keine Ahnung. Sie wusste nicht, wie die genaue Adresse des Leichenfundortes lautete, bei den Details hatte sie auf Adams Hilfe gehofft. Nun aber verdichteten sich die Hinweise, dass sie ihren Zielort auch ohne ihn gefunden hatten.

Poppy hatte dieses Büchlein von ihrem Vater geschenkt bekommen, einem *Walter Beckmann* aus Hamburg.

»Mathilde Beckmann …«, murmelte Olive vor sich hin, um festzustellen, ob sich dabei eine Erinnerung regte.

Tilly Brown war der Name, der auf Poppys Klingelschild gestanden hatte und auf den Briefen, die an sie adressiert worden waren. Aber natürlich war Brown der Nachname ihres früh verstorbenen Großvaters gewesen, und Olive hatte nie darüber nachgedacht, wie ihre Großmutter vor der Hochzeit geheißen hatte. *Mathilde Beckmann.*

Ihre Finger begannen zu zittern, als sie weiter im Heft blätterte. Keine Seite war voll beschrieben, da waren immer nur kurze, sorgsam gegliederte Texte, die wie Gedichte aussahen. Aber obwohl die Zeilen nach wenigen Seiten in lateinischer Schrift verfasst worden waren und nicht länger in Sütterlin, konnte sie kein Wort verstehen. Lediglich die Jahreszahlen in den oberen Ecken konnte sie einwandfrei entziffern. Offenbar hatte Poppy ihren ersten Eintrag im Jahr 1941 gemacht – da war sie sechszehn, siebzehn Jahre alt gewesen, wie Olive überschlug. Ein Teenager. Mitten im Krieg.

Ruhelos blätterte sie weiter. Einige Texte aus dem Jahr 1941, viel mehr aber aus den darauffolgenden Jahren. Der letzte Eintrag stammte aus dem Jahr 1954. Die Seiten danach waren leer geblieben, die Stimme der Autorin verstummt seit nunmehr fast siebzig Jahren.

»Bedeutet das, dass Poppy *deutsch* ist?« Olive hatte mehr zu sich selbst gesprochen, aber Tom fühlte sich offenbar angesprochen.

»Darf ich?« Er nahm ihr das Heft ab und blätterte noch einmal von vorne nach hinten. »Vermutlich ist sie deutsch, ja«, sagte er nach einer Weile. »Aber sie hat nur die ersten Gedichte auf Deutsch verfasst, danach wechselt sie ins Dänische.«

»Bist du sicher?«

»Ganz sicher. Ich spreche fast fließend Deutsch, aber nur ein paar Brocken Dänisch – und dieses Zeug hier verstehe ich nicht.«

Ungläubig sank Olive in ihren Sitz zurück – und musste lachen.

»Hab ich was Komisches gesagt?«

Olive schüttelte den Kopf und strich sich ratlos die Locken aus der Stirn. »Nein. Diese ganze Sache ist nur so unfassbar ... *absurd!*« Das war das richtige Wort. Es war absurd, dass Poppy Dänisch sprach, absurd, dass sie offenbar in einem deutschen Haus gelebt hatte, in dem nun eine eingemauerte Leiche aufgetaucht war, und absolut absurd, dass Olive das alles auf diesem Wege erfuhr! Ihre Großmutter hatte immer eine leicht eigentümliche Art und Weise gehabt zu sprechen, aber Olive hatte das nie hinterfragt. Sie wäre im Leben nicht auf die Idee gekommen, dass Englisch nicht Poppys Muttersprache gewesen sein könnte. Poppy war für sie immer nur Poppy gewesen.

In diesem Augenblick klingelte ihr Handy. Olive hatte es in die Mittelablage gelegt, und als Tom und sie sich gleichzeitig hinunterbeugten, stießen sie mit den Köpfen zusammen. Dabei rutschte der Deckel der Blechdose von Toms Schoß und landete dort, wo auch Olives Telefon lag und läutete. Sie stöhnten beide auf, dann griff Olive nach dem grünen Blechdeckel, um an ihr Handy zu kommen. Doch als sie sah, was an seiner Innenseite klebte, war das klingelnde Telefon schlagartig nebensächlich.

Bisher hatten sie dem Deckel der Keksdose keine Beachtung geschenkt. Aber jetzt, wo er umgedreht in Olives Hand lag, war das unmöglich.

»Sind das Fotos?«, fragte Tom, dabei war das im Grunde überflüssig. Natürlich waren es Fotos, alte Fotos, braun-weiß, mit perforierten Rändern. Irgendjemand hatte sie mit Klebestreifen an die Deckelinnenseite geheftet.

Das erste Bild zeigte ein Haus, aus dunklen Backsteinen gebaut, mit mindestens drei Dachgiebeln, die zu verschiedenen Seiten ausgerichtet waren. Unter den beiden kleineren Dachfenstern im vorderen Giebel wurde die Hausfront von einer Linie aus aneinandergereihten weißen Halbkreisen geziert, die beinahe wie Wellen aussahen. Darunter drei Fenster mit Rundbögen im Obergeschoss. Das Erdgeschoss wurde von Hecken und Bäumen verdeckt. Gut möglich, dass es sich um das Haus an der Elbe handelte, zu dem sie unterwegs waren.

Das andere Foto war noch interessanter. Es zeigte eine junge Frau, fast noch ein Mädchen, die Olive wie aus dem Gesicht geschnitten war: *Poppy*. Ein älterer Mann im weißen Kittel stand neben ihr und legte den Arm für das Foto um sie, in seinen Augen ein Ausdruck von Stolz.

Während Olive sich im Gesicht ihrer Großmutter verlor, das auch ihr eigenes war, bemerkte Tom etwas auf der Brust der jungen Mathilde.

»Ist das eine Brosche?«

Olive führte den Deckel näher an ihr Gesicht und kniff die Augen zusammen, konnte aber keine Details ausmachen. Unterdessen zog Tom aus seiner Kameratasche, die hinter dem Fahrersitz lag, eine kleine Lupe hervor.

»BDM ...«, entzifferte er mit Hilfe des Vergrößerungsglases und verzog im selben Moment das Gesicht.

»BDM?« Olive sah ihn fragend an.

Er zögerte und überprüfte die Sache ein weiteres Mal, bevor er leise ausatmete. »*Bund Deutscher Mädel*. Diese Brosche ist eine Art Leistungsabzeichen. Für junge Mädchen aus der Hitlerjugend.«

Obwohl Olive saß, brach in diesem Augenblick der Boden unter ihr weg. Die Welt vor dem Wagenfenster begann sich zu drehen, und ihr wurde speiübel.

Diese Reise war ein Fehler gewesen, von der ersten Sekunde an.

Wie gut kennen wir unsere Großeltern wirklich?, schoss es ihr durch den Kopf, und sie erkannte, wie falsch diese Frage war, wie grundlegend falsch.

Wie gut wollen *wir unsere Großeltern kennen?* Das war die Frage, die sie sich hätte stellen müssen.

Aber sie konnte nicht sagen, ob es für eine ehrliche Antwort nicht mittlerweile zu spät war.

ÜBERSETZEN
Juli 2000

Frankie, das war ihr Name, und hinter Claires Stirn mischte sich eine leise Erinnerung unter das Dröhnen des Motors.

Frankies Freunde sind auch meine Freunde, so hatte es Luke gesagt, als er sie auf der Insel abgesetzt und ihr Geld abgelehnt hatte.

Bis auf den Namen wusste Claire nicht viel über diese eigentümliche Frau, aber eines konnte sie mit Sicherheit sagen: Freunde waren sie nicht.

Frankie hatte ihre Entscheidung für einen Irrtum gehalten, ein Missverständnis, sie hatte sich gleich dreimal versichert, sich nicht verhört zu haben, und mit jeder Wiederholung, jeder Bestätigung ihres Entschlusses, hatte seine Tragweite auch Claires Bewusstsein durchdrungen. *Ich bleibe.* Zwei einfache Worte, klein und unscheinbar. Aber ihr Gewicht war gewaltig.

Das Puzzleteil hatte alles geändert, und natürlich hatte auch der Fuchs eine Rolle gespielt. Wenn sie jetzt nach New York zurückreiste, würde sie der Alten nur recht geben. Claire wusste, dass ihr der Schatten dieser Erkenntnis noch ewig auflauern würde, egal wo sie sich befand. Das konnte sie nicht ertragen. Sie würde nicht zulassen, dass diese unsägliche Frau recht behielt.

Der Welpe *würde* überleben.

Claire hatte *keine* Angst, sich der Vergangenheit zu stellen. Iris hatte ihr immer noch etwas zu erzählen, und sie würde nicht davor davonlaufen.

Trotzdem musste sie von der Insel runter, zumindest kurz. Miles rechnete damit, dass sie in wenigen Tagen zurückkehrte, sie musste ihn kontaktieren und ihm mitteilen, dass sie mehr Zeit brauchte für Iris' Angelegenheiten und er sich keine Sorgen machen solle.

Außerdem musste sie ein paar Dinge erledigen. Einkäufe für sich und den Fuchs, und auch dem Tierarzt wollte sie einen Besuch abstatten.

Deshalb saß sie jetzt in Frankies Boot.

Sie hatte den Welpen zurückgelegt in sein sicheres Nest – bevor er das nächste Mal Hunger bekäme, wäre sie wieder zurück, mit Nahrung, die er gut vertragen würde. Nur ihr Telefon und ihre Geldbörse hatte sie in die Jackentaschen gesteckt, das Puzzleteil hingegen hielt sie noch immer in der Hand. Sie hatte es im Haus nicht weglegen können und konnte es auch nicht in eine ihrer Taschen schieben. Sie musste es festhalten, musste spüren, wie ihre Finger es gegen ihre Handfläche pressten, wie seine Umrisse einen Abdruck auf ihrer Haut hinterließen. Wie sonst hätte sie sicher sein können, dass es echt war, dass es sich nicht als Illusion entpuppte, als die Unmöglichkeit, die es im Grunde war?

Iris hatte ihr ein Puzzleteil hinterlassen, *das* Puzzleteil.

Ein Teil, das ein lange vergessenes Bild vervollständigte und gleichzeitig unzählige Fragen aufwarf.

Wie viele Jahre war es her, seit es verschwunden war?

Auch diesmal schlug ihr der Seegang auf den Magen, aber Claire wollte sich nicht die Blöße geben und sich ein weiteres Mal in Frankies Gegenwart übergeben. Also atmete sie gegen die Übelkeit an und war froh, dass die Alte am Steuer vor ihr saß und sie nicht sehen konnte und dass die Motorengeräusche und das zischende Wasser unterm Bug ihr Ringen nach Luft übertönten.

Als sie zehn war, hatte Claire das Puzzle bei einem Rechenwettbewerb in der Schule gewonnen. Tausend Teile, mehr als jedes andere Puzzle, das sie je besessen hatte. Im Grunde hatte sie nie etwas wirklich besessen, das Wenige, was ihr gehörte, gehörte auch Iris. Sie teilten alte Kuscheltiere, geflickte Hosen und Träume. Aber dieses Puzzle hatte nur ihr gehört, ihr allein, und das hatte seinen Wert für sie ins Unermessliche gesteigert.

Natürlich hatte sie das Iris nie spüren lassen, sie hatte nie ein Wort darüber verloren. Jedes Mal hatten sie das Puzzle gemeinsam gemacht, über Tage auf dem kalten Boden des Kinderzimmers hockend, konzentriert und mit Hingabe bis zum letzten Teil, und dann noch einmal von vorne. Das Puzzle zeigte die Skyline von Manhattan, der Himmel zwischen den Wolkenkratzern in den Farben der untergehenden Sonne. Für Claire das verheißene Land, unmöglich zu erreichen und gerade deshalb ihre Vision von der Zukunft. *Da werde ich später leben*, hatte sie gesagt und dabei auf eines der obersten Stockwerke des Empire State Buildings gezeigt, nicht ahnend, dass das Gebäude ausschließlich gewerblich genutzt wurde.

Während Iris immer zuerst die Ecken suchte und Manhattan von außen umzingelte, fing Claire jedes Mal mit *ihrer* Etage an. Sie war der Grundstein für den Rest, das Herz ihrer Zukunft, und deshalb konnte sie immer erst weiterpuzzeln, wenn ihr Stockwerk komplett war.

Eines Tages, als sie mit Iris aus der Schule nach Hause kam, hatte ihre Mutter das Puzzle vom Boden geräumt und seine tausend Teile achtlos zurück in die Verpackung gelegt. Als die Schwestern beim nächsten Mal über der gigantischen Kulisse brüteten, konnte Claire ein Teil ihrer Etage nicht finden. Sie schob es auf ein unglückliches Händchen und warf sich vor, unkonzentriert zu sein, drehte Teil um Teil um Teil um, immer und immer wieder – aber das, was sie suchte, tauchte nicht auf. Claire wurde erst nervös, dann panisch. Zentimeter für Zentimeter kroch sie über den Boden des Kinderzimmers, suchte in jeder Ecke und unter den Betten, sogar den Müll durchwühlte sie. Aber es war nicht da, nirgendwo. Mit jedem Zentimeter, mit dem Iris Manhattan von außen einkesselte, brach Claires Welt von innen Stück für Stück auseinander.

Das Teil blieb verschwunden, das Bild unvollkommen. Mit dem blinden Fleck hatte ihr Hauptpreis seinen Wert verloren.

Aber jetzt war das Teil wieder da, es lag sicher in Claires Hand, und trotzdem zog sich alles in ihr zusammen.

Das fehlende Teil einer früheren Zukunft.

Fünfundzwanzig Jahre war es verschollen gewesen, dieses Puzzleteil, das das große Ganze hätte komplett machen können. Nun fühlte es sich an wie ein Stachel, der kaputt machte, was doch schon längst zerstört gewesen schien.

All die Jahre hatte Claire ihre Mutter für den Verlust ihres einzigen Schatzes verantwortlich gemacht, aber jetzt erkannte sie, dass ihre Mutter keine Schuld traf, nicht dafür.

Iris hatte das Puzzleteil gestohlen.

Sie hatte es an sich genommen und versteckt, nicht nur für ein paar Stunden oder Tage, sondern für den Rest ihres Lebens. Aber warum?

Sie waren damals praktisch eins gewesen, Verbündete, die eine das Spiegelbild der anderen. Wo sonst nur Kälte war, war Iris warm. Wieso hatte sie ihr das einzig Wertvolle genommen, das sie besessen hatte?

Claire hatte gehofft, dass sie endlich würde weinen können, aber stattdessen spürte sie wieder nur Zorn in sich. Was fiel Iris ein, sie an der Nase herumzuführen, selbst jetzt noch, wo sie nicht mal mehr am Leben war?

Am liebsten hätte Claire das Puzzleteil aufs offene Meer hinausgeworfen, aber sie fürchtete, damit Frankies Aufmerksamkeit zu erregen, und Claire hatte nicht vor, ihre Wut zu teilen. Nicht mit dieser schrecklichen Frau und auch nicht mit dem Schlund des Ozeans. Ihr Zorn auf Iris gehörte ihr allein, wie einst das Puzzle ihr allein gehört hatte. Diesmal würde sie sich nicht bestehlen lassen.

Claire fand erst die Kraft, zu sprechen, als der kleine Hafen in Sicht war und Frankie das Tempo drosselte. »Hatte Iris ein eigenes Boot?«

»Jeder, der auf einer Insel lebt, hat ein Boot«, erwiderte die Alte, sah sich dabei aber nicht nach Claire um. Sie manövrierte Richtung Anleger, korrigierte Winkel und ließ den Bootsrumpf mit dem Wasser tanzen. Es war ein Geben und Nehmen, ein Führen und Geführtwerden.

Überleben bedeutet Anpassung, schoss es Claire erneut durch den Kopf, und während ein Teil von ihr diese Abhängigkeit verabscheute, erkannte sie im Miteinander von Mensch und Natur plötzlich auch etwas Tröstliches.

»Leben Sie auch auf den Inseln?«

»Ich bin Frankie, also hör verdammt noch mal auf, mich zu siezen.«

»War das ein Ja?«

Die Alte stöhnte. »Ich wohne in der Stadt.«

»Aber Sie haben ein Boot, weil Ihnen die Insel gehört und Sie Iris regelmäßig besucht haben? Weil Sie so was wie … *Freunde* waren?«

Das Boot prallte seitlich gegen die Anlegestelle, und Claire wusste, dass das kein Versehen war.

»Ich wüsste nicht, was dich das angeht«, murmelte Frankie und band das Boot an einem der Poller fest.

Claire spürte noch einmal das Gewicht des Puzzleteils in ihrer Hand, den blinden Fleck, der sich zwischen ihre Lebenslinien brannte. Nach allem, was Iris ihr genommen hatte, wollte sie zumindest verstehen, was diese Fremde mit ihrer Schwester verbunden hatte, was das Fundament ihrer Beziehung gewesen war, denn egal wie viel Mühe Claire sich gab: Sie konnte sich die beiden beim besten Willen nicht zusammen vorstellen.

Frankie stieg aus dem Boot und hielt Claire ihre Hand hin. »Wenn du willst, bringe ich dich in einer Stunde zurück.«

»Nicht nötig«, schlug Claire sowohl die Hand als auch das Fahrangebot aus. »Ich komme zurecht.« Sie wusste noch, wo sie Luke das letzte Mal gefunden hatte, und selbst wenn er nicht da sein sollte, fände sich jemand anderes, der sie für Geld zur Insel zurückbrachte.

Sie sammelte sich einen Moment, bis der Boden unter ihren Füßen nicht länger schwankte, und spazierte dann über die Anlegestellte davon, ohne sich noch einmal nach der Alten umzusehen.

Sie wagte erst stehen zu bleiben, als sie genug Abstand zwischen sich und den kleinen Hafen gebracht hatte. Endlich schob sie das Puzzleteil in ihre Hosentasche und nahm dafür das Mobiltelefon aus der Jacke. Noch immer: *keine Nachrichten*.

Das konnte nicht sein. Sie war tagelang weg gewesen, irgendjemand musste versucht haben, sie zu kontaktieren! Es war eine Sache, nicht erreichbar zu sein, aber etwas ganz anderes, sich einzugestehen, dass man von niemandem vermisst worden war.

Vielleicht war der Empfang nicht gut. Auch wenn sie wieder Festland unter den Füßen hatte, befand sie sich immer noch am Ende Welt.

Angespannt hielt Claire ihr Telefon in die Höhe, aber weil ihre Finger plötzlich zitterten, glitt es ihr aus der Hand und krachte auf den Boden.

»Verdammt!« Sie bückte sich nach dem Gerät und begutachtete den Schaden. Die obere Ecke des Gehäuses hatte einen empfindlichen Kratzer abbekommen, aber die Tasten und der Bildschirm waren unversehrt. In diesem Moment fiel Claire auch wieder ein, was der Verkäufer im Laden zu ihr gesagt hatte: *Wenn die Technik mal streikt, hilft es, das Telefon aus- und wieder anzuschalten.*

Aus und an, damit konnte sie umgehen. Trotzdem beschleunigte sich ihr Puls, als sie den großen Knopf oberhalb des Bildschirms betätigte und zusah, wie Letzterer schwarz wurde. Bevor sie das Gerät wieder anschaltete, setzte sie sich auf eine Bank in Ufernähe.

Sie hielt die Luft an, begann im Geiste zu zählen – und als sie bei sieben angelangt war, wurde sie endlich erlöst. Eine, zwei ... *acht* SMS und drei Nachrichten auf ihrer Mailbox!

Erleichtert atmete sie wieder aus. Sie war *nicht* vergessen worden, irgendjemand hatte an sie gedacht! Doch als sie das Programm mit den Textnachrichten öffnete, stellte sie fest, dass dieser Jemand nicht Will war. Zwei Nachrichten stammten von ihrer Putzhilfe, fünf hatte Miles geschrieben, und eine kam von Phil, ihrem Chef. Offenbar hatte Miles mittlerweile eingeräumt, dass mehr hinter Claires Abwesenheit steckte als nur ein Magen-Darm-Infekt. Phil kondolierte ihr jedenfalls schnörkellos zu ihrem Verlust und signalisierte, dass sie *sich Zeit nehmen* solle. Er wusste offensichtlich um ihren Wert – und andere taten das auch.

Zwei der Sprachnachrichten auf ihrem Anrufbeantworter stammten von der neuen Kanzlei. Sie hatten Geduld bewiesen und bemühten sich nach wie vor um Freundlichkeit, aber Claire konnte deutlich heraushören, dass sie endlich auf eine Antwort drängten. Und erstaunlicherweise spürte sie mit einem Mal, dass sie bereit war, sie ihnen zu geben.

Will hatte sich nicht gemeldet. Er hatte nicht geschrieben und auch nicht versucht, sie anzurufen. Diese Erkenntnis schmerzte zwar, aber bei Weitem nicht so stark, wie seine Abwesenheit in ihrem Leben es noch vor ein paar Tagen getan hatte.

In der Zwischenzeit hatten sich andere Dinge in ihr Leben geschoben. Die Insel, das Alleinsein, der Fuchs und diese unsägliche Frau. Und natürlich Iris, Iris, Iris. Der Schmerz, den Will verursacht hatte, war unter ihrem Einfluss abgedriftet wie ein Stück Treibholz. Wenn Will aber kein Grund mehr war, was hielt sie dann noch bei *Stuart & McCaine*?

Es war töricht gewesen, überhaupt zu zögern. In der neuen Kanzlei verdiente sie mehr Geld und wäre Partnerin, ihr Name würde im Eingangsbereich hängen – mit nicht einmal vierzig Jahren. Natürlich würde sie sich diese Chance nicht entgehen lassen.

Aber sie brauchte noch etwas Zeit. Die Claire O'Leary, der eine Partnerschaft angeboten worden war, existierte im Moment nicht. Sie fühlte sich dekonstruiert, in ihre einzelnen Bestandteile zerlegt, und musste sich erst neu zusammensetzen, bevor sie bei

Miller & Jacobs einsteigen konnte. New York City konnte keine ungeschminkte, verwaiste Zwillingsschwester in Funktionsklamotten gebrauchen.

Außerdem musste sie den Fuchs retten und das Kapitel schließen, das Iris ungefragt in ihrem Leben geöffnet hatte. Wenn sie nicht wenigstens versuchte, die Geschichte zu einem Ende zu bringen und ihrer Schwester zuzuhören, würden ihr die Gespenster der Vergangenheit womöglich noch ewig auflauern. Deswegen gab sie sich einen Ruck und schickte eine SMS an ihren Kontaktmann bei *Miller & Jacobs*. Bedankte sich für die Geduld und bekundete ihren Entschluss, das Kanzleiangebot mit großer Freude anzunehmen. Bat aber gleichzeitig um Zeit bis Anfang September, da ihre Schwester überraschend verstorben sei und sie sich in Ruhe um den Nachlass kümmern müsse. Danach stünde sie vollumfänglich bereit.

Sie drückte auf *Senden*, bevor sie ihre Entscheidung in Frage stellen konnte. Es wurde Zeit, zu neuen Ufern überzusetzen.

Der erste September. Das waren sieben Wochen. Genug Zeit, um sicherzustellen, dass Wills Treibholz endgültig aufs offene Meer hinaustrieb. Genug Zeit, um sich um den Fuchs zu kümmern und um das, was Iris ihr hinterlassen hatte. Genug Zeit, um herauszufinden, wer ihre Schwester gewesen war.

Bevor sie auf die Insel zurückkehrte, würde sie auch Miles eine Nachricht schicken, vielleicht brachte sie sogar den Mut auf, ihn anzurufen. Aber jetzt musste sie erst mal das erledigen, wofür sie hergekommen war.

Der Supermarkt verdiente diese Bezeichnung kaum. Er war klein und vollgestopft mit allen möglichen Dingen, die man zum Leben brauchte: Lebensmittel, Drogerieartikel, aber auch Haushaltswaren und Werkzeuge. Sogar Anziehsachen fand Claire in einer der Reihen, die nur unzureichend beleuchtet waren. Normalerweise hätte sie gestört, dass das Licht so schlecht war, aber heute war sie ganz froh darüber. Im Schatten fiel sie wenigstens nicht auf.

Das Fehlen von Anonymität setzte ihr an Orten wie diesen am meisten zu. In New York war sie einzigartig und herausragend, konnte aber trotzdem jederzeit untertauchen und mit dem großen Strom schwimmen, wenn ihr danach war. Hier hingegen gab es diese Möglichkeit nicht. Hier zählte jeder einzelne Mensch, ob er wollte oder nicht.

Claire für ihren Teil wollte *nicht*, deshalb senkte sie den Kopf, nahm sich einen Korb und füllte ihn zielgerichtet mit Obst, Gemüse, Brot und Nudeln. Außerdem entschied sie sich für eine Auswahl an Frühstücksflocken, fettfreie Milch sowie ein paar Fertiggerichte, die sie zur Not auch kalt würde essen können.

Als ihr Blick das Regal mit dem Tomatenketchup streifte, wurde sie erneut von einer Kindheitserinnerung eingeholt.

An den meisten Tagen hatten Iris und sie sich selbst versorgen müssen, hatten von Erdnussbuttersandwiches und Wasser gelebt. Ganz selten hatte ihre Mutter ihnen erlaubt, Nudeln vom Vortag im Mikrowellenherd warm zu machen. Es war ein fehleranfälliges Gerät, sperrig und laut, ihr Vater hatte es zu einem Sonderpreis erstanden, weil es Mängel aufwies. Nach jedem Gebrauch musste man den Stecker ziehen, um einen Kurzschluss zu vermeiden, und trotzdem war es der ganze Stolz ihrer Mutter. Die Tage, an denen sie ihren Töchtern erlaubte, Nudeln darin zu erwärmen, waren für Iris und Claire etwas Besonderes. Sie aßen sie mit Ketchup und taten so, als säßen sie in einem feinen Restaurant, als wären sie überhaupt furchtbar feine Menschen, mit haufenweise Geld und guten Manieren. An diesen Tagen lag ihnen die Welt zu Füßen, und die Erinnerung daran schmeckte selbst heute noch süß und warm.

Es war albern, aber dennoch nahm Claire eine Flasche Tomatenketchup aus dem Regal und legte sie in ihren Korb.

Jetzt fehlte noch die Säuglingsnahrung. Claire fand das entsprechende Regal, packte zwei Babyfläschchen zum Füttern ein und verlor sich zwischen einer Vielzahl an Muttermilchersatzprodukten, die *die wichtigsten Nährstoffe von Anfang an* versprachen. Als sie zwei Pulverdosen in die Hände nahm, um zu vergleichen, worin sie sich unterschieden, hörte sie plötzlich eine Stimme hinter sich.

»Das ist echt unheimlich …«

Sie warf einen flüchtigen Blick über ihre Schulter und erschrak, als dort ein Mann stand, nur eine Armlänge entfernt, und sie ungeniert anstarrte. Er hatte kurzes dunkelblondes Haar und auffällig braune Augen, war groß und vermutlich etwas jünger als sie. Allem Anschein nach hatte er mit ihr gesprochen.

Claire wusste nicht, was sie sagen sollte, aber die Irritation auf ihrem Gesicht war offenbar groß genug, dass er seinerseits ertappt wirkte und die Hände in seinen Hosentaschen vergrub.

»Tut mir leid, ich bin Pete. Du siehst aus wie sie und doch ganz anders. Das meinte ich mit *unheimlich*.«

Claire verkniff sich ein Stöhnen. Er hatte sie mit Iris verwechselt, natürlich, oder zumindest ihre Ähnlichkeit bemerkt, und das allein genügte, um ihre Übelkeit zurück auf den Plan zu rufen. Sie legte beide Milchpulverdosen in ihren Korb, schloss die Augen und massierte sich das Nasenbein, in der Hoffnung, den Brechreiz damit zurückzudrängen.

»Ich wollte dir nicht zu nahetreten«, ruderte Pete zurück. »Für unsereins ist es schon schwer zu verstehen, dass Iris nicht mehr da ist. Ich kann mir gar nicht vorstellen, was ihr Verlust für dich bedeuten mag.«

Claire öffnete die Augen wieder und zog ihre Stirn kraus. »Gehört es hier zum guten Umgangston, wildfremde Menschen zu duzen?« Ihre Worte klangen schroffer, als sie es beabsichtigt hatte, aber überraschenderweise lachte Pete auf, als hätte sie etwas Witziges gesagt.

»Entschuldigung. Du siehst Iris einfach so unglaublich ähnlich, dass ich vielleicht ein paar Schritte übersprungen habe. Ich hoffe, du hältst mich nicht für einen ungehobelten Provinztrottel.« Er sah sie derart zerknirscht an, dass sie ihm nicht böse sein konnte. Seine Freundin wollte sie aber auch nicht werden, also zuckte sie mit der Schulter und packte noch eine weitere Pulverdose in ihr ohnehin schon volles Körbchen.

»Keine Sorge. Den ungehobelten Part haben schon andere übernommen.«

Wieder lachte Pete auf. »Du hast Frankie getroffen?«

»Ist das so offensichtlich?«

Er schüttelte amüsiert den Kopf und verschränkte seine Arme vor der Brust. »Sie ist manchmal etwas unwirsch. Aber wenn du sie besser kennenlernst, wirst du feststellen, dass sie das Herz am rechten Fleck hat.«

Das Herz am rechten Fleck? Claire bezweifelte, dass die Alte überhaupt ein Herz hatte.

»Ich muss weiter«, murmelte sie und versuchte, sich der Höflichkeit halber zumindest ein kleines Lächeln abzuringen.

»Vielleicht sehen wir uns die Tage nochmal?«

»Vielleicht«, behauptete Claire, dabei wusste sie, dass das unwahrscheinlich war. Er mochte ein netter Kerl sein und keine bösen Absichten hegen, aber sie war nicht am Ende der Welt gestrandet, um neue Bekanntschaften zu schließen.

Die einzige Person, die sie hier noch kennenlernen wollte, war ihre verstorbene Schwester.

Deshalb drehte sie sich um und nahm auf dem Weg zur Kasse noch eine Schirmmütze von einem Ständer, die sie sich in Zukunft tief ins Gesicht ziehen konnte.

Hellerup, Juli 1943

GEWISSHEIT

Dort, wo die Hoffnung wohnt,
Verlieren die Gespenster der Nacht
Ihren Schrecken.

Dort, wo die Liebe wächst,
Ist das Unheil nur ein flüchtiger Schatten
Im Lauf der Zeit.

Dort, wo deine Finger nach meinen greifen,
Ist das Glück keine Möglichkeit,
Sondern Gewissheit.

VON ZEIT UND MUT
November 2022

Kann eine gute *Großmutter ein* schlechter *Mensch sein?* Olive versuchte der Frage auszuweichen, sie abzuschütteln und in die Flucht zu schlagen, aber sie kam immer wieder zu ihr zurück.

Nicht einmal vierundzwanzig Stunden waren sie jetzt unterwegs, und doch war Olives Leben nicht mehr dasselbe. *Poppy* war nicht mehr dieselbe. Sie war nicht die, für die die Familie sie gehalten hatte, sondern nur eine Illusion, und Olive wusste nicht, ob sie darüber wütend oder traurig sein sollte. In erster Linie war sie erschüttert.

Was wog schwerer: die Lüge, mit der Poppy gelebt hatte, oder ihre Schuld an sich? Oder lag die größte Schande in Wirklichkeit im Versäumnis der anderen, niemals die wichtigen Fragen gestellt zu haben?

Nie wäre Olive auf die Idee gekommen, dass ihre Großmutter eine Vergangenheit in Deutschland haben könnte, dass sie ein Teil der größten Versündigung an der Menschlichkeit gewesen sein könnte.

Sie hatte selbst die Spinnen eingefangen und hinausgetragen, vor denen Olive sich als Kind gefürchtet hatte, nicht eine einzige hatte sie erschlagen. Und jetzt das. *Bund Deutscher Mädel. Hitlerjugend.*

Die Begriffe, die Tom verwendet hatte, hatten sich tief in ihre Gedanken gebrannt, in ihre Magengrube und ihr Herz. Dabei hatte er nicht mal mit dem Finger auf das Offensichtliche gezeigt, das war nicht nötig gewesen. Die Puzzleteile hatten sich in ihrem Kopf auch so zu einem Bild zusammengefügt.

Ihre Großmutter war deutsch.

Und sie hatte eine Nazivergangenheit.

Olive wurde schon schlecht, wenn sie nur an dieses Wort dachte, es laut auszusprechen oder gar für einen Artikel in der VOICES aufzuschreiben, war ein Ding der Unmöglichkeit.

Was hatte sie sich nur eingebrockt, und wichtiger noch: Wie würde sie hier wieder rauskommen?

Noch immer spukten unzählige Fragezeichen durch ihren Kopf, aber eines wusste Olive ganz sicher: Sie wollte keine Story darüber schreiben, dass die Frau, die sie mehr liebte als jeden anderen Menschen auf der Welt, in jungen Jahren ein Unmensch gewesen war. Dass die Großmutter, bei der sie fast all ihre Wochenenden und Ferien verbracht hatte, die ihr das Lesen, Backen und Schnürsenkelbinden beigebracht hatte, Anteil hatte am größten Verbrechen der jüngeren europäischen Geschichte.

Poppy, ein Nazi-Mädchen? Dieser Gedanke schmerzte so sehr, dass Olive schwindelig wurde.

Sie brachte die beiden Bilder einfach nicht überein, diese zwei Menschen. Da war zum einen die junge Frau auf dem Foto, die Olive so unfassbar ähnlich sah, im Arm ihres Vaters. Ein Lächeln auf dem Gesicht, das vertraut und warm war, doch auf der Brust ein Mal der Schande.

Und dann war da Poppy. Der Inbegriff von Sanftmut, Liebe und Geduld. Der wichtigste, verlässlichste und sicherste Fels in Olives Leben, manchmal vielleicht nachdenklich, aber niemals bösartig. Poppy, die sich immer Zeit nahm, Poppy, die ihr beibrachte, all die guten Momente des Tages an ihrer Perlenkette abzuzählen, Poppy, die auf jede Frage eine Antwort hatte und für alles eine Erklärung fand. Hätte sie auch für das hier eine gefunden?

Egal wie Olive es drehte und wendete, sie konnte nicht verstehen, wie diese beiden Menschen am Ende ein und derselbe sein sollten.

Instinktiv tasteten sich ihre Finger am Hals hinauf zu ihrem Muttermal, aber auch jetzt spendete ihr die kleine Erhebung unter den Fingerkuppen weder Sicherheit noch Trost. Das, was sie einst mit ihrer Großmutter verbunden hatte, war fort. Und ließ Olive allein zurück, mit den Scherben einer erlogenen Existenz.

Der Schmerz, der mit dieser Erkenntnis einherging, fühlte sich an wie ein Schlag gegen den Kehlkopf, der sich über ihre Atemwege im ganzen Körper verbreitete, über die Lungenbläschen ins Blut überging und ihre Organe befiel, bis er auch die letzte Faser ihres Körpers erfüllt hatte.

Olive wollte Luft holen, aber das war plötzlich nicht mehr möglich, sie atmete ein, so tief sie konnte, aber da war einfach nicht genug Sauerstoff. Ihre Finger und Arme begannen zu zittern, und dann folgte auch der Rest ihres Körpers. Panisch drehte sie an der Kurbel ihres Fensters, aber es ging nicht schnell genug auf. *Sie würde ersticken!* Sie würde hier auf dem Beifahrersitz ersticken, im alten Bus ihrer Großmutter, an der Schuld und der Wahrheit und dem Nicht-Wissen, am Betrogen-worden-Sein, vor allem aber an ihrer eigenen Kurzsichtigkeit und Naivität!

»Alles in Ordnung?«, drang Toms Stimme dumpf vom Fahrersitz zur ihr durch, dabei war nichts in Ordnung, nichts würde *je wieder* in Ordnung sein.

»Halt an!«, brüllte Olive gegen den Lärm und Schmerz in ihrem Kopf an und ließ die Fensterkurbel los. »Halt sofort an!«

Tom zögerte nicht lange und lenkte den Wagen auf den Seitenstreifen. Noch während er bremste, riss Olive ihre Tür auf und taumelte auf die Straße. Ein anderer Wagen raste beängstigend dicht und wild hupend an ihr vorbei – *verdammter Rechtsverkehr!*

Tom rief ihr etwas zu, aber das Dröhnen unter ihrer Schädeldecke war einfach zu laut. Sie brauchte Luft und endlich wieder festen Boden unter ihren Füßen, Boden, dem sie vertrauen konnte.

Schwer atmend schleppte sie sich um den Bus herum, stieg über die Leitplanke und stolperte einen kleinen Abhang hinab. Dort sank sie erst auf die Knie und dann auf alle viere, ließ sich auf die Seite fallen, um ihren Kopf abzulegen, und mit ihm alle zentnerschweren Gedanken und Schmerzen.

Aber selbst hier am Boden war nicht genug Luft für sie, ihr Atem ging viel zu schnell und unregelmäßig, und dann war plötzlich auch noch Tom da, *Tom der Schreckliche* an ihrer Seite, *Tom der Schreckliche* dicht über ihr Gesicht gebeugt, mit hochrotem Kopf und einem seltsamen Ausdruck in den grünen Augen.

»Bist du verrückt geworden?«

Er war wütend, ohne Zweifel kochte er vor Wut, und Olive konnte das sogar verstehen, denn nun hatte sie innerhalb eines einzigen Tages beinahe einen zweiten Unfall verursacht – und trotzdem musste sie lachen. Sie wusste nicht, wieso, aber ihr Mund öffnete sich von allein, und endlich war da wieder Luft, *Luft, Luft, Luft,* und Olive sog sie gierig in sich auf, nur um sie im nächsten Moment in einem viel zu lauten, hysterischen Lachen von sich zu schleudern, als könnte sie damit doch noch alles ausstoßen, was in den letzten beiden Tagen auf sie niedergeprasselt war.

Schlechte Entscheidungen bringen gute Geschichten. Hatte sie nicht vom ersten Augenblick an durchschaut, dass das Unsinn war? Sie hatte schlechte Entscheidungen getroffen, immer und immer wieder, aber zu einer *guten Geschichte* hatten sie sie nicht geführt, im Gegenteil. Die Geschichte, die sich vor ihr entfaltete, war furchtbar, und sie wurde mit jedem Detail schlimmer.

Plötzlich spürte Olive Toms Hände an ihren Oberarmen. Er hockte neben ihr im Graben und zog sie ein Stück vom Boden hoch, sodass er sie besser in seinen Armen halten konnte, und in diesem Moment stellte Olive fest, dass sich ihr Lachen in ein Weinen verwandelt hatte. Ihr Gesicht war nass, sie schluchzte und zitterte und ließ einfach zu, dass Tom Philips sie hielt und ihre Tränen in seinen Pullover sickerten.

Es war bereits finster, als das Beben in Olive endlich nachließ und sie wieder in der Lage war, ruhig zu atmen und klar zu denken. Zwar zeigte die Uhr erst späten Nachmittag an, aber die Novembernacht setzte früh ein, und sie war kalt.

Noch immer befanden sie sich in den Niederlanden, aber die deutsche Grenze konnte nicht mehr weit sein. In drei, maximal vier Stunden müssten sie Hamburg erreichen, überschlug Olive grob, spürte aber, dass sie längst eine andere Entscheidung getroffen hatte.

»Wir sollten umkehren«, sagte sie, während sie sich mühsam zurück auf die Beine kämpfte, aber weil es die ersten Worte waren, die ihren Mund nach dem Zusammenbruch verließen, klang ihre Stimme brüchig.

Tom sah sie an, als hätte er sich verhört. »Was?«

»Wir sollten umkehren und nach Hause fahren«, wiederholte Olive, diesmal laut und deutlich.

An Toms Verwirrung änderte das nichts. »Wieso? Wir haben den größten Teil der Strecke hinter uns, bis Hamburg sind es nur noch …«

»Weil diese Reise eben doch ein Fehler war!«, fiel Olive ihm ins Wort. Doch als sie aus dem Graben klettern wollte, schoss ihr ein stechender Schmerz in den Kopf und zwang sie zum Innehalten. Sie atmete ein und aus, bis der Schmerz wieder abklang. Dann ließ sie ihre Schultern sinken und drehte sich noch einmal zu Tom um. »Ich weiß, ich habe vor ein paar Stunden das Gegenteil behauptet, aber offensichtlich bin ich *nicht* bereit, die Wahrheit über meine Großmutter zu erfahren. Und ich bin erst recht nicht bereit, hinterher eine Story für Joyce daraus zu machen.« Sie ächzte leise, fuhr sich mit den Händen durch die Haare und stellte sich auf ein Streitgespräch mit Tom ein, aber erstaunlicherweise erhob er sich nur seinerseits vom Boden und blickte sie nachdenklich an.

»Bist du sicher, Olive?«

Olive lachte auf und schüttelte langsam den Kopf, um die Tränen zurückzudrängen, die ihr wieder in die Augen stiegen. Natürlich war sie sich *nicht* sicher! Ihr Job stand auf wackeligen Füßen, genauso wie alle Erinnerungen an ihre Großmutter, die sie für wahr gehalten hatte. Es fühlte sich an, als hätte ihr jemand das Sicherheitsnetz weggezogen, und nun balancierte sie ohne Auffangschutz über den Abgrund. Sie konnte es sich nicht leisten zu fallen.

Auf einmal überkam sie eine gewaltige Müdigkeit. In ihrem Rücken sang der dröhnende Verkehr sein Wiegenlied, und Tom erwartete offensichtlich eine Antwort.

Olive kreuzte die Arme vor der Brust, weil sie fror. »Die Dinge, die ich über Poppy erfahren habe …« Sie brach den Satz ab, um nach den richtigen Worten zu suchen, aber Tom verstand auch so, was in ihr vorging.

»Du hast Angst, dass da noch mehr kommt, wenn wir weiterfahren.«

Obwohl er keine Frage gestellt hatte, nickte Olive und spürte, wie ihr dabei Tränen übers Gesicht liefen. Sie wartete, bis die erste von ihnen von ihrem Kinn tropfte, und wischte sich dann mit dem Handrücken über die Wangen.

»Wir haben bereits eine Leiche in Hamburg, ein Foto, das auf eine Nazivergangenheit hindeutet und dann noch dieses Heft mit den dänischen Gedichten. Die Wahrscheinlichkeit, dass wir *nicht* auf eine düstere Geschichte stoßen, ist ziemlich gering.« Sie versuchte zu lachen, aber es klang bitter und hilflos.

Tom sah sie unbeirrt an. Es war schwer zu durchschauen, was hinter seiner Fassade vorging. Irgendwann senkte er den Kopf, als wollte er sich sammeln, und blickte ihr dann noch eindringlicher in die Augen. »Nichts von alldem muss bedeuten, dass deine Großmutter ein schlechter Mensch war.«

Olive wusste seine Bemühungen zu schätzen, bedachte ihn aber trotzdem mit einem Stirnrunzeln.

»Ernsthaft, Olive«, fuhr er fort und machte einen Schritt auf sie zu, sodass er unmittelbar vor ihr stand. »Du kennst eine Geschichte erst, wenn du auch weißt, wie sie zu Ende geht. Erst dann kannst du dir ein Urteil erlauben, wer deine Großmutter wirklich war.«

Mit einem Mal verstand Olive, warum ihre Eltern an Toms Lippen gehangen hatten. Sie waren ausgesprochen schön, mit einer kleinen Narbe am unteren Rand, und alles, was er sagte, klang klug und feinfühlig und viel zu vernünftig für den Zustand, in dem sie sich befand.

Es kostete sie einige Mühe, aber dann riss sie ihren Blick von seinem Mund los, sah zur Seite und ließ sich ein weiteres Mal auf dem abschüssigen Boden nieder.

Tom tat es ihr gleich, setzte sich so dicht neben sie, dass sie die Wärme seines Körpers spüren konnte, und gemeinsam blickten sie ins Leere.

Olive rechnete ihm hoch an, dass er sie nicht zu einem Gespräch drängte, das Schweigen zwischen ihnen hatte seine Qualität geändert. Es war ein Zeichen von Respekt, er gab ihr Raum.

Als Olive schniefte, weil ihre Nase lief, sah er sie von der Seite an und zog ein Tuch aus seiner Tasche.

Mit einem dankbaren Lächeln nahm sie es entgegen. »Ich verstehe einfach nicht, warum sie nie darüber gesprochen hat. Ich meine ...« Sie hielt inne und schnäuzte in das Taschentuch. »Diese Vergangenheit, die Poppy mit sich herumgetragen hat, die muss sie doch belastet haben.« Olive musste schlucken, ihre Finger schlossen sich um das feuchte Tuch. »Wir hatten so viel Zeit. Wieso hat sie uns ihre Geschichte nie erzählt?« Ihre Stimme war kaum mehr als ein Flüstern, und Olive war sich nicht sicher, ob Tom sie verstanden hatte, aber irgendwann atmete er doch hörbar aus und legte vorsichtig seine Hand auf ihre.

»Für manche Geschichten braucht es nicht Zeit, sondern Mut.«

Überrascht wandte Olive ihm das Gesicht zu.

»Ich weiß nicht, wohin uns diese Reise führt«, fuhr er leise fort. »Und ich kann dir unmöglich sagen, was wir noch alles über das Leben deiner Großmutter ausgraben. Aber eines weiß ich ganz sicher, Olive.« Kaum merklich erhöhte er den Druck auf ihre Finger. »Wenn du diese Reise jetzt abbrichst, verlierst du nicht nur eine Geschichte. Du wirst auch deine Großmutter verlieren, das, wofür du sie geliebt hast, und all die guten Erinnerungen, die du mit ihr verbindest. Bist du wirklich bereit, das alles aufzugeben?«

AUSATMEN
Juli 2000

Die Tierarztpraxis war geschlossen. Kein Schild an der Tür, keine Angaben zu Öffnungszeiten oder einer Vertretung – einfach geschlossen.

Claire rüttelte ein paarmal an der Klinke, als würde die Tür dadurch vielleicht doch aufspringen, aber natürlich änderte dieser Akt der Verzweiflung rein gar nichts.

Sie spielte mit dem Gedanken, vor der Praxis zu warten, entschied sich dann aber dagegen und zog ihre Schirmmütze etwas tiefer ins Gesicht. Diese Stadt war eher ein Dorf, und die Wahrscheinlichkeit, dass ein Passant Iris in ihr erkannte, war hoch. Die Begegnung im Supermarkt hatte ihr gereicht. Sie würde einfach beim nächsten Mal mit dem Tierarzt über ihren Fuchswelpen sprechen. Immerhin hatte sie genug Säuglingsnahrung besorgt und vertraute darauf, dass Frankie zumindest in dieser Hinsicht recht behielt und das Tier die Pulvermilch gut vertragen würde.

An der Supermarktkasse hatte Claire Tüten abgelehnt und ihre Einkäufe stattdessen in einen leeren Karton gepackt, der verwaist im Eingangsbereich gelegen hatte. Er war groß genug, um sich in ein kleines Gehege für ihr Findelkind umfunktionieren zu lassen. Nur im Transport war er unhandlich, stellte Claire ein weiteres Mal fest, als sie den Karton vor der Tierarztpraxis vom Boden hob und zurück in Richtung Hafen trug.

Die Sonne hatte sich in der Zwischenzeit gegen einige wenige Wolken durchgesetzt, der Himmel strahlte in einem Blau, dessen Tiefe Claire aus New York nicht kannte. Vom Meer wehte ein leichter Wind übers Land und sorgte dafür, dass es sich frischer anfühlte, als der Sommerhimmel es vermuten ließ. Ob es das war, was Iris an diesem Ort gehalten hatte, dieses leichte Frösteln, das Gefühl ihrer Kindheit? Welcher Teil dieser Welt hatte sie angezogen, was waren die Dinge, die ihr Angst gemacht hatten? Hatte Iris überhaupt Angst verspürt in der Art, wie sie ihre Schwester auf der Insel von Zeit zu Zeit überkam? Wenn eine Aufgabe im Heute fehlte, blieb kaum mehr übrig, als sich mit den Blindgängern des Gestern zu beschäftigen.

Claires Gedanken wanderten zum Puzzleteil in ihrer Hosentasche.

Iris hatte sie betrogen, mindestens ein Mal.

Noch immer spürte Claire den Groll darüber hinter ihren Rippen brennen, aber es keimte auch noch etwas anderes in ihr. Der Drang, herauszufinden, was sie verpasst hatte, endlich zu verstehen, was zwischen Iris und ihr passiert war, *wie* es passiert war, *wann*, vor allem aber *warum*. Es musste Antworten geben, auf der Insel, im Haus, im schlimmsten Fall bei Frankie, und Claire würde sich auf die Suche nach ihnen begeben. Bis September blieb ihr eine Menge Zeit.

Als sie den Pier erreichte, stellte sie den Karton mit den Einkäufen auf einer hüfthohen Steinmauer ab und zückte ihr Telefon. Sie konnte nicht wieder im Funkloch verschwinden, ohne Miles eine Nachricht zukommen zu lassen. Für einen Anruf fühlte sie sich nicht gewappnet, deshalb tippte sie eine Kurznachricht in ihr Handy. Er solle sich keine Sorgen machen. Sie würde noch länger an der Westküste bleiben. Und sei die meiste Zeit nicht erreichbar. Zuletzt schrieb sie fünf entscheidende Worte: *Ich werde zu September kündigen.* Dann drückte sie auf *Senden* und schaltete das Telefon aus. Sie mochte bereit sein, Miles über ihre Kündigung zu informieren, aber sie war bei Weitem noch nicht bereit für seine Reaktion darauf. Unerreichbarkeit konnte auch ein Segen sein.

Luke war nicht an der Anlegestelle, aber sie fand ihn in seiner Werkstatt, die ein Stück weiter die Straße hinab lag. Offenbar hatte er kein Spezialgebiet, sondern reparierte alles, was ihm in die Finger kam: Bootsteile, aber auch Autos, Kühlschränke und Klimaanlagen. Claire wusste nicht, wo sie bei all dem Chaos zuerst hinsehen sollte.

Als Luke sie mit ihrem Karton in der Einfahrt stehen sah, nahm er sich die Kopfhörer eines vollkommen aus der Zeit gefallenen Walkmans von den Ohren und wischte sich die Finger mit einem breiten Grinsen an der Hose ab. »Frankie hat mich vorgewarnt!« Wieder sprach er viel zu laut, vermutlich dröhnte die Musik noch in seinen Ohren nach.

Claire bemühte sich, ihre Gesichtszüge unter Kontrolle zu halten. Sie konnte es nicht ausstehen, wenn die Leute hinter ihrem Rücken über sie redeten – nicht einmal, wenn es um einfache Fahrdienste ging.

»Ich hole nur schnell die Schlüssel und meine Jacke, dann legen wir ab«, rief Luke ihr zu und biss nebenbei in ein Sandwich, das auf einem Werkzeugkasten lag. »Du kannst dich schon ins Boot setzen.«

Claire unterdrückte ein Seufzen. Jetzt waren sie also auch

beim Du angekommen. Aber sie war zu müde, um Diskussionen zu führen, deshalb folgte sie seiner Aufforderung wortlos, kehrte mit ihrem Einkauf zum Pier zurück und setzte sich in Lukes Boot.

Im Schatten der Anlegestelle war es fast windstill. Claire nahm die Schirmmütze vom Kopf und wandte ihr Gesicht der Sonne zu.

Am Himmel über ihr kreischten Möwen. Claire schloss die Augen, lauschte ihrem Konzert und ließ sich vom Wasser unter dem Bug wiegen.

Mit einem Mal fühlte sie sich wie ein Kind im Arm ihrer Mutter, warm, weich, geschützt. Nur dass diese Erinnerung eine Lüge war, zumindest war es nicht ihre eigene. Ihre Mutter hatte sie nie im Arm gehalten, sie hatte eine andere Last auf ihren Schultern getragen. Wenn Claire an ihre Kindheit dachte, drängte sich der Winter auf, ein Winter, der Jahre anhielt. Iris war ihr Licht gewesen, und Claire im Gegenzug das ihre. Manchmal reichte das in einer dunklen Welt.

Schwere Schritte näherten sich über den Steg. Claire öffnete blinzelnd die Augen und sah, dass Luke erhitzt und abgehetzt wirkte. Mit einem entschuldigenden Lächeln stieg er zu ihr ins Boot. »Tut mir leid. Ich musste noch schnell einen Mord verhindern.«

»Einen Mord?«

»Nugget hat einen von Gwendolyns Yahtzee-Würfeln verschluckt«, fuhr er fort, während er die Leinen losband und im Rumpf des Bootes verstaute.

»Und jetzt wollte Gwendolyn diesen ... *Nugget* töten?«

Luke lachte auf. »Nugget ist der Dackel von Monica. Und damit Gwendolyn ihn nicht auf dem Küchentisch seziert, musste ich schnell einen Ersatzwürfel besorgen. Gwendolyn versteht keinen Spaß, wenn es um ihre Yahtzee-Würfel geht!« Er warf den Motor an, und der aufbrausende Lärm machte eine Fortführung der Unterhaltung praktisch unmöglich.

Claire war darüber froh. Wenn sie ehrlich war, wollte sie nichts wissen von Gwendolyn und Nugget und der Frage, wie oder wann der Originalwürfel wieder zum Vorschein kommen würde. Sie hatte genug mit ihren eigenen Problemen zu tun, und sie wollte nur zurück auf die Insel kommen und diese Probleme aus der Welt schaffen.

Als sie ihren Blick hinaus aufs Meer richtete, ertappte sie sich bei einem Lächeln. Es war absurd. Hatte sie die Insel in den vergangenen Tagen um jeden Preis verlassen wollen, sehnte sie sich jetzt nach ihrer Abgeschiedenheit zurück. Der Abgeschiedenheit, in die sich auch ihre Schwester geflüchtet hatte.

»Waren sie befreundet?« Die Worte waren über ihre Lippen gerutscht, ohne dass Claire es beabsichtigt hatte.

»Was sagst du?«, brüllte Luke ihr gegen den Motorenlärm zu.

Claire biss sich auf die Lippe und spielte mit dem Gedanken, die Frage einfach fallen zu lassen, aber dann wiederholte sie sie doch, lauter diesmal: »Waren Iris und Frankie befreundet?«

Luke drehte sich nur halb zu ihr um, aber das reichte aus, um zu sehen, dass sich auf seinem Gesicht ein Grinsen breitmachte. »Frankie würde es vermutlich nicht zugeben, weil sie meint, sie käme am besten allein zurecht – aber ja. Die beiden waren befreundet.«

Claire suchte nach Anzeichen von Ironie in seiner Stimme, doch da war nichts. »Aber sie sind so unterschiedlich. Meine Schwester war …«

Nun drehte Luke sich doch ganz zu ihr um und hob interessiert seine Augenbrauen, aber Claire wusste nicht mehr, wie sie ihren Satz fortführen sollte. Sie hatte keine Ahnung, wie oder wer Iris zuletzt gewesen war.

Offenbar bemerkte Luke, dass hinter ihrer Fassade schmerzhafte Erkenntnisse ihren Raum forderten, denn auf einmal löste sich das Fragezeichen auf seinem Gesicht in Luft auf und wich einem Lächeln. »Bei Freundschaft geht es nicht darum, ob wir einander ähnlich sind. Sondern darum, was wir einander geben können.« Dann drehte er sich wieder nach vorne und widmete sich dem Ozean.

Claire sah eine Weile nachdenklich auf seinen Hinterkopf, und blickte dann erneut aufs Meer.

Was hatten Iris und Frankie einander geben können? Was hatte ihre Schwester in dieser befremdlichen Frau gefunden, was sie in Claire, ihrem Spiegelbild, nicht hatte finden können?

Vielleicht musste sie sich doch noch mal genauer mit dieser Alten befassen. Sie konnte Luke bitten, ihr eine Nachricht zukommen zu lassen, wenn er zurück an Land fuhr – oder besser noch: Er könnte Claire ein eigenes Boot besorgen. Dann wäre sie nicht mehr abhängig und könnte selbst bestimmen, wann sie bereit für Begegnungen war.

Das Boot machte einen Satz über eine Welle, und hinter Claires Bauchnabel kribbelte es. Keine Übelkeit diesmal, sondern ein Anflug von Adrenalin, Aufbruch. *Kichern.* Dasselbe Gefühl wie am höchsten Punkt der Achterbahn, dem Moment, in dem der Rausch in die Tiefe begann. Fallen konnte sich auch nach Glück anfühlen.

Als Kinder hatten sie sich Tickets auf dem Jahrmarkt kaum leisten können, aber mit dem Geld, das Claire mittlerweile verdiente, hätte sie sich Rausch und Fallen im Überfluss erlauben können.

»Lust auf einen kleinen Umweg?« Erst als Luke sich wieder zu ihr umdrehte, fiel ihr auf, dass er das Tempo gedrosselt hatte. Sein Blick richtete sich auf einen Punkt in der Ferne, und Claire versuchte nachzuvollziehen, was sein Interesse geweckt hatte, aber sie konnte beim besten Willen nichts erkennen. Da waren nur der Himmel und das Meer, beide endlos, und ein paar Inseln, die sich wie schlafende Körper auf der Wasseroberfläche betteten. Einige von ihnen waren bewohnt, das immerhin konnte Claire nun erkennen. Sie sah winzige Häuser, Anlegestellen und Boote, nicht viele, aber doch in Gruppen formiert, als würden sie einander die Hände reichen und eine Gemeinschaft bilden, eine kleine Herde. Alleinsein war also auch hier draußen kein Naturgesetz. Es war eine Entscheidung.

Luke genügte ihr Schweigen offenbar als Antwort, denn bevor sie etwas sagen konnte, beschleunigte er wieder und lenkte das Boot in eine neue Richtung.

»Wo fahren wir hin?«

»Wirst du gleich sehen!« Obwohl er sich nicht zu Claire umdrehte, konnte sie hören, dass er lächelte.

Claire spürte erneut Widerstand in sich aufsteigen. Sie traf ihre eigenen Entscheidungen, übergab anderen Menschen genauso ungern die Kontrolle wie dem Zufall, und dass dieser nahezu fremde Bootsmann sie ins Ungewisse führte, war eine Herausforderung. Aber noch während sie nach der richtigen Art und den richtigen Worten suchte, um zu protestieren, verflüchtigte sich ihr Widerstand, und ihre Ablehnung und ihre Gedanken wurden mit dem Wind davongetragen.

Claire holte tief Luft. Ihr war gerade nicht einmal übel, im

Gegenteil. Sie fühlte sich leicht, so leicht, als könnte sie sich gegen den Wind lehnen und davonfliegen. Dieses Gefühl hatte Iris eingefangen, als sie den Vogel gezeichnet hatte.

Nach einer Weile stellte Luke den Motor ab. Claire sah sich um, konnte aber noch immer nicht sagen, warum sie hier waren, mitten im Nichts. Die nächsten Inseln lagen ein gutes Stück entfernt. Doch dann drängte sich plötzlich ein unbequemer Gedanke auf. Konnte es sein, dass Iris an dieser Stelle ihr Leben verloren hatte, brachte er sie deshalb her?

In Claires Brust zog sich etwas zusammen, das Atmen fiel ihr schwerer. Sie wollte etwas sagen, wollte Luke auffordern, den Motor wieder anzuwerfen, um das Rauschen in ihren Ohren zu übertönen, aber er drehte ihr den Oberkörper zu und legte sich den Finger an die Lippen. Dann nickte er aufs Wasser hinaus, doch als Claire seinem Blick folgte, konnte sie nichts Ungewöhnliches ausmachen. Da war nur der Ozean, grausam und schön, ein Ungetüm, das seine Wiegenlieder sang. Erst als Claire es leid wurde zu warten und sich ihr Mund für einen Protest öffnete, nahm sie am Rand ihres Blickfeldes eine Veränderung wahr.

Es sah aus, als würde das Wasser unter der Oberfläche in Bewegung geraten, und dann tauchte plötzlich ein Schatten unter dem Meeresspiegel auf und gleich noch ein zweiter. Im nächsten Augenblick schoben sich zwei dunkelgraue Felsen aus dem Wasser, durchbrachen still, aber machtvoll die Oberfläche.

Wale ... Instinktiv fasste Claire nach dem Rand des Bootes. Die Tiere schwammen keine zehn Meter vor ihnen, groß und elegant. Sie atmeten fast zeitgleich aus und schnaubten Wasser aus den Löchern auf ihren breiten Rücken. Claires Finger schlossen sich noch etwas fester um die Reling.

»Sollten wir nicht Angst haben?« Ihre Stimme war nur ein Flüstern, aber Luke hatte sie trotzdem gehört.

»Hast du Angst?«

Claire hielt die Luft an und horchte in sich hinein. Dann schüttelte sie den Kopf. Sie spürte eine Menge Dinge. Ergriffenheit, Faszination. Ehrfurcht. Aber keine Angst. Was geradezu lachhaft leichtsinnig war angesichts der Tatsache, dass diese zwei Giganten problemlos ihr Boot hätten rammen und versenken können. Es war unglaublich, wie groß sie waren und gleichzeitig verborgen, wie viel Kraft sie hatten und sich dabei doch friedlich und geschmeidig durch eine raue Welt bewegten.

Weitere Wale tauchten aus dem Schatten der Tiefe auf, ihre glänzenden Rücken pockig, fast schwarz. Sie atmeten gemeinsam und schwammen nebeneinander, miteinander, als wären sie in einer unausgesprochenen Choreografie aufeinander synchronisiert. Die Bewegungen ihrer schweren Körper erinnerten an einen Tanz, ein Ballett der Behäbigkeit.

»Eine Familie«, sagte Luke, aber Claire hätte diese Erklärung nicht gebraucht. Sie hatte längst verstanden, dass diese Tiere zusammengehörten, dass sie etwas Besonderes verband, etwas Bedeutsames. Und plötzlich, ohne dass sie es hatte kommen sehen, zog sich etwas in ihrem Inneren zusammen, und ihr Blick trübte sich. Obwohl sie nicht fror, begannen ihre Schulter und Arme zu zittern, und ihre Atmung wurde flach. Der Anblick der Wale verwässerte vor ihren Augen, und dann löste sich auch schon eine erste Träne, lief ihre Wange hinab und tropfte vom Kinn auf ihren Oberschenkel.

»Sie schwimmen niemals allein«, drang Lukes Stimme an ihr Ohr, aber sie hörte ihn nur noch dumpf. Im Grunde war seine Information überflüssig.

Claire brauchte keine Worte, um zu verstehen, was offensichtlich war. Sie brauchte keine Antwort auf die Fragen, die sie sich in den vergangenen Tagen nicht zu stellen getraut hatte. Sie benötigte keine Erklärung für das, was sich ihr nun ungeschönt offenbarte, als wäre es immer schon da gewesen, in ihr drin, fest verschlossen.

Sie hatte keine Familie, nicht mehr.

Es gab niemanden, der mit ihr schwamm.

Kein Seite an Seite, kein Miteinander-Atmen.

Sie hatte gewusst, dass sie allein war, hatte es schon an ihrem ersten Tag auf der Insel erkannt, aber verstanden hatte sie es nicht.

Jetzt verstand sie es nicht nur, sie fühlte es auch.

Das gewaltige, sanfte Miteinander der Wale war das Schönste, was sie je gesehen hatte. Und zugleich das Traurigste.

»Ich bin allein.« Die Worte kamen so leise über ihre Lippen, dass sie sie kaum hören konnte, aber das musste sie auch nicht.

Sie fühlte es.

Sie fühlte es in all seiner Kälte und Nüchternheit, sie fühlte es vom Haaransatz bis zu den Zehenspitzen in Iris' Stiefeln.

Sie war allein, mutterseelenallein, und zum ersten Mal in ihrem Leben *fühlte* sie es auch.

Während sie die Wale dabei beobachtete, wie sie lautlos nebeneinander durchs Wasser glitten, geräuschvoll atmeten und schließlich mit erhobenen Flossen zurück in der Tiefe verschwanden, als wollten sie ihr zum Abschied zuwinken, wanderten Claires Finger zu dem Puzzleteil in ihrer Hosentasche, und sie weinte leise um Iris und sich selbst.

Und um all das, was ihnen verwehrt geblieben war.

Hellerup, Oktober 1943

EINE UNBESCHRIEBENE ZEIT

In feuchten Kellern hocken sie,
Entfremdet dem eigenen Sein,
Hoffen auf Boote auf einem Meer,
Das längst verloren scheint.

Selbst in der tiefsten Nacht
Brennt immer noch ein Licht in uns
Und das heißt
Menschlichkeit.
Denn wo der Mensch vergisst,
Ein Mensch zu sein,
Ist Hoffnung nur ein hohles Wort,
Dem Untergang geweiht.

Ein anderes Ufer nimmt uns auf.
Der Blick zurück birgt Leid.
Doch unsere Zukunft liegt in einem fernen Land
Zu einer unbeschriebenen Zeit.

HAFENLICHTER
November 2022

Sie waren zurück auf der Straße, und Olive war sich nicht sicher, ob sie Tom dafür verfluchen oder ihm dankbar sein sollte.

Sie hatte darauf bestanden, das nächste Stück am Steuer zu sitzen, und auch wenn Tom von dieser Idee anfangs nicht begeistert gewesen war, hatte er am Ende zugestimmt und seinen Platz auf dem Fahrersitz geräumt. Mittlerweile hatten sie die deutsche Grenze hinter Enschede passiert, und Olive stellte überrascht fest, wie gut es tat, sich auf den Rechtsverkehr konzentrieren zu müssen. Ihr Kopf tat zwar immer noch weh, und auch ihr Ellenbogen machte sich wieder bemerkbar, aber immerhin hatte sie nun nicht mehr die Kapazitäten, sich an den bösen Begriffen festzubeißen, die wie Gespenster durch ihre Gedanken streiften.

Tom hatte das Radio angestellt, und während die seichte Popmusik sie im Hintergrund berieselte, musste Olive an die Sommer ihrer Kindheit denken. An die Ferien, die sie mit Poppy in diesem Bus verbracht hatte, unterwegs auf den Straßen Englands, aber manchmal auch einfach in der Einfahrt ihres kleinen Hauses bei Fairlight. Andere Kinder zelteten im eigenen Garten, und Olive und ihre Großmutter hatten eben regelmäßig in der alten Agnes in der Hauseinfahrt übernachtet.

Ihre Eltern hatten nie nachvollziehen können, warum Poppy sich nach dem frühen Tod von Olives Großvater den Bus gekauft hatte. Der Wagen war zu groß für eine alleinstehende Witwe, zu behäbig und zu teuer. Olive erinnerte sich an unzählige, abendstundendunkle Diskussionen, in denen ihre Eltern Poppy dazu gedrängt hatte, sich von dem Kleinbus zu trennen und sich stattdessen einen kleineren Wagen zuzulegen, einen, der für Einkäufe in Hastings und gelegentliche Besuche bei den Enkelkindern in Ashford ausreiche. Ungeachtet ihrer Hartnäckigkeit war Poppy bei diesen Gesprächen nie wütend geworden, aber sie hatte auch nicht nachgegeben und allen Argumenten zum Trotz an der alten Agnes festgehalten. Verständnisvoll, sanft, aber auch selbstbestimmt, so war Poppy ihrem erwachsenen Sohn und ihrer Schwiegertochter begegnet, und hatte hinterher alle mit ihrer hingebungsvollen Liebe versöhnt.

Einmal nur hatte Olive ihre Großmutter selbst auf die Größe ihres Wagens angesprochen.

In der alten Agnes haben alle Platz, die ich dabeihaben will, hatte Poppy mit einem Zwinkern geantwortet und ein Blech mit Shortbread in den Ofen geschoben. *Selbst die, die ich jeden Tag vermisse.*

Olive war davon ausgegangen, dass sie damit ihre Enkelkinder meinte, die nicht an der Küste, sondern in Ashford lebten und nur an den Wochenenden oder während der Ferien mit ihr herumfahren konnten. Aber jetzt war sie sich nicht mehr sicher, ob es nicht noch andere Menschen gab, die Poppy vermisst hatte. Mit wie vielen Seelen konnte man reisen?

Tom hatte ihr noch auf dem Standstreifen das erste Gedicht aus Poppys Heft übersetzt – eines der wenigen, die auf Deutsch verfasst waren. Es trug den Titel *Auf Papier* und handelte vom

Abschied aus Hamburg. Wenn die Zeitangaben stimmten, hatte ihre Großmutter es mit sechzehn Jahren verfasst, und dafür war es erstaunlich reif. Als Olive sechzehn gewesen war, hatte sie sich vorrangig mit Anti-Frizz-Haarpflege und der Frage beschäftigt, wie viele Sportsocken man sich in den BH stopfen konnte, ohne nach altem Turnschuh zu riechen. Poppy hingegen hatte Abschied nehmen müssen, während über Europa der Krieg wütete, Abschied von der Elbe, von ihrem Zuhause und ihrem Vater. So zumindest hatten Olive und Tom die Zeilen gedeutet, die sie in mädchenhafter Schönschrift auf eine der ersten Seiten im Heft geschrieben hatte. Selbst wenn ihre Großmutter damals an die falsche Sache geglaubt haben mochte und für die falsche Seite gekämpft, war so ein Abschied ein schweres Los.

Die nachfolgenden Gedichte waren an einem Ort namens Hellerup verfasst worden, den Tom nach kurzer Internetrecherche als einen nördlich gelegenen Stadtteil von Kopenhagen identifiziert hatte. Allein der Name der dänischen Hauptstadt hatte dafür gesorgt, dass sich die Härchen in Olives Nacken aufstellten. Dänemark war kein bloßer Zufall. Es war ein Teil von Poppys Leben, ihrer Identität, auch wenn Olive noch nicht sagen konnte, wie dieser Teil aussah.

»Esben sagt, er kann die Gedichte für uns übersetzen«, murmelte Tom in diesem Moment, als hätte er Olives Gedanken gelesen. »Aber es wird etwas dauern.«

»Esben?«

»Mein Freund aus Grönland«, klärte er sie auf, und endlich verstand Olive. Tom hatte angeboten, seinen alten Freund um eine Übersetzung zu bitten, weil seine Dänischkenntnisse dafür nicht ausreichten. Olive war sich zwar nicht sicher, wie begeistert ihre Großmutter von der Idee wäre, dass ihre handgeschriebenen

Zeilen um die halbe Welt gingen, aber im Grunde war das egal. Poppy hatte ihr Mitspracherecht aufgegeben. Olive musste eigene Entscheidungen treffen, und nachdem sie in Holland nicht umgekehrt waren, gab es nur noch die Flucht nach vorne.

Trotzdem schlossen sich ihre Finger ein bisschen fester um das Lenkrad. »Du kannst ihm die Gedichte abfotografieren. Vielleicht kann er Seite für Seite übersetzen und uns die Zwischenstände schicken, dann müssen wir nicht warten, bis er alle bearbeitet hat.«

»Ich denke, das wird kein Problem sein.« Umgehend begann Tom, mit seinem Handy Bilder von den Gedichten zu machen. »Espen hat ein wirklich gutes Gespür für Poesie.«

»Ein gutes Gespür für Poesie?«, wiederholte Olive und konnte sich ein Lachen nicht verkneifen.

Tom sah sie mit gespielter Empörung an. »Du lachst, aber wir waren mal fünf Tage in einer Art Jurte eingeschneit – da ist Poesie etwas, was man durchaus zu schätzen lernt!«

Noch einmal musste Olive lachen, und aus dem Augenwinkel nahm sie wahr, dass auch Tom grinste.

Vor ein paar Tagen hätte sie lieber eine Handvoll Mehlwürmer gegessen, als mit Tom Philips auf eine Reise zu gehen, aber mittlerweile musste sie sich eingestehen, dass sie anfing, ihn zu mögen. In den letzten vierundzwanzig Stunden hatte sich zwischen ihnen etwas verändert, *er* hatte sich verändert. Vielleicht sah sie ihn aber auch nur mit anderen Augen.

Immer wieder ertappte Olive sich dabei, wie sie ihn heimlich von der Seite betrachtete. Das Profil seines Gesichtes, konzentriert über das Notizheft gebeugt, spärlich beleuchtet vom Licht des Displays. Die Bewegungen, mit denen er die Seiten umschlug, hatten etwas Sanftes, und Olive stellte fest, dass Sadie recht hatte.

Er *sah* gut aus. Ein bisschen zerzaust und müde, unrasiert, und beim Fotografieren biss er sich auf die Unterlippe wie ein kleiner Junge. Aber trotzdem fand Olive ihn attraktiv.

Ertappt wandte sie den Blick ab und fokussierte sich wieder auf den Straßenverkehr, doch Toms Anwesenheit entwickelte auf einmal ein Eigenleben. Das Geräusch, das er beim Blättern der Seiten machte, sein ruhiger Atem, die Bewegung seines Ellenbogens, wenn er die Hand hob, um ein Foto mit dem Handy zu machen, all das wurde riesengroß und trieb Olive in die Enge, bis sie es nicht mehr aushielt, noch weiter zu schweigen.

»Wie lange hast du in Grönland gelebt?«

Überrascht blickte Tom von seinem Handy auf. »Ungefähr sechs Monate. Aber gelebt habe ich eigentlich nirgendwo wirklich, ich war immer eher auf der Durchreise.« Er klang nachdenklich, vielleicht sogar etwas wehmütig.

»Immerhin haben sechs Monate gereicht, um eine Freundschaft fürs Leben zu knüpfen«, stellte Olive nicht neidlos fest und deutete mit einem Nicken auf Toms Display und den Chatverlauf mit Esben. »Ich lebe jetzt seit zehn Jahren in London und habe immer noch keine echten Freunde gefunden.« Als sie es ausgesprochen hatte, stellte sie fest, wie armselig das klang. Am liebsten hätte sie ihre Worte wieder eingeholt wie ein Fischernetz, aber dafür war es zu spät.

Tom sah sie reglos an, dann klappte er Poppys Buch zu und lehnte seinen Kopf gegen die Nackenstütze. »Das wundert mich nicht.«

Seine Worte trafen Olive unvorbereitet. »Dass ich keine Freunde finde?« Vielleicht hatte sie sich doch getäuscht, und er war immer noch *Tom der Schreckliche* – ein Mann, der es nicht abwegig fand, dass niemand sie leiden konnte.

Offenbar ging ihm nun auf, dass sie seine Antwort auf diese Weise verstand, und er ruderte zurück. »So meinte ich das nicht! Ich wollte nur sagen, dass es viel schwieriger ist, in einer Großstadt wie London Freunde zu finden als an einem der einsamsten Orte der Welt.«

Olive bedachte ihn mit einem Stirnrunzeln, bis er aufseufzte und mit den Händen über sein Gesicht rieb. »Ich meine es ernst, Olive.« Er klang müde, aber aufrichtig. »Es liegt ganz sicher nicht an dir. Ich habe schon so viele Orte dieser Welt gesehen, aber am einsamsten habe ich mich immer dort gefühlt, wo die meisten Menschen waren.« Noch einmal atmete er geräuschvoll ein und wieder aus. »Ich glaube, das liegt daran, dass wir in Großstädten nicht wirklich aufeinander angewiesen sind. Wir haben so viele Möglichkeiten, dass wir dabei leicht übersehen, wie sehr wir einander brauchen. Wenn man zu dritt in einer Forschungsstation am Südpol festsitzt, versteht man das viel besser, als wenn man sich mit tausend anderen Menschen in eine U-Bahn drängt. Es hat schon einen Grund, warum unsere Regierung ein Ministerium für Einsamkeit eingerichtet hat und andere Länder nachziehen. Wir verlieren einander aus den Augen.«

Wieder einmal war Olive überrascht, ihn so lange am Stück reden zu hören. Irgendwie berührte das, was er sagte, etwas in ihr.

»Manchmal fahre ich ohne Grund zum Flughafen, stelle mich in die Ankunftshalle und tue so, als würde ich auf jemanden warten.« Als sie merkte, dass sie das laut ausgesprochen hatte, biss sie sich auf die Zunge. Noch nie hatte sie jemandem von ihrer fragwürdigen Eigenart erzählt, nicht mal in den anonymen Chatrooms, die sie während des Lockdowns besucht hatte, hatte sie ihr trauriges Hobby erwähnt. Dabei wusste sie natürlich um die Bemühungen der Regierung, gegen das Alleinsein vorzugehen.

Trotzdem blieb es ein Tabuthema. Einsamkeit war ein Makel, schambehaftet. Denn war ein einsamer Mensch im Grunde nicht selbst schuld an seiner Lage?

Es war geradezu absurd, dass es heute unzählige Möglichkeiten gab, sich zu vernetzen, und die Menschheit dennoch so einsam war wie nie zuvor.

Toms Erklärung war erschreckend einleuchtend, als hätte er etwas erfasst, was Olive nicht hatte greifen können, und während sich ein Teil von ihr wünschte, die Flughafensache niemals erwähnt zu haben, hoffte ein anderer Teil, dass Tom endlich etwas dazu sagen würde. Aber er schwieg, und irgendwann hielt Olive es nicht mehr aus.

»Tut mir leid, vergiss das einfach wieder. Du musst mich für einen Freak halten …« Sie versuchte sich an einem Lachen, aber es klang hilflos.

Endlich regte Tom sich wieder und rückte auf seinem Sitz zurecht, um sie besser ansehen zu können. »Nein, Olive, mir tut es leid. Ich habe nicht damit gerechnet, dass du dich so fühlst. Ich dachte, du hast Marcus.«

Marcus. Das Lachen, das Olive jetzt ausstieß, klang nicht mehr hilflos, sondern bitter.

Tom runzelte die Stirn. »Ihr seid doch noch …? Ich meine, Marcus und du, ich dachte, ihr seid …?«

»Keine Ahnung, ob wir jemals ein Paar waren«, beendete Olive seinen Gedanken. Es auszusprechen war traurig, aber längst überfällig. Was brachte es schon, sich noch länger zu belügen?

Tom wirkte irritiert. »Aber ihr habt euch getroffen, immer wieder, seit dieser Weihnachtsfeier damals …«

»Wir hatten *Sex*«, stellte Olive mit einem Schnauben klar. »Aber ich fürchte, dass es darüber in all den Jahren nicht hinausgegangen ist. Er hat meinen Geburtstag vergessen – obwohl ich die Nacht davor bei ihm verbracht habe.«

»Autsch.« Tom verzog das Gesicht auf eine derart gequälte Weise, dass Olive noch einmal lachen musste.

»Autsch, ja, genau so habe ich mich an dem Morgen gefühlt. Und weißt du, was am schlimmsten ist? Er hat immer noch keine Ahnung davon! Weder dass ich Geburtstag hatte, noch dass ich mich echt mies gefühlt habe – weil er sich seitdem nicht mehr gemeldet hat. Und dann kommt zu allem Überfluss Joyce um die Ecke und serviert mir anstelle eines Kuchens die Information, dass sie mich für eine schlechte Journalistin hält. Nicht gut genug, um eine echte Geschichte zu liefern. *Happy Birthday, Olive!*«

Tom stieß ein leises Lachen aus, das Olive sofort misstrauisch stimmte.

»Findest du das etwa witzig?«

»Nicht im Geringsten«, verteidigte er sich. »Aber jetzt verstehe ich endlich, warum du Joyce diese Story verkauft hast.«

»Und trotzdem wirkst du amüsiert.«

Entwaffnend hob Tom die Hände. »Weil es schon irgendwie lustig ist, wie du dir selbst im Weg stehst.«

Olive klappte der Mund auf. Hatte sie sich gerade verhört?

»Es steht mir vielleicht nicht zu, das zu sagen, weil wir uns nicht gut genug kennen«, lenkte Tom ein. »Aber wenn *du* nicht siehst, wie großartig du bist, wie sollen es dann die anderen sehen?«

Jetzt war Olive vollends sprachlos. Wenn sie an sich dachte, spukten unendlich viele Begriffe durch ihren Kopf, aber *großartig* war keiner davon. Ihr Körper versteifte sich, während sie den Atem anhielt und die merkwürdige Situation zu verdauen versuchte.

Tom hingegen schien sich in dieser Unterhaltung wohlzufühlen. »Der Mensch an sich ist kurzsichtig und faul. Er sieht nur das, was du ihm zeigst. Du musst von dir selbst überzeugt sein, um andere zu überzeugen. Und du solltest wissen, was du an dir liebst, denn dann werden es auch die anderen wissen.«

In Olives Kehle bildete sich ein Kloß. Dieses Gespräch entwickelte sich in eine vollkommen falsche Richtung. Natürlich war das, was Tom sagte, nett, und vermutlich hatte er grundsätzlich auch recht damit. Das Problem war nur, dass Olive manchmal nicht sagen konnte, was sie an sich mochte. Wofür sie stand. Was man an ihr lieben konnte. Die meiste Zeit wusste sie ja nicht einmal, wo sie hingehörte.

Zum Glück meldete sich in diesem Moment ihr Handy und kündigte eine Textnachricht an.

»Könntest du …?« Sie nickte Tom flüchtig zu, und er nahm ihr Telefon aus der Mittelkonsole.

»Adam«, sagte er nach einem Blick aufs Display und hielt ihr den Touchscreen hin, damit sie den Bildschirm entsperren konnte.

»Er hat jetzt erst Dienstschluss und löst seine Frau zu Hause für die Nachtschicht ab«, fasste er dann für Olive zusammen. »Aber er schreibt, wir können trotzdem noch vorbeikommen. Seine Adresse hat er mitgeschickt.«

Olive ließ die Information einen Moment sacken, bevor sie eine Entscheidung traf. »Kannst du ihm schreiben, dass wir in etwa einer Stunde in Hamburg sind?«

»Wollen wir nicht lieber morgen weitermachen?«, wand Tom ein. »Der Tag war lang und ziemlich anstrengend.«

Aber Olive sah keinen Sinn darin, es aufzuschieben. »Wer weiß, ob er morgen überhaupt Zeit hätte für uns. Ich würde es lieber so schnell wie möglich hinter mich bringen. Sonst überlege ich mir die ganze Sache am Ende doch wieder anders.«

Sie erreichten Hamburg erst um kurz nach zehn, und als die beiden bei Johns früherem Kollegen über die Türschwelle traten, wurde Olive doch von einem schlechten Gewissen geplagt. Adams Frau hatte sich zu ihrem Nachtdienst in der Notaufnahme verabschiedet, die zwei gemeinsamen Kinder lagen schlafend in ihren Betten, und obwohl Adam ganz offensichtlich müde und erschöpft war, war er so freundlich, ihnen noch etwas zu essen und einen Drink anzubieten. Tom und Olive begnügten sich dankend mit einem Glas Wasser.

Während Adam in der Küche verschwand, stellte Olive sich ans Fenster und sah auf die Elbe hinaus. Die Wohnung lag in einem Neubauviertel am Hafen, die meisten Häuser wirkten kubisch und eher funktional, aber der Blick auf die nächtlichen Hafenlichter, die sich auf der dunklen Wasseroberfläche spiegelten, tröstete erfolgreich über den mangelnden Charme hinweg.

»Der ganze Stadtteil wurde innerhalb weniger Jahre aus dem Boden gestampft«, schien Adam ihre Gedanken zu lesen, als er mit dem Wasser und ein paar Erdnüssen ins Wohnzimmer zurückkehrte. »Ein ziemlich beeindruckendes Projekt.« Er stellte Gläser und Nüsse auf dem Couchtisch ab und bot den beiden an, auf dem Sofa Platz zu nehmen.

»Tut mir leid, dass wir so spät noch stören«, sagte Olive, als sie sich neben Tom auf die niedrigen Polster fallen ließ.

»Kein Problem«, beruhigte Adam sie. »John hat mich schon vorgewarnt. Aber ich weiß ehrlich gesagt nicht, ob ich euch weiterhelfen kann.«

Olive nahm ihr Wasserglas vom Tisch und schloss die Finger

beider Hände darum. »Du hast John vor ein paar Tagen einen Artikel geschickt. Von einem Leichenfund.«

Adam nahm eine Handvoll Nüsse. »Das ist so eine Marotte zwischen uns. Immer, wenn bei unseren Einsätzen etwas Außergewöhnliches passiert, schicken wir das in der alten Ausbildungsgruppe rum.«

»Und eine Leiche im Keller ist außergewöhnlich?«, hakte Tom nach, obwohl Olive die Frage überflüssig fand.

»Allerdings!«, bestätigte Adam mit vollem Mund. »Ich war aber gar nicht persönlich dabei, muss ich gestehen. Wir hatten während des Sturms so viel zu tun, überall umgestürzte Bäume und vollgelaufene Keller. Aber diese Sache in den Elbvororten war schon aufregend. Das ist sofort viral gegangen bei unseren Leuten. Wir haben ja alle unsere Leichen im Keller – aber die wenigsten werden durch Regen und Sturm freigespült.« Er lachte auf, verschluckte sich dabei aber an einer Erdnuss und hustete.

Olive und Tom warfen sich einen Blick zu. Als Adams Hustenanfall vorbei war, zog Olive den Zettel aus ihrer Tasche, auf dem sie die Adresse aus Poppys Gedichtband in Reinschrift übertragen hatte. »Ist das die Anschrift des Hauses?«

Irritiert nahm Adam die Notiz an sich. »Woher habt ihr das?«

Seine Frage genügte Olive als Bestätigung. »Habt ihr schon mehr Informationen zum Fall? Wisst ihr, wer der Tote ist? Wie lange lag die Leiche im Keller? Habt ihr euch mit dem Kompass beschäftigt?«

Überrascht lehnte Adam sich in seinem Sessel zurück. Offenbar kam ihm die Angelegenheit auf einmal seltsam vor. »Warum willst du das wissen? Soweit ich weiß, ist das ein Fall für die deutsche Kriminalpolizei und nicht die englische.«

Wieder wechselten Olive und Tom einen Blick. Als Tom ihr

kaum merklich zunickte, fasste Olive etwas Mut und klammerte sich noch fester an ihr Wasserglas. »John hat dir das offenbar nicht erzählt, aber ... es könnte sein, dass es eine Verbindung gibt. Zwischen dieser Leiche und meiner Großmutter.«

Adam runzelte die Stirn. »Du meinst, es könnte sich um deine Großmutter handeln?«

»Nein.« Endlich stellte Olive ihr Glas ab und zog den Kompass aus ihrer Jackentasche. »Meine Großmutter hat mir den hier geschenkt. Angeblich sollte es ein Einzelstück sein, aber ...«

»Der sieht genauso aus wie der von der Leiche.« Verblüfft nahm Adam ihn an sich.

Olive nickte. »Außerdem haben wir Hinweise darauf, dass meine Großmutter früher in diesem Haus an der Elbe gelebt hat.«

Adam sah sie mit zusammengekniffenen Augen an. »Deshalb kennt ihr die Adresse.« Er wog den Kompass nachdenklich in seiner Hand und betrachtete die Details auf dem Deckel. »Ganz schön unheimlich«, sagte er irgendwann, doch im nächsten Moment breitete sich ein Grinsen auf seinem Gesicht aus. »Aber irgendwie auch cool. Da könnte man eine Netflix-Serie draus machen.« Geradezu heiter gab er Olive den Kompass zurück. »Ich wünschte, ich könnte dir weiterhelfen, aber ich weiß wirklich nicht mehr als ihr. Am besten wendet ihr euch an die zuständige Leitstelle. Die halten ihre Infos zwar meist unter Verschluss, aber wenn ihr mit dieser Familiensache kommt, habt ihr vielleicht Glück.«

Glück? Enttäuscht sackte Olive auf dem Sofa zusammen. Sie war müde, hatte Schmerzen und tausend Fragezeichen im Kopf. Sie wollte kein *Glück* haben.

Was sie brauchte, waren Antworten.

WAS VOM MENSCHEN ÜBRIGBLEIBT
Juli 2000

Die nächsten Tage sah Claire keine Menschenseele, aber im Gegensatz zu der Zeit vor Frankies Besuch machte ihr das Alleinsein nichts aus. Sie genoss es beinahe, richtete sich darin ein wie in einer kleinen Wohnung, geschützt vor fremden Blicken und Verurteilungen. Sie musste sich auch nicht mehr sorgen, auf der Insel vergessen zu werden. Luke hatte versprochen, zurückzukehren und sie mit dem Nötigsten zu versorgen. Außerdem wollte er ihr ein Boot besorgen, damit sie in Zukunft selbst bestimmen konnte, wann sie Gesellschaft wollte und wann nicht.

Ihr Mobiltelefon lag ausgeschaltet in Iris' Jackentasche. Empfang hatte sie ohnehin nicht, und auch die Uhrzeit verlor an Bedeutung, wenn es nichts gab, worauf man wartete. Claire musste nicht wissen, welcher Tag es war oder wie spät. Der Stand der Sonne gab ihr einen groben Hinweis, und im Übrigen bestimmte der Fuchs, was sie zu tun hatte.

Die Fütterung mit der Flasche erwies sich als Erfolg. Endlich entwickelte er einen Saugreflex und Hunger, und auch das Milchpulver schien ihm gut zu bekommen. Mit jeder Mahlzeit wurde er agiler, und Claire bildete sich ein, dass sie ihm beim Wachsen zusehen konnte. Immer öfter zappelte er mit weit geöffneten, hellwachen Augen auf ihrem Arm oder Schoß herum, und Claire war froh, dass sie ihn zwischendurch in dem Karton aus dem Laden ablegen konnte. Dort spielte er mit einem aufgerollten Paar Socken zwischen zwei Handtüchern, und Claire beobachtete ihn über Stunden dabei. Meist wurde ihr Findelkind munter, wenn sich der Tag dem Ende neigte, und Claire meinte sich zu erinnern, dass Füchse nachtaktiv waren. Aber im Grunde spielte das keine Rolle. Wenn er sie in den Nächten wach halten sollte, würde sie eben tagsüber schlafen.

Was ihr mehr Sorgen bereitete, war die Frage nach einem geeigneten Gehege. Wenn sich der kleine Kerl weiter so rasant entwickelte, würde er bald mehr Platz brauchen.

Außerdem war sie nach wie vor unsicher, was seine Ernährung betraf. Die Säuglingsmilch mochte für den Anfang ausreichen, aber irgendwann würde er auch etwas anderes zu sich nehmen müssen. Und musste ein junger Fuchs nicht das Jagen lernen?

Claire würde ihm das nicht beibringen können, und aus diesem Grund begann sie jeden ihrer Tage mit einem Spaziergang über die Insel.

Weil der Welpe die Vormittage verschlief, konnte sie sich Zeit lassen und musste nicht hetzen. Jedes Mal schlug sie neue Wege ein, die meisten führten durch den Wald, denn sie vermutete, dass Füchse dort am ehesten ihre Bauten anlegten. Sie hatte sich in den Kopf gesetzt, seine Mutter zu finden, *jedes* Kind brauchte eine Mutter. Sie würde dem kleinen Kerl kaum als Ersatz taugen, zumindest nicht lange. Wenn sie die echte Mutter fand, gab es vielleicht Hoffnung, dass sie ihren verlorenen Welpen wieder annahm.

Mit auf den Boden geheftetem Blick schritt sie das Eiland ab, suchte nach Spuren oder Exkrementen, nach Löchern zwischen Büschen oder Baumwurzeln. Aber sie fand nichts, was auch nur annähernd auf eine Fuchsfamilie hinwies.

Wenigstens hatte sich das Wetter gebessert. Der Himmel war jeden Tag blau und die Luft so warm, dass sie Iris' Shorts aus einer der Schubladen holte. Obwohl ihre Inselspaziergänge einen ernsten Hintergrund hatten, ertappte Claire sich dabei, dass sie sie genoss.

Sie fand Gefallen daran, sich an der frischen Luft zu bewegen. Schritt für Schritt für Schritt setzte sie einen Fuß vor den anderen, regelmäßig und mechanisch, bis irgendwann ihr Körper die Kontrolle übernahm und ihr Verstand sich ausklinkte. Gedanken kamen aus dem Nichts und zogen nach kurzem Verweilen weiter.

Die Rauchsäule über dem Steinhaus gab ihr Sicherheit. Sie musste nie lange nach ihr suchen, und sobald ihre Augen sie erfasst hatten, fand Claire einen Weg nach Hause.

Nach Hause. Diese Formulierung war natürlich irreführend. Iris' Inselzuflucht war nicht ihr Zuhause. Sie war nur eine Zwischenstation auf Claires Lebensweg, wo immer sie dieser auch hinführen mochte. Wann hatte sie zuletzt ein echtes Zuhause gehabt?

Der Fuchs stand an erster Stelle, er gab ihren Tagen eine Struktur und einen Sinn. Erst wenn er versorgt war, widmete Claire sich Iris' Erbe.

Denn auch deshalb war sie noch hier.

Um Iris zu verstehen.

Seit sie das Puzzleteil gefunden hatte, war sie sich sicher, dass Iris mit ihr sprach. Dass es Antworten gab, eine Geschichte. Vielleicht sogar Trost und Vergebung. Obwohl Claire nicht wusste, was genau sie finden würde, musste sie es probieren. Seit einer halben Ewigkeit trug sie Gepäck mit sich herum, das sie nicht zu öffnen oder anzusehen wagte, aber ablegen ließ es sich auch nicht. Eine Weile hatte sie geschafft, es zu vergessen oder auszublenden, sie hatte trainiert und war stark genug gewesen, sein Gewicht auf ihren Schultern nicht zu spüren.

Aber Will und Iris hatten sie in die Knie gezwungen, und jetzt war sie kaum kräftig genug, die Last der Erinnerung weiter zu ignorieren. Sie musste sich mit der Vergangenheit befassen, ob sie wollte oder nicht. Denn der Rucksack auf ihrem Rücken hatte sein Gewicht in den letzten Tagen verdoppelt, und wenn sie es nicht endlich schaffte, ihn abzustreifen, würde sie am Ende an ihm zugrunde gehen.

Also begann sie, in Iris' Haus nach Antworten zu suchen. Sie räumte Schränke ein und wieder aus, blätterte in den wenigen Büchern, die sie fand, und stellte den Verschlag mit dem Dieselgenerator und der Wasseraufbereitungsanlage auf den Kopf. Aber sie fand nichts, was ihre Aufmerksamkeit erregte, nichts, was zu ihr sprach.

Immer wieder wanderten ihre Gedanken zu Frankie. Sie hatte Iris gekannt, die Iris, die Claire ein Rätsel geworden war, und Claire spürte, wie Eifersucht an ihr nagte. Je mehr sie darüber nachdachte, desto unerträglicher wurde der Gedanke, dass diese schreckliche Frau mehr über ihre Schwester wusste als sie, dass sie sie besser gekannt haben könnte. Vielleicht wusste sie sogar, was es mit dem Puzzleteil auf sich hatte.

Ihrer offensichtlichen Abneigung nach zu urteilen, war Claire sich sicher, dass Iris Frankie von ihr erzählt hatte. Vermutlich hatte sie kein gutes Haar an ihr gelassen, und im Grunde konnte Claire ihr das nicht verübeln. Sie war nicht für Iris da gewesen. Sie hatte sie aufgegeben, als sie sie am dringendsten gebraucht hatte.

Aber hatte nicht auch Claire eine Schwester gebraucht?

Je weniger Antworten sie fand, desto klarer wurde ihr, dass sie sich mit dem Schreibtisch befassen musste.

Iris' Chaos machte ihr immer noch Angst. Eigentlich war Claire sich sicher gewesen, alle Glassplitter zusammengefegt und entsorgt zu haben, aber als sie sich den auf den Boden liegenden Bildern widmete, fand sie immer noch Scherben zwischen den Zeichnungen. Sie musste die Blätter vorsichtig vom Boden aufheben, um sich nicht zu verletzen.

Weil das Schlafzimmer zu wenig Platz bot und das Licht schlecht war, trug Claire die Zeichnungen Stapel um Stapel in den Wohnraum und legte sie in Häufchen auf dem Holzboden ab.

Sie musste Ordnung in Iris' Nachlass bringen, ein System, das war etwas, was sie beherrschte, in dem sie gut war, an dem sie sich festhalten konnte.

Zuerst sortierte sie die Zeichnungen nach ihrem Inhalt. Säugetiere auf einen Stapel, Vögel auf einen anderen, und ein dritter für die Tierwelt des Ozeans. Dann noch ein Stapel für Pflanzen und Bäume, einer für Insekten und Amphibien, für den Himmel und das Meer, und ein weiterer für vom Menschen Geschaffenes. Bilder vom Haus oder Zeichnungen von Booten. Einen letzten Stapel eröffnete Claire für jene Bilder, die gar nichts darstellten. Linien und Kurven, Schatten und Kreise, auf Papier gebanntes Chaos.

Erst nach einer Weile fiel ihr auf, dass Iris niemals Menschen gezeichnet hatte. Vielleicht hatten Letztere in ihrer Welt keine Rolle gespielt. Überschätzte sie die Rolle von Frankie im Leben ihrer Schwester womöglich?

Claire suchte aufmerksam nach Antworten in den Zeichnungen, versuchte, die Welt durch Iris' Augen zu sehen, aber die Bilder sprachen kaum zu ihr. Bei manchen ließ sich nicht mal ein Gefühl greifen.

Als Claire alle Bilder sortiert hatte, war sie noch immer nicht schlauer.

Es war frustrierend – mehr als das: Es machte sie wütend! All die Stunden, all die Stille, für nichts als ein paar hübsche Kritzeleien?

Fluchend erhob Claire sich vom Boden. Ihre Knie taten weh, und auch ihr Kreuz schmerzte. Weil sie nicht wusste, wie sie ihrem Unmut sonst Ausdruck hätte verleihen können, holte sie mit dem Fuß aus und trat in den ersten Papierstapel. Mäuse, Kaninchen und Wiesel stoben auseinander, als hätten sie einen Schuss gehört. Als Nächstes scheuchte sie die Vögel auf, und dann entwurzelte sie die Pflanzen. Sie fluchte und stöhnte dabei, und als sie beim Stapel mit dem Chaos angelangt war, begann sie zu schreien. Sie schrie und schrie, bis es nichts mehr gab, was sie hätte hinausschreien können, bis ihr die Luft ausging und sie kraftlos zurück auf den Boden sank.

Und dann sah sie es.

Zwei Chaosbilder, die nebeneinandergerutscht waren, jedes für sich inhaltlos – aber Seite an Seite zeigte sich plötzlich ein Zusammenhang. Die Linien gaben sich die Hand, die Schatten liefen ineinander, und Claires Puls beschleunigte sich.

Sie kam auf alle viere und wühlte sich durch das Durcheinander. Da war ein weiteres Bild, das sich an die beiden ersten fügte. Ungläubig sank Claire auf ihre Fersen zurück.

Iris' Chaos war kein Chaos.

Es war ein Puzzle.

Sie stieß ein Lachen aus. Iris hatte nicht nur ein Puzzleteil gestohlen, sie hatte auch ein Puzzle angefertigt!

Wie im Rausch glitt Claire über den Boden, schob Blätter auseinander und suchte nach Übergängen. In ihren Ohren pulsierte das Blut, und ihre Wangen glühten, aber selbst als sie den Fuchs in seinem Karton hörte, konnte sie nicht aufhören. Die nächste Fütterung musste warten, sie hatte keine Zeit, hatte jetzt keine Zeit, das hier war wichtig, es war *alles*, und Claire spürte, dass sie es zu Ende bringen musste, als hinge ihr Leben davon ab.

Da waren zu viele Bilder, so viele, dass sie schon bald mehr Platz brauchte. Sie fegte die anderen Zeichnungen zusammen, schob sie mit Händen und Füßen in eine Zimmerecke, und rückte dann das Sofa näher zum Kamin, damit sich die Fläche dahinter vergrößerte. Geradezu wahnhaft suchten ihre Augen nach Zusammenhängen, angespannt und hastig fügten ihre Finger die losen Fragmente zu einem Ganzen zusammen, Stück für Stück für Stück.

Claire hatte eine Vermutung, die bald zur Gewissheit wurde.

Ein Wal. Das Puzzle zeigte einen Wal! Groß, gewaltig, echt.

Breitere Striche bildeten seinen Rücken, Wellen und Dellen und Kreise die Pocken auf seiner dunklen Oberfläche. Je mehr Raum sein Körper einnahm, desto stärker hatte Claire das Gefühl, ihn anfassen zu können, seine feuchte, feste Haut unter ihren Fingern zu spüren, das Schnauben seines Atems zu hören. Die Schwanzflosse war kräftig und zerbrechlich zugleich, stark genug, einen Angreifer in die Flucht zu schlagen, aber gleichzeitig waren die Linien so fein, als könnte der Wind sie davontragen.

Claire hatte keine Ahnung, wie Iris das hingekriegt hatte. Wie sie den Überblick behalten hatte, während sich in den Details ganze Welten auftaten, gespenstisch und ebenso schön.

Der Riese wuchs und wuchs zu ihren Füßen, und irgendwann fehlte nur noch ein einziges Teil. Das Blatt mit dem Auge.

Claire suchte den Boden ab, aber es war kein Chaosbild übrig. Alle Puzzleteile hatten ihren Platz gefunden.

Aber das konnte nicht sein. Irgendwo musste sich das Auge befinden!

Sie sah unter dem Sofa nach, eilte auch ins Schlafzimmer. Aber da war nichts, nirgendwo.

Es musste zwischen die anderen Zeichnungen gerutscht sein! Claire widmete sich den Papierbergen, die sie in die Ecke geschoben hatte, riss ein Blatt nach dem anderen vom Boden. *Nichts, nichts, nichts.* Dabei musste es irgendwo sein! Jedes Bild, das sie in die Hand nahm, eine neue Enttäuschung. Möwen, Farne, Nagetiere, aber kein Auge! *Kein Auge!* Unmöglich. Sie hatte nicht gründlich genug gearbeitet, ihre Ungeduld hatte sie nachlässig werden lassen. Sie musste von vorne beginnen, das hatte sie nun davon. Kräuter, Felsen, Insekten. *Kein Auge.* Das Haus, ein Wolkenhimmel, Waschbären. *Kein Auge!* Schlangen, Käfer, krumme Bäume. *Kein Auge!* Boot, Reiher. *KeinAugeKeinAugeKeinAuge!*

Claire begann zu schwitzen. Es musste hier sein, es musste irgendwo sein! Vielleicht auf einer der Rückseiten?

Sie fing noch einmal an, mehrfach schnitten ihr die scharfen Papierränder in die Haut. Sie hatte nicht mehr die Ruhe, die Blätter zu stapeln, sondern warf sie achtlos von sich, eins nach dem anderen. Bald versank sie selbst im Chaos. Da war der Wal, der unfertige, unvollständige, und rundherum nur Untergang. Claire wusste nicht, ob es seiner war oder ihrer.

Das Auge blieb verschwunden. Es war nicht da. Aber was tat ein Wal ohne sein Auge? Das ergab keinen Sinn, es fühlte sich an wie eine Beleidigung. Nicht perfekt. Nicht vollkommen.

Sie musste Ruhe bewahren. Sie würde noch mal von vorne anfangen, ein weiteres Mal, und dann noch mal und noch mal, bis sie das verdammte Bild gefunden hatte! Schnaubend ging sie in die Hocke und griff sich einen Haufen Papiere, da riss ein Räuspern sie aus ihrem Rausch.

»Hallo …?«

Claire war darauf so unvorbereitet, dass sie das Gleichgewicht verlor und auf ihren Hintern zurückfiel.

Im Windfang stand ein Mann, und es dauerte einen Augenblick, bis sie verstand, dass es nicht Luke war. Es war der Fremde aus dem Laden. *Pete.*

Sein Gesicht verzog sich, als wäre er auf den Boden gefallen und nicht sie. Er sah aus wie eine Entschuldigung auf zwei Beinen. »Ich habe geklopft, aber …«

Sie hatte ihn nicht gehört. Sie hatte *gar nichts* gehört, nur das Rauschen in ihren Ohren. Sie hatte kein Klopfen wahrgenommen und auch nicht das Boot, mit dem er gekommen sein musste. Nicht seine Schritte auf dem Kies vor der Tür.

Dass sie ihn noch immer nur anstarrte, machte ihn offenbar noch nervöser. »Ich … bringe ein Boot für dich. Von Luke.«

Er brachte das Boot, natürlich.

Claire holte tief Luft und musste plötzlich lachen. Sie musste ein jämmerliches Bild abgeben, mitten in diesem Durcheinander, Pete musste sie für eine Wahnsinnige halten. *Sie* hielt sich für eine Wahnsinnige!

In seinen Augen sah sie jedoch andere Dinge. Mitgefühl. Unbehagen. Und dann doch noch ein Lächeln, das entschuldigend wirkte.

»Außerdem hat Frankie gesagt, es gäbe Arbeit für mich.« Erst jetzt sah Claire, dass er eine große schwarze Ledertasche bei sich trug.

Sie strich sich die Haare aus dem Gesicht und rappelte sich

vom Boden auf. »Ich brauche nichts.« Doch kaum stand sie auf den Füßen, wurde ihr schwarz vor Augen, und sie musste sich am Sofa abstützen. »Ich habe nur nicht genug gegessen.«

Unsicher kratzte Pete sich am Hinterkopf. »Eigentlich bin ich nicht deinetwegen hier. Frankie hat gesagt, du hast einen Fuchswelpen gefunden?«

Während das eine Puzzle unvollendet zu ihren Füßen lag, setzte sich in ihrem Kopf ein anderes zusammen. »Du bist der Tierarzt?«

Pete lächelte, legte nun aber beide Hände um den Griff seiner Tasche und sah zum Karton. »Ist er da drin?« Ohne Claires Antwort abzuwarten, setzte er sich in Bewegung, und als er das kleine Fellbündel entdeckte, verflog jede Unsicherheit aus seinem Gesicht. Behutsam hob er den Welpen aus dem Karton. »Wo hast du ihn gefunden?«

»Er lag im Wasser. Unterm Steg.«

»Dann hast du ihm das Leben gerettet.« Petes Lippen wanderten zu einem Grinsen auseinander, doch Claire zuckte verlegen mit den Schultern.

»Frankie sagt, er stirbt so oder so.«

Pete hob den Welpen nur kurz über seinen Kopf und setzte sich dann mit ihm auf das Sofa. »Sie.«

»Was?«

»Dein Fuchs ist ein Mädchen«, sagte er. »Und ich denke nicht, dass sie stirbt. Sie wirkt ganz munter. Aber natürlich muss ich sie erst gründlicher untersuchen.« Er öffnete seine Tasche und legte allerhand Zeug auf die Couch, während er das zappelnde Fuchsbaby in der linken Hand hielt.

Als er feststellte, dass Claire noch immer wie versteinert auf der Stelle stand, deutete er auf den Küchentisch. »Setz dich ruhig und iss etwas. Ich schaue mir die Kleine an und gebe dir Bescheid, wenn ich fertig bin.«

Claire brauchte einen Moment, bevor sie sich überhaupt wieder bewegen konnte, aber dann kam sie seiner Aufforderung nach und setzte sich an den Tisch. Essen wollte sie nicht. Stattdessen blickte sie weiter angespannt zum Sofa. Von ihrem Platz aus konnte sie nicht alles sehen, aber Pete nahm seine Arbeit offenbar sehr ernst. Er ließ sich nicht hetzen, wog das Fuchsmädchen, untersuchte seinen Bauch und die Pfoten, und am Ende träufelte er der Kleinen irgendetwas ins Maul.

Claire konnte nicht sagen, wie viel Zeit seine Untersuchung in Anspruch nahm, aber irgendwann, nach einer gefühlten Ewigkeit, setzte er das Tier zurück in den Karton, packte sein Equipment in die Tasche und stellte Letztere vor Claire auf dem Tisch ab.

»Sie ist gesund.«

»Dann stirbt sie nicht?«

»Ich wüsste nicht, wieso.« Pete lächelte. »Das hast du gut gemacht.«

Obwohl Claire ihn kaum kannte und nicht viel Wert auf die Meinung Fremder legte, machte sein Lob etwas mit ihr. Frankie würde *nicht* recht behalten, aber das allein war nicht der Grund für die Erleichterung, die sich in ihr breitmachte.

Sie hatte den Fuchs gerettet. Bei Iris hatte sie versagt, aber dieses Leben hatte sie gerettet!

Claire traten Tränen in die Augen, aber bevor sie ihnen genug Raum geben konnte, stellte Pete zwei Dosen Hundefutter auf den Tisch. »In ein paar Tagen kannst du es mit fester Nahrung versuchen, Füchse vertragen das schon mit drei Wochen. Bis dahin solltest du die Kleine alle vier Stunden mit der Säuglingsmilch füttern. Die Flaschen sind dafür gut geeignet, aber ich habe dir noch einen speziellen Aufsatz mitgebracht.«

Claire nahm den schmalen Sauger an sich und wollte sich bedanken, da fiel Petes Blick auf den Wal am Boden.

»Hat Iris das gemalt?«

Claire nickte und schämte sich für das Chaos, das im Wohnraum herrschte. »Ich kann das Auge nicht finden ...«

Pete schien sich nicht an dem fehlenden Puzzleteil zu stören. Wieder breitete sich ein Lächeln auf seinem Gesicht aus. »Es gibt diesen einen Wal, von dem sie ganz fasziniert war. Er hat einen seltsamen Namen. *Hertz 52*.« Etwas Wehmütiges schlich sich in seinen Blick. »Das einsamste Tier der Welt.«

Claire zog ihre Augenbrauen zusammen. »Wale sind nicht einsam. Sie schwimmen in Gruppen, wie eine Familie. Das hat Luke mir erzählt.«

»Dieser nicht«, widersprach Pete. »Er singt auf einer Frequenz, die tiefer ist als die der anderen Tiere. Deshalb verstehen sie ihn nicht, und er schwimmt schon sein Leben lang allein.« Nachdenklich beugte Pete sich über das riesige Puzzle. »52 Hertz, das ist seine Frequenz. Daher auch sein Name. 1989 wurde sein Gesang zum ersten Mal hier an der Küste aufgezeichnet.«

Claire lief ein Schauer über den Rücken. »Denkst du, das ist er? Hertz 52?«

Pete betrachtete das Bild noch etwas eingehender. »Kann schon sein. Niemand hat ihn je gesehen. Aber das hier ist ein Buckelwal, und eigentlich geht man davon aus, dass es sich bei dem Tier um einen Blau- oder Finnwal handelt. Oder einen Hybriden.«

»Woher weißt du das alles?«

»Ich bin Tierarzt.« Er sah sie amüsiert an. »Da geht ein natürliches Interesse für so was mit einher.« Dann blickte er noch einmal auf die gigantische Zeichnung. »Außerdem hat Iris mir Löcher in den Bauch gefragt.«

Claire wusste, wie sehr ihre Schwester sich in bestimmte Dinge verbeißen konnte. Wieso also nicht in dieses seltsame Tier?

»Denkst du, sie ist seinetwegen in den Sturm hinausgefahren?« Die Worte waren von selbst über die Lippen gerutscht.

Überrascht drehte Pete sich zu ihr um. »Auf keinen Fall, nein. Denkst du das etwa?«

Claire wich seinem Blick aus, und auf ihren Wangen kribbelte es. Was wusste sie schon von Iris? Mit einem Mal flatterte es hinter ihrem Brustkorb, und der Raum verschwamm vor ihren Augen.

»Hey. Iris' Tod war ein Unfall.« Jetzt erst bemerkte sie, dass Pete sich vor sie gehockt hatte und ihren Blick suchte.

»Wie kannst du dir so sicher sein?« Ihre Stimme war brüchig und leise.

Pete zögerte, doch dann nahm er ihre Hände in seine, als hätte er das schon oft getan. »Ich weiß nicht, warum Iris trotz des Unwetters rausgefahren ist, und ich kannte sie auch nicht wirklich gut – aber gut genug, um zu wissen, dass sie glücklich war.«

Plötzlich waren die Tränen nicht nur in Claires Augen, sondern auch in ihrer Kehle, und sie machten es ihr praktisch unmöglich, zu schlucken. »Glücklich?«

Pete nickte langsam, aber bestimmt. »Ihr Tod war ein Unfall. Keiner von uns hätte ihn verhindern können.«

Claire verharrte in seinem Blick, hielt sich daran fest und ließ zu, dass ihr die Tränen unkontrolliert übers Gesicht liefen, stumm und warm.

Erst nach einer Weile löste sie ihre Hände aus seinen und wischte sich damit über die Wangen. »Wo wurde sie beigesetzt?«

Irritiert richtete sich Pete aus der Hocke auf. »Iris wurde noch nicht beigesetzt …«

»Was?«

»Die Toten aus dem Meer bieten keinen schönen Anblick, deshalb wurde sie relativ schnell eingeäschert«, klärte er sie zögerlich auf. »Aber soweit ich weiß, gab es bisher keine Beisetzung.«

Claire zog ihre Augenbrauen zusammen. »Wo ist ihre Asche dann?«

Doch in dem Moment, in dem sie es ausgesprochen hatte und den Ausdruck auf Petes Gesicht sah, wusste sie, dass sie die Antwort bereits kannte …

Hamburg, November 1943

VERRAT

Das Herz ist taub,
Die Leere schreit:
Verrat! Verrat.
Mein größter Fehler war
Vertrauen.
Mein Haus, gebaut aus
Scham.

Ich ließ euch ziehen
Um vieler Morgen willen.
Jedoch: Was nützt ein weit'rer Tag,
Der ohne euch
Zu Ende geht?
Mein Haus, gebaut aus
Schmerz.

Wo einst Zuhause war,
Bewohn ich jetzt ein
Fremdes Land.
Die Hände kalt,
die Herzen leer.
Mein Haus, gebaut aus
Einsamkeit.

GESEHEN WERDEN
November 2022

Unscheinbar und ruhig lag das Haus in der Dunkelheit. Nicht einmal ein Polizeisiegel deutete darauf hin, dass hier ein Verbrechen stattgefunden haben könnte, und Olive empfand diesen Umstand beinahe als Provokation. Sie war sich sicher, am richtigen Ort zu sein, mehr noch: Sie hatte das Gefühl, dass sie diesen Ort und dieses Haus kannte, dass sie schon einmal hier gewesen war. Aber das war unmöglich, sie war noch nie in Deutschland gewesen. Dennoch spürte sie diese unerklärliche Verbundenheit.

Tom hingegen plagten Zweifel. »Es ist nicht das Haus vom Foto.«

Damit hatte er recht. Das Foto im Deckel der alten Keksdose zeigte ein anderes Haus.

»Aber die Adresse stimmt«, erwiderte Olive.

Tom war trotzdem nicht überzeugt. »Vielleicht habe ich das Sütterlin falsch entziffert. Oder die Hausnummern wurden im Laufe der Jahre geändert.«

Olive ließ seinen Einwand unkommentiert und legte ihre Hände um die Metallstreben des Zauns, der das Grundstück umgab. Hier war es passiert, in diesem alten Jugendstilhaus mit der hellblauen Fassade. Hier hatte ihre Großmutter gelebt, lange, bevor sie zu *Poppy* geworden war. Und hier war jemand gestorben, mit einem Kompass in der Hand, dessen Gegenstück in Olives Jackentasche ruhte.

Mittlerweile ging es auf Mitternacht zu, und trotzdem hatte Olive darauf bestanden, nach dem Besuch bei Adam noch herzufahren.

In einigen Nachbarhäusern brannten noch Lichter, aber hinter den Fenstern *ihres* Hauses lauerte das Dunkel. Olive ging am Zaun entlang, bis sie an der Pforte stand, und klingelte. Der Name, der auf dem Schild stand, sagte ihr nichts, aber Tom wurde auf einmal nervös.

»Es ist viel zu spät! Was, wenn sie schon schlafen?«

Olive wägte seine Bedenken ab und betätigte die Klingel dann ein zweites Mal. Aber im Haus tat sich nichts. Niemand, der sich regte, kein Licht, das anging. Offenbar waren die Besitzer ausgeflogen, und wer konnte es ihnen verübeln? Kaum jemand wollte in einem Haus schlafen, in dem gerade erst eine Leiche freigespült worden war. Olive lief allein beim Gedanken daran ein Schauer über den Rücken. Sie verzichtete darauf, ein drittes Mal zu klingeln, und drückte stattdessen die Klinke der Zaunpforte. Sie war verschlossen.

Tom wirkte merklich erleichtert, aber als er den Ausdruck in Olives Augen sah, schlich sich die Sorge zurück auf sein Gesicht. »Vergiss es, Olive. Wir können da nicht einfach einsteigen!«

Olive strich sich ihre Locken hinters Ohr, packte die oberen Enden des Zauns und suchte nach einer geeigneten Stelle, an der sie ihren Fuß absetzen konnte. Doch als sie sich nach oben stemmen wollte, zog Tom sie an der Schulter zurück.

»Das ist Wahnsinn! Wir machen uns strafbar!«

Olive zögerte. Sie wusste, dass er recht hatte, es war nicht vernünftig, in ein fremdes Haus einzudringen. Aber vielleicht war dieses Haus ein Teil von Poppys Geschichte, und damit auch von ihrer eigenen.

»Ich will nicht, dass diese Reise am Ende umsonst gewesen ist«, flüsterte sie, weil für mehr kaum noch Kraft war.

»Sie ist nicht umsonst gewesen, Olive. Wir fangen doch gerade erst an. Morgen früh melden wir uns bei der Dienststelle, die Adam uns genannt hat.«

Ein bitteres Lachen drängte sich ihre Kehle hinauf. »Und du denkst, dass die einfach so ihre Informationen rausgeben?«

»Du bist nicht irgendwer«, wand Tom ein. »Es ist, wie Adam gesagt hat: Du hast eine Familiengeschichte im Gepäck. Und außerdem hast du den Kompass. Ich bin mir sicher, dass sie dir zuhören werden.«

»Ich will gar nicht, dass sie mir zuhören«, fauchte Olive. »Ich will wissen, wer meine Großmutter war und warum sie Geheimnisse vor uns hatte!«

»Und all das werden wir in Erfahrung bringen«, versicherte ihr Tom. »Aber nicht jetzt und nicht mit einem Einbruch. Für heute ist es genug. Morgen ist auch noch ein Tag, und wir sollten dringend etwas schlafen.«

Auch damit hatte er recht, und langsam ging es Olive auf die Nerven, sich das wiederholt eingestehen zu müssen. Was war aus dem Tom Philips geworden, den sie für einen ignoranten Griesgram halten konnte, einen selbstgefälligen Wichtigtuer, den sie im Gegenzug zu seiner offenkundigen Abneigung ihrerseits nicht ausstehen können durfte? In einer Welt, in der alle nach Sympathien strebten, war es doch geradezu erfrischend, jemanden mit voller Berechtigung *nicht* mögen zu dürfen.

Aber diese Berechtigung hatte Tom in den letzten Stunden zunichtegemacht, und Olive konnte nicht mal genau sagen, wann und wie das geschehen war. Sie wusste nur, dass sie sich in seiner Gesellschaft auf einmal wohlfühlte, mehr noch: Sie war froh, ihn an ihrer Seite zu wissen.

Als er die alte Agnes einen Abhang hinab ans Elbufer gefahren und an einem angrenzenden Waldstück abgestellt hatte, richteten sie sich für die Nacht ein.

Der Sturm, der in den vergangenen Tagen über Europa hinweggefegt war, hatte auch hier deutliche Spuren hinterlassen. Umgeknickte Baumstämme, das Wasser der Elbe, das einen der Waldwege in eine gigantische Pfütze verwandelt hatte, Zweige und Äste, die unter ihren Schritten brachen. Am meisten beeindruckte Olive die Stille, die er zurückgelassen hatte. Der Himmel war finster und wolkenlos, die Luft stand still. Olive kannte die Ruhe vor dem Sturm – aber *danach*?

Während sie die beiden Schlafplätze im hinteren Teil des Busses vorbereitete und zwei Decken aus dem Schrank über der Küchenzeile zog, schweiften ihre Gedanken zum Sturmzimmer ihrer Großmutter. Olive hatte sich nie großartig mit dem verbotenen Raum unterm Dach beschäftigt. Sie hatte widerstandslos akzeptiert, dass dieses Zimmer nur für Poppy bestimmt war, aber mittlerweile fragte sie sich, ob es nicht besser gewesen wäre, wenn sie die Grenzen, die ihr gesetzt wurden, gelegentlich überschritten hätte. Vermutlich hätte sie dann schon früher Aufschluss darüber gewonnen, welchen Stürmen Poppy in ihrem Leben standgehalten hatte. Poppy, die immer nur das Gute in allen und allem gesehen hatte.

Vielleicht war es einfacher, den eigenen Unwettern zu entkommen, wenn vor deinem Fenster die Stürme auf die Küste trafen.

Unbeabsichtigt war Olives Hand wieder zu ihrem Muttermal

gewandert. Noch immer erschütterte sie der Gedanke, dass ihre Großmutter ein schlechter Mensch gewesen sein könnte – selbst wenn dieses Menschsein fast ein Jahrhundert zurücklag. Konnte eine Person sich grundlegend ändern, konnte man eine Schuld jemals wirklich abstreifen?

Immer wieder hatte Olive in den letzten Jahren von Kriegsverbrechern gelesen, die auch im hohen Alter noch angeklagt worden waren und sich vor Gericht hatten verantworten müssen. Natürlich gab es keine Hinweise darauf, dass Poppy eine Kriegsverbrecherin war. Aber hatte sie sich nicht trotzdem an der Menschlichkeit schuldig gemacht?

Hitlerjugend.

Wie in aller Welt hatte sich ihre Großmutter derart verirren können?

Nachdenklich ließ Olive sich auf einem der Schlafplätze nieder und zog den Kompass aus ihrer Tasche. Mit dem Zeigefinger fuhr sie über die Sterne, die die Welle umfasst hielten, und ließ dann den Deckel aufschnappen, um das seltsame Innenleben des Navigationsgerätes zu betrachten.

Tom hatte behauptet, der Kompass sei einfach, aber funktionstüchtig; die Nadeln richteten sich noch immer nach dem Magnetfeld der Erde aus, und auf einmal sah Olive ihre Großmutter in diesem Feld stehen. Ein einzelner, winziger Punkt, der zwischen den sich um sie windenden Magnetströmen herausstach, niemals berührt, immer für sich allein …

Ein Klopfen an der hinteren Wagentür riss Olive aus ihren Gedanken, und Tom stieg zu ihr ins Innere.

»Ich habe oben an der Straße eine Tankstelle gefunden.« Zufrieden stellte er drei Flaschen Wasser und eine Tüte Chips auf der Küchenzeile ab.

Olive klappte den Kompass zu und rieb sich das Gesicht. »Essen hättest du nicht besorgen müssen. Das Proviantpaket meiner Mutter reicht vermutlich noch, bis wir zurück in London sind.«

Grinsend drehte Tom sich zu ihr um, stieß dabei aber mit dem Kopf an die niedrige Wagendecke und setzte sich leise fluchend neben sie. »Was für ein Tag.«

Mit einem Mal verspürte Olive das Bedürfnis, sich bei ihm zu entschuldigen. »Wärst du lieber in ein Hotel gegangen? Wir könnten immer noch ...«

»Nein«, fiel Tom ihr ins Wort. »Das hier ist super. Hotels sind so unpersönlich.«

»Ich dachte, du magst es unpersönlich.«

Tom sah sie überrascht an. »Für was für einen Menschen hältst du mich?«

Ein heiseres Lachen rutschte über Olives Lippen, aber erst als sie das Fragezeichen in seinem Blick sah, verstand sie, dass er tatsächlich eine Antwort erwartete.

»Vor ein paar Tagen hätte ich noch gesagt, dass du ein arrogantes Arschloch bist«, gab sie zu und verzog vorsorglich das Gesicht.

»Ein arrogantes Arschloch?« Tom wirkte derart verblüfft, dass Olive sofort ein schlechtes Gewissen bekam.

»Tut mir leid«, ruderte sie zurück. »Aber du kannst wenigstens zugeben, dass du mich nicht ausstehen konntest.«

»Das stimmt nicht«, verteidigte er sich wie aus der Pistole geschossen.

»Natürlich stimmt das! Du bist mir aus dem Weg gegangen, wann immer es ging. Einmal habe ich mitbekommen, wie du mit Joyce gestritten hast, weil du nicht mit mir zusammenarbeiten wolltest! Das war ziemlich unmissverständlich.« Olive lächelte schief, als hätte sie ihn damit überführt, aber überraschenderweise sah Tom sie nur ernst an und schüttelte dann nachdenklich den Kopf.

»Das hatte nichts mit dir zu tun.«

Jetzt musste sie wirklich lachen. »Sondern?«

»Mit mir natürlich.« Tom sah ihr so ungefiltert in die Augen, dass ihr das Lachen verging. »Ich mochte dich schon immer. Wirklich.«

Olive konnte sich seinem Blick nicht entziehen. Sie versuchte zu schlucken, aber ihr Hals war viel zu trocken, und irgendwann wurde ihr das Schweigen zu intim. Ruckartig beugte sie sich vor und griff nach einer der Wasserflaschen. »Das sagst du nur, weil du die Nacht neben mir im Bus meiner Großmutter verbringen musst.« Sie wollte, dass es scherzhaft klang und die Situation auflockerte, brachte aber nur ein hilfloses Lachen zustande, auf das Tom nicht einging.

Stattdessen lehnte er sich kommentarlos zwischen den Vordersitzen hindurch, um seine Kamera vom Fahrersitz zu holen. Während Olive die Wasserflasche ansetzte und trank, beugte er sich über das Wiedergabedisplay auf der Rückseite der Kamera und drückte stumm darauf herum. Erst nach einer gefühlten Ewigkeit hielt er ihr die Kamera hin.

»Was soll ich damit?«

Tom sagte noch immer kein Wort, sondern forderte sie mit einem kaum merklichen Nicken auf, den Apparat an sich zu nehmen.

Als Olive den Bildschirm in den Händen hielt, verschlug es ihr die Sprache. Das schwach beleuchtete Display zeigte sie am Bett ihrer Großmutter.

Es musste eines der Bilder sein, die Tom heimlich gemacht

hatte, und Olive schossen bei seinem Anblick nicht nur literweise Blut ins Gesicht, sondern auch Tränen in die Augen.

Dieses Foto war mehr als nur eine Momentaufnahme.

Es war zärtlich, intim, vor allem aber war es wunderschön. Olive hätte gerne klügere Worte dafür gefunden, welche, die dem Bild gerecht wurden, aber am Ende war seine Beschreibung so simpel und pur wie sein Inhalt.

Dieses Bild zeigte nicht nur zwei Menschen, es zeigte eine Geschichte. Eine Geschichte, die Olive berührte, die etwas *in ihr* berührte.

Auf ihrer Haut begann es zu kribbeln, erst im Gesicht und dann am ganzen Körper.

Zum ersten Mal seit Langem hatte Olive das Gefühl, dass jemand sie sah. Dass jemand sie *erkannte*, so wie sie war. Müde. Unvollkommen. Auf der Suche. Und trotz allem auf ihre Weise schön.

Am meisten überraschte sie, dass Tom dieser Jemand war.

Tom Philips hatte sie so gesehen.

Tom Philips hatte sie gesehen.

Was sie hier in den Händen hielt, im Schatten der Nacht und eines verstummten Sturms, war der Beweis dafür, dass er die Wahrheit gesagt hatte. Er mochte sie.

Olive blickte in seine Augen, und obwohl sie nicht sagen konnte, wie es geschah, lag seine Kamera plötzlich auf dem Boden des Wagens, und ihre Finger glitten durch sein Haar, das sich viel weicher anfühlte, als sie gedacht hatte. Dann fiel ihr auf, dass im Grunde vieles anders war, als sie gedacht hatte.

Sie hatte gedacht, sie würde nur eine große Story liefern müssen, um endlich die Anerkennung zu bekommen, nach der sie sich sehnte.

Sie hatte gedacht, dass es keine Leichen im Keller ihrer Familie gäbe.

Sie hatte gedacht, sie würde ihre Großmutter kennen.

Vor allem aber hatte sie gedacht, dass Tom Philips sie nicht ausstehen konnte.

Doch als sich ihre Lippen jetzt auf seine legten, stellte sie fest, dass Denken wohl manchmal überbewertet war.

ERBE
Juli 2000

Sie versuchte, das Chaos im Wohnraum zu beseitigen, und hoffte, mit der Ordnung auch etwas Gelassenheit zurückzuerlangen, aber die Wut blieb. Sie war heiß und zäh und schwelte wie ein Glutnest hinter Claires Brustbein.

Frankie hatte Iris.

Pete hatte es nicht mal aussprechen müssen, da hatte Claire es bereits verstanden. Frankie hatte die Asche ihrer Schwester, sie hatte die Urne an sich genommen, ohne auch nur ein Wort mit der rechtmäßigen Erbin zu wechseln, ohne zu fragen, ob Claire etwas dagegen hatte, ob sie vielleicht doch Abschied nehmen wollte.

»Als Iris eingeäschert wurde, sind wir davon ausgegangen, dass du nicht kommst«, versuchte Pete sie zu verteidigen, aber das änderte nichts. Frankie hatte kein Recht auf Iris!

Aber hatte Claire ein Recht auf sie?

Sie spürte den Zweifel, das wiederkehrende In-sich-Hineinhorchen, das leise Eingestehen ihrer Versäumnisse, all der Dinge, die sie *nicht* getan hatte. Doch selbst wenn sie ihren Anspruch auf Iris vertan hatte, bedeutete das noch lange nicht, dass diese unsägliche Frau sie für sich beanspruchen durfte! Das war absurd, es war unverschämt, und egal wie sehr Pete sich bemüht hatte, die Wogen zu glätten, war Claires Zorn doch nur weiter aufgeflammt.

Irgendwann war Luke mit seinem Boot gekommen, um Pete aufs Festland zurückzubringen – schließlich sollte das Boot, mit dem er gekommen war, bei Claire bleiben. Die beiden Männer hatten ihr eine Einführung in die Bedienung des Motorbootes und Hinweise zur Orientierung zwischen den Inseln gegeben, aber Claire hatte Mühe gehabt, ihnen zuzuhören, weil der Groll wie eine Schuttlawine in ihrem Inneren dröhnte.

Pete hatte versprochen, bald wieder nach dem Fuchsmädchen zu sehen, und dann waren sie davongefahren. Hatten Claire mit ihrer Wut und den Puzzleteilen alleingelassen, um wieder Teil einer Welt zu werden, in der Claire ihren Platz gerade nicht fand.

Sie hatte nicht gewartet, bis ihr Boot am Horizont verschwunden war, hatte ihnen nicht nachgewunken, sondern war direkt ins Haus zurückgekehrt. Hatte ihr Fuchsbaby gefüttert, den Karton gesäubert und sich dann wieder den Zeichnungen gewidmet.

Ein weiteres Mal hatte sie die Blätter gestapelt, aber diesmal verzichtete sie darauf, sie nach ihrem Inhalt zu sortieren. Sie wollte sie nur vom Boden weghaben, wollte Struktur und Ordnung vor Augen, in der Hoffnung, dass sich Letztere auch auf ihren Geist und ihr Gemüt auswirken würden. Aber es half nichts. Die Wut blieb, sie schwoll an und brachte nach und nach jede Faser ihres Körpers an den Siedepunkt, ihr Innenleben ein einziges, zischendes Brodeln.

Sie räumte die Papierstapel zurück auf den Schreibtisch, doch als sie auch den Wal zusammenschieben wollte, regte sich Widerstand in ihr. Ihn zu zerlegen fühlte sich nicht richtig an. Er war ein Überlebender genau wie sie, und als solcher musste er seinen Raum bekommen, selbst wenn er nicht perfekt war.

In einer der Küchenschubladen fand sie eine Rolle mit Klebestreifen und begann, den einsamen Wal Bild für Bild an die rechtsseitige Wand des Wohnraums zu heften. Sie musste eines der Fenster überkleben und sich einen Stuhl für die oberen Puzzleteile zurechtrücken, aber irgendwann saßen alle Blätter an der richtigen Stelle.

Das Wandbild war gigantisch, ein wenig bedrohlich sogar, aber Claire verspürte bei seinem Anblick auch eine gewisse Zufriedenheit.

Nur die Sache mit dem Auge ließ ihr keine Ruhe, also holte sie einen dicken, schwarzen Stift von Iris' Schreibtisch und malte dem Tier ein Auge direkt auf die Wand. Es konnte nicht mithalten mit dem, was Iris geschaffen hatte, aber es war besser als nichts. Claire konnte keine Lücken mehr ertragen. Sie war selbst das letzte Teil eines Puzzles, das schon vor etlichen Jahren auseinandergefallen war, die letzte Überlebende ihrer kleinen Familie. Im Grunde war auch sie eine Insel.

Aber sie hatte immer noch Rechte, sie hatte einen Anspruch auf das, was von ihrer Familie übriggeblieben war! Die Asche ihrer Schwester stand ihr zu, *sie* durfte entscheiden, was mit ihr geschah, und ihre Wut wandelte sich in Entschlossenheit. Sie würde sich Iris zurückholen!

Vor dem Fenster zeichnete sich die Abenddämmerung ab. Claire traute sich zu, das Boot zu fahren, aber nicht in der Dunkelheit. Außerdem wurde der Welpe langsam munter. Ihr Abstecher aufs Festland musste warten.

Als sie am nächsten Morgen in ihr Boot stieg, spürte sie eine unterschwellige Nervosität. Die See war ruhig, der Himmel blau, und trotzdem beunruhigte sie der schwankende Grund, das Unbekannte, das sie an Land tragen sollte. Vertrauen war nicht ihre Stärke.

Außerdem spürte sie ihr Kreuz und die Schulter, weil sie spät in der Nacht auf dem Boden neben dem Fuchs eingeschlafen war, ihre rechte Hand über den Kartonrand hängend. Jetzt fühlte sie sich alt und behäbig, kein guter Zustand, um sich ihre Schwester zurückzuholen. Aber sie wollte es so schnell wie möglich hinter sich bringen, und außerdem zurück auf der Insel sein, bevor ihr Fuchs wieder munter wurde. Also band sie das Boot los, startete den Motor und klammerte sich krampfhaft an dem fest, was Luke und Pete ihr gesagt hatten.

Die Orientierung verlangte mehr Aufmerksamkeit als die Bedienung des Bootes. Claire spürte die Anspannung hinter ihrer Stirn und in ihren Gliedern, das Gewicht der Unsicherheit wie einen Sandsack im Nacken. Sie sah kaum zu den Seiten, und erst als sich in der Ferne der Hafen abzeichnete, fiel die Last langsam von ihren Schultern.

Nachdem sie das Boot angebunden und sich an den festen Grund unter ihren Füßen gewöhnt hatte, suchte sie zuerst Luke auf. Sie wollte ihre Schulden begleichen und Frankies Adresse erfragen. Letztere rückte Luke mit geradezu erschreckender Arglosigkeit heraus, aber Claires Geld wollte er nicht.

»Ich verkaufe dir das Boot ja nicht, es ist nur eine Leihgabe.«

Als Claire ihn darauf hinwies, dass dann zumindest eine Leihgebühr fällig wäre, lachte er nur, winkte ab und bot im nächsten Atemzug an, sie mit seinem Pick-up zu Frankie zu fahren. Davon wiederum wollte Claire nichts wissen. Eine grobe Wegbeschreibung reichte ihr, und so zog sie sich ihre Schirmmütze ins Gesicht und marschierte los.

Als sie die Hauptstraße mit den Läden und Restaurants hinter sich gelassen hatte, fiel ihr auf, dass sie ihr Telefon auf der Insel vergessen hatte. Es lag immer noch ausgeschaltet in Iris' Jackentasche. Kein Telefon bedeutete keine Möglichkeit, sich bei Miles zu melden oder Nachrichten abzuhören, und Claire war nicht einmal überrascht, dass dieser Umstand sie erleichterte. Hatte ihr die Unerreichbarkeit bei ihrer Ankunft noch Angst gemacht, bot sie ihr nun Schutz und Sicherheit. Alleinsein war ein Raum, den man nach eigenen Regeln einrichten konnte.

Vielleicht setzten ihr die Begegnungen auf dem Festland deswegen so zu. Trotz der Schirmmütze, die ihr Gesicht in Schatten hüllte, fühlte sie sich beobachtet. Die Großstadt-Claire hatte damit kein Problem, aber die Am-Ende-der-Welt-Claire störte es umso mehr. Je krampfhafter sie versuchte, unsichtbar zu sein, desto mehr Aufmerksamkeit zog sie auf sich. Immer wieder wanderten fremde Blicke zu ihr, zwischendurch lächelten die Leute, und manche nickten ihr sogar zu. Dabei war es offensichtlich, dass sie nicht sie meinten, sie kannten Claire ja nicht. Die Menschen lächelten nicht *ihr* zu und grüßten nicht *sie*. Ihre Freundlichkeit galt Iris. Iris hatte sie sich erarbeitet, sie hatte sie verdient. Claire war nur die, die die Ernte einholte, weil sie wie ihre Schwester aussah.

Frankies Haus lag etwas außerhalb, und Claire war erleichtert, als sie mit dem Zentrum der Stadt auch die Menschen hinter sich ließ. Im Grunde musste sie immer nur der Hauptstraße folgen, das war keine große Herausforderung. Aber es überraschte sie immer noch, wie gerne sie ging, wie gerne sie die Verantwortung an ihren Körper übergab und sich von ihren Füßen tragen ließ.

In New York hatte sie das Gefühl gehabt, permanent zu rennen, dabei hatte sie nur selten größere Strecken zu Fuß zurückgelegt. Wenn sie im September zurückkehrte und einen neuen

Lebensabschnitt begann, würde sie das ändern. Sie würde sich die Großstadt *ergehen*, sie Schritt für Schritt noch einmal erobern. Mit Sicherheit gab es noch ein anderes New York, eines, das sich ihr auf der Überholspur nicht erschlossen hatte.

Ohne dass sie es beabsichtigt hatte, waren ihre Finger in die Hosentasche geglitten und überzeugten sich davon, dass das Puzzleteil noch da war. Claire trug es nun immer bei sich. Es stellte eine Verbindung zur Vergangenheit her und warf gleichzeitig eine Unmenge an Fragen auf.

Noch immer hatte Claire keine Ahnung, warum Iris es gestohlen und all die Jahre vor ihr versteckt hatte. Sie musste es sogar in der Nacht des Feuers bei sich getragen haben, denn wie sonst hätte es nicht den Flammen zum Opfer fallen können?

Alles war damals verbrannt. Das Haus, ihr Zuhause. Ihre Eltern und mit ihnen auch ihre Kindheit. Ihre Unschuld.

Die Erinnerung ließ Claire ihre Schritte beschleunigen. Hitze kroch zwischen ihren Schulterblättern ihren Hals hinauf bis zu den Ohren, als würde das Feuer noch immer brennen, als wäre es nie erloschen.

Schuld war ein Stoff, von dem sich Flammen nährten.

Die meiste Zeit sah Claire nicht ins Feuer, aber hier am Ende der Welt gab es nicht viel Ablenkung. Mit jedem Blick in die Glut wurde das Gepäck auf ihrem Rücken schwerer. Wenn sie es jemals ablegen wollte, musste sie sich nicht nur damit beschäftigen, was sie in jener Nacht verloren hatte, sondern auch damit, was sie auf sich geladen hatte …

Es war kompliziert gewesen, wie so oft, wenn Iris involviert war. Sie hatte unbedingt zu dieser Party gehen wollen. Ein Junge aus dem Abschlussjahrgang würde auch da sein, und Iris hatte seinen Namen schon seit Wochen auf die Innenseite ihres Unterarms geschrieben. *Daniel. Daniel, Daniel, Daniel.* Sein Name hatte sich auch in Claire hineingebrannt, dabei hatte sie Iris' Schwärmereien nur schwer nachvollziehen können. Im Gegensatz zu ihrer Schwester konnte sie sich mit siebzehn nicht sonderlich für Jungs erwärmen und für Partys genauso wenig. Zu laut, zu voll, und irgendwie kam sie sich in großen Gruppen immer klein und verloren vor. Je mehr Leute um sie herum waren, desto isolierter und fremdartiger hatte sie sich gefühlt.

Bei Iris war es anders. Sie nährte sich von Lärm und Gedränge, vom heißen Atem und dem Herzschlag anderer Menschen. Sie war eine von ihnen, Teil ihrer Mitte, und überstrahlte gleichzeitig alle und alles. Iris zog Energie an und stieß sie in vielfachem Maße von sich ab.

Claire war das zu viel gewesen, und nicht selten hatte sie Iris für dieses *zu viel* sogar gehasst. Aber rechtfertigte das, was sie in der Nacht des Feuers getan hatte?

Claires Blick verwässerte, der Asphalt der Straße floss vor ihren Augen davon. Seit sie bei den Walen geweint hatte, gab es eine Öffnung in ihr, eine Wunde, die nässte. Die Tränen eroberten sich ihren Raum wie der Regen ein ausgetrocknetes Flussbett und suchten sich immer öfter ihren Weg nach draußen.

Aber jetzt und hier war nicht der richtige Zeitpunkt zum Weinen, und als Claire sich mit dem Handrücken die Wangen trocken rieb, stellte sie fest, dass sie an der richtigen Hausnummer vorbeigegangen war.

Sie kehrte um und blieb schließlich vor einem unscheinbaren Haus stehen. Es sah erschreckend gewöhnlich aus, hell und sorgfältig gepflegt, und passte nicht ansatzweise zu der Frau, die darin lebte.

Aber Claire war nicht hier, um Frankie und ihr Haus zu analysieren, sondern um sich Iris zurückzuholen, deshalb versicherte sie sich noch einmal, dass ihre Augen und Wangen nicht mehr feucht waren, und trat durch den Vorgarten auf die Haustür zu.

Sie klingelte und dann gleich noch einmal, aber im Inneren des Hauses regte sich nichts. Claire stöhnte leise und klingelte dann ein drittes und viertes Mal. Aber auch jetzt blieb es hinter der Haustür still. Claires Schultern sanken nach unten.

Frankie war nicht da, und der ganze Aufwand umsonst. Sie würde ein andermal wiederkommen müssen, mit einer aufgewärmten Wut und Entschlossenheit im Bauch.

Sie wollte gerade zur Straße zurückgehen, als ihr ein anderer Gedanke kam. Wer sagte denn, dass Frankie beim nächsten Mal hier sein würde?

Vielleicht war sie verreist oder trieb sich tagsüber in der Stadt herum. Außerdem war nicht klar, ob sie Claire ins Haus lassen würde. Allein die Vorstellung, wie diese schreckliche Frau sie an der Tür abweisen würde, ließ Claires Zorn neu aufwallen.

Im Grunde war es doch besser, dass sie gar nicht zu Hause war! Dann konnte Claire sich ungestört holen, was ihr zustand, auch wenn die Sache vielleicht nicht ganz legal war.

Sie warf einen Blick zur Straße, und als sie sich versichert hatte, dass niemand da war und sie beobachtete, eilte sie mit Schritten, die kaum den Boden berührten, seitlich am Haus entlang.

Ein schmaler Weg führte zwischen der Hauswand und der Nachbarhecke zum rückseitigen Garten, und obwohl Claire sich dicht am Haus entlang bewegte, schlugen ihr die Zweige der Hecke immer wieder ins Gesicht. Erst nachdem sie sich durch einen widerspenstigen Brombeerbusch gekämpft hatte, stand sie im Garten. Auch er war gepflegt, beinahe spießig sogar. Der Rasen wirkte frisch gemäht, und die Blumenbeete waren von in den Boden gefassten Steinen umgrenzt. Gut möglich, dass es Steine von der Insel waren.

Im hinteren Teil standen zwei Bäume, und in ihrem Schatten eine Holzbank. Claire widerstand dem Impuls, sich hier draußen noch weiter umzusehen, und wandte sich stattdessen der Rückseite des Hauses zu. Da war ein Fenster mit zugezogenen Vorhängen, und obwohl die Scheibe im Sonnenlicht reflektierte, erkannte Claire, dass es derselbe Vorhangstoff wie in Iris' Haus war. Eine Terrassentür führte vom Garten in die Küche, und als Claire einem Impuls folgend die Klinke drückte, stellte sie fest, dass sie unverschlossen war.

Claire zögerte nicht, drückte die Tür einen Spaltbreit auf und schlüpfte ins Haus. Man konnte kaum von einem Einbruch sprechen, wenn das Haus nicht verriegelt war.

Die Küche war schlicht und ordentlich, aber nicht besonders modern. Zu gern hätte Claire etwas vorgefunden, was ihr schlechtes Bild von Frankie bestätigte, aber dafür fehlten ihr Zeit und Ruhe. Sie suchte etwas anderes. Wo bewahrte man eine Urne auf?

In Filmen standen sie immer auf dem Kaminsims, aber nachdem Claire die Küche mit wenigen Schritten durchquert und das Wohnzimmer erreicht hatte, stellte sie fest, dass das Haus keinen Kamin besaß.

Auch der Wohnraum war einfach, aber gemütlich eingerichtet. An den Wänden hingen nur wenige Bilder, und alle zeigten Landschaftsaufnahmen. Die Küste, Wälder, Felsen, die wie feuchte dunkle Leiber im flachen Wasser lagen.

Eine Urne konnte Claire nirgendwo ausmachen. Sie öffnete die Türen an einer Schrankwand, aber auch hier fand sich nichts

Interessantes. Alte Zeitschriften, Platten, Sachbücher, teilweise in anderen Sprachen verfasst. Nichts, worin man ihre Schwester hätte verstauen können.

Claire ging zurück in den Flur. Vor dem Haus waren Stimmen zu hören und auch eine Klingel, vielleicht von einem Fahrrad. Wenn jetzt jemand den Weg zum Haus hinaufkam, konnte sie immer noch mit einem Satz in die Küche verschwinden und durch die Terrassentür nach draußen.

Aber nach einer Weile, in der Claire stillstand und den Atem anhielt, verstummten die Geräusche von draußen, lösten sich auf im heilsamen Meer der Stille. Keine Frankie. Keine Flucht.

Claire nahm die Treppe ins Obergeschoss. Sie setzte ihre Schritte aufmerksam, damit die Holzstufen sie nicht verrieten, aber im Gegensatz zum Haus auf der Insel sprach dieses hier nicht. Das Holz knarzte nicht unter ihren Füßen, es stöhnte nicht einmal oder atmete leise. Vielleicht war es unter seiner missmutigen Bewohnerin verstummt.

Als sie oben angekommen war, fiel Claire auf, dass ihre Vorsicht überflüssig war. Niemand war hier, der sich an ihren Geräuschen hätte stören können.

Vom Flur im Obergeschoss führten nur drei Türen. Hinter der ersten lag ein kleines Bad, und hinter der zweiten Frankies Schlafzimmer.

Auch hier herrschte penible Ordnung. Claires Blick wanderte von der Fensterbank über den Nachttisch zu den Wandregalen, aber es gab nichts, was nach einer Urne aussah.

Ohne zu zögern, öffnete Claire den Einbauschrank: Pullover, Shirts, Jacken und Hosen. Am Boden eine beachtliche Sammlung an Schuhen, auf den Regalen ganz oben Handtücher und Bettwäsche. Aber keine Urne. Keine Iris.

Claire nahm die Schirmmütze vom Kopf und fuhr sich durchs Haar. Was hatte die Alte mit ihrer Schwester gemacht?

Jetzt blieb noch das letzte Zimmer. Diese Tür ließ sich schwerer öffnen als die anderen. Doch dann stand Claire auf einmal im Raum – und wich prompt ein paar Schritte zurück.

Ein Zimmer wie dieses hatte sie noch nie gesehen. Die Wände waren über und über mit Wellen bemalt, als hätte jemand das Meer in diesen kleinen Raum unter dem Dach verbannt, als hätte *Iris* es hierher verbannt.

An der Wand gegenüber der Dachschräge stand ein Bett, das auf diesem Ozean wie ein verlorenes Boot wirkte, und daneben eine Kommode. Als Claire darauf zuging, fürchtete sie, der Boden könnte unter ihren Füßen zu schwanken beginnen, aber dem war nicht so. Sie stand sicher und fest und zog entschlossen die oberste Schublade auf.

Keine Urne, das sah sie auf den ersten Blick, nur Kleinkram. Gummibänder, Stoffreste, Bürobedarf.

Auch die zweite Schublade enthielt nicht, was sie suchte, und so ließ Claire sich auf die Knie nieder und zog die dritte auf.

Das Chaos, das ihr daraus entgegenschlug, nahm ihr für einen Moment die Luft zum Atmen.

Iris war hier gewesen, sie *war* ein Teil von Frankies Welt gewesen, daran bestand kein Zweifel mehr, denn die ganze Schublade war voll von ihren Zeichnungen.

Claire musste schlucken und legte ihre Schirmmütze auf dem Boden ab. Dann nahm sie einen Stapel Blätter heraus. Sie zeigten alle dasselbe Motiv: eine Taschenuhr oder ein Amulett, kreisrund. Es stand außer Frage, dass Iris sie gezeichnet hatte, die Bilder trugen ihre Handschrift, genau wie das Meer an den Wänden.

Claire blätterte durch den Papierstapel, nahm weitere Bilder aus der Schublade, aber das Motiv änderte sich nicht. Ein rundes Medaillon und darauf eine Welle. Lediglich kleine Details unterschieden die Zeichnungen. Hatte Iris eine Art Studie betrieben? Und wenn ja: Warum lag das Ergebnis in Frankies Haus?

Claire holte weitere Bilder heraus, immer mehr, in der Hoffnung eine Antwort zu finden, aber stattdessen fand sie etwas anderes am Boden: Ganz unten, begraben unter den letzten Zeichnungen, lag ein Umschlag – *drei* Umschläge, es waren drei.

Als Claire die Anschrift darauf las, diese wenigen Zeilen und Buchstaben, saß sie nicht mehr nur zwischen den Wellen, sie hörte sie auch. Das Meer brach über ihr herein, flutete sie von allen Seiten und zog sie mit tosendem Lärm tief und immer tiefer in den Abgrund.

Die Adresse auf dem Umschlag war die ihrer alten Wohnung in New York – und die Schrift, die sie notiert hatte, gehörte Iris.

Iris hatte sie gefunden.

Iris hatte ihr geschrieben?

Das konnte nicht sein …

Claire hatte nicht bemerkt, dass sie zu weinen begonnen hatte, doch plötzlich waren die Tränen überall. Sie überschwemmten ihren Blick, fluteten ihre Kehle hinunter und nahmen ihr die Luft zum Atmen, bis auch Claires Körpermitte von einer Welle gepackt wurde. Das Meer war in ihr, es toste und wütete in ihrem Inneren und kannte kein Erbarmen.

Mit letzter Kraft schleppte sie sich ins Bad und übergab sich in die fremde Toilette, warf ihr Innerstes aus, bis ihre Knie auf dem kalten Kachelboden zu schmerzen begannen und nichts mehr übrig war, was aus ihr herausbrechen konnte, bis sie den ganzen verfluchten Ozean aus Tränen und Wut aus sich herausgewürgt hatte.

Hamburg, Juli 1945

WARTEN

Es heißt, die tiefste Nacht
Sei jetzt vorbei,
Doch den Morgen
Seh ich nicht.

Damals ahnt' ich nicht, wonach
Ich suchte.
Jetzt weiß ich es und warte
Vergeblich auf das Licht.

Halte Ausschau nach
Dir und ihr,
Lausche dem Wellenschlag, der euch
Im Morgengrauen nach Hause bringt.

Die tiefste Nacht sei jetzt vorbei,
So sagen sie,
Doch ich starre noch immer
In die Dunkelheit.

WALTER BECKMANN
November 2022

Tina Lassen hatte eine unglaubliche Präsenz, und Olive wusste nicht, ob sie sich davon beeindrucken oder einschüchtern lassen sollte. Ohne Zweifel hatten Tom und diese Polizistin mal was miteinander gehabt, aber was das genau war, konnte Olive nicht sagen. Es fiel ihr heute Morgen schwer, einen klaren Gedanken zu fassen oder ein Gefühl zu greifen. Das, was in der Nacht passiert war, hatte tiefe, quälende Spuren in ihr hinterlassen – oder war es eher das, was *nicht* passiert war?

Mit der Erinnerung an die unangenehme Situation schoss auch die Röte zurück in ihr Gesicht.

Tom hatte sie abgewiesen.

Sie hatten sich geküsst, Olive konnte nicht mal mehr sagen, wer damit angefangen hatte. Nur wer es beendet hatte, war ihr noch schmerzhaft bewusst.

Sie hatte sich verloren, war ganz und gar versunken in dem Moment, in dem sich ihre Lippen berührt hatten und sie miteinander verschmolzen waren, als wären sie in Wirklichkeit nur ein einziger Mensch. Sie war abgetaucht unter Toms Händen und hatte sich tragen lassen von seinem Herzschlag. Bis er sie von sich geschoben hatte. Atemlos und ziemlich abrupt, aber entschlossen. Er war von ihr abgerückt und hatte den Kopf geschüttelt, und dann hatte er sich die Haare gerauft, nach einer Decke gegriffen und war wortlos auf den Fahrersitz nach vorne geklettert.

Olive hatte die Liegefläche die ganze Nacht für sich allein gehabt. Aber sie hatte trotzdem kaum ein Auge zugetan.

Die Scham brannte auf ihrer Haut wie ein Ausschlag.

Hatte Tom nicht gesagt, er würde sie mögen?

Sie hatte ihm geglaubt, sie hatte seiner Kamera geglaubt, und war für ihre Naivität bestraft worden. Kein Mensch hatte diese Demütigung verdient.

Dabei wusste sie im Grunde, dass er ihr mit seiner Abweisung einen Gefallen getan hatte. Mit ihm zu schlafen wäre ein Fehler gewesen, eine weitere *schlechte Entscheidung*, die ganz sicher nicht zu einer guten Geschichte geführt hätte. Sie hatte ja noch nicht mal die Sache mit Marcus beendet. Tom hatte sie also vor einer Dummheit und einem schlechten Gewissen bewahrt. Blöd war nur, dass sich *seine* Entscheidung auch nicht nach einer *guten Geschichte* anfühlte.

Olive fühlte sich zurückgewiesen. Nicht gut genug, schon wieder.

Dabei hatte sie doch ursprünglich nie vorgehabt, mehr mit Tom Philips zu teilen als einen Job, der ihnen aufgezwungen worden war. *Sie* war diejenige, die ihn hätte abweisen müssen, *sie* hätte es beenden sollen und von ihm abrücken. Dass es andersherum war, war vielleicht die größte Enttäuschung an der Sache.

Als Olive am Morgen in der alten Agnes aufgewacht war, war Tom verschwunden gewesen, und die Erinnerung war wie Wasser aus einem stetig tropfenden Hahn ihn ihr Bewusstsein zurückgesickert. Noch immer war ihr zum Kotzen zumute ...

Sie hatte die Schlafplätze in Rekordtempo abgebaut und alles verstaut, was auch nur ansatzweise an das hätte erinnern können, was in der Nacht vorgefallen war. Als Tom nach einer gefühlten Ewigkeit zurückkam, schien er zum Glück auch kein Interesse daran zu haben, die zurückliegenden Ereignisse zu thematisieren. Er hatte Kaffee und Franzbrötchen mitgebracht, ein Hamburger Gebäck, das Olive an Zimtschnecken erinnerte. Außerdem hatte er Neuigkeiten.

Diese Neuigkeit saß Olive jetzt in Person von Tina Lassen gegenüber und trank einen viel zu großen Schluck von einem viel zu schwarzen Kaffee, ohne auch nur mit der Wimper zu zucken.

»Ich bringe mich hier in Teufels Küche«, sagte sie, während sie ihren Becher zurück auf den Tisch stellte, wirkte dabei aber nicht wirklich besorgt. Vielleicht war sie als Kriminalpolizistin aber auch nur professionell genug, jede Art von Emotion sorgfältig hinter einem Pokerface verbergen zu können.

Olive versuchte unterdessen, ihre Anspannung an den Kaffeebecher in ihren Händen abzugeben. »Ich bin dir wirklich sehr dankbar. Ich weiß ja, dass die Polizei eigentlich keine Informationen rausgeben darf, aber es gibt vielleicht eine Verbindung zu meiner Familie.«

»Tom hat so was angedeutet«, sagte Tina und schüttelte kurz den Kopf. »Ich kann nicht glauben, dass ich mich von ihm in diese Situation habe bringen lassen – ich bin ja nicht mal an dem Fall beteiligt. Was hat dieser Kerl an sich, dass man einfach nicht Nein sagen kann?« Sie lehnte sich auf ihrem Stuhl zurück und verschränkte die Arme vor der Brust, und das ließ sie immerhin ein wenig menschlich wirken.

»Wart ihr beide …?« Olive verstummte und biss sich auf die Zunge.

»Fast zwei Jahre«, räumte Tina ein, und Olive bildete sich ein, ein leises Seufzen zu hören. »Wir hatten eine wirklich gute Zeit miteinander, aber ich baue mir hier etwas auf, und Tom ist ein Freigeist. Die Frau, die ihn an einem Ort hält, wurde vermutlich noch nicht geboren.« Auf einmal veränderte sich etwas in ihrem Blick, und ihre Augen verengten sich. »Bist du der Grund dafür, dass er seit vier Jahren in London festhängt?«

»Nein!« Olive verschluckte sich und musste husten, dabei hatte sie noch nicht mal an ihrem Kaffee genippt.

Misstrauisch zog Tina ihre feinen Augenbrauen zusammen. »Aber ihr beide seid …?«

»Auf keinen Fall!«, fiel Olive ihr ins Wort und schüttelte eine Spur zu energisch den Kopf. Sie lachte auf, um die Absurdität des bloßen Gedankens zu unterstreichen, wusste aber, dass sie dabei eher hilflos klang. »Wir sind nicht zusammen. Wir arbeiten nicht mal freiwillig miteinander, das hat unsere Chefin so festgelegt. In Wirklichkeit können wir uns nicht ausstehen.« Krampfhaft verstärkte sie den Griff um ihren Becher und trank endlich einen Schluck.

»Du weißt schon, dass es eine Straftat ist, eine Kriminalpolizistin zu belügen?« Ein Ausdruck der Belustigung legte sich auf Tinas Gesicht, aber noch während Olive ein weiteres Mal rot anlief, kam Tom von der Café-Toilette zurück.

Offenbar war ihr die Scham ins Gesicht geschrieben, denn Tom warf Tina umgehend einen vorwurfsvollen Blick zu. »Was hast du zu ihr gesagt?«

»Die Frage ist eher, was sie mir *nicht* gesagt hat«, erwiderte Tina, zwinkerte Olive zu, als wären sie beide im selben Team, und zog einen hellbraunen Hefter aus ihrer Tasche. Sie legte ihn auf die Tischplatte, der Stapel Papier dazwischen etwa fingerbreit.

Olives Herz begann heftig zu pochen. Sie hatte nicht mit

einer derartigen Menge an Informationen gerechnet, schließlich hatte Tom erst vor ein paar Stunden Kontakt zu seiner alten Freundin aufgenommen.

»Ist das alles, was du zu unserer Leiche gefunden hast?«, witzelte Tom, aber Tina sah ihn mahnend an.

»Das ist genug, um meinen Job zu riskieren!«

»Außerdem ist es nicht *unsere* Leiche«, stellte sich Olive auf ihre Seite und warf Tom ihrerseits einen strafenden Blick zu.

Tom stöhnte leise und hob entwaffnend die Hände. »Seid nachsichtig mit mir. Ich habe letzte Nacht nicht besonders gut geschlafen.«

Olive hielt die Luft an. *Er* hatte nicht gut geschlafen? *Sie* war diejenige, die sich stundenlang von einer Seite auf die andere gewälzt hatte, weil sie weder ihre Leichtsinnigkeit noch Toms offenbar falsch gedeutetes Interesse verstand. Wann immer sie die Augen geschlossen hatte, war die Scham zu einem hämischen Monster herangewachsen. Auch jetzt noch, in diesem gut besuchten Café, breitete sich das Unbehagen in ihrem Körper aus.

Tina beugte sich ein Stück über den Tisch. »Ihr habt diese Informationen nicht von mir!«

»Wir würden dich niemals in Schwierigkeiten bringen«, versicherte ihr Olive. »Alles, was hier besprochen wird, bleibt unter uns.«

Tina wartete, bis auch Tom nickte, dann atmete sie geräuschvoll aus und klappte den Hefter auf. »Das ist alles, was ich auf die Schnelle herausfinden konnte.« Sie schob ein paar lose Blätter auf dem Tisch auseinander. »Die Leiche ist noch in der Gerichtsmedizin, es wird etwas dauern, bis die Untersuchungen abgeschlossen sind, aber ein paar erste Ergebnisse gibt es schon.«

»Scheiße, was ist das denn?« Fassungslos deutete Tom auf die Kopie eines Fotos, die zwischen den Unterlagen herausgerutscht war.

Tina nahm das Bild und legte es oben auf den Stapel. »Habt ihr schon mal von einer Wachsleiche gehört?«

Olive verzog das Gesicht. Der Anblick war alles andere als schön.

Auch Tom sah verständnislos von Tina zum Foto und wieder zurück. »Einer was?«

»Eine Wachsleiche«, fuhr Tina leise fort. »Kommt gar nicht so selten vor, besonders, wenn Tote in feuchten, lehmigen Böden bestattet werden, wie es hier in Elbnähe der Fall ist.«

Olive erinnerte sich vage an den Artikel, den Sadie ihr geschickt hatte, und daran, dass sie sich noch in der Nacht die Worte »wachsartig konserviert« hatte übersetzen lassen.

»Offenbar wurde die tote Person im Kellerboden des Hauses vergraben«, berichtete Tina weiter. »Es war eine Art Betonboden obendrauf, aber das Problem ist, dass der Erdboden darunter nicht genug Sauerstoff hatte, und kein Sauerstoff bedeutet, dass …«

»Die Leiche nicht verwesen konnte«, beendete Olive den Satz.

Tina nickte. »Ich habe nicht alle Details verstanden, aber der fehlende Sauerstoff im feuchten Boden ist wohl der Grund dafür, dass die Leiche konserviert wurde und eine wachsartige Konsistenz angenommen hat. Deshalb ist sie auch nach achtzig Jahren noch so gut erhalten.«

»Achtzig Jahre?« Olive warf Tom einen fassungslosen Blick zu, und er wirkte genauso überrascht.

»Vielleicht sind es auch nur siebzig«, räumte Tina ein. »Die Kollegen aus der Gerichtsmedizin gehen im Moment davon aus, dass der Leichnam Ende der Vierziger-, Anfang der Fünfzigerjahre vergraben wurde.«

In Olives Kopf begann es zu rattern. »Da war Poppy ungefähr zwanzig. Wisst ihr schon, ob es eine Frau oder ein Mann ist?«

Tina blätterte sich durch den Stapel Papier und tippte schließlich auf ein Blatt mit Worten, die Olive nicht verstand.

Tom drehte den Zettel zu sich. »Ein Mann.«

»Vermutlich in seinen Fünfzigern«, bestätigte Tina. »Und ersten Erkenntnissen zufolge starb er ...« Sie befeuchtete ihren Finger und blätterte weiter, bis sie ihnen die entsprechende Stelle zeigen konnte: »An einem Genickbruch.«

Olive kniff ihre Augenbrauen zusammen. »Heißt das, er ist gestürzt?«

»Möglich«, sagte Tina. »Oder er wurde gestoßen oder geschlagen. Das ist wahrscheinlicher wegen der Intensität der Fraktur. Aber die Untersuchungen sind noch lange nicht abgeschlossen.«

Olive schloss die Augen. Hinter der Naht an ihrer Schläfe pochte es unerträglich.

Ein Mann also, etwa fünfzigjährig, vermutlich Opfer eines Verbrechens, das vor siebzig bis achtzig Jahren stattgefunden hatte. Und in seinen verkrampften Händen ...

Olive riss die Augen wieder auf. »Was ist mit dem Kompass?« Sie hatte nicht mehr die Geduld zu warten und wühlte sich eigenmächtig durch den losen Papierstapel. Endlich fand sie, wonach sie gesucht hatte: Bilder vom Kompass.

Auf einigen Fotos war das Metall noch angelaufen, auf anderen hatte man die Spuren von Zeit und Feuchtigkeit weggewischt und die Gravur in all ihren Details freigelegt. Olives Muskeln versteiften sich. Nur mit Mühe glitten ihre Finger in die Jackentasche und legten ihren Kompass neben den Bildern ab.

Auch Tina entging nicht, dass sie identisch waren. »Bist du sicher, dass es nicht etliche davon gibt?«

Olive wusste nicht, was sie sagen sollte. Sie wusste nicht, was sie denken oder fühlen sollte, und sie war sich über überhaupt nichts mehr sicher.

»Angeblich soll es ein Einzelstück sein«, antwortete Tom für sie. »Aber mittlerweile gibt es zu viele Überschneidungen, als dass wir noch an einen Zufall glauben könnten.«

Olive musste sich ein Schnauben verkneifen. Es gab kein *wir*, in der letzten Nacht hatte er ziemlich deutlich gemacht, wo die Grenze zwischen ihnen lag. Aber heute Morgen schien er das vergessen zu haben. Sie waren wieder ein *wir*, und er fühlte sich offenbar berechtigt genug, Olives Kompass ungefragt an sich zu nehmen, den Deckel aufschnappen zu lassen und Tinas Fotokopien vom Leichenfundstück danebenzulegen.

»Sie sind bis auf die Koordinaten identisch«, stellte er nach ein paar Sekunden fest.

»Was?« Olive runzelte die Stirn, und Tom schob ihr Foto und Kompass hin.

»Die Koordinaten in der Innenseite des Deckels unterscheiden sich.« Während er sprach, gab er die Daten aus dem Deckel des Kellerfunds ein. »Hamburg«, verkündete er kurz darauf.

Tina sah ihn verständnislos an. »Hamburg?«

»Olives Kompass trägt die Koordinaten eines Ortes im Raum Kopenhagen, und der Kompass, den ihr bei der Wachsleiche gefunden habt, trägt die Koordinaten von Hamburg«, klärte Tom sie auf.

Aber Tina verstand noch immer nicht, worauf er hinauswollte. »Und das heißt …?«

»Dass mit großer Wahrscheinlichkeit eine Verbindung zwischen Hamburg und Kopenhagen besteht«, murmelte Olive gedankenversunken. »Und zwischen meiner Großmutter und dieser Leiche.«

An einen Zufall konnte wirklich niemand mehr glauben. Poppy sprach Dänisch, sie hatte in diesem Haus in Hamburg gelebt. Mit einem Mal war Olive sich ziemlich sicher, zu wissen, um wen es sich bei der Leiche handelte.

»Walter Beckmann«, flüsterte Tom in diesem Moment. Er zückte sein Handy und zeigte Tina das Bild aus dem Keksdosendeckel, das er abfotografiert hatte. »Könnte das der Tote sein?«

Tina betrachtete die Fotografie, und natürlich fiel ihr zuerst die Ähnlichkeit zwischen Olive und dem jungen Mädchen auf.

»Meine Großmutter«, nahm Olive vorweg und deutete auf den Mann neben ihr. »Und das ist ihr Vater, Walter Beckmann.«

Tina seufzte. »Eine Ähnlichkeit lässt sich nicht mehr ausmachen. Aber der Name Beckmann ist in den Unterlagen vermerkt.«

Olive horchte auf, und auch in Toms Augen blitzte es. Tina blätterte sich durch den Papierstapel, bis sie die entsprechenden Zettel gefunden hatte. »Das Haus, in dem die Leiche freigespült wurde, gehörte früher einem Doktor Walter Beckmann. Er hat eine eigene Akte, deshalb wurde es bei der Ermittlung vermerkt. Er war mit seiner Tochter unter der Adresse gemeldet, lange bevor die jetzigen Eigentümer das Haus gekauft haben. Seine Frau Lisbeth, laut Unterlagen übrigens eine Dänin, ist bei der Geburt des gemeinsamen Kindes verstorben. Kurz nach dem Krieg sind Vater und Tochter dann von der Bildfläche verschwunden, sie gelten seit 1946 als vermisst.«

Das musste Olive erst mal sacken lassen. Wenn Tina recht hatte und Poppys Mutter Dänin gewesen war, erklärte sich, warum ihre Großmutter Dänisch sprach und wieso es eine Verbindung nach Kopenhagen gab.

Die anderen Umstände aber erschlossen sich ihr nicht. »Menschen verschwinden doch nicht einfach. Es ist ziemlich wahrscheinlich, dass Walter Beckmann damals in seinem Haus eingemauert wurde und seine Tochter in England ein neues Leben angefangen hat. Wieso hat nie jemand nachgeforscht, was mit ihnen passiert ist?«

Tina presste ihre Lippen aufeinander, und Olive hatte das Gefühl, dass sich ihre Schultern versteiften. Offenbar gab es etwas, was sie ihnen noch nicht gesagt hatte. »Es gab die Vermutung, dass sie sich nach Südamerika abgesetzt haben«, rückte sie schließlich mit der Sprache raus und ließ ihre Schultern wieder sinken. »Wie viele andere auch.«

»Wie viele andere auch?«, wiederholte Olive und sah sie ratlos an, bis Tina endlich weitersprach.

»Viele Naziverbrecher haben sich nach Kriegsende nach Südamerika abgesetzt, um der Strafverfolgung zu entgehen.«

Olive lief ein Schauer über den Rücken. »Aber wer sagt denn, dass er ein Verbrecher war? Er war vielleicht Arzt oder Wissenschaftler, aber es gibt keine Hinweise, dass er etwas Falsches getan hat. Außerdem hat er sich offenbar nicht abgesetzt, sondern ist in seinem Keller begraben worden. Das entlastet ihn, oder?«

Tinas Selbstbewusstsein und Stärke schienen plötzlich wie weggeblasen, es wirkte nun, als würde sie jedes weitere Wort Überwindung kosten. »Ich habe vorher noch nie von Walter Beckmann gehört, Olive. Aber in den Akten steht, dass er im Krieg Arzt an der Kinderklinik in der Marckmannstraße gewesen ist …«

»Ein Kinderarzt ist doch was Gutes!« Olive lachte unsicher

auf, aber der Ausdruck auf Tinas Gesicht verriet, dass es keinen Anlass für Erleichterung gab.

Als Tom im nächsten Augenblick seine Hand auf ihren Unterarm legte, ahnte Olive, dass sich hier ein Abgrund auftat, der tiefer und finsterer war als alles, was sie zuvor für möglich gehalten hatte.

FAMILIE
Juli 2000

Claire konnte nicht sagen, wie sie zurück auf die Insel gekommen war. Selbst die Erinnerung an das, was in Frankies Haus geschehen war, wirkte auf einmal nicht mehr vertrauenswürdig. Immer wieder sprangen sie Bilder und Worte an wie ein Rudel Wölfe, verbissen sich in ihr, bis Claire die Orientierung verlor und die Welt vor ihren Augen davontrieb.

Frankie war zurückgekommen. *War Frankie zurückgekommen?*

Sie hatte Claire auf dem Boden ihres Badezimmers vorgefunden, ein Häufchen Mensch, kaum in der Lage, auf eigenen Beinen zu stehen. Claire hatte die Sorge in ihrem Blick gesehen, dabei hätte die Alte doch wütend sein müssen, wütend darüber, dass Claire bei ihr eingebrochen war, dass sie in ihren Sachen herumgewühlt hatte, dass sie Grenzen überschritten hatte. Stattdessen hatte sie ihr aufgeholfen, hatte sie auf dem geschlossenen Klodeckel abgesetzt und ihr einen Becher mit Wasser an die Lippen gehalten.

Erst als sie die Umschläge in Claires Hand gesehen hatte, war sie blass und dann zornig geworden. Sie hatte nach den Briefen gefasst, aber Claire hatte sie nicht freigegeben. Nur Vorwürfe und Fragen, das war, was Claire ihr hatte geben können, das war das, womit sie die Alte verfolgt hatte, die Treppe hinab ins Erdgeschoss wie ein Hornissenschwarm, jede Silbe ein Stich.

Was sind das für Briefe?
Woher hatte Iris meine Adresse?
Hat sie mich gesucht?
Wie hat sie mich gefunden?
Warum wurden sie nicht abgeschickt? Warumwarumwarum?

Abrupt hatte sich Frankie zu ihr umgedreht: *Weil du sie nicht verdient hast!*

Hatte Frankie sich zu ihr umgedreht …?

Die Erinnerung war wie ein Fieber. Erst heiß und dann kalt, unwirklich. Bilder, die vor Claires Augen verschwammen, Worte, die in ihren Ohren nachhallten wie ein Echo.

Du hast sie nicht verdient.

Sie hatte Frankie gestoßen, viel zu grob. Hatte sie Frankie gestoßen?

Hatte sie gegen die Wand gedrückt und ihr das Puzzleteil unter die Nase gehalten.

Iris hat das für mich versteckt!
Sie hat mir eine Botschaft hinterlassen!
Iris wollte mir etwas erzählen!

Frankies Augen waren schmal geworden. Dann hatte sie den Kopf geschüttelt, müde, traurig. Bitter.

Sie hat nichts für dich versteckt. Sie hat dich dort begraben, Claire.

Ein Grab.

Ein Grab, ein Grab, ein Grab.

Der Grabstein ein Fels in der Bucht, darauf Claires Name. Die Buchstaben tanzten vor ihren Augen, flogen wie Lichter durch die Dunkelheit, nicht mal hinter geschlossenen Lidern konnte sie ihnen entkommen.

Iris hatte sie begraben.

Das Puzzleteil war keine Botschaft gewesen, sondern ein Abschied.

Iris hatte ihr keine Geschichte erzählen wollen.

Sie hatte ihre Schwester aufgegeben …

Immer wieder zweifelte Claire an ihren Gedanken, an der Erinnerung, zweifelte, ob das alles geschehen war.

Aber die Briefe lieferten den Beweis. Sie waren echt, Claire konnte sie anfassen und in ihren Händen wiegen. Nur öffnen konnte sie sie nicht.

Iris hatte sie gesucht und gefunden.

Sie hatte ihr Briefe geschrieben, drei Stück.

Hatte Frankie gebeten, sie abzuschicken, aber die hatte sich dagegen entschieden.

Eine Fremde hatte entschieden, dass Claire ihre Schwester nicht verdiente.

Am meisten fürchtete Claire, dass sie damit recht hatte.

Deshalb öffnete sie die Briefe nicht.

Deshalb.

Claire war aufs Festland gefahren, weil sie gedacht hatte, dass Frankie ihr die tote Iris gestohlen hatte – dabei hatte sie ihr in Wirklichkeit die lebende vorenthalten.

Das war so absurd, dass sie lachen musste, aber schmerzhaft zugleich.

Wieder und wieder hinterfragte Claire ihr Bewusstsein, konnte nicht sagen, was real war und was nur ein Traum, aber eines wusste sie sicher. Sie konnte nicht bleiben. Sie musste die Insel verlassen, Iris' Insel. Musste das alles hinter sich lassen.

Sie war geblieben, weil sie davon ausgegangen war, dass Iris ein Gespräch mit ihr führen wollte. Dass es Dinge gab, die sie einander erzählen konnten, um vielleicht Frieden zu finden. Das Puzzleteil hatte den Dialog eröffnet, aber jetzt wusste Claire, dass sie sich getäuscht hatte. Iris hatte das Gespräch mit dem Puzzleteil beendet. Sie hatte Claire vor vielen Jahren etwas gestohlen, und nun hatte sie es zurückgegeben, hatte es mit ihrer Schwester begraben.

Erst jetzt wurde Claire bewusst, dass Iris sie all die Jahre bei sich getragen haben musste. Claire hatte es ihr nicht erlaubt, sie hatte es ja nicht einmal gewusst, aber Iris hatte einen Teil von ihr immer bei sich gehabt. Einen Teil von Claires Zukunft, einen Teil ihres Ganzen.

Nun hatte Claire es zurück und musste feststellen, dass es nicht mehr passte.

Sie wusste, dass sie wegwollte, hatte aber keine Ahnung, wohin. Manhattan war immer ihr Ziel gewesen, die Spitze der Welt, aber jetzt war Claire sich nicht sicher, ob sie dort noch hingehörte, *wie* sie dort noch hingehören konnte.

Und dann war da noch ihr Körper, der seinen Dienst verweigerte. Müdigkeit, Erschöpfung, Übelkeit. In New York musste man Schatten werfen und keiner sein.

Wieder war es der Fuchs, der ihr etwas gab, woran sie sich festhalten konnte. Das Tier musste versorgt werden, es brauchte sie. Es brauchte Futter, Pflege, Wärme. Erst wenn sie wusste, was mit dem Fuchsmädchen geschehen würde, konnte sie gehen.

Sie fing an, Iris' Sachen auszuräumen, redete sich ein, dass sie sich um den Nachlass ihrer Schwester kümmern musste. Aber schnell wurde ihr klar, dass sie nicht sagen konnte, was wirklich ihrer Schwester gehört hatte und was schon zuvor im Haus gewesen war. Hatten die wenigen Bücher schon vor Iris' Einzug in den Regalen gestanden? Hatte Iris das Geschirr gekauft?

Ausschließlich die Zeichnungen und Kleidungsstücke hatten zweifelsfrei Iris gehört. Claire stapelte alles auf dem Bett, nur um festzustellen, wie lächerlich wenig vom Leben ihrer Schwester übriggeblieben war. Weil sie nicht wusste, was sie mit diesem Wenigen anfangen sollte, räumte sie irgendwann alles zurück.

Nach ein paar rastlosen Tagen, Claire konnte nicht sagen, ob es drei waren oder zehn, hörte sie ein Boot. Es war Pete, und Claire war überrascht, bei seinem Anblick Erleichterung zu verspüren.

Er brachte neue Milch, Futter und etwas Spielzeug für den Fuchs, und außerdem Werkzeug, um dem Welpen ein größeres Gehege zu bauen.

Gemeinsam trugen sie Bretter aus dem Verschlag und verbrachten den Vormittag damit, sie vor dem Haus in geeigneter Form aneinanderzuhämmern. Weder Claire noch Pete erwiesen sich als handwerklich geschickt. Ihr Verschleiß an Nägeln war hoch, und etliche Bretter waren dem Untergang geweiht, aber Claire tat die Ablenkung gut. Etwas mit ihren Händen zu erschaffen tat ihr gut.

Am Ende scheiterten sie beinahe daran, das Gehege unfallfrei ins Haus zu tragen, aber irgendwann fand es seinen Platz unter dem unvollendeten Wal. Claire kleidete den Boden mit frischen Handtüchern und etwas Gras aus, und anschließend sahen sie dem Fuchskind dabei zu, wie es sein neues Zuhause erkundete.

Während der Arbeit hatten sie kaum miteinander gesprochen, aber jetzt sah Pete sie von der Seite an. »Du siehst müde aus.«

Claire wusste nicht, was sie sagen sollte, also zuckte sie nur mit den Schultern, als wäre nichts Besonderes dabei. Aber sie *war* müde. Müde wie nie zuvor. Sie war es schon bei ihrer Ankunft gewesen, aber die Begegnung in Frankies Haus hatte ihr den

Rest gegeben. Das, was gesagt worden war, verfolgte sie auch im Schatten der Nacht, und ihre Albträume suchten sie selbst am helllichten Tag auf.

»Hast du Hunger?« Pete wartete ihre Antwort nicht ab, sondern trat an die Küchenzeile, als wäre es das Selbstverständlichste der Welt.

Claire wusste nicht, ob sie Hunger hatte. Die Übelkeit war ein zuverlässiger Begleiter und machte Aussagen über das, was ihr Körper brauchte, unmöglich. Aber Pete in der Küche zuzusehen, wie er wortlos Schränke öffnete und Entscheidungen traf, wie er Töpfe auf den Herd stellte und zu kochen begann, fühlte sich tröstlich an und machte etwas mit ihr.

Es war eine einfache Mahlzeit, Nudeln in Tomatensoße, aber Claire konnte sich nicht erinnern, wann sie zuletzt so gut und gerne gegessen hatte. Mit jeder Gabel, die sie sich zum Mund führte, und jedem Bissen, der in ihrem Magen landete, kehrten Wärme und Verstand zurück in ihren Körper. Zum ersten Mal seit Tagen hatte sie das Gefühl, klar denken zu können.

Auch während des Essens schwiegen sie. Erst als Pete die Teller in die Spüle stellte, fiel ihm etwas ein, das Worte erforderte. »Ich habe noch was für dich.«

Er kramte kurz in seinem Werkzeugkoffer und reichte ihr ein gefaltetes Stück Papier. Es war aus einer Zeitung herausgerissen worden. Claire faltete es auseinander und sah, dass es ein Foto war.

Ein Foto von Iris.

Claire war darauf so wenig vorbereitet, dass sie kurz das Gefühl hatte zu fallen, dabei saß sie sicher auf ihrem Stuhl am Küchentisch.

Iris.

Sie hatte sie seit über zehn Jahren nicht gesehen, und doch war es so, als blickte Claire in ihr eigenes Gesicht.

Iris wirkte verändert und dennoch so nah, als könnte sie sie anfassen und ihren Herzschlag durch das dünne Papier spüren.

Sie trug die Haare zu einem Zopf hochgesteckt, sie mussten länger gewesen sein als Claires. Auf ihrem Gesicht lag keine Wut, keine Trauer, sondern Gelassenheit. Zufriedenheit. Vielleicht verblüffte das Claire am meisten: dass ihre Schwester ihren Frieden gefunden hatte.

Ein Lächeln lag auf Iris' Lippen, und erst jetzt bemerkte Claire, dass sie ihren Arm auf dem Foto um eine Frau gelegt hatte. *Frankie.*

In Claire zog sich etwas zusammen. Ihre verlorene Schwester so vertraut und gelassen mit dieser schrecklichen Frau zu sehen versetzte ihr einen Stich. Iris sah glücklich aus. Glücklich in diesem Leben, das Claire nicht gekannt hatte, mit diesen Menschen, die ihr fremd blieben.

Frankie hatte recht. Claire verdiente ihre Schwester nicht. Sie hatte keinen Anteil an Iris' Glück, am *guten* Leben ihrer Schwester. Vielleicht hatte die Alte Iris sogar einen Gefallen getan, indem sie ihre Briefe niemals abgeschickt hatte.

»Ich dachte, du willst es vielleicht haben …« Claire hatte ganz vergessen, dass Pete da war. Er stand neben dem Tisch, die Hände tief in den Hosentaschen vergraben.

Sie rang sich ein Lächeln ab. »Danke.«

Pete zog sich den Stuhl zurück und setzte sich wieder an den Tisch. »Es hat einen kleinen Nachruf auf Iris gegeben.«

Erst jetzt sah Claire auch die Zeilen unter dem Bild: *Freigeist. Freundin. Familie.*

In ihrer Kehle begann es zu brennen, und dann liefen auch

schon Tränen über ihr Gesicht. *Familie.* Das war es, was am meisten wehtat.

»Weißt du, wie sie hergekommen ist?« Claires Stimme war brüchig und leise, und ihre Frage entlockte Pete ein Stirnrunzeln, bis sie es konkretisierte: »Wie sie hier auf der Insel gelandet ist.«

»Sie war schon da, als ich die Praxis übernommen habe«, sagte er. »Ich bin erst seit fünf Jahren in der Stadt. Aber soweit ich weiß, hat Frankies Vater sie hergeholt und bei sich aufgenommen. Du solltest dich mit ihr unterhalten …«

Claire lachte auf, aber es klang trotzig und traurig. Sie würde sich nicht mit Frankie unterhalten, sie konnte es nicht. Sie wollte Pete von den Briefen erzählen, wollte ihm sagen, dass Frankie sie um ihre Schwester betrogen hatte, dass sie ihr Iris gestohlen hatte, aber sie fand die richtigen Worte nicht. Sie standen wie Bücher zu weit oben im Regal, und jedes Mal wenn Claire glaubte, sie könnte doch eines erreichen, stellte sie fest, dass es das Falsche war, dass etwas damit nicht stimmte, weil auch mit ihr etwas verkehrt war.

»Könntest du sie nehmen?«, kam es irgendwann über ihre Lippen, und wieder sah Pete sie irritiert an.

»Das Foto?«

Claire schüttelte den Kopf. »Mein Fuchsmädchen.«

Überrascht sah Pete zum neu eingeweihten Gehege. Es war ruhig darin, vermutlich war das Jungtier eingeschlafen. »Es geht ihr doch ganz gut.«

»Aber wenn ich gehen sollte …« Claire schluckte hart. »Würdest du sie dann nehmen?«

Plötzlich wirkte Pete verunsichert. »Du willst zurück nach New York?«

Wollte Claire das? Sie wusste es nicht. Sie wusste nur, dass sie nicht bleiben konnte. Aber die Füchsin sollte leben.

»Würdest du dich um sie kümmern oder nicht?«

Pete zögerte und rieb sich schließlich über das Gesicht. »Natürlich kümmere ich mich um sie. Wenn es das ist, was du willst.«

Claire senkte den Blick und faltete das Foto in ihren Händen. Zu wissen, dass Pete ihr Findelkind nicht sterben lassen würde, war eine Erleichterung. Sie konnte gehen, wenn sie wollte. Das Problem war nur, dass sie noch immer nicht wusste, wohin.

»Freut er sich?«, riss Pete sie aus ihren Gedanken.

Jetzt war es Claire, die nicht verstand.

»Dein Mann. Oder Freund«, setzte er leise hinzu, aber das verwirrte Claire nur noch mehr.

»Ich habe keinen Freund«, erwiderte sie und stellte fest, dass ihr diese Aussage nicht wehtat. Sie hatte seit Tagen nicht an Will gedacht. Dass er sie zur Flucht bewogen hatte, war kaum noch nachvollziehbar, genauso wie der Kummer, für den er verantwortlich gewesen war. Es fühlte sich beinahe an, als wäre das alles nicht ihr passiert, sondern einer anderen, einer zweiten Claire, einer, die noch immer wusste, wo sie hingehörte. Sie vermisste Will nicht mehr. Sie brauchte ihn nicht. Das immerhin war eine gute Sache.

Pete hingegen schien es zu irritieren. »Tut mir leid. Ich bin davon ausgegangen, dass du seinetwegen zurückwillst. Nach New York.«

»Ich weiß nicht, ob ich überhaupt zurückwill nach New York.« Claires Blick fiel auf den Wal an der Wand. Woher wussten die Tiere, wo ihre Reise hinführte? Wie fanden sie ihren Weg nach Hause?

Pete räusperte sich. »Heißt das, du willst es alleine aufziehen?«

»Alleine aufziehen?« Claire zog ihre Augenbrauen zusammen.

»Das Baby«, sagte Pete, und für eine Millisekunde wanderte sein Blick zu ihrem Bauch.

Claire brauchte einen Moment, bis sie verstand, was hier vorging, dann lachte sie los. Das erste Mal seit einer Ewigkeit, dass ihr zum Lachen zumute war.

»Ich bin nicht schwanger!«

Pete wirkte ertappt, aber auch verwirrt. »Frankie hat gesagt …«

»*Frankie* hat gesagt, dass ich schwanger bin?« Claires Lachen erlosch genauso abrupt, wie es gekommen war. Was fiel dieser Frau ein, so etwas zu behaupten?

»Sorry, ich …« Pete schien sich unwohl zu fühlen. Er schob seinen Stuhl zurück, stand auf und packte sein Zeug zusammen. »Ich dachte nur, weil du so müde bist. Du magst nicht essen und …«

»Das heißt doch nicht, dass ich schwanger bin!«, fiel Claire ihm ins Wort und lachte noch einmal. Das war absurd. Undenkbar! »Ich habe gerade meine Schwester verloren! Da ist es wohl kaum verwunderlich, dass ich nicht aussehe wie das blühende Leben.«

Pete seufzte leise und ließ die Schultern sinken, als wollte er im Boden versinken. »Es tut mir leid, wirklich. Ich wollte dir nicht zu nahetreten. Frankie hat gesagt, dass du dich ständig übergibst …«

»Bist du deswegen hergekommen?« Claires Wut kam zurück.

»Nein.« Pete sah sie ungläubig an. »Ich bin gekommen, um dir mit dem Fuchs zu helfen.«

»Ich brauche keine Hilfe!«, fuhr Claire ihn an. »Und ich bin *nicht* schwanger!«

Pete zögerte und nickte dann. »Es tut mir wirklich leid.«

Und das glaubte Claire ihm sogar.

Das Problem war nur, dass er es ausgesprochen hatte und nicht zurücknehmen konnte. Selbst als sein Boot in der Ferne verschwunden war, blieben seine Worte an ihr haften, hallten in ihr nach. *Schwanger.* Das war unmöglich. Unsinnig. Unwahr.

Claire versuchte, das Gefühl von Übelkeit zu unterdrücken, aber sie hatte keine Chance. Sie war vielleicht in der Lage, sich selbst zu belügen.

Aber nicht ihren Körper.

Hamburg, Dezember 1945

DER WOLF

Dein Kompass in seiner kalten Hand.
Mein Herz, das bricht.
Doch das Blut an meinen Fingern
Stammt nicht von meinen Scherben.

Es ist der Wolf, der Schafe reißt,
Doch diesmal hat das Schaf
Den Wolf geholt.
Ein Stoß. Ein Sturz.

Ein Schrei, ich weiß nicht, ob
Es meiner ist, er hallt in meinen
Ohren nach, ein
Echolot der Schuld.

Sie sagt:
Geh fort!
Geh jetzt!
Geh weit!

Dein Kompass tot und
Meiner schweigt.
Kein Weg. Kein Weg, auf dem
Der Wolf nicht heult.

DICHTUNG
November 2022

Tom telefonierte schon wieder, und Olive nutzte die Gelegenheit, um einen Moment alleine zu sein. Sie ließ sich auf den Fahrersitz der alten Agnes sinken und zog die Tür viel zu kräftig hinter sich ins Schloss.

Ihr Schädel dröhnte, und daran waren nicht nur die Naht an ihrer Stirn und die Gehirnerschütterung schuld.

Schlechte Entscheidungen bringen gute Geschichten. Olive stieß ein bitteres Lachen aus. Vielleicht war an diesem albernen Spruch mehr dran, als sie gedacht hatte. Was sich auf dieser Reise vor ihr auffächerte, war eine gute Geschichte – eine Geschichte des Grauens. Eine der Hauptrollen spielte ausgerechnet der Mensch, dem Olive am meisten vertraut hatte.

Ihre Großmutter war die Tochter eines Nazi-Arztes. Als wäre das noch nicht schlimm genug, hatte Walter Beckmann sich ausgerechnet an den schwächsten Mitgliedern der Gesellschaft schuldig gemacht: Kindern.

Noch immer war Olive speiübel, wenn sie an das dachte, was Tina ihr über diese Klinik erzählt hatte. Die Tatsache, dass ihr Urgroßvater sein Ende als Leiche in einem Kellerfundament gefunden hatte, hätte vor diesem Hintergrund beinahe versöhnlich sein können, hätte sie nicht neue Fragen aufgeworfen. Denn noch immer war nicht klar, welche Rolle Poppy bei der ganzen Sache gespielt hatte. Sie war zeitgleich mit ihrem Vater verschwunden, und das ließ nur eine Handvoll Erklärungen zu, die wenigsten davon rühmlich.

Als Tom die Beifahrertür öffnete, wurden Olives Gedanken von einem Windstoß durcheinandergewirbelt. »Das war noch mal Tina«, sagte er, während er sich zu ihr in den Bus setzte. »Wir waren offenbar nicht die Ersten, die nach der Leiche und dem Kompass gefragt haben.«

»Was?« Olive spürte, wie es an ihrem Hals zu pulsieren begann.

»Gestern Abend war wohl eine Frau bei der Polizeistelle und hat darum gebeten, den Kompass sehen zu dürfen«, fuhr Tom fort. »Sie hat weder ihren Namen noch eine Nummer hinterlassen, aber Tina sagt, dass die Kollegen vermerkt haben, sie sei Amerikanerin. Sie wollte heute nochmal wiederkommen.«

Eine neue Art von Unbehagen machte sich in Olive breit. »Was will eine Amerikanerin von Poppys Kompass?«

»Vielleicht ist sie auch Journalistin und findet den Fall spannend«, sagte Tom und sprach damit Olives schlimmste Befürchtung aus. Es war schrecklich genug, dass *sie* der Geschichte ihrer Großmutter auf der Spur war, aber sie konnte immerhin selbst entscheiden, welchen Teil davon sie mit der Öffentlichkeit teilen wollte. Wenn nun aber auch fremde Journalisten in der Vergangenheit herumwühlten, hätte sie darauf wohl keinen Einfluss mehr.

Egal wer diese Frau war: Olive musste ihr dringend zuvorkommen.

»Glaubst du, deine Großmutter könnte Walter Beckmann in diesem Keller begraben haben, bevor sie sich nach England abgesetzt hat?« Tom fiel die Frage nicht leicht, das konnte Olive sehen, aber er konnte auch unmöglich damit rechnen, dass sie ihm eine Antwort darauf geben würde.

»Ich muss hier raus«, murmelte sie stattdessen und stieg aus dem Wagen, bevor Tom etwas sagen konnte.

Der Elbstrand war nass und kalt, und Olive saß nun schon so lange im Sand, dass ihr Hosenboden feucht war. Aber sie konnte nicht aufstehen und zum Bus zurückkehren, bevor sie die Zusammenhänge nicht verstanden hatte. Noch einmal versuchte sie, die Fakten zu sortieren.

Mit hoher Wahrscheinlichkeit war Walter Beckmann vor etwa siebzig, achtzig Jahren eines gewaltsamen Todes gestorben und anschließend im Keller seines Hauses begraben worden.

Zeitgleich war seine einzige Tochter, Mathilde Beckmann, wie vom Erdboden verschwunden, und hatte sich – wie Olive wusste – ein neues Leben in England aufgebaut.

Natürlich konnte die zeitliche Übereinstimmung ein Zufall sein. Vielleicht hatte Poppy erkannt, dass ihr Vater ein Unmensch war, und wollte einen Schlussstrich ziehen. Vielleicht wusste sie nicht einmal, dass Walter Beckmann anschließend verstorben und im Keller seines Hauses begraben worden war.

Wahrscheinlicher war nur leider, dass Poppy etwas mit dem Tod ihres Vaters zu tun hatte. Dass sie deshalb das Land und ihr altes Leben zurückgelassen hatte, um neu anzufangen, ohne Vergangenheit und ohne Schuld.

Olive fröstelte, als sie langsam die Tragweite der ganzen Angelegenheit begriff. Wenn ihre Großmutter wirklich die Mörderin ihres Vaters war, würde sie niemals eine Story für die VOICES daraus machen können. Sie wusste ja nicht mal, ob sie diese Wahrheit mit dem Rest der Familie würde teilen können.

Vielleicht hatte ihr Vater recht. Es gab Geschichten, die am besten in der Vergangenheit blieben.

Aber in Olives Fall war es dafür schon zu spät. Wenn sie diese Reise abbrach, wäre ihr Andenken an Poppy für immer zerstört, all ihre Erinnerungen würden überschrieben werden mit Begriffen, mit denen sie wohl niemals ihren Frieden würde schließen können. *Hitlerjugend* und *Vatermörderin* waren nur zwei davon.

Außerdem war da immer noch die Sache mit der Amerikanerin. Welches Interesse hegte sie am Kompass?

Olive zog ihr Telefon aus der Jackentasche, um zu sehen, ob Tom schon weitere Informationen von Tina bekommen hatte, und stellte fest, dass es noch stummgeschaltet war.

Tom hatte sich nicht gemeldet, dafür hatte Joyce versucht, sie anzurufen, und eine Nachricht auf der Mailbox hinterlassen. Vermutlich wollte sie sich nach dem Verlauf ihrer Reise erkundigen und erste Ergebnisse abklopfen, aber Olive fühlte sich nicht gewappnet für so eine Art Gespräch. Sie konnte ja nicht einmal sagen, ob es hier eine Geschichte gab, die sie würde erzählen wollen, und deshalb löschte sie die Nachricht auf der Mailbox, ohne sie abzuhören.

Ihre Mutter und Sadie hatten Textnachrichten geschickt und sich erkundigt, ob alles gut liefe. Olive tippte zwei schnelle Antworten, um sie zu beruhigen, erwähnte aber nichts von dem, was sie auf ihrer Reise herausgefunden hatte.

In dem Augenblick, als sie das Handy wieder wegstecken wollte, leuchtete eine Nachricht von Tom auf dem Display auf. Unerwartet drängten sich die Erinnerungen an die letzte Nacht in ihr Bewusstsein. Der Kuss, den sie am liebsten vergessen hätte, und das Gefühl, dass jemand sie gesehen hatte – dass *Tom* sie gesehen hatte.

Aber dieses Gefühl war ein Trugschluss, sie hatte sich grob getäuscht und in etwas verrannt, was sie nun zum wiederholten Male erröten ließ.

Während sie mit dem Gedanken spielte, das Handy einfach wieder wegzustecken, leuchtete eine zweite Nachricht von Tom auf.

Olive gab sich einen Ruck und öffnete das Kurznachrichtenprogramm.

Übersetzung von Esben, lautete seine erste Nachricht, und die zweite: *Er hat mit ein paar kürzeren Texten angefangen, weitere folgen asap.*

Es ging also nicht um Tina oder die Amerikanerin, sondern um Poppys Gedichte. Kurz nacheinander folgten nun zwei weitere SMS von Tom, beide von einer fremden Nummer weitergeleitet.

Olive öffnete die erste der beiden. Es war ein kurzes Gedicht.

Namen

Zu Hause verbirgt sich hinter vielen Türen.
Glück trägt unzählige Gesichter.
Aber Liebe
Kennt nur einen Namen:

D
E
I
N
E
N

Verblüfft blinzelte Olive den Bildschirm an. Ein Liebesgedicht, geschrieben im Oktober 1941 in Hellerup. War Poppy verliebt gewesen?

Unschlüssig öffnete Olive die Nachricht mit dem zweiten Gedicht. Es war ebenfalls in Hellerup verfasst worden, allerdings erst im September 1943.

Frida

Bevor ich dich kannte,
War das Meer nur ein Dunkel –
Jetzt ist es eine
Möglichkeit.

Bevor ich dich hielt,
War die Zukunft nur ein Gespenst –
Jetzt ist sie unsere
Hoffnung.

Bevor ich dich liebte,
War mein Leben nur eine Illusion –
Jetzt bist du mein
Zuhause.

Olive ließ das Handy in ihren Händen sinken. Sie war keine Expertin, was Lyrik betraf, aber auch hier ging es eindeutig um Liebe. Frida war ein Mädchenname. Ähnelte er nicht dem Namen, den Tom ihre Großmutter hatte sagen hören? Hatte Poppy eine Frau geliebt?

Olive überschlug die Jahreszahlen im Kopf. Ihre Großmutter

hatte im Dezember Geburtstag, im September 1943 war sie also noch achtzehn gewesen. Achtzehn, weit weg von zu Hause und womöglich verliebt in eine Frau. Was mochte Walter Beckmann dazu gesagt haben?

Mit dieser Wendung hatte Olive nicht gerechnet, aber ausnahmsweise zog sie ihr nicht den Boden unter den Füßen weg wie all die anderen Dinge, die sie in den letzten Tagen über ihre Großmutter erfahren hatte.

Poppy hatte Olives Großvater im Frühjahr 1950 in Cornwall kennengelernt. Das wusste Olive so genau, weil ihre Großmutter jedes Jahr an Robert Browns Todestag nach Land's End gereist war. Olive hatte nie in Erwägung gezogen, dass Poppy vor ihrem späteren Ehemann schon einen anderen Menschen geliebt hatte, aber natürlich war das kurzsichtig gewesen. Hatte ihre Großmutter an diese Frida gedacht, wenn sie von denen gesprochen hatte, die sie vermisste und die sie auf ihren Reisen an der Küste entlang begleitet hatten?

Ein seltsames Gefühl packte Olive. Es war keine Wut, und auch keine Scham oder Entsetzen über das, was Poppy ihnen all die Jahre verschwiegen hatte, sondern eher ein leises Gefühl. Eines, das mit der Feuchtigkeit, die der Fluss an den Elbsand abgab, auf sie überging, in sie hineinsickerte und sie leicht und schwer zugleich von innen ausfüllte. *Trauer.*

Wie allein musste Poppy sich gefühlt haben, mit all den unausgesprochenen Erinnerungen, die auf ihren Schultern lasteten? Wie viel Vergangenheit konnte ein Mensch unter einem neuen Leben begraben, ohne zu vergessen, wer er in Wirklichkeit war?

Ihr kam das Sturmzimmer wieder in den Sinn. Vielleicht war es gar kein Rückzugsort für Poppy gewesen. Vielleicht war es der

Ort, an dem sie ihre Stürme aufbewahrt hatte, all das Schreckliche, vor dem sie ihre Familie hatte schützen wollen.

Olives Kehle schnürte sich zusammen. Ohne dass sie es gemerkt hatte, hatten sich ihre Finger auf das Muttermal an ihrem Hals gelegt.

Auf einmal, so als wäre da doch wieder eine Verbindung zu ihrer Großmutter, wusste Olive, was sie als Nächstes zu tun hatte.

Sie würde Poppys Kompass nach Dänemark folgen.

FIEBER
August 2000

Schwanger. Das war verrückt – und vollkommen unmöglich! Was fiel Frankie ein, so ein Gerücht in die Welt zu setzen? Sie hatte keine Ahnung, sie kannte Claire nicht einmal! Außer Iris gab es keinerlei Verbindung zwischen ihnen – und wie sah diese Verbindung schon aus?

Frankie hatte ihr ihre Schwester gestohlen! *Gestohlen, gestohlen, gestohlen.* Claire versuchte, wütend zu sein, versuchte, ihren Zorn wie ein Feuer am Leben zu erhalten, aber ihr fehlte die Kraft. Außerdem gab es andere Flammen, die auf einmal stärker brannten.

Schwanger. Das war lächerlich, undenkbar! Albern, aber lachen konnte Claire nicht. Stattdessen rannte sie fieberhaft herum, versorgte ihren Fuchs, streifte über die Insel, um ihren Gedanken davonzulaufen. Weitergehen, immer weiter, immer wieder. Zwischendurch in die Knie sinken und sich an einem Baumstamm übergeben.

Schwanger! Nur weil man sein Essen nicht bei sich behalten konnte, hieß das noch lange nicht, dass man ein Kind in sich trug. Es gab tausend Gründe für ihre Übelkeit!

Iris war schuld. Iris hatte sie ins Nichts gelockt, Iris hatte sie an einen Ort gebracht, an dem sie ihren Erinnerungen nicht entkommen konnte. Wem würde dabei nicht übel werden? Drumherum das Meer, ein Gefühl von endlosem Schwanken, der Seegang, das Alleinsein. Sie aß zu wenig und zu unregelmäßig, und mit Sicherheit hatte auch Will zu Beginn eine Rolle gespielt. Aber nicht so, wie Frankie es vermutete! *Schwanger* ...

Claire schleppte sich weiter, Schritt für Schritt, Stunde um Stunde, Tag für Tag. Sie war nie eine gute Lügnerin gewesen, vor Gericht hatte sie gelernt, die Wahrheit so lange umzuformulieren, bis sie keine Gefahr mehr darstellte. Jetzt spürte sie zum ersten Mal, wie viel Kraft es kostete, sich selbst zu belügen. Sich selbst von einer anderen Wahrheit überzeugen zu wollen. Sie strengte sich an, suchte, rannte, versorgte, fand aber nichts, was ihr Halt gab oder Trost spendete, nirgendwo auf der Insel und nirgendwo in sich selbst. Also lief sie weiter, zwang sich, nicht stehen zu bleiben, selbst wenn sie lag, selbst wenn sie schlief, nicht einmal dann. Immer wieder zwang ihr Körper sie dabei in die Knie und warf alles aus sich heraus, als hätte er seinen Untergang längst unterzeichnet, als wäre selbst er kein Verbündeter mehr, sondern ein Opfer.

Tage verschmolzen mit Nächten, die Wirklichkeit mit ihren Träumen, und irgendwann konnte Claire keine Grenzen mehr ziehen. Was sie wusste, war: Sie wollte kein Kind bekommen, sie *konnte* kein Kind bekommen. Dafür war sie nicht geschaffen, nicht bereit. Das Einzige, was noch auf sie wartete, war ein neuer Job in New York, eine Chance, die keinen Platz für ein Kind vorsah.

Dann war da noch Will. Will, der in den letzten Wochen aus ihrem Leben gedriftet war. Jetzt tauchte sein Treibgut am Horizont auf. Will, der bereits eine Familie hatte, ein Vater war – und wieder einer werden sollte?

Claire musste erst lachen und dann kotzen.

Das war Wahnsinn. Und dieser Wahnsinn wuchs, griff um sich, verwischte die Grenzen und Wirklichkeiten. Schlief sie, oder war sie wach? Lief sie, oder lag sie am Boden? Fieberte sie, oder waren das Erinnerungen?

Während die Zukunft wie ein Ungeheuer in den Himmel hinaufwuchs, holte die Vergangenheit sie aus dem Untergrund ein. Griff nach ihr, fasste mal einen Knöchel und riss dann wieder ihren gesamten Körper in den Abgrund. *Hatte sie den Fuchs versorgt?*

Die Nacht holte sie ein, nicht irgendeine Nacht, sondern die, die alles verändert hatte.

Sie hatte ein einziges Mal gewinnen wollen. Nur ein einziges Mal.

Und hatte dabei alles verloren.

Claire versuchte, den Blick abzuwenden, wie sie es in den vergangenen Jahren getan hatte, wollte wegsehen, weil es das einzig Erträgliche war, aber das war nicht mehr möglich. Ihr Körper hatte aufgegeben, und nun war auch ihr Kopf den Bildern schutzlos ausgeliefert.

Claire lief los, aber die Erinnerungen folgten ihr. Kein Ort, an dem sie sicher war.

Ihre Mutter, Mutter, Mutter. Hatte Iris verboten, auf die Party zu gehen. Weil Iris nur schwer Grenzen respektieren konnte.

Ihr Vater, Vater, Vater. Hatte entschieden, dass Iris gehen dürfe, wenn Claire mitkäme. Damit hatte er ihrer aller Schicksale besiegelt.

Ein Outfit, das Iris ihr verpasst hatte, Make-up im Gesicht, sodass sie sich noch ähnlicher sahen. Claire hatte sich verkleidet gefühlt.

Das Auto ihres Vaters. Das Claire fahren musste, weil alle wussten, dass sie keinen Alkohol trinken würde.

Iris, Iris, Iris, die sie bei Caitlin noch mit sich ins Gedränge gezogen hatte und irgendwann verschwunden war, um ihren Schwarm zu suchen.

Alleine.

Ein Fremdkörper.

Die dunkle Ecke des Gartens, in die Claire sich geflüchtet hatte, um auszuharren.

Frieren, bis irgendwann der Junge aufgetaucht war. Sie hatte ihn erkannt, im Bruchteil einer Sekunde. Hatte sich dagegen entschieden, das Missverständnis aufzuklären. Der Verlust von Zeitgefühl, während sie in diese Rolle hineingeschlüpft war, lautes Lachen, alberne Bemerkungen, bis sie irgendwann sogar Gefallen daran gefunden hatte.

Daniel, der sie für Iris hielt.

Küsse, die ihrer Schwester galten. *Dieser kleine Triumph.*

Bis die Party vorbei war. Bis sie Iris nirgendwo finden konnte, und auch der Wagen ihres Vaters verschwunden war.

Dieser Moment, in dem du verstehst, dass du einen Fehler gemacht hast.

Iris musste sie gesehen haben. Iris hatte den Wagen genommen und war damit davongefahren. Vor wenigen Minuten oder vielen Stunden.

Der Fußweg nach Hause, auf den hohen Absätzen, die Iris ihr verpasst hatte. Dieses ungute Gefühl, das mit jedem Schritt wuchs: dass das hier ein Wendepunkt war. Dass es fortan ein Davor und ein Danach geben würde. Diese Ahnung, die mit dem glühenden Himmel am Waldrand und dem beißenden Geruch in der Nachtluft zu einer Gewissheit wurde.

Feuerwehrleute, die sie zurückhielten, weil nichts mehr zu retten war. Niemand.

Die kurze Erleichterung, als Iris nach zwei Tagen zurückgekehrt war. Der Wagen unversehrt, doch Iris verändert. Kein Trauern, nur Wut. *Diese Wut, diese Wut, diese Wut.* Der Wille, alles zu zerstören. Der Claire jetzt, wo sie nicht wegsehen konnte und ihr Körper ihr versagte davonzulaufen, von innen heraus zerriss.

Sie hatte in dieser Nacht nicht nur ihre Eltern verloren, sondern auch Iris. Sie hatten einander verloren. Der Blick in den Spiegel war fortan leer.

Jetzt erst erkannte Claire: Jede von ihnen hatte eine andere Einsamkeit gewählt.

War das Fieber? Claires Körper brannte, sie wollte sich die Haut vom Leib reißen. Heiß, kalt, würgen. Die Sonne, die im Zeitraffer auf- und wieder unterging. *Schwanger?* Und gleichzeitig liefen die Tage zurück, weit hinter die Startlinie, an der Claire ihre Erinnerungen vertäut hatte. Dorthin, wo das Bewusstsein in Dunkelheit lag, ein schlafender Drache in einer Höhle unter dem Berg. Wer ihn weckte, konnte sich nur verbrennen.

Sie konnte kein Kind kriegen.

Schon ihre Mutter hatte es nicht gekonnt.

Zu viel, zu viel. So viel, dass das Eis auf dem See es nicht tragen konnte.

Du darfst das Monster nicht wecken, sonst bricht das Eis.

Träumte sie? Hatte sie eine Wahl?

Dieser Wintermorgen im neuen Jahr. Ihre Mutter, die mit ihnen an den See fuhr und die Handschuhe im Wagen ließ. Das Gesicht gefroren, doch der See nicht, nicht der See, nicht genug. Es hatte schon zu tauen begonnen. Risse unter den Schritten, das Eis, das zu ihnen sprach, aber ihre Mutter, die es nicht hören wollte. Bis sie zu schreien begonnen hatten, Iris und Claire, bis sie sich nicht länger festhalten ließen, sondern ihre Kräfte bündelten und ihre Mutter ans Ufer zogen, zurück in den Wagen.

Dorthin zurück, wo es kein Zurück mehr gab. Zu dem Tag, an dem für immer Winter wurde.

Jetzt sehnte Claire sich nach der Kälte, ihr Körper schrie danach, Geister setzten sich in Bewegung und vielleicht auch ihre Beine, bis sie es irgendwann geschafft hatte, bis sie den Weg aus der Höhle gefunden hatte, bis sie im kalten Nass lag, in Sicherheit. Kein Drache, keine Dunkelheit, kein Flüstern unterm Eis, nur ein Wiegenlied aus Wellen.

Und dann kam ihre Mutter zurück, die *echte* Mutter.

Die ihr Kind erkannt hatte, die es auf den Arm nahm und nach Hause trug.

Claire wusste nicht, wo sie war und auch nicht wer, als sie die Augen wieder aufschlug. Aber sie spürte, dass das Eis geschmolzen war und der Winter vorbei. Im Kamin brannte ein Feuer, ihr Körper sicher und leicht unter einer Decke, als wäre sie Teil eines Gemäldes.

Als sie sich bewegte, kam etwas auf sie zu, jemand, und Claire brauchte einen Moment, bis sie verstand, dass es Frankie war.

Frankie, deren Anwesenheit sich nicht wie eine Bedrohung anfühlte.

Frankie, die ihr das Kissen im Nacken richtete und ihr einen Becher an die Lippen führte.

Frankie, die Claires Stirn fühlte und sich dann einen Stuhl heranzog, um neben ihr zu schweigen.

»Ich habe dich in der Bucht gefunden«, sagte sie irgendwann, und Claire wusste nicht, ob Minuten oder Stunden vergangen waren. »Wo Iris deinen Namen in den Felsen geschrieben hat.«

Iris. Fels. Bucht. Claire musste die Erinnerungen erst an ihren Platz rücken, bevor sie einen Sinn ergaben.

»Das Fieber ist runter«, sprach Frankie weiter. »Aber du hast eine Weile im Wasser gelegen. Die Ärztin war zwischendurch hier …«

Zwischendurch war ein Puzzleteil, für das Claire keinen Platz fand. »Wie lange …?« Sie erschrak über den Klang ihrer Stimme. Fremd. Ausgespült.

»Vor vier Tagen bin ich hergekommen, aber du warst nicht im Haus. Also bin ich dich suchen gegangen.«

Obwohl Claire lag, hatte sie das Gefühl, zurückzufallen. Frankie hatte nach ihr gesucht. Frankie war zu ihr auf die Insel gekommen. Vor vier Tagen. *Vier Tage?*

Plötzlich durchzuckte es sie wie ein Stromschlag. Sie schoss in die Höhe und sah sich nach dem Gehege um, aber Frankie drückte sie sanft zurück.

»Es geht ihr gut.«

»Aber …?«

»Ich bin geblieben.«

Frankie war geblieben. Sie hatte sich um den Fuchs gekümmert und um Claire. Es ging ihnen gut, weil Frankie geblieben war.

Und sie blieb weiter.

Claire war immer noch müde, sie dämmerte wieder und wieder davon. Frankie blieb.

»Wieso tust du das?«, fragte Claire sie einmal, konnte sich aber später nicht an die Antwort erinnern.

»Warum bist du überhaupt gekommen?«, ein andermal, und

Frankie hatte auf die Urne gedeutet, die sie mitgebracht hatte. *Iris.* Ein schlichtes Modell, schmucklos. Zu unscheinbar, um etwas zu fühlen.

»Ich schulde dir eine Entschuldigung«, sagte Frankie, als Claire eines Abends einen Teller Suppe gegessen hatte, die erste Mahlzeit, die sie am Tisch zu sich nahm. Aufrecht. Wach.

Die Briefe lagen noch immer ungeöffnet auf dem Schreibtisch im Schlafzimmer. Claire sagte nichts, stand auf und ging sie holen. Sie konnte das Unbehagen auf Frankies Gesicht sehen, die Unruhe, die sie im eigenen Körper gefangen hielt.

Erst als Claire ihr die Umschläge zuschob, wich die Anspannung von ihr, und ein Ausdruck der Verständnislosigkeit legte sich auf ihr Gesicht.

»Du hattest recht«, sagte Claire, bevor Frankie den Mund öffnen konnte. »Ich habe sie nicht verdient.«

Es dauerte, bis die Worte bei Frankie anzukommen schienen. Dann rutschten ihre Schultern hinab, sie sank ein paar Zentimeter in sich zusammen und legte sich die Hände aufs Gesicht.

»Ich hatte kein Recht, so etwas zu sagen.«

»Doch«, erwiderte Claire. »Du hattest jedes Recht, weil es wahr ist. Ich habe Iris im Stich gelassen. Ich kann verstehen, dass sie mich gehasst hat.«

Irritiert hob Frankie den Blick. »Sie hat dich nicht gehasst. Sie hat nie ein schlechtes Wort über dich verloren.«

Claire drehte ihr Gesicht zum Fenster. »Sie hätte genug Gründe dazu gehabt. Ich war nicht für sie da, als sie mich gebraucht hätte. Und am schlimmsten ist, dass sie nur meinetwegen abgerutscht ist. Ich trage die Schuld an ihrer Wut.« Tränen liefen leise über ihre Wangen, tröstlich fast. Dabei hatte sie keinen Trost verdient. Sie hatte es endlich ausgesprochen, es hatte ihren

Körper verlassen und war dadurch erst wahr geworden. »Ich bin schuld am Tod meiner Eltern.«

»Das stimmt nicht«, widersprach Frankie, und Claire überraschte die Ruhe in ihrer Stimme. Keine Irritation, keine Ungläubigkeit. Als wäre sie dabei gewesen und hätte sich ihr eigenes Bild gemacht.

Claire konnte das nicht ertragen. Sie wollte nicht freigesprochen werden von einer Frau, die die Wahrheit nicht kennen konnte. »Ich habe Iris provoziert in der Nacht des Feuers. Ich habe mit ihren Gefühlen gespielt, obwohl ich wusste, dass es sie verletzen würde. Ich wollte triumphieren, ein einziges Mal wollte ich sie sein. Aber noch während ich dachte, dass ich gewinnen würde, habe ich alles verloren. Meinetwegen ist Iris davongefahren. Wäre sie geblieben, hätte ich nicht so lange für den Heimweg gebraucht. Ich hätte das Feuer früher bemerkt, ich hätte meine Eltern retten können. Iris.« Mittlerweile sah sie kaum noch etwas, die Tränen legten einen undurchdringlichen Film auf die Welt um sie herum. Trotzdem merkte sie, dass etwas in der Luft lag. Dass Frankie unruhig wirkte, aber es dauerte etwas, bis sie das Schweigen zwischen ihnen brach.

»Du bist nicht schuld an dem, was damals geschehen ist, Claire. Genauso wenig, wie Iris schuld war.«

Claire horchte auf. Sie rieb sich die Tränen aus den Augen und blickte Frankie an. Hatte Iris sich die Schuld gegeben?

»Sie hat den Wagen eures Vaters genommen und ist nach Hause gefahren.«

»Was?« Claires Puls beschleunigte sich.

»Sie war wütend«, fuhr Frankie fort und senkte dabei den Blick. »Wütend auf dich und wütend auf sich. Deine Eltern haben gar nicht mitbekommen, dass sie da war, sie haben schon geschlafen. Alles im Haus war dunkel und ruhig. Aber Iris hatte Hunger …«

Sie ließ den Satz auslaufen, ihre Erklärung, aber die Geschichte fand von selbst zu ihrem Ende, langsam nur, Stück für Stück für Stück, dann reihten sich die Gedanken in Claires Kopf aneinander und ergaben ein Bild mit entsetzlicher Sprengkraft.

»Der Mikrowellenherd …«, sagte sie so leise, dass sie nicht sicher war, ob sie es ausgesprochen hatte, aber Frankie nickte.

»Sie hat vergessen, den Stecker zu ziehen, und ist weggefahren. Wollte dich schmoren lassen, dich bestrafen. Aber als sie ein paar Tage später zurückkam …«

»War das Haus nicht mehr da«, beendete Claire ihren Satz.

»Und eure Eltern waren tot.«

Claire schloss die Augen, und trotzdem drehte sich die Welt um sie herum. Der Schwindel folgte ihr hinter den Tränenschleier, und alles, was sie die letzten zwanzig Jahre mit sich herumgetragen hatte, geriet ins Wanken.

Ihre Eltern waren tot.

Iris hatte sich die Schuld daran gegeben – genau wie Claire.

»Warum hat sie nie ein Wort gesagt?«, flüsterte sie.

»Warum hast du nie etwas gesagt?«, erwiderte Frankie, und als Claire die Augen wieder öffnete, konnte sie ihre eigene Antwort in Frankies Blick erkennen.

Iris und sie hatten die Einsamkeit aus Scham gewählt.

Sie hatten einander geopfert, aus Angst, die Verachtung der anderen auf sich zu ziehen. Sie hatten sich zu einem Leben ohne Spiegelbild entschieden, weil sie fürchteten, darin nur Enttäuschung zu sehen.

Was für eine Verschwendung.

Was für ein Verlust, jetzt, wo Claire die Wahrheit erkannte.

Über ihr Gesicht liefen immer noch Tränen, aber erstaunlicherweise fühlte sie sich leichter als je zuvor. Befreit von einer Schuld, die zu viele Jahre auf ihrer beider Schultern gelastet hatte.

Claire wusste nicht, ob sie jemals wieder ein Wort hätte sagen müssen, aber Frankie räusperte sich irgendwann. »Weißt du, wie sie hier gelandet ist?«

»Dein Vater hat sie hergebracht.«

Frankie nickte kaum merklich. »Er hat sie auf dem Rückweg von Seattle aufgelesen, auf einem Parkplatz.«

»Wann war das?«

»Im Herbst sind es zehn Jahre.« Frankie holte Luft. »Ich war nicht von Anfang an begeistert. Das Leben meines Vaters war ein Leben voller Leerstellen, und auch wenn Iris die nicht füllen konnte, hat er doch sofort erkannt, dass sie ihm etwas Wichtiges geben konnte.«

Claire sah sie irritiert an, bis Frankie schließlich weitersprach. »Sie konnte seinen Erinnerungen ein Gesicht verleihen.«

Claires Blick wanderte zum Wal. »Die Zeichnungen ...«

»Die Zeichnungen, ja«, sagte Frankie, und ein Lächeln legte sich auf ihr Gesicht, während sie selbst zur Wand sah. »Sie hat für ihn gezeichnet und ist mit ihm geheilt.« Plötzlich verebbte ihr Lächeln wie Wasser im Sand. »Seine Erinnerungen haben auch meine Lücken gefüllt, und als mein Vater starb, war Iris der letzte Mensch, mit dem ich sie teilen konnte. Das ist der Preis, wenn du die Einsamkeit wählst. Dass es niemanden gibt, der deine Erinnerungen teilt.« Sie musste schlucken und sah Claire in die Augen. »Aber wenn sie niemand teilt, sind sie dann wahr?«

Claire hatte keine Ahnung, wovon sie sprach – und verstand es doch ganz genau. Diese fremde Frau hatte nicht nur Iris gerettet, sie hatte sich auch von Iris retten lassen. *Freigeist. Freundin. Familie.*

Wie wahr waren Claires Erinnerungen, jetzt, wo es keine Schwester mehr gab, mit der sie sie teilte?

Frankies Blick fiel auf die Briefumschläge, die noch immer vor ihr auf dem Tisch lagen. »Mein Leben lang habe ich nach etwas gesucht und es nicht gefunden. Aber Iris hat mir gezeigt, dass es sich lohnt, nicht aufzugeben. Als mein Vater starb, meine einzige Familie, hat sie die Hoffnung für mich am Leben gehalten. Als sie anfing, nach dir zu suchen, da …« Sie verstummte und sah zum Fenster. »Habe ich sie ermutigt. Weil ich wusste, dass sie das braucht. Aber gleichzeitig habe ich …« Wieder brach sie ab, und diesmal war es Claire, die ihren Satz beendete.

»Angst bekommen.«

Frankie sah sie an und lächelte hilflos, aber es erreichte ihre Augen nicht. »Ich hatte Angst, ja. Angst, sie zu verlieren, Angst, sie an *dich* zu verlieren. Deshalb habe ich die Briefe nicht aufgegeben. Ich habe sie an mich genommen, aber ich wusste, dass ich sie nie abschicken würde, weil sie dich niemals erreichen durften.«

Obwohl Claire das bereits gewusst hatte, tat es auch jetzt wieder weh. Iris hatte sie gesucht und gefunden. Es hätte eine Möglichkeit gegeben, Frieden zu finden.

Aber sie fühlte auch Frankies Schmerz. Auch sie war eine Überlebende, die eine, die übriggeblieben war.

Ohne dass sie es beabsichtigt hatte, legte Claire ihre Hand auf die von Frankie. »Ich vergebe dir. Ich vergebe dir, weil Iris es nicht mehr tun kann.«

»Tu das nicht«, sagte Frankie, und während sie langsam den Kopf schüttelte, liefen ihr Tränen übers Gesicht. »Nicht bevor du weißt, was ich noch getan habe …«

Nirgendwo, Mai 1947

ÜBERLEBEN

*Die Glücklichen überleben
Den Krieg.*

*Die Mutigen überleben
Die Liebe.*

*Die Stärksten überleben
Sich selbst.*

GESTÄNDNISSE
November 2022

»Wir fahren nach Dänemark!« Olive ließ sich auf den Fahrersitz fallen, und stellte überrascht fest, dass Tom sich hinten einen der Schlafplätze hergerichtet hatte. Nun schreckte er auf seinem provisorischen Lager auf und blinzelte sie benommen an.

»Du meinst ... jetzt sofort?« Seine Stimme klang belegt, offenbar war er kurz weggenickt.

Entschlossen legte Olive sich den Gurt an. »Willst du bis übermorgen warten?«

Mit einem leisen Stöhnen, das auch ein Seufzen sein konnte, richtete er sich von seinem Bett auf und rückte alles an seinen Platz zurück.

»Bist du sicher, dass du fahren willst?«, fragte er, als er sich neben Olive auf den Beifahrersitz setzte. »Das Gespräch mit Tina hat dich ziemlich mitgenommen.«

»Du willst mir sagen, ich wirke mitgenommen? Hast du mal in den Spiegel gesehen?« Belustigt klappte sie ihm den Innenspiegel runter, aber Tom klappte ihn wieder zurück, ohne einen Blick hineinzuwerfen.

»Ich bin nur müde.«

»Du kannst ruhig weiterschlafen«, sagte sie und startete den Motor. »Ich habe Hellerup schon in mein Handy eingegeben.«

Doch Tom erweckte nicht den Anschein, als wolle er sich ausruhen. Während Olive den Bus in einer Sackgasse wendete und langsam den Hang hinauf zur Hauptstraße fuhr, rutschte er auf seinem Sitz hin und her und fand offenbar keine bequeme Position.

»Wir sollten über das reden, was letzte Nacht passiert ist.«

In Olives Brustkorb zog sich etwas zusammen, aber sie rang sich trotzdem ein Lächeln ab. »Es ist ja nichts passiert.«

Doch Tom konnte sich damit nur kurz begnügen. »Ich denke wirklich, dass wir ...«

»Lass es uns einfach als Fehler verbuchen«, fiel Olive ihm ins Wort. »Ich war durcheinander, und du warst müde. Wir haben uns versehentlich geküsst, und ich entschuldige mich, falls ich dir damit zu nahe getreten bin.« Die Worte flogen wie kleine, harte Kirschkerne aus ihrem Mund, und Olive vermied es tunlichst, Tom anzusehen. Allerdings spürte sie seinen Blick auf sich lasten.

»Kannst du mal rechts ranfahren?«

Olive lachte leise auf. »Wir sind gerade erst losgefahren.«

»Halt bitte an, Olive.«

»Warum?«

»Weil ich dir meine Reaktion erklären will.«

Olive hätte seine Aufforderung gerne ignoriert, aber in diesem Moment schaltete die Ampel vor ihnen auf Rot. »Bitte. Wenn es dir so wichtig ist.«

Tom starrte sie fassungslos an, aber als der Wagen stand und sie erwartungsvoll auf die Ampel deutete, stöhnte er leise. »Ich wollte dich nicht zurückweisen.«

Olive stieß ein bitteres Lachen aus.

»Ich weiß, dass es so ausgesehen hat, aber ...« Er verstummte, als müsste er erst die richtigen Worte finden.

»Aber was?«, drängte Olive ihn mit Blick auf die Ampelschaltung.

»Ich wollte die Situation nicht ausnutzen!«

»Wie bitte?« Irritiert blinzelte Olive ihn an.

»Du hast selbst gesagt, dass du durcheinander warst«, fuhr Tom fort. »Und außerdem bist du mit Marcus zusammen. Ich wollte nicht, dass du es hinterher bereust.«

Olive konnte es nicht fassen. Schob er jetzt ernsthaft Marcus vor? »Marcus und ich sind nicht zusammen!«

»Ihr geht seit Jahren miteinander aus.«

»Wir haben *Sex* miteinander«, korrigierte Olive ihn.

»Du warst traurig, dass er dir nicht zum Geburtstag gratuliert hat. Das bedeutet ja wohl, dass du etwas für ihn empfindest.«

»Ich war traurig, weil ich allein bin, Tom! Weil ich die letzten Jahre an einen Typen verschwendet habe, dem ich offensichtlich egal bin. Weil ich gehofft habe, dass mich irgendwann mal jemand sieht.« Die Ampel zeigte mittlerweile grün an, aber da hinter ihnen kein Auto wartete, blieb Olive einfach stehen. Müde fuhr sie sich mit den Händen übers Gesicht. »Als ich letzte Nacht die Fotos von mir gesehen habe, dachte ich, dass ... du mich sehen würdest. Ich habe das offensichtlich falsch interpretiert und entschuldige mich dafür. Aber du hättest mir einfach sagen können, dass du das nicht willst. Dass du Marcus als Entschuldigung vorschiebst, fühlt sich mies an.«

Mit einem leisen Ächzen ließ Tom seinen Kopf gegen die Nackenstütze sinken und schloss die Augen. Olive wertete das als Zeichen, dass die Unterhaltung beendet war, aber dann fing er doch wieder an zu reden. »Ich habe Marcus damals gesagt, dass ich dich mag.«

»Was?« Olive blickte ihn verständnislos an, und er öffnete seine Augen wieder, vermied es aber, zu ihr hinüberzusehen.

»Er war mein Mitbewohner, ich habe ihn mitgebracht zur Weihnachtsfeier. In den Tagen davor hatte ich ihm erzählt, dass es in der Redaktion eine Frau gibt, die ich mag.« Er musste schlucken und wandte ihr endlich das Gesicht zu. »Und dann ist er mit dir nach Hause gegangen.«

Olive zog die Augenbrauen zusammen, bis der Schmerz an ihrer Naht unerträglich wurde. Nur sehr langsam setzten sich die Informationen, die Tom gerade mit ihr geteilt hatte, zu einem Gesamtbild zusammen, einem Gesamtbild, dem sie zutiefst misstraute. Das alles ergab keinen Sinn. Oder etwa doch?

Marcus hatte sie nach der Weihnachtsfeier mit zu sich nach Hause genommen. Tom war kurz darauf bei ihm ausgezogen. Die Männer hatten seitdem kaum noch Kontakt miteinander, und Tom hatte sie fortan gemieden, als hätte sie einen ansteckenden Ausschlag. Das waren die Fakten, das waren die Dinge, an denen Olive sich festhalten konnte. Aber wenn Tom die Wahrheit sagte, verbarg sich hinter der Fassade eine Wirklichkeit, die ein anderes Licht auf so ziemlich alles warf. Die Frage war nur, ob sie Tom glauben konnte.

Als hätte er ihre Gedanken gelesen, begann er im nächsten Moment wieder zu sprechen. »Ich mag dich wirklich, Olive, und zwar schon ziemlich lange. Aber als wir uns letzte Nacht geküsst haben, war ich mir nicht sicher, ob ich deinen Zustand nicht nur ausnutzen würde. Ich wollte nicht, dass es sich hinterher wie ein Fehler für dich anfühlt. Das wollte ich dir nicht zumuten, und mir genauso wenig. Weil es für mich kein Fehler war.«

Olive war sprachlos. Das hebelte so ziemlich alles aus den Angeln, was sie in den vergangenen Jahren über ihn geglaubt hatte. Und war rund um Poppy nicht gerade erst genau dasselbe geschehen?

Das war zu viel. Das alles war einfach zu viel – und dennoch konnte sie ihren Blick nicht von Tom abwenden. Vermutlich wartete er darauf, dass sie etwas sagte, irgendetwas erwiderte, aber dazu war sie nicht in der Lage. So sahen sie einander an, bis zwei weitere Rotphasen vorbei waren, ein Auto von hinten angefahren kam und den Moment mit einem aufdringlichen Hupen beendete.

Olive setzte den Bus in Bewegung und war dankbar dafür, dass die Stimme aus dem Routenplaner das Gespräch für sie übernahm. Stille konnte sie jetzt nicht ertragen, denn dann würde sie ihr pochendes Herz und das Rauschen in ihren Ohren hören und all die Fragen, die durch ihren Kopf geisterten.

Erst auf der Autobahn Richtung Lübeck räusperte Tom sich wieder. »Hast du die Gedichte gelesen?«

Olive nickte und schluckte ihr Unbehagen hinunter. Vielleicht war dieser Themenwechsel gut. »Sieht so aus, als wäre meine Großmutter verliebt gewesen …«

»Esben sitzt schon an weiteren Übersetzungen. Er meint, es fühlt sich an, als würde er ein Puzzle zusammensetzen.«

»Ist nicht die ganze Reise ein großes Puzzle?«, wand Olive ein. »Im Grunde setzen wir Teil für Teil zusammen und hoffen, dass sich daraus ein Bild ergibt.« Sie verstärkte den Griff um das Lenkrad. »Ich bin mir nur immer noch nicht sicher, ob ich dieses Bild wirklich sehen will.«

Tom ging nicht weiter auf ihre Bemerkung ein. »Joyce hat sich gemeldet.«

Unwillkürlich versteiften sich Olives Schultern.

»Sie hat mich angerufen«, fuhr Tom fort. »Aber ich bin nicht drangegangen. Dann hat sie eine Mail geschickt.«

»Was wollte sie von dir?« Vergeblich versuchte Olive, sich ihre Unsicherheit nicht anmerken zu lassen.

»Sie wollte wissen, wie wir zurechtkommen. Ich habe ihr geschrieben, dass wir bedeutungslosen Sex auf der Rückbank des Busses deiner Großmutter hatten, und damit war sie zufrieden.«

Olive warf ihm einen fassungslosen Blick zu.

»Nicht witzig?«, hakte Tom nach und gab sich die Antwort dann selbst. »Tut mir leid.« Er seufzte leise.

»Und was wollte sie wirklich?«

»Uns kontrollieren vermutlich.«

»Wenn überhaupt, will sie *mich* kontrollieren«, sagte Olive und lachte bitter. »In dich setzt sie vollstes Vertrauen. Sie traut mir nicht zu, eine gute Geschichte zu erzählen.« Es war keine Frage, sondern eine Feststellung, und trotzdem fühlte Tom sich offenbar berufen, die Sache nicht einfach so stehen zu lassen.

»Die Leute sehen nur das, was du ihnen zeigst, Olive.«

»Das hast du schon mal gesagt.«

»Weil es wahr ist. Sie nehmen dir nur das ab, was du dir selber abnimmst.«

Olive konnte sich ein Schnauben nicht verkneifen. »Alles klar. Dann ist es also meine Schuld?«

»Es geht überhaupt nicht um Schuld. In erster Linie geht es darum, dass du dringend ein paar Entscheidungen für dich treffen musst, bevor du widerstandslos die von anderen Menschen annimmst. Dazu gehört allen voran die Entscheidung, was du Joyce geben möchtest. Denn darum geht es doch eigentlich: Nicht Joyce hat das Recht, zu beurteilen, ob du es schaffst oder nicht, sondern du musst dir darüber klar werden, welche Geschichte du mit ihr teilen möchtest. Das hier ist deine Geschichte, du bist die Chefin. Du hältst alle Fäden in der Hand. Also kann es dir im Grunde egal sein, was Joyce dir zutraut oder nicht.«

Olive hielt die Luft an. Sie hatte nicht mit einem Vortrag von derartiger Länge gerechnet, und außerdem hatten Toms Worte so viel Gewicht, dass sie sie regelrecht in den Sitz drückten. Dass er sie und ihr Leben nach so kurzer Zeit klarer sah als sie selbst, empfand sie beinahe als übergriffig – und vor dem Hintergrund, dass sie ihrerseits kaum etwas über ihn wusste, wurde es noch schlimmer. Im Grunde war er ein Fremder für sie.

»Warum machst du das eigentlich?«

Irritiert wandte Tom ihr das Gesicht zu. »Warum ich dich auf dieser Reise begleite oder warum ich dir sage, dass du besser bist als das, was Joyce von dir denkt?«

»Warum arbeitest du für die VOICES?«

Die Frage schien ihn zu überraschen. Er sah sie eine Weile mit offenem Mund an, bevor er den Blick abwandte. »Wieso sollte ich nicht für die VOICES arbeiten?«

»Du hast überall auf der Welt gearbeitet, Tom.«

»Und jetzt arbeite ich eben in London.«

Olive warf ihm einen amüsierten Blick zu. »In einer Stadt, die du nicht ausstehen kannst.«

Jetzt war es Tom, der bitter lachte. »Wer sagt, dass ich London nicht ausstehen kann? Etwa dieselbe Person, die behauptet hat, ich könnte *dich* nicht ausstehen?«

Olive rollte mit den Augen »Selbst wenn du London mögen solltest – du bist viel zu gut für die VOICES! Du könntest einen Haufen Preise gewinnen und wirklich wichtige Geschichten mit deinen Bildern erzählen, und stattdessen fotografierst du für ein mittelmäßiges Lifestyle-Magazin.«

»Ich *erzähle* wichtige Geschichten«, verteidigte sich Tom. »Diese hier zum Beispiel.«

Olive warf ihm einen warnenden Blick zu, aber es dauerte, bis er seinen Widerstand aufgab und mit einem kaum vernehmbaren Seufzen in seinen Sitz zurücksank.

Olive kam ein Gedanke in den Sinn, den im Grunde schon Tina losgetreten hatte. »Steckt eine Frau dahinter?«

»Nein«, antwortete er viel zu entschieden, als dass sie ihm hätte glauben können. »Zumindest nicht so, wie du denkst.«

In Olives Kopf setzte sich ein Film in Bewegung, der sich nur schwer wieder stoppen ließ.

Sadie hatte recht: Tom war attraktiv, und das sahen andere Frauen mit Sicherheit genauso. Sie war davon ausgegangen, dass er sie zurückgewiesen hatte, weil er sie nicht mochte, und auch wenn er ihr gerade erst eine andere Erklärung geliefert hatte, ertappte sie sich bei der Frage, ob er womöglich in einer Beziehung steckte. Unwahrscheinlich war das nicht. Genau genommen war es sogar ziemlich wahrscheinlich, dass ein Mann wie Tom Philips nicht alleine war.

»Tut mir leid, ich …« Olive brach ab. Es kostete sie Mühe, ihre Gedanken in Worte zu fassen. »Du hast eine Freundin, oder? Es gibt eine Frau, für die du in London bleibst.«

»Es gibt eine Frau«, gab Tom nach einer Weile zu. »Aber sie ist nicht meine Freundin, sondern meine Schwester.«

Olive zuckte innerlich zusammen und biss sich in die Wange. »Ich wusste nicht, dass du eine Schwester hast«, murmelte sie irgendwann, als ihr die Stille unangenehm wurde – dabei war das lächerlich, denn im Grunde wusste sie so gut wie *gar nichts* über ihn.

Tom wand sich auf seinem Platz. »Sie hatte einen Autounfall – *wir* hatten einen Autounfall. Als wir Kinder waren.« Die Worte schoben sich schwer und behäbig über seine Lippen, als müsste er jedem einzelnen einen Schubs verpassen. »Nelly sitzt seitdem im Rollstuhl.«

Olive musste schlucken. »Tut mir leid, Tom, wirklich, ich …«

»Sie hat sich während der Fahrt abgeschnallt, um ein Spielzeug für mich unterm Sitz hervorzuholen«, fuhr er fort. »Meine Mutter wurde dadurch abgelenkt und ist auf einen Lkw aufgefahren.«

Olive wusste nicht, was sie sagen sollte. Obwohl dieses Unglück nicht ihres war, traten ihr Tränen in die Augen.

Auf einmal ergab alles Sinn. Deshalb war er so nervös geworden, als sie sich im Mini abgeschnallt hatte – und dann hatte sie auch noch einen Unfall provoziert! Am liebsten hätte Olive ihren Kopf vor Scham im Boden vergraben …

»Früher hat meine Mutter sich um sie gekümmert«, erzählte Tom weiter. »Aber vor vier Jahren ist sie ziemlich überraschend an einem Blutgerinnsel gestorben. Nelly ist nicht gut damit klargekommen, deshalb …« Er verstummte, aber Olive hatte bereits verstanden.

»Deshalb bist du nach London zurückgekehrt.«

Tom fuhr sich mit den Händen über das unrasierte Gesicht. Auf einmal wirkte er jünger und noch viel müder als zuvor. »Erst dachte ich, es wäre nur für kurze Zeit. Nur bis Nelly sich wieder besser fühlt. Ich habe das Zimmer bei Marcus gefunden. Aber dann hat sich herausgestellt, dass … es eben doch länger dauert. Nelly kommt nicht klar ohne unsere Mutter. Sie braucht jemanden, der sich um sie kümmert.«

»Und dieser Jemand bist du?«

»Ich bin ihr Bruder.«

Olive presste sich ihre Schneidezähne in die Unterlippe. »Das weiß sie sicher zu schätzen. Aber denkst du nicht, du hast auch ein Recht darauf, das Leben zu führen, das dir gefällt?« Noch während sie redete, sickerte eine Erkenntnis in ihr Bewusstsein, und als sie Toms Gesicht sah, wusste sie, dass sie richtiglag. »Du fühlst dich schuldig.«

Er wandte den Blick ab.

»Es war nicht deine Schuld, Tom!«

»Sie hat sich meinetwegen abgeschnallt.«

»Aber du warst ein Kind – ihr wart beide noch Kinder. Keiner konnte absehen, dass so etwas geschehen würde.«

»Ich weiß.« Tom öffnete und schloss seinen Mund ein paarmal, bevor er weitersprach. »Ich weiß, dass es nicht meine Schuld war. Aber ich fühle mich trotzdem verantwortlich. Sobald ich alt genug war, bin ich von zu Hause weg, mein Abenteuerleben war auch eine Art Flucht. Aber als meine Mutter so unerwartet starb, hatte ich das Gefühl, dass ich es den beiden schulde, mich um Nelly zu kümmern. Ich konnte ja nicht ahnen, dass es so lange dauern würde. Aber sie braucht mich. Das ist wichtiger als alles, was *ich* brauchen könnte.«

Olive zögerte. »Wie kommt sie klar, jetzt, wo du unterwegs bist?«

»Ein Pflegedienst kommt täglich vorbei, und außerdem schauen die Nachbarn nach ihr. Und wenn man *Simon aus der Kirchengruppe* Glauben schenken kann, geht es ihr wirklich gut.«

Olive musste grinsen. »Wie sollte man *Simon aus der Kirchengruppe* keinen Glauben schenken können?«

Jetzt musste auch Tom lächeln. »Weißt du, was mich am meisten erstaunt?«, sagte er nach einer Weile. »Dass es mir auch gut geht damit. Ich weiß, dass es bei dieser Reise nicht um mich geht, sondern um dich und deine Familie, aber ... unser kleiner Trip tut mir gut.« Er drehte das Gesicht zur Seite und sah sie an. »Mit dir zusammen zu sein tut mir gut.«

Hinter Olives Brustbein begann es zu flattern, und ihre Ohren und Wangen glühten. »Mir tut das auch gut«, flüsterte sie, ohne ihn dabei anzusehen. Am meisten überraschte sie, dass jedes Wort davon wahr war.

SCHULD
August 2000

Sie war gegangen, aber die Briefe und die Urne hatte sie dagelassen. Claire hatte sie nicht darum gebeten. Sie hatte gar nichts mehr gesagt, kein Wort, nachdem Frankie ihr offenbart hatte, welches Gepäck sie auf ihren Schultern trug. Claire hatte nicht gewusst, was sie sagen sollte, sie wusste nicht einmal, was sie fühlen sollte. Alles flimmerte und war diffus, dabei war das Fieber weg. Ihr Verstand funktionierte, aber sie war nicht in der Lage, sich auf ein Richtig und Falsch festzulegen.

Iris hatte es gewusst.

Sie hatte herausgefunden, dass Frankie ihre Briefe nicht aufgegeben hatte. Sie hatte Frankie zur Rede gestellt, aber es hatte keinen Streit gegeben, keine Wut, kein Um-sich-Schlagen. Frankie hatte das überrascht, aber Claire konnte es verstehen. Sie konnte es nachvollziehen, diese Ruhe, wo eigentlich ein Sturm sein sollte. Auch sie hätte wütend werden können, aber das, was sie erfahren hatte, brachte sie nur durcheinander. Und in diesem Durcheinander, in dieser Ruhe, konnte sie Iris spüren, zum ersten Mal nach etlichen Jahren.

Ihre Schwester hatte Frankies Haus ohne ein Wort verlassen, aber sie hatte die Tür nicht zugeschlagen. Sie hatte sie gar nicht hinter sich geschlossen, war einfach losgegangen, langsam, aber beständig, als zöge eine unsichtbare Hand sie zurück auf die Insel. Frankie hatte gemerkt, dass Iris neben sich stand, dass sie nicht ganz bei sich war. Aber sie war ihr nicht nachgegangen, war ihr nicht in den Hafen gefolgt und auch nicht auf die Insel. Scham war ein Fels, der sich nur schwer aus dem Weg räumen ließ. Erst am Abend hatte sie den Mut gefunden, Iris zu folgen, aber Luke hatte ihr abgeraten, nochmal rauszufahren.

Ein Sturm zieht auf.

Ein Sturm, ein Sturm, ein Sturm. Der Iris nicht davon hatte abhalten können, ihren Rucksack zu packen und sich noch in der Nacht auf den Weg zu machen. Überzusetzen auf das Festland und in das Leben ihrer Schwester, die sie erst vor Kurzem aufgegeben hatte.

Den Rucksack hatte sie noch auf dem Rücken getragen, als ihr Körper Tage später an Land gespült worden war.

Es ist meine Schuld. Frankie hatte den Kopf gesenkt, und Claire hatte es nicht geschafft, ihr zu widersprechen. Und so war sie gegangen, denn es hätte keinen Grund gegeben, zu bleiben.

Zweimal war die Sonne seitdem aufgegangen, aber Claire spürte noch immer keinen Groll. Es mochte sein, dass Frankie recht hatte. Dass Iris nur ihretwegen hatte abreisen wollen, ungeachtet des Unwetters, das sich über dem Meer zusammenbraute. Aber trug sie deshalb die Schuld an ihrem Tod?

Egal wie oft und wie tief Claire in sich hineinhorchte: Sie empfand vor allem Mitgefühl. Für Frankie genauso wie für Iris und sich selbst.

Fast zwanzig Jahre hatten sie und ihre Schwester sich die Schuld am Tod ihrer Eltern gegeben, am Untergang ihrer Kindheit. Jede für sich hatte sich in eine Einsamkeit geflüchtet, in der sie Rettung gefunden, aber einander verloren hatten.

Claire konnte Frankie nicht die Schuld geben, jetzt, wo sie endlich verstanden hatte, dass sie sich selbst vergeben musste. Sie hatte nicht das Recht, Frankie zu beschuldigen. Frankie hatte Iris vor vielen Jahren ein Zuhause gegeben und Claire aus dem Wasser gezogen. Hatte beide Schwestern gesund gepflegt, und das Fuchsmädchen hatte sie auch am Leben gehalten.

Die Kleine war rasant gewachsen, mittlerweile konnte niemand mehr die Füchsin in ihr verkennen. Ihr Fell hatte angefangen, sich zu färben, das Rot war längst mehr als eine Ahnung. Sie war wach und agil, fraß nun auch feste Nahrung. Claire fütterte sie mit dem Dosenfutter und den Eiern, die Pete dagelassen hatte, aber sie streifte auch immer öfter durch den Wald auf der Suche nach Würmern und Käfern.

Auch Claire ging es körperlich besser. Es war, als hätte das Fieber die Übelkeit aus ihr hinausgeschwitzt. Sie konnte essen, hatte auf einmal sogar Appetit und Hunger, nahm sich Zeit für jeden Bissen. Aber mit der Kraft kam auch das Bewusstsein dafür zurück, dass sie Entscheidungen treffen musste.

Schwanger. Inzwischen spürte sie kein Fragezeichen mehr und auch keinen Abgrund. Aber die Unsicherheit blieb.

Der August war zur Hälfte verstrichen. In zwei Wochen wurde sie zurück in New York erwartet, und ihr Findelkind war keine Ausrede mehr, mit der sie sich belügen konnte. Die Kleine war stark, sie würde leben, und wenn Claire ging, würde Pete ihre Arbeit zu Ende führen.

Auch Iris hielt sie nicht mehr. Sie hatte ihre Schwester gefunden, nach all den Jahren. Iris war nicht nur die Asche, die in der Urne lag, sondern auch das Puzzleteil in Claires Hosentasche. Sie war der Wal an der Wand, *Freigeist, Freundin, Familie.* Sie war ein Lachen in Claires Erinnerung, sie war das Knacken des Eises, das unter ihren Füßen brach, und die starke Hand. Claire konnte sie sehen, wenn sie in den Spiegel blickte, und sie sah auch sich selbst. Eine weichere, wärmere Version der Claire, die sie aus New York kannte. Aber auch vorsichtiger. Unentschlossener.

Konnte sie eine Mutter sein?

Die Erinnerungen waren nicht mit dem Fieberwahn verschwunden, sie hatten sich am Boden ihres Bewusstseins abgelagert wie bitterer Kaffeesatz. Ihre Kindheit war längst vorbei gewesen, als das Feuer ihre Eltern aus dem Leben gerissen hatte. Doch konnte ein Mensch, der nicht wusste, was es bedeutete, ein Kind zu sein, wissen, was es brauchte, um eines großzuziehen?

Iris hätte eine Antwort gehabt, das spürte Claire. Iris hatte Geschichten und all ihre Sprachen, Iris hätte diesem Baby etwas geben können. Aber was konnte Claire ihm geben, wie sollte sie es geben und wo? Konnte New York ihr Zuhause sein, war es das je gewesen?

Sie versuchte, den Dialog mit ihrer Schwester zu eröffnen. Setzte sich mit der Urne an den Tisch, legte die Hand auf den Holzbauch, bis das Gefäß unter ihren Fingern warm wurde. Sie nahm sie sogar mit hinaus, trug sie über die Insel und ließ sich mit ihr in der Bucht nieder. Stellte Fragen und schloss die Augen, um Antworten zu finden. Aber Iris blieb still, und auch wenn Claire in dieser Stille einen gewissen Frieden spürte, hatte sie doch auf Hilfe gehofft.

Die Briefe lagen noch immer ungeöffnet auf dem Küchentisch. Claire versuchte ein paarmal, sie zu öffnen, aber jedes Mal hielt sie etwas zurück. In den Umschlägen ruhten die letzten Worte, die Iris an ihre Schwester gerichtet hatte, und Claire befürchtete, dass ihr Gespräch für immer beendet sein könnte, wenn sie sie las. Was, wenn sie banal waren? Was, wenn sie ein neues Loch in

Claires Leben rissen, wenn sie sie unvollendet zurückließen wie den Wal an der Wand?

Claire nahm die Umschläge und trug sie ins Schlafzimmer. Auf Iris' Schreibtisch lagen die Stapel all ihrer Zeichnungen, ordentlich sortiert, und nun legte Claire auch die Briefe dazu.

Als ihr Blick zum Bett wanderte, fiel ihr auf, dass sie es seit ihrer Ankunft auf der Insel nicht neu bezogen hatte. Sie schlief noch immer in der Bettwäsche, in der Iris zuletzt geschlafen hatte.

Bevor sie lange darüber nachdenken konnte, beugte Claire sich über das Bett, griff nach Decke und Kissen und zog die alte Wäsche ab.

Das Laken stellte sich als widerspenstig heraus. Es hing in der hinteren Ecke fest, und Claire musste auf allen vieren über die Matratze krabbeln und sie umständlich anheben, damit es sich löste.

Dabei fiel unter dem Bett etwas zu Boden. Ein flaches Geräusch, das nicht nachhallte.

Claire kletterte zurück und ging neben dem Bett auf die Knie. Hinten an der Wand lag etwas im Schatten. Claire beugte sich tiefer zum Boden und streckte den Arm aus, bis ihre Finger es zu fassen bekamen. Sie zog es gemeinsam mit einer Handvoll Wollmäusen ans Tageslicht.

Es war ein Mäppchen, dunkelgrün, mit einem Gummiband verschlossen. Iris musste es unter ihrer Matratze aufbewahrt haben, und als Claire mit dem Laken gekämpft hatte, war es wohl zwischen den Latten hindurchgerutscht.

Sie setzte sich zurück aufs Bett und fühlte das Gewicht der Mappe in ihren Händen, dann fuhren ihre Finger unter das Gummiband.

Im Inneren lagen Zeichnungen, nicht viele, und Claire war

sich nicht sicher, ob sie darüber enttäuscht oder erleichtert sein sollte. Als sie jedoch über den Gedanken stolperte, dass das Auge des Wals dabei sein könnte, beschleunigte sich ihr Puls.

Sie nahm den Stapel mit den Bildern heraus und ermahnte sich zur Ruhe. Das oberste Blatt zeigte Frankie auf der Bank in ihrem Garten. Sie war in ein Buch vertieft, es wirkte, als hätte sie gar nicht bemerkt, dass Iris sie beobachtet hatte. Claire konnte die Hingabe und Zuneigung in jedem einzelnen Strich spüren. Diese Zeichnung sagte mehr über Iris als über ihr Motiv aus.

Als Claire das Bild zur Seite legte, erschrak sie, weil sie darunter in ihr eigenes Gesicht sah. Iris hatte sie gezeichnet – oder doch sich selbst? Claire wusste es nicht, und dennoch erkannte sie sich in diesem Bild. Die, die sie gewesen war, und die, die sie sein konnte, das alles lag in den Linien verborgen. Vielleicht hatte Iris ein Foto von ihr in der Zeitung gefunden?

Die nächste Zeichnung zeigte ihre Eltern, und die Wucht der Gefühle, die mit ihrem Anblick einhergingen, überraschte Claire. Da war eine Sehnsucht nach etwas, was hätte sein können, und Trauer über das, was sie ihren Kindern nicht hatten geben können. Sie sah Schmerz in den Augen ihrer Mutter und eine Abgewandtheit im Gesicht ihres Vaters, an die sie sich nicht erinnern konnte. Hatte Iris ein Foto als Vorlage gehabt, oder hatte sie die beiden aus dem Gedächtnis gezeichnet? Mit dem Haus war alles verbrannt, jedes Foto, jeder Besitz, und das sprach wohl dafür, dass ihre Schwester frei gezeichnet hatte. Wie kam es, dass sie mehr gesehen hatte als Claire, wie konnte ihre Erinnerung ein anderes Bild zeichnen als das in Claires Kopf?

Danach gab es nur noch zwei Zeichnungen, und keine davon offenbarte ein Walauge. Die eine Zeichnung zeigte die seltsame Uhr, deren Abbildungen vielfach in Frankies Schublade auf dem

Festland lagen, und für die Einordnung der zweiten brauchte Claire einen Augenblick.

Sie zeigte eine deutlich jüngere Frankie, aber diesmal war sie nicht allein. Sie stand Seite an Seite mit einem Mann, und in ihrem Arm hielt sie ein Baby.

Das war verrückt. Hatte Frankie nicht behauptet, ihr Vater wäre ihre einzige Familie gewesen? Warum hatte sie nicht erzählt, dass sie einen Mann und ein Kind hatte?

Verblüfft ließ Claire das Bild in ihrer Hand sinken. Konnte es sein, dass Frankie die beiden verloren hatte? Hatte sie erkannt, dass Claire schwanger war, weil sie es schon gewesen war?

Claire konnte nicht sagen, wie lange sie auf dem Bett saß und die Gedanken sacken ließ, aber als sie die Bilder endlich wieder in die Mappe legte, hörte sie draußen Motorengeräusche.

Irgendjemand kam auf die Insel, und erstaunlicherweise störte Claire sich nicht daran, im Gegenteil. Sie konnte etwas Gesellschaft gebrauchen, selbst wenn es Frankie war. *Gerade* wenn es Frankie war.

Doch als sie aus der Haustür trat und den Pfad zum Anleger hinunterging, stellte sie fest, dass es Pete war. Er winkte ihr schon von Weitem zu, und während Claire zurückwinkte, sah sie, dass noch jemand bei ihm im Boot saß.

Das Lächeln, das sich auf ihrem Gesicht angedeutet hatte, verlor an Kraft und versickerte wie eine Handvoll Wasser im Sand.

Sie kniff die Augen zusammen, weil sie dachte, dass sie sich täuschte, dass es Einbildung war, vielleicht war das Fieber zurück?

Aber die Wirklichkeit ließ sich nicht wegblinzeln, sie rückte näher, mit jedem Meter, den das Boot zurücklegte, und doch hielt Claire sich daran fest, einer Täuschung aufzuliegen.

Erst als Pete sein Boot am Steg festmachte und die Hand ausstreckte, um der anderen Person an Land zu helfen, konnte sie nicht mehr leugnen, was sie sah.

Der Mann, der seinen Fuß auf Iris' Insel setzte und lächelnd zu ihr hinaufsah, als wäre sie das Einzige, wonach er je gesucht hatte, war derselbe, der sie hergetrieben hatte, auf dieses Stück Niemandsland am Ende der Welt, der sie aus New York vertrieben hatte, in die Arme ihrer Schwester, an den Scheidepunkt zwischen heute und morgen.

Will war hier.

Unterwegs, Januar 1948

KOMPASS

An neuen Ufern stehe ich
In einem fremden Land.
Doch wenn ich
Meine Augen schließe,
Sehe ich noch immer
Dein Gesicht.

In meiner Seele klaffen Löcher,
Die keine Freundlichkeit
Zu stopfen vermag.
Sie sind die Landkarte meines Lebens
Und du bleibst darin
Mein Kompass.

HELLERUP
November 2022

Sie erreichten ihr Ziel in den frühen Abendstunden, aber nachdem es schon nachmittags dämmerte, war es stockfinster, als sie den Bus in der Nähe des kleinen Jachthafens von Hellerup abstellten.

Nach der Überfahrt über die Ostsee hatten sie Plätze getauscht, und Tom hatte das Steuer übernommen. Olive hatte die Zeit genutzt, um endlich etwas Schlaf nachzuholen.

Sie kam erst wieder zu sich, nachdem sie die Autobahn bei Kopenhagen verlassen hatten. Kurz hoffte sie, dass sich alle Erkenntnisse der letzten Tage als Traum entpuppten, als wirrer Streich ihres Unterbewusstseins, aber dann musste sie der Realität ins Auge sehen: Das Chaos war real. Auch wenn Hellerup, dieser schicke Vorort von Kopenhagen, alles andere als chaotisch wirkte …

»Hübsch hier«, räumte Olive ein, als sie aus dem Wagen stiegen und sie die beleuchteten Häuser am Straßenrand sah. In einigen Fenstern hing Adventsbeleuchtung, aber selbst die ungeschmückten Häuser strahlten Gemütlichkeit aus.

»Die Dänen haben ein Wort dafür«, sagte Tom und gähnte in die frische Abendluft hinein. »Hygge.«

Hygge. Olive wiederholte das Wort in Gedanken, als könnte

sie es mit ihrer Zunge abtasten und ihm einen Geschmack verleihen. Doch dann besann sie sich darauf, warum sie hergekommen waren, und ließ ihren Blick die Straße hinabschweifen. »Wo fangen wir an, unser Haus zu suchen?«

Das Haus vom Foto aus der Keksdose war ihr einziger Anhaltspunkt. In Hamburg hatte Poppy in einem anderen Haus gelebt, und auch aus England kannte Olive das Häuschen nicht. Es lag nahe, dass sie es hier finden würden, an dem Ort, an dem ihre Großmutter zwischen 1941 und 1943 eine Vielzahl an Gedichten verfasst hatte, der Ort, an dem Poppy sich ganz offensichtlich verliebt hatte.

Mit einem Mal machten sich Zweifel in Olive breit. Vielleicht war es leichtsinnig gewesen, einfach herzufahren. Selbst wenn Poppys Mutter Dänin gewesen war und ihre Großmutter zwei Kriegsjahre in Hellerup verbracht hatte, hatten sie in Wirklichkeit nichts in der Hand.

»Es ist dunkel, und wir sind erschöpft«, sprach Tom in die Stille hinein, als hätte er Olives Unsicherheit wahrgenommen. »Wir sollten etwas essen gehen und Kraft für morgen tanken. Das Haus läuft uns nicht weg.«

An der Hauptstraße fanden sie ein kleines Restaurant, und Olive war überrascht, wie unbeschwert und selbstverständlich Tom sich in der Fremde bewegte. Obwohl er nur wenig Dänisch sprach, wechselte er ein paar Worte mit dem Besitzer, als wären sie alte Bekannte, und organisierte ihnen einen Erkerplatz am Fenster.

»Man könnte meinen, du wärst schon mal hier gewesen«, sagte Olive, als Tom ihr den Stuhl zurechtrückte und auf der anderen Seite des Tisches Platz nahm.

»Kopenhagen gibt jedem das Gefühl, nach Hause zu kommen.« Mit einem Zwinkern reichte er ihr die Speisekarte, von der sie nicht ein einziges Wort verstand.

»Kannst du etwas empfehlen?«

Tom grinste, ließ seine Karte geschlossen und rief dem Restaurantchef etwas zu, bevor er sich wieder Olive zuwandte. »Wir lassen uns einfach überraschen.«

»Gibt es auch einen Ort auf dieser Welt, an dem du noch nicht warst?«, hakte sie nach, als der Kellner Brot und Wein brachte.

»Viele«, sagte er. »Je mehr Länder man bereist, desto schmerzlicher wird einem bewusst, dass es unendlich viel mehr Orte gibt, die man noch nicht kennt.«

»Und vermisst du es?«

»Was?«

»Unterwegs zu sein.«

Tom zögerte. »Jetzt gerade nicht.«

»Du bist gerade unterwegs«, erwiderte Olive, und er grinste noch einmal.

»Eben.«

Olive konnte nicht anders, als ebenfalls zu lächeln, wurde dann aber nachdenklich. »Ich könnte das nicht. Dieses Niemals-zu-Hause-sein.«

Tom wandte den Blick zum vor der Dunkelheit spiegelnden Fenster. Es machte den Eindruck, als wollte er das Gespräch durch sein Schweigen beenden, aber nach ein paar Sekunden begann er doch wieder zu reden. »Zu Hause hat nichts mit einem bestimmten Ort zu tun, mit einer Stadt oder einer Sprache. Zu Hause ist ein Gefühl, Olive, und dieses Gefühl findest du in dir selbst.« Er drehte seinen Kopf zurück und sah ihr in die Augen. »Du musst nur lernen, hinzuhören.«

Das Essen war fantastisch, aber Toms Worte klangen am

stärksten in Olive nach. Auch Stunden später, als sie längst ihr Nachtlager in der alten Agnes eingerichtet hatten und Tom in aller Seelenruhe an ihrer Seite schlief, ging ihr das, was er gesagt hatte, nicht aus dem Sinn. War zu Hause ein Gefühl?

Die letzten zehn Jahre hatte sie sich abgemüht und abgestrampelt, in der Hoffnung, irgendwann mal irgendwo anzukommen. Ihren Platz zu finden, ihre Bestimmung, so wie ihre Schwester und ihr Bruder es scheinbar mühelos getan hatten, als wäre es das Natürlichste der Welt. Teil von etwas zu werden, einem Team, einer Partnerschaft, einer Familie jenseits von der, die in Ashford auf sie wartete. Und jetzt kam Tom Philips um die Ecke, ein Mann, den sie bis vor Kurzem nicht hatte ausstehen können, und behauptete, dass sie all das, was sie suchte, womöglich in sich selbst fand.

Am meisten wurmte Olive, dass die Antwort nach einem zu Hause für ihn so einfach schien, und mit einem Mal kamen ihr auch Poppys Worte wieder in den Sinn. *Wenn sich die Welt in Dunkelheit hüllt, bleibt dir nur der Blick nach innen.*

Hatte ihre Großmutter ein Zuhause gefunden, wenn sie in sich hineingehorcht hatte?

Vorsichtig richtete Olive sich auf ihrem Schlafplatz auf und zog den Kompass aus ihrer Tasche. Das Metall war kalt und schwer, aber mittlerweile fühlte es sich beinahe vertraut an in ihrer Hand.

Wenn ihre Großmutter von Dunkelheit gesprochen hatte, hatte Olive an den frühen Verlust ihres Großvaters gedacht oder an die Finsternis, die die Stürme regelmäßig vom Meer aufs Land drückten. Aber wie dunkel es in Poppys Welt tatsächlich ausgesehen haben musste, hatte sie nicht geahnt. Selbst jetzt, wo es zahlreiche Hinweise gab, konnte und wollte sie es kaum glauben. Hatte der Kompass ihrer Großmutter in all den Jahren womöglich einen Weg durch die Dunkelheit gezeigt?

Toms Freund aus Grönland hatte während des Abendessens weitere Übersetzungen geschickt, und obwohl Olive sich mit Tom darauf geeinigt hatte, die Gedichte erst am nächsten Morgen zu lesen, steckte sie den Kompass zurück und fischte das Telefon aus ihrer Jackentasche. Wenn sie nicht schlafen konnte, konnte sie die Zeit ebenso gut sinnvoll nutzen.

Die Nachrichten, die Esben geschickt hatte, zeugten davon, dass er Humor und ein gutes Gespür für Sprache besaß. Unwillkürlich wanderten Olives Gedanken zu den beiden Männern, die sich die Zeit in ihrem eingeschneiten Zelt mit Poesie vertrieben hatten, und sie musste lächeln.

Vermutlich hing Einsamkeit nicht davon ab, wie viele Menschen man um sich versammelte, sondern eher davon, ob man Menschen in seinem Leben hatte, mit denen man über alles reden konnte. Auch über die dunklen Kapitel, *vor allem* über die dunklen Kapitel.

Scham verdammte Menschen zum Schweigen, und nährte sich Einsamkeit nicht genau aus den Dingen, von denen wir nicht reden konnten?

Zeit ihres Lebens hatte Olive sich für das Gefühl geschämt, nicht dazuzugehören, dabei hatte sie eine Familie, die sie bedingungslos liebte. Doch darüber zu sprechen hatte sie sich nicht getraut. Das einzige Verständnis hatte sie in Poppys Schweigen gefunden. Ohne ihre Großmutter fühlte Olive sich wie ein Schiff, das niemals seinen Hafen fand, eine ewig Wartende. Wie eine Antwort, die ausblieb.

Aber all das war nichts im Vergleich zu dem, was Poppy gefühlt haben musste. Die Scham, die mit ihrer Vergangenheit einherging, musste sie zu jahrzehntelangem Schweigen verdammt haben, und Olive wurde auf schmerzhafte Weise bewusst, wie groß die Einsamkeit im Leben ihrer Großmutter gewesen sein musste. Dieses Erbe, das sie mit sich herumtrug, ohne darüber sprechen zu können. Ihrem Büchlein hatte sie sich zu Beginn noch anvertraut, aber selbst diese Stimme war vor über einem halben Jahrhundert verstummt.

Olives Augen brannten, aber sie zwang sich, sich auf Esbens Nachrichten zu konzentrieren. Er hatte vier Gedichte übersetzt. Olive überflog zwei, die in den Anfangsjahren verfasst worden waren, auch sie ließen vermuten, dass ihre Großmutter sich verliebt hatte. Größeres Interesse weckten die beiden späteren Gedichte. Das erste trug den Titel *Mohnblume*, und während Olive las, zog sich alles in ihr zusammen.

Mohnblume

Als ich die Hoffnung begrub,
Wuchs auf der trocknen
Erde über ihr
Ein neuer Keim.
Im Körper einer Blume, die selbst unter Wasser
Ihr Kleid zum Tanzen bringt,
Zu rot, um vorzeitig
Zu verblühen.
Jetzt trägt sie neues Leben
In die Welt,
Wiegt sich im Wind, als
Könnt sie allen Stürmen trotzen.
Schenkt Zukunft, Freude,

Wo sie strahlt.
Doch keiner sieht
Das Gift in ihr, das
Bitter ist und schwer:
Erinnerung.

Das Gedicht war kurz vor der Geburt von Olives Vater in Fairlight verfasst worden. Er musste das neue Leben sein, von dem sie sprach, und ihre Großmutter war die Mohnblume, Poppy, in deren Erinnerungen ein Gift schlummerte, das keiner sah. Olives Großvater Robert hatte ihr ihren Spitznamen verpasst, und Olive war immer davon ausgegangen, dass ihre erste Begegnung romantisch gewesen sein musste, aber in Anbetracht der Zeilen, die sie in den Händen hielt, war sie sich nicht mehr so sicher.

Unschlüssig widmete sie sich dem letzten Gedicht, geschrieben im Februar 1950 an einem Ort namens St Just.

Narben

Tritt zurück, wenn die Flut kommt,
Sagen sie, sie nimmt sich, was
Dir lieb ist, reißt dich von den Füßen
Und zieht dich mit sich ins Dunkel.

Doch es ist nicht die Flut,
Die ich fürchte, sondern das,
Was sie zurücklässt, wenn
Sie geht:

Ein Skelett aus Erinnerungen, dort
Wo der Sand noch feucht ist.
Jeder Knochen zeichnet eine Narbe
In den Sand.

Der hohle Blick nach innen gerichtet,
Wo das wahre Dunkel lauert.
Auf der Haut ein Mantel aus Scham, der dein
Innerstes verhüllt.

Doch der Körper darunter aufgedunsen
Vor Schuld. An den Fingern
Noch das Blut, das sich von
Tränen nicht wegwischen lässt.

Verdammt dazu, auf immer
Dort zu liegen, im weichen Sand
Aus Schmerz und Verlust,
Kein Trost im Wellenschlag.

Kein Trost.
Kein Trost.

»Kein Trost«, murmelte Olive, und ihr Blick war so verschwommen, dass sie kaum noch etwas sehen konnte. Dafür hörte sie, wie sich Tom hinter ihr aufrichtete.

»Alles in Ordnung?«

»Tut mir leid.« Olive versuchte, sich die Tränen unbemerkt aus dem Gesicht zu wischen. »Ich wollte dich nicht wecken.«

Tom sah auf das leuchtende Telefon in ihrer Hand. »Du hast

die Gedichte gelesen?« Er wartete auf eine Antwort, aber als die ausblieb, rückte er wortlos auf seinem Schlafplatz nach vorne und setzte sich neben sie auf die Bettkante.

Sie schwiegen, bis das Display in Olives Händen erlosch und das Innere des Busses der Dunkelheit übergab.

Erst dann fand Olive den Mut, weiterzusprechen. »Denkst du, dass Einsamkeit vererbt werden kann?«

Obwohl sie nicht viel sehen konnte, spürte sie Toms Blick auf sich lasten. »Wie meinst du das?«

Nur mit Mühe konnte Olive schlucken. »Es gibt doch Menschen, die ihre Traumata an ihre Nachfahren vererben …«

»Ich glaube nicht, dass das auch für Einsamkeit gilt.«

»Wieso nicht?« Olive wagte es nicht, ihren Blick vom dunklen Bildschirm zu lösen. »Wenn die Einsamkeit so groß ist, dass sie ein Teil von einem wird. Wenn sie in die DNA übergeht wie die Farbe der Augen oder ein herzförmiges Muttermal. Wenn ihre Anatomie zu der eigenen wird?« Olive schloss die Augen und flüchtete sich in die Dunkelheit hinter ihren Lidern. »Am Anfang hat mich das alles nur wütend gemacht. Dass Poppy uns belogen hat, dass sie uns einen Großteil ihres Lebens vorenthalten hat. Dann kamen Scham und Verzweiflung, dass sie vor langer Zeit ein Mensch gewesen sein könnte, der sich schuldig gemacht und die falschen Ideen unterstützt hat. Aber jetzt …« Olive holte Luft und ließ ihre Schultern beim Ausatmen sinken. »Jetzt bin ich vor allem traurig. Weil wir ihre Einsamkeit nicht gesehen haben. Dass wir immer eine Familie waren und sie trotzdem all die Jahre alleine damit zurechtkommen musste. Das ist besonders furchtbar, weil …« Sie konnte nur noch flüstern. »Weil ich sie fühle. Ich fühle ihre Einsamkeit, als wäre es meine. Das ist wie eine Wunde, die mir niemals zugefügt wurde, eine Wunde, mit der ich zur Welt gekommen bin. Aber wie soll sie jemals heilen, wenn ich nicht weiß, wo ihr Ursprung liegt?« Olive ließ ihre Tränen laufen und gab ihrer Traurigkeit Raum, bis sie irgendwann Toms Hand auf ihrem Knie spürte.

»Vielleicht ist all das, was wir auf dieser Reise herausfinden, gar keine Bürde, Olive, sondern ein Geschenk von deiner Großmutter. Vielleicht wollte sie dir mit dem Kompass einen Weg zeigen, eure Einsamkeit abzustreifen. Indem du sie Schicht für Schicht freilegst – bis du ihre Anatomie verstanden hast.« Er erhöhte den Druck auf ihr Bein. »Vielleicht bittet sie dich, das zu tun, was sie nie geschafft hat.«

Olive konnte sich nicht erinnern, wann sie eingeschlafen war, aber als sie die Augen aufschlug, lag sie auf ihrer Liege, und der neue Tag war bereits angebrochen. Von Tom keine Spur, der Platz neben ihr war leer, aber zumindest konnte Olive mit Sicherheit sagen, dass die Erinnerung an die letzte Nacht keine bösen Überraschungen barg. Sie hatten sich nicht geküsst und auch keinen Sex gehabt, aber Olive hatte das Gefühl, dass sie etwas viel Wichtigeres miteinander geteilt hatten. In die Seele eines Menschen zu sehen war intimer, als einen Blick auf seinen nackten Körper zu werfen.

Seit drei Jahren schlief sie nun mit Marcus, und trotzdem hatte Tom in den letzten Tagen mehr von ihr gesehen, als Marcus es getan hatte oder jemals tun würde. Aber sie konnte Marcus kaum einen Vorwurf machen. Er hatte nie einen Hehl daraus gemacht, dass es ihm vor allem um Sex ging, nur Olive hatte sich an der Hoffnung auf eine andere Wahrheit festgeklammert.

Mit Tom war es anders. Tom wollte hinsehen, und er hatte ein Talent dafür. Er hatte seine Gabe sogar zu seinem Beruf gemacht, und genau das war der Punkt, der Olive verunsicherte. Sie fühlte sich von Tom gesehen, verstanden, erkannt. Es war, als könnte er in ihr lesen wie in einem Buch, aber wer sagte schon, dass er das am Ende nicht bei jeder Frau tat? Olive schloss kurz ihre Augen und schüttelte den Gedanken ab. Es ging hier nicht um Tom und sie, sondern immer noch um Poppy. Poppy, die vor rund achtzig Jahren in diesem hübschen Vorort von Kopenhagen gelebt und geliebt hatte, und vielleicht auch etwas verloren.

Sie musste endlich herausfinden, was.

Vorsichtig kletterte sie aus dem Wagen und streckte sich. Die Nächte im Bus gingen nicht spurlos an ihr vorüber, sie spürte Müdigkeit und Erschöpfung in all ihren Gliedern. Kaum zu glauben, dass Poppy bis ins hohe Alter mit dem Bus unterwegs gewesen und nicht an den unbequemen Nächten verzweifelt war. Olive jedenfalls verspürte große Sehnsucht nach einem anständigen Bett – und damit meinte sie nicht das Klappergestell, auf dem sie in London schlief. Sobald sie zurück war, würde sie sich ein neues Bett anschaffen, eines, das dem Leben eines erwachsenen Menschen gerecht wurde. Vielleicht wäre das der erste Grundstein dafür, sich auch endlich wie einer zu fühlen.

Die Kopenhagener Morgenluft war frisch und belebend. Olive wiegte den Kopf zu beiden Seiten und ließ ihre Schultern kreisen. Obwohl sie das Wasser von ihrem Parkplatz aus nicht sehen konnte, spürte sie, dass es da war. In der Luft lag dieser untrügliche Hauch von Salz und Feuchtigkeit, den sie aus Fairlight kannte, und über ihrem Kopf kreischten eine Handvoll Möwen. Dort oben sahen sie klein aus, aber Olive wusste, dass die Tiere riesig waren.

»Du bist ja schon wach.« Toms Stimme lenkte ihre Aufmerksamkeit vom Himmel weg, und als Olive sich zu ihm umdrehte, sah sie, dass er einen Kaffeebecher in der Hand hielt. Außerdem schien er es eilig zu haben. Er drückte ihr den Becher in die Hand und lief direkt weiter zur Fahrertür. »Ich muss dir was zeigen.«

Olive war derart überrumpelt, dass ihr nicht Besseres einfiel, als ihm protestlos in den Bus zu folgen. Während sie ihren Gurt auf dem Beifahrersitz anlegte, startete Tom den Motor.

»Hast du eine Bank überfallen, oder warum müssen wir so schnell weg?«

Tom sah sie nicht an, aber auf seinem Gesicht breitete sich ein Lächeln aus. »Was ich dir gleich zeige, ist viel besser als ein Banküberfall.« Zielsicher steuerte er Poppys Bus durch die schmalen Straßen.

Nachdem sie ein paarmal abgebogen waren, stellte er die alte Agnes in eine Parklücke am Straßenrand und deutete auf ein Haus. Es lag etwas verdeckt hinter einer höheren Hecke und einer vorgelegenen Garage, aber dennoch erkannte Olive es im Bruchteil einer Sekunde. »Das ist …«

»Das Haus vom Foto«, vervollständigte Tom ihren Satz und konnte seine Zufriedenheit nicht verbergen.

Es *war* das Haus vom Foto ihrer Großmutter. Olive musste nicht noch mal nachsehen, um sicher zu sein. Das Spitzdach mit den zu mehreren Seiten gerichteten Giebeln. Der dunkle Backstein und die weißen Halbkreise, die eine Linie unter den obersten Dachfenstern zogen.

Ungläubig klammerte Olive sich am warmen Kaffeebecher fest. »Wie hast du es gefunden?«

Tom grinste jetzt noch breiter und holte sein Handy raus. Er hielt ihr eine von Esbens Übersetzungen unter die Nase. Es war eines der früheren Gedichte, in der Nacht hatte Olive ihm wenig

Aufmerksamkeit geschenkt. Aber jetzt nahm sie Toms Telefon und las es ein weiteres Mal:

Sommerregen

Freund meiner Kindheit,
Gespenst aus blonden Sommerträumen.
Hand in Hand sprangen unsere Schatten über Pfützen,
Die der warme Regen
Zwischen Hambros und Hansens
In unsere Lebenslinien schrieb.

Ich kannte dich und hab
Dich dennoch nie erkannt.

Jetzt sehe ich, dass du
Ein Sommer bist im Herbst,
Nordstern im dunklen Meer.
Der Mond zur Mittagsstunde.
Dein Blick wirft seinen Anker
Am Grunde meiner Seele.

Wie kann es sein, dass ich
Nicht wusste, was ich suchte,

Und auch nicht, wen?

Olive las es ein zweites und drittes Mal, wurde aber noch immer nicht schlau daraus. »Ich verstehe trotzdem nicht, wie du es gefunden hast«, gab sie irgendwann zu.

Es schien, als hätte Tom nur darauf gewartet, denn er beugte sich zu ihr herüber und vergrößerte eine der Zeilen auf dem Bildschirm – ausgerechnet die, mit der Olive am wenigsten anfangen konnte.

»*Zwischen Hambros und Hansens?*« Sie zog ihre Stirn kraus und sah Tom verständnislos an, da lenkte er ihren Blick auf den Rückspiegel und die Querstraße, die hinter ihnen lag.

»A N Hansens Alle«. Dann deutete er auf die Straße, die quer vor ihnen lag. »Hambros Alle.«

Olive sackte in ihrem Sitz zusammen.

Hambros und Hansens waren Straßennamen, und Olive und Tom befanden sich auf der kleinen Straße, die die beiden verband.

Genau wie das Haus aus der Keksdose.

Zwischen Hambros und Hansens lag Poppys dänisches Zuhause …

CHANCEN
August 2000

Will war hier. Kein Traum, kein Fieber. Er war hier. Schlagartig war die Wirklichkeit weniger vertrauenswürdig als Claires Erinnerungen. Er hatte sie an sich gezogen, die Nase an ihrem Nacken vergraben.

Hab dich vermisst.

Hatte ihr Gesicht in seine Hände genommen, seinen Mund auf ihren gelegt.

Es tut mir leid.

Auf eine Antwort gewartet.

Freust du dich nicht?

Freute Claire sich?

Sie fror. Legte die Arme um ihren Oberkörper, weil es hier draußen außer Will nichts gab, woran sie sich hätte festhalten können.

»Ich war krank ...« Das immerhin konnte sie sagen, ohne zu lügen.

Pete war nur noch eine Ahnung am Horizont, als sie nebeneinander zum Haus hinaufgingen, Claire drehte sich immer wieder zu dem Punkt auf dem Wasser um und fragte sich, ob sie hoffte, dass er zurückkäme.

Will redete. Er sprach ohne Unterlass, vermutlich war er nervöser, als er es Claire glauben lassen wollte. Er verstummte erst, als sie das Haus betraten und Claire die Tür hinter ihnen schloss. Stellte seine Tasche ab, sah sich im Raum um.

»Hier hast du dich also versteckt.«

In Claire stieg Unbehagen auf, aber es war keine Übelkeit. Sie fühlte sich nackt unter Wills Blicken. Es war ihr nicht recht, wie eingehend er Iris' Haus betrachtete, wie er Zentimeter um Zentimeter studierte und schließlich beim Wal hängenblieb.

»Was ist das?«

»Ein Wal.«

Ein tonloses Lachen. »Das sehe ich. Aber warum hängt er da?«

Sie hätte ihm sagen können, dass Iris ihn gezeichnet hatte. Dass es ein Puzzle war und ein Teil immer noch fehlte. Dass es das einsamste Tier der Welt war, weil es auf einer anderen Frequenz sang als seine Artgenossen und deshalb auf alle Zeit ungehört bleiben würde. Aber stattdessen rang sie sich ein Lächeln ab und zuckte mit der Schulter.

»Willst du einen Tee?«

Wieder lachte Will. »Seit wann trinkst du Tee?«

»Ich kann dir auch einen Kaffee aufsetzen.« Sie drehte sich zur Küche um, ohne seine Antwort abzuwarten.

Einen Augenblick blieb es still, so still, dass Claire sich hätte einreden können, er wäre gar nicht da, aber dann hörte sie doch das Seufzen des Holzbodens unter seinen Schritten, den Reißverschluss seiner Tasche und knisterndes Papier. »Ich habe dir was mitgebracht.«

Claire zögerte, warf einen Blick über ihre Schulter und sah, was er auf dem Tisch abgelegt hatte. Eine weiße Papiertüte.

Dachte er, sie konnten einfach weitermachen?

Sie widmete sich wieder dem Wasser.

»Die sind von Patti.«

»Ich weiß.«

»Ich bin vorm Abflug durch die halbe Stadt gefahren …« Wieder so etwas wie ein Lachen, während Will sich den Stuhl zurückzog und am Tisch Platz nahm. Schwieg. Seufzte. Und dann doch wieder sprach. »Du bist wütend …«

Claires Schultern versteiften sich. Sie hörte das Eis unter ihren Füßen knacken, spürte, wie die haarfeinen Risse bis in ihren Nacken hinaufkrochen. Drehte sich nicht um und hielt sich an ihrer Aufgabe fest. Tee kochen. Kaffee kochen.

»Claire, ich … wusste nicht, dass deine Schwester gestorben ist. Ich dachte, du hast dir was eingefangen, Miles hat erst Tage später …«

»Du hast eine Familie.« Keine Frage, kein Vorwurf. Nur vier Worte, die wie Murmeln aus ihrem Mund gepurzelt waren und dort, wo sie aufschlugen, eigene Risse ins Eis machten.

Will atmete hörbar ein und wieder aus. »Es ist kompliziert. Ich hätte es dir gesagt, aber ich bin nicht gut in so was. Ich brauchte Zeit.«

Zeit. Was hätte Claire gebraucht? Trost. Sicherheit. Jemanden, der nach ihr sucht.

Wie sehr hatte sie in ihren ersten Stunden und Tagen auf der Insel gehofft, dass Will käme und ihr half, die Löcher in ihrem Inneren zu füllen. Jetzt war er da, aber es fühlte sich seltsam an. Sie konnte nicht sagen, dass sie nichts mehr empfand. Aber da war kein Loch mehr. Keine Leerstelle. Das Eis unter ihren Füßen machte ihr keine Angst mehr. Sie konnte auftreten und stand trotzdem sicher. Sicher.

»Du hast das Angebot angenommen. *Miller – Jacobs –*

O'Leary.« Seine Stimme klang, als wollte er einen Schriftzug an den Himmel malen. »Ich freue mich für dich. Und für uns.«

Jetzt drehte Claire sich doch zu ihm um. »Uns?«

»Du hast es selbst gesagt, weißt du noch? Dass das auch für uns eine Chance sein könnte.« Er fuhr sich mit der Hand übers Gesicht, und erst jetzt fiel Claire auf, dass er sich nicht rasiert hatte. Vermutlich schon ein paar Tage nicht mehr. »Ich glaube das auch, Claire. Ich glaube, das könnte eine Chance für uns sein.«

»Und was sagt deine Frau zu unserer Chance?« Claire wunderte sich, wie wenig Gift in ihrer Stimme lag.

»Es ist kompliziert ...«

»Das sagtest du schon.« Sie sah ihm ins Gesicht, bis er den Blick abwandte.

»Ich habe ihr von dir erzählt. Sie weiß Bescheid.«

Damit hatte sie nicht gerechnet. Mit einem Mal machten ihr die Risse doch wieder Angst. Sie wollte nicht dafür verantwortlich sein, dass eine Familie zerbrach. »Und was ist mit ...?«

»Henry.«

»Henry«, wiederholte Claire den Namen und versuchte, ihn mit dem schläfrigen kleinen Gesicht in Einklang zu bringen.

»Er ist der Grund, warum es kompliziert ist«, sagte Will nach einer Weile. »Es tut mir leid, dass ich dir das alles angetan habe, dass ich dir all das zumute, aber ...« Er schluckte schwer und sah ihr endlich wieder in die Augen. »Ich brauche dich in New York, Claire. Ich brauche dich wirklich.«

Claire konnte seinem Blick nicht standhalten, konnte der Wucht seiner Worte nichts entgegensetzen, also drehte sie sich von ihm weg. Sie hatte vergessen, den Herd anzuschalten, kein Wunder, dass das Wasser noch nicht heiß war.

Ihre Bewegungen waren hektisch und unkoordiniert, und sie

wurden noch unruhiger, als Claire Wills Schritte hörte und dann seine Hände um ihre Mitte spürte. »Ohne dich schaffe ich es nicht.«

Sie schloss die Augen. Sein Körper weckte eine warme Erinnerung an ihrem Rücken, sie konnte spüren, wie er seinen Atem an ihren anpasste.

Wieso konnte sie nicht Nein sagen? Warum schaffte sie es nicht, eine Grenze zu ziehen? Gerade als sie ihren Mund öffnen wollte, rumpelte es unter dem Wal und Will ließ erschrocken von ihr ab.

»Was war das?«

Der Fuchs war aufgewacht und hatte Hunger, und Claire hätte dem Tier nicht dankbarer sein können. Das war etwas, was sie beherrschte, wo es keine Unsicherheit zwischen Richtig und Falsch gab, sondern nur ein zufriedenes Fuchsmädchen, das wuchs und stärker wurde, bis es sie irgendwann nicht mehr brauchen würde.

Die Handgriffe waren routiniert. Claire nahm eine Dose aus einem der Regale und füllte die vertraute Menge in ein Schälchen. Dann durchquerte sie den Raum, öffnete den Drahtdeckel des Geheges und stellte das Futter hinein.

»Ist das …?« Will war ihr gefolgt und stieß einen verblüfften Laut aus.

»Ein Fuchs«, bestätigte Claire und empfand große Zufriedenheit.

»Wieso zur Hölle holst du dir einen Fuchs ins Haus?« Er gab sich Mühe, amüsiert zu klingen, aber Claire konnte das Unverständnis hinter seinen Worten hören.

»Die Kleine lag unterm Bootssteg im Wasser. Ich habe sie aufgepäppelt, Pete hat mir geholfen.«

»Pete? Der Pete, der mich hergebracht hat?«

»Er ist Tierarzt«, sagte Claire und genoss seine Verunsicherung. Aber das hier war nicht der richtige Zeitpunkt, um mit Will zu spielen. Deshalb machte sie sich von ihrem Fuchsmädchen los, rieb sich über den trockenen Ellenbogen und nahm auf dem Sofa vorm Kamin Platz.

»Ich bin schwanger.«

»Was?« Hatte Will sich zuvor noch Mühe gegeben, Haltung zu bewahren, entglitt ihm nun jede Kontrolle über seine Gesichtszüge. Er versuchte, das Lächeln auf seinen Lippen am Leben zu erhalten, aber es versickerte nach und nach zwischen seinen fragenden Blicken. Offenbar hoffte er darauf, dass sie zugab, einen Scherz gemacht zu haben. Aber diesen Gefallen konnte Claire ihm nicht tun.

»Schwanger«, wiederholte sie stattdessen und fühlte weder Angst noch Unsicherheit.

Will hingegen hörte auf zu atmen, und wirkte so unsicher auf den Füßen, dass er es nur mit Mühe zu ihr aufs Sofa schaffte. »Ist es von diesem ...?«

Sie brauchte einen Moment, bevor sie seinen Blick deuten konnte. »Von Pete?« Sie lachte auf. »Ich bin schon eine ganze Weile schwanger, Will. Du bist der Vater.«

»Aber wir haben verhütet.«

»Und trotzdem bin ich schwanger. Ich habe es nicht mal mitgekriegt, weil ich so auf meinen Prozess konzentriert war und dann ...« *Iris. Brooklyn. Insel.* Nichts davon musste gesagt werden. Will verstand es auch so, das konnte sie an seinem Gesicht ablesen. Die Erkenntnisse sanken wie Steine auf den Grund des Ozeans, und mit einem Mal tat er Claire fast ein wenig leid. Er rang mit sich und den Felsbrocken, die sie ihm ungefragt in die Arme gelegt hatte.

»Warst du beim Arzt?«

»Noch nicht.«

»Aber du hast einen Test gemacht?«

»Ich brauche keinen Test, Will. Erst wollte ich es nicht wahrhaben, aber mittlerweile habe ich keinen Zweifel mehr.«

Will nickte, den Blick nach innen gerichtet, und er nickte immer weiter, als Claires Worte längst verflogen waren.

»Wow, das ist …«, setzte er irgendwann an, verstummte aber wieder. Doch dann vollzog sich auf einmal ein Wechsel in ihm, als hätten die Felsen den Grund erreicht, als gäbe es nichts mehr zu schultern oder zu verrücken. Als hätte alles wie von allein an seinen Platz gefunden. Er legte seine Hand auf ihr Bein, erst unschlüssig, dann sicher. »Ich unterstütze dich. Egal wie du dich entscheidest.« Endlich sah er ihr wieder in die Augen. »Wir schaffen das gemeinsam.«

Gemeinsam.

Irgendetwas kam Claire seltsam vor an dem Wort, so als hörte sie es gerade zum ersten Mal. Aber noch während sie die drei Silben in ihren Gedanken abtastete, nahm Will ihre Hand.

»Zeig mir deine Insel.«

Deine Insel. Bisher war es Iris' Insel gewesen, aber jetzt stellte Claire fest, dass er recht hatte. Es war auch ihre Insel geworden.

Sie führte ihn zuerst in den Wald. Mittlerweile kannte sie die Wege, wusste, wo das Land anstieg und wieder abfiel, und woran sie sich orientieren musste, wenn sie zurück ins Haus wollte. Sie hatte eine Dose für Würmer dabei, und Will versuchte ein paar Witze zu machen, aber er gab es schnell auf, als er merkte, wie ernst sie es meinte.

Er blieb stehen, wenn sie auf die Knie ging, um in der Erde zu graben, aber sie spürte, wie sein Blick auf ihr ruhte, und mit der Zeit ging diese Ruhe auf sie über.

Am Anfang schwieg sie, und auch Will sagte nur wenig, aber irgendwann ließ sie zu, dass er ihre Hand nahm, und begann zu erzählen. Sie folgte dabei keinem roten Faden, hielt sich nicht an chronologische Abläufe, sondern teilte Details mit ihm, die ihr in den Sinn kamen. Das Unwetter, das sie bei ihrem ersten Spaziergang über die Insel in die Knie gezwungen hatte. Ihre Angst, auf der Insel vergessen zu werden. Der Moment, in dem sie den Fuchswelpen gehört hatte. Und Frankie. Die sie gesund gepflegt hatte, als das Fieber sie gepackt hatte. Nur die Briefe auf dem Nachttisch ließ sie unerwähnt.

Als sie die Bucht erreichten, erzählte sie von Iris. Sie zeigte ihm das Puzzleteil, das sie wie einen Talisman noch immer in der Hosentasche bei sich trug, so wie Iris es all die Jahre zuvor bei sich getragen haben musste. Und sie sprach von ihren Eltern, dem Feuer, das so vielen Dingen ein Ende gesetzt hatte. Den Erinnerungen, denen sie nur schwer vertrauen konnte.

Sie musste Will nichts davon erzählen, das wusste sie. Sie schuldete ihm nichts. Und trotzdem tat es gut, über all das zu reden. Es auszusprechen schaffte auch eine Distanz, die sie die Ereignisse besser begreifen ließ. Dass Will Iris nicht kannte, half dabei, ihre Schwester durch die Augen eines Fremden zu sehen. Nicht alles fühlte sich für sie so verrückt an, wie Will es empfand.

Claire fiel auf, dass er keinen Zugang zur Insel fand. So wie sie mittlerweile hierher gehörte, tat er es nicht. Er war der Fremdkörper, der sie einst gewesen war. Jetzt war der Puls der Insel auf sie übergegangen, ihre Hände und Füße sprachen mit dem Boden unter ihr, dem Moos, den Würmern, der feuchten Erde.

Vielleicht waren das die Hormone. Vielleicht war sie unter dem Wind weich geworden.

Mit jedem Schritt, den sie neben Will zurücklegte, regte sich aber noch ein anderer Gedanke. Er kam aus der echten Welt, und er war bereit, den Weg mit ihr gemeinsam zu bestreiten. Er hatte ihr eine Tür geöffnet. Ein Baby brauchte Mutter und Vater. *Ein Baby.* Würde sie dieses Baby bekommen? Sie schuldete es ihm, zumindest darüber nachzudenken, alle Möglichkeiten auszuloten.

Alleine würde sie es nicht schaffen. Aber mit Will an ihrer Seite?

Sie konnte sich nicht ewig verstecken. Der Fuchs konnte bei Pete bleiben, und in New York wartete ein Job auf sie. September war nur noch einen Katzensprung entfernt. Wenn sie jetzt sprang, konnte sie es mit Will gemeinsam tun.

Gemeinsam. Je öfter das Wort ihre Gedanken kreuzte, desto seltsamer kam es ihr vor, aber sie konnte nicht greifen, was sie störte.

Will bestand darauf, für sie zu kochen. Es schmeckte großartig, viel besser als sie es erwartet hatte, aber bei jedem Bissen fragte sie sich, ob er dieses Essen auch schon für seinen Sohn zubereitet hatte, ob es seiner Frau schmecken würde. Der Grat zwischen Vernunft und Widerstand war schmal. Will war eine Option. Aber war sie auch die richtige?

Als die Sonne spätabends endlich hinter dem Meer verschwand und sich die nautische Dämmerung wie eine Decke über die Inselrücken legte, bat sie Will, auf der Couch zu schlafen. Er war enttäuscht, das konnte sie sehen, auch wenn er das Gegenteil behauptete.

Sie brauchte Raum für sich. Seit Wochen hatte sie alleine geschlafen, sie musste sich erst daran gewöhnen, dass jemand neben ihr atmete, der sich nicht mit Dosenfutter zufriedenstellen ließ.

Sie schloss die Schlafzimmertür hinter sich, legte sich auf Iris' Bett und sah zum Fenster hinaus.

Das hier war nicht das echte Leben. Es war eine Flucht gewesen, eine Flucht in unbekanntes Terrain. Wer hätte ahnen können, dass diese Flucht sie am Ende zu sich selbst führen würde? Ohne dass sie es beabsichtigt hatte, war ihre Hand zu ihrem Bauch gewandert. Sie konnte nicht nur an sich denken. In ihr schlug ein zweites Herz, und selbst wenn es noch schwach sein mochte, musste sie Verantwortung übernehmen. Will war nicht die schlechteste Entscheidung. Vor ein paar Wochen noch hätte sie den Mond vom Himmel geholt, um ihn zu beeindrucken. Was hatte sich seitdem schon verändert?

Sie musste der Vernunft wieder vertrauen, sich auf die Fakten konzentrieren.

Will war hergekommen, ans andere Ende des Landes, spät zwar, aber er war gekommen, um sie zurückzuholen.

Er hatte mit seiner Frau gesprochen.

Er war bereit, den Weg mit ihr gemeinsam zu gehen.

Gemeinsam, gemeinsam.

Sie sollte vernünftig sein, dachte sie und schloss die Augen. Während sie in den Schlaf glitt, verstand sie erst, was ihr an dem Wort so fremd vorkam, so seltsam und falsch.

Nie zuvor war ihr aufgefallen, dass *einsam* ein Teil von *gemeinsam* war.

Als Claire am nächsten Morgen die Augen aufschlug, fühlte sie sich ausgeruht und entschlossen. Die Zweifel hatten sich mit dem Dunkel der Nacht verflüchtigt. Sie stieg aus dem Bett, öffnete die

Schlafzimmertür und stellte fest, dass Will am Herd stand und Pancakes zubereitete.

Zufrieden drehte er sich zu ihr um. »Frühstück ist gleich fertig.« Und dann, bevor er sich wieder der Pfanne widmete: »Du siehst viel besser aus als gestern.«

Claire konnte nicht beurteilen, wie sie aussah, aber sie fühlte sich gut. Sie hatte beinahe vergessen, wie viel Sicherheit es einem gab, wenn man seine Entscheidung getroffen hatte.

Während sie auf den Tisch zuging, um sich einen Stuhl zurechtzurücken, spürte sie jedoch, dass etwas anders war. Es war wie ein Kiesel im Schuh, obwohl sie barfuß lief. Wie ein Fehler in einem scheinbar perfekten Bild, und sie konnte ihn nicht greifen. Wusste nicht, ob er bei ihr lag oder bei Will, nur dass er da war, stand außer Frage.

Sie versuchte, das Gefühl auszublenden, vielleicht war es nur Hunger.

Doch als das Brutzeln in der Pfanne verstummte und Will den Teller mit den Pancakes vor ihr auf dem Tisch abstellte, wurde der Fehler beinahe schmerzhaft physisch.

Claires Kehle zog sich derart zu, dass sie kaum schlucken konnte. »Hörst du das?«

Will horchte, verzog unschlüssig das Gesicht. »Ich höre nichts ...«

Das war es!

Das war der Fehler, der Kiesel im Schuh.

Claire sprang vom Tisch auf und stürmte auf den Wal zu, beugte sich über das Gehege und spürte, wie ihr Herz von einer Sekunde auf die andere zu schlagen aufhörte, wie es gleich einem Stein aus ihrer Brust rutschte und auf dem Boden zwischen ihren Füßen in tausend Teile zersplitterte.

Sie war leer.
Die Box, die sie mit Pete gebaut hatte, war leer.
Kein Fuchswelpe, der Geräusche machte, wenn er Hunger hatte oder spielen wollte.

»Wo ist sie?« Claires Blick flog durch den Raum und dann folgten auch ihre Füße. Unter dem Sofa, im Kamin, im Bad! Nichts. Kein Fuchs!

Hatte ihr Herz eben noch seinen Dienst verweigert, raste es nun zurück in ihren Brustkorb und schlug in dreifacher Geschwindigkeit. Schmerzhaft hämmerte ihr Puls an ihrem Hals, unter ihrer Schädeldecke und in ihren Ohren, und dann hörte sie durch all das Rauschen und Lärmen plötzlich Will. Lachte er etwa?

Auf seinem Gesicht lag zumindest eine Belustigung, die Claire nicht einordnen konnte, und während sie versuchte zu verstehen, was ihn amüsierte, drehte er sich zu den Schränken um und nahm den Ahornsirup aus dem Regal. »Das Vieh hat einen Höllenlärm gemacht heute Nacht. Ich konnte kein Auge zutun!«

»Was?« Claire sah sich kaum in der Lage, zu sprechen, die Silben klebten an ihrem Gaumen wie Teer.

Will setzte sich unterdessen in aller Seelenruhe an den Tisch und ließ den Sirup über sein Frühstück laufen. »Keine Panik. Ich habe ihn in einen Karton gepackt und vor die Tür gestellt. Frische Luft hat noch niemandem geschadet, oder?«

Claire starrte ihn ungläubig an – und endlich schien Will zu verstehen, dass das hier kein Grund für Erheiterung war. »Ich habe den Deckel geschlossen, du musst dir keine Sorgen machen.«

Aber Claire hatte keine Zeit, ihm weiter zuzuhören, sie hatte keine Zeit für Sorgen und keine Zeit, Will zu verteufeln, denn sie stolperte durch den Raum, riss die Haustür auf und taumelte hinaus in den neuen Tag.

Der Karton stand etwas abseits, er *lag* abseits, der Deckel aufgeklappt, und als Claire an ihm riss, bestätigte sich ihre schlimmste Befürchtung.

Der Fuchs war fort.

St Just, September 1949

LAND'S END

Wo endet ein Meer,
Wo fängt das nächste an?
Wann brichst du auf und
Wie schnell kommst du voran?

Wir träumten von Küsten
Viel weiter als hier.
Der Weg ist frei, doch
Ich finde nicht zu dir.

Was nützt ein Traum,
Wenn man ihn nicht teilt?
Was taugt ein Ziel,
Das im Gestern verweilt?

Hier stehe ich nun und
Weiß nicht wohin.
Ich sehe kein Morgen,
Nicht, wer ich darin bin.

AGNES
November 2022

Olive klingelte ein zweites und dann ein drittes Mal, aber im Haus rührte sich nichts.

»Wir könnten im Wagen warten, bis jemand zurückkommt«, schlug Tom vor. »Oder wir gehen erstmal in Ruhe frühstücken.« Aber Olive wollte davon nichts wissen. Sie war so weit gekommen und hatte lange genug gewartet. Sie drückte die Klinke der Gartenpforte nach unten und stellte fest, dass das Tor unverschlossen war. Ohne lange nachzudenken, trat Olive in den Vorgarten.

»Du kannst da nicht einfach reinmarschieren!«, wandte Tom ein, aber Olive zuckte mit den Schultern.

»Ich sehe mich nur ein bisschen um.«

Während sie ihren Weg fortsetzte, hörte sie Tom hinter sich stöhnen. »Nur fürs Protokoll: Ich bin mit dieser Maßnahme nicht einverstanden!«

»Hab es zur Kenntnis genommen«, erwiderte Olive und konnte sich ein Grinsen nicht verkneifen, als sie seine Schritte hinter sich hörte.

Da auf das Klingeln niemand reagiert hatte, sparte Olive sich den Gang zur Haustür und näherte sich einem der Fenster. Leider lagen die Räume im Hochparterre, sodass Olive kaum eine

Chance hatte, einen Blick ins Innere des Hauses zu werfen. Sie sah sich im Vorgarten nach beweglichen Gegenständen um, die sie als Tritt benutzen konnte, aber da war nichts. Also wandte sie sich an Tom. »Kannst du mich hochheben?«

»Was?«

»Auf deine Schultern. Oder du machst eine Räuberleiter.« Tom starrte sie an, als hätte sie vorgeschlagen, die Kronjuwelen zu stehlen. »Das ist ein Scherz, oder?« Er fuhr sich ungläubig mit der Hand durchs Haar, aber Olive rollte müde mit den Augen.

»Ich will nur einen Blick durchs Fenster werfen, kein Grund in Panik auszubrechen. Beeil dich lieber, dann ist es schneller vorbei, und wir können uns wieder in Sicherheit bringen.« Sie zwinkerte, aber er wirkte noch immer fassungslos. Erst als sie erwartungsvoll die Augenbrauen hob, legte er die Kamera, die er sich umgehängt hatte, auf den Rasen und umfasste stöhnend ihre Hüften.

Es war eine wackelige Angelegenheit. Tom taumelte ein paar Schritte vor und zurück, und Olive musste sich verkneifen zu quieken, aber dann fanden sie ein gemeinsames Gleichgewicht, und Olive konnte sich dem Fenster widmen.

Die Vorhänge waren zu den Seiten gezogen, aber trotzdem war es nicht so einfach, hinter der Scheibe etwas zu erkennen. Olive musste dicht ans Glas heran, um nicht nur ihr Spiegelbild zu sehen.

»Irgendwas Spannendes?«, drängte Tom, offenbar darum bemüht, das Gleichgewicht zu halten.

»Nicht wirklich«, gab Olive zu. »Ein Sofa und zwei Sessel vor einem Kamin.« Sie rückte so nah an die Scheibe heran, dass ihre Nase am kalten Glas plattgedrückt wurde. »Und an den Wänden ...«

»Kann ich euch helfen?« Die Stimme war aus dem Nichts aufgetaucht und jagte den beiden einen solchen Schrecken ein, dass Olive unkontrolliert herumfuhr, und Tom ein paar Ausfallschritte machen musste. Dabei trat er auf seine Kamera und knickte um. Olive ruderte mit den Armen und versuchte, auf den Beinen zu landen, aber Tom hielt ihre Hüfte noch immer fest umklammert, sodass sie zusammen auf den Rasen stürzten.

Olive spürte den dumpfen Schmerz des Aufpralls, und Tom fluchte. Er schob Olives Körper von sich und rollte auf dem Rasen zur Seite, um sich seiner Kamera zu widmen.

Olive verzog das Gesicht beim Anblick des Apparates, aber dann erinnerte sie ein Räuspern daran, dass sie noch ein anderes Problem hatten: Auf dem Weg zwischen Gartenpforte und Haustür stand eine Frau mittleren Alters. An jedem Arm trug sie zwei Einkaufstüten, und dafür, dass gerade zwei Fremde vor einem ihrer Fenster herumspioniert hatten, wirkte sie erstaunlich gelassen, geradezu heiter. Offenbar hatte die Frau sie schon eine Weile beobachtet, und jetzt wiederholte sie ihre Frage in klarem Englisch. »Kann ich euch helfen?«

Tom war so sehr mit dem Zustand seiner Kamera beschäftigt, dass Olive keine andere Wahl hatte, als die Sache selbst in die Hand zu nehmen.

»Tut mir leid, wir ... wollten wirklich nicht ...« Sie richtete sich vom Boden auf und suchte nach den richtigen Worten, musste sich aber eingestehen, dass es die für diese Situation kaum gab. Im Grunde konnten sie froh sein, dass die Hausbesitzerin nicht längst die Polizei verständigt hatte.

»Mein Name ist Olive Brown«, fing sie schließlich von vorne an. »Ich bin Journalistin aus London, und das ist Tom Philips. Er ist Fotograf.«

»Ein Fotograf und eine Journalistin«, wiederholte die Frau merklich amüsiert. »Und Sie wittern hier in Hellerup eine große Geschichte?«

Olive wusste, dass die Situation lächerlich war, besonders, wenn man nicht persönlich darin verwickelt war. »Es geht um meine Großmutter«, gab sie deshalb ohne weitere Umschweife preis.

Aber die Hausbesitzerin schien die ganze Angelegenheit noch immer für einen Scherz zu halten. »Sie vermuten Ihre Großmutter in meinem Wohnzimmer?«

»Nein, meine Großmutter ist in England.« Olive räusperte sich leise. »Ich dachte sogar, sie hätte ihr ganzes Leben in England verbracht, aber wir haben Hinweise darauf, dass sie früher mal in diesem Haus gelebt hat. Als sehr junge Frau, in den Vierzigerjahren.«

»In den Vierzigerjahren? Sind Sie sicher?« Die Fremde stellte ihre Einkäufe im Gras ab, offenbar wurden ihr die Taschen nun doch zu schwer.

»Wir haben ein Foto von Ihrem Haus bei ein paar alten Erinnerungsstücken gefunden«, fuhr Olive fort und stieß Tom mit dem Ellenbogen an. Endlich ließ er von seiner Kamera ab und zog sein Handy aus der Hosentasche, um der Fremden das abfotografierte Bild zu zeigen.

»Das ist unser Haus«, bestätigte die Frau, und auf ihrem Gesicht machte sich nun eine gewisse Irritation breit.

»Wissen Sie, wem es in den Vierzigerjahren gehört hat?«, hakte Olive nach. »Bestimmt gibt es irgendwo Grundbucheinträge ...«

»Dafür brauche ich kein Grundbuch«, fiel ihr die Fremde ins Wort. »Das Haus befindet sich im Besitz meiner Familie, seit es gebaut wurde.«

Olive warf Tom einen Blick zu, und auch der war nun wieder ganz Herr seiner Sinne. »Dann wissen Sie, wer in den Vierzigerjahren in diesem Haus gewohnt hat?«

»Das weiß ich sogar ziemlich genau«, erwiderte die Frau. »Meine Tochter hat im vergangenen Schuljahr ein großes Familienprojekt über die Zeit des Zweiten Weltkrieges gemacht. Bis zu ihrem Tod im Herbst 1946 hat die Schwester meines Urgroßvaters in dem Haus gelebt. Sie hieß Agnes Anderson.«

»Agnes?« Der Name blieb Olive in der Kehle stecken, und sie merkte, dass Tom ihren Blick suchte.

»Wie der Bus«, murmelte er und weckte damit die Neugier der Fremden.

»Welcher Bus?«

Mit einem Mal begann Olive zu frieren. »Der Bus meiner Großmutter. Sie hat ihn nach ihrer Großmutter benannt. Er steht an der Straße, wir sind damit aus England angereist.«

Die Fremde sah kurz zum Wagen und dann wieder in Olives Gesicht. »Wie heißt denn ihre Großmutter?«

»Poppy«, rutschte es Olive über die Lippen, aber sie korrigierte sich sofort: »Mathilde. Mathilde Beckmann.«

Ein verblüffter Ausdruck legte sich auf das Gesicht der Hausbesitzerin. »Diesen Namen habe ich tatsächlich schon mal gehört …«

Die Fremde stellte sich als Elin Hansen vor, und sie nahm Olive und Tom mit in ihr Haus, als wären sie alte Bekannte.

Olive ließ ihren Blick durch die Wohnräume gleiten, saugte alles in sich auf, als dürfte sie ja nichts übersehen, dabei war das Innere des Hauses beinahe schmerzhaft gewöhnlich. Die Räume waren geschmackvoll eingerichtet, gemütlich, aber sie zeichneten sich nicht durch Besonderheiten oder Extravaganzen aus.

»Wie alt ist das Haus?«, fragte Olive, als Elin mit einem Tablett mit Wasser und Gebäck aus der Küche kam und alles auf dem großen Tisch im Esszimmer abstellte.

»Fast hundertfünfzig Jahre.« Plötzlich schien sie sich wie ein Gast im eigenen Hause vorzukommen. Rasch schüttelte sie ihr Unbehagen ab und lächelte Tom und Olive an. »Fühlt euch wie zu Hause. Ich hole schnell die Kisten vom Dachboden.« Sie nickte ihnen noch einmal zu und verschwand dann in den Flur und die Treppe hinauf. Olive hörte, wie die Stufen unter ihren Schritten knarzten. Jedes Haus hatte eine eigene Sprache. Wie gern hätte Olive die Geschichte gehört, die dieses hier zu erzählen hatte.

Nachdenklich näherte sie sich dem Kamin im angeschlossenen Wohnzimmer und betrachtete das Bild, das darüberhing. Es war mit breiten Pinselstrichen gemalt, zeigte einen blühenden Garten und dahinter ein Gewässer, auf dem Boote trieben. Olive konnte dem Impuls nicht widerstehen und ließ ihre Finger über die Leinwand fahren. Sie schreckte erst aus ihren Gedanken auf, als sie ein leises Klicken hörte und feststellte, dass Tom sie fotografiert hatte.

»Ich wollte nur sehen, ob sie noch funktioniert«, entschuldigte er sich, aber Olive wandte sich schon wieder dem Gemälde zu.

Tom stellte sich neben sie. »Ich liebe es, wenn Bilder mit einem reden.«

Olive wusste sofort, was er meinte. Obwohl das Bild auf den ersten Blick nicht viel aussagte, strahlte es eine solche Wärme aus, dass es ihr auf seltsame Weise vertraut vorkam. Die Pinselstriche waren grob, und doch konnte Olive erstaunlich viele Details ausmachen. Mit jeder Sekunde wurden es mehr. Da war eine Bank neben dem Blumenbeet, Erbsenschoten und Gurkenranken und hinten am Wasser kleine Schaumkronen, die unter dem blauen Himmel ans Ufer geschwemmt wurden. Olive konnte die Wellen hören, sie roch das Meer, sie fühlte sogar den leichten Frühlingswind, der das Wasser in Bewegung setzte.

»Das hat Agnes gemalt, wie fast alle Bilder im Haus.« Olive hatte nicht bemerkt, dass Elin mit einer Kiste in den Armen zurückgekehrt war.

»Agnes hat gemalt?«

»Immer und überall.« Elin musste grinsen. »Der halbe Keller steht voll mit ihren Bildern. Sie muss geradezu besessen vom Malen gewesen sein. Vielleicht war das ihre Art, Dinge festzuhalten, Momente, Stimmungen, Menschen.« Sie stellte die Kiste auf dem Esstisch ab und trat zu Tom und Olive vor den Kamin.

»Dieses Bild zeigt den Garten des Hauses.« Sie nickte durch die offene Schiebetür in ein weiteres Zimmer, das sich zur Rückseite hin anschloss. Als Olive ein paar Schritte darauf zu tat, konnte sie den Garten hinterm Haus mit Blick auf den Öresund, so wie Agnes Anderson ihn festgehalten hatte, sehen. Natürlich sah er anders aus als damals, aber Olive erkannte ihn trotzdem sofort wieder, wie einen alten Bekannten, den man länger nicht gesehen hatte.

Elin trat neben sie in die Schiebetür. »Agnes hatte ein bewegtes Leben. Im Krieg hat sie vielen Menschen das Leben gerettet.«

Olive blickte über ihre Schulter zu Tom und dann wieder in Elins Gesicht. »Aber wenn Agnes Anderson die Großmutter meiner Großmutter war, dann muss sie während des Krieges schon alt gewesen sein.«

»Sie war über siebzig«, räumte Elin ein. »Aber das hat sie nicht daran gehindert, den deutschen Besetzern den Stinkefinger zu zeigen.« Sie grinste noch einmal und winkte Olive und Tom mit sich zurück an den Esstisch.

»Habt ihr schon mal von der Rettung der dänischen Juden gehört?« Sie legte ihre Hände auf die Kiste vom Dachboden, als läge darin ein Schatz verborgen. Als weder Olive noch Tom eine Reaktion zeigten, seufzte sie leise. »Außerhalb von Dänemark weiß kaum jemand davon, aber nächstes Jahr jährt sich das Ereignis zum achtzigsten Mal. Das hat Lola dazu bewogen, sich damit zu beschäftigen.«

»Lola?« Olive sah sie fragend an.

»Meine Tochter.« Elin nahm den Deckel von der Kiste. »Sie macht nächstes Jahr ihren Schulabschluss und hat alte Briefe und Tagebücher im Keller gefunden, die sie als Grundlage für ihre Jahresarbeit genutzt hat. Uns war bis dahin gar nicht bewusst, dass Agnes Anderson eine Heldin war, aber ihre Tagebücher und ihr Briefwechsel mit meinem Urgroßvater zeichnen ein ziemlich erstaunliches Bild.«

Instinktiv fasste Olive sich an den Hals. »Inwiefern?«

»Dänemark hat im Zweiten Weltkrieg eine besondere Position eingenommen«, erklärte Elin. »Den Dänen war klar, dass sie der deutschen Wehrmacht unterlegen waren, und sie haben sich kampflos ergeben. Im Gegenzug dafür haben sie bestimmte Privilegien von den Nationalsozialisten erhalten. Sie durften sich auch nach der Machtübernahme selbst verwalten. Einige bezeichnen diese stille Kapitulation als feige, aber andere meinen, es war …«

»Weitsichtig«, vervollständigte Tom ihren Satz, und Elin zuckte mit den Schultern.

»Zumindest war es nicht die dümmste Entscheidung. Wir konnten uns damit unsere Menschlichkeit bewahren. Unsere jüdischen Mitmenschen zum Beispiel konnten weiterhin unbehelligt ihre Leben weiterführen, sie waren weiter Teil der Gemeinschaft. Erst im September 1943 gab es geheime Beschlüsse, dass auch die dänischen Juden deportiert werden sollten.« In Elins Augen blitzte etwas auf. »Zum Glück gab es unter den ranghohen dänischen Verwaltern genug Menschen mit Herz und Verstand, und der Plan der Nationalsozialisten hat sich schnell herumgesprochen. Fast die gesamte dänische Bevölkerung ist in diesen dunklen Herbsttagen zusammengerückt, um ihre dänischen Mitbürger zu retten. Die Juden haben ihre Wohnungen verlassen und wurden von den anderen Dänen versteckt, vor allem hier an der Küste. Als die deutsche Wehrmacht in einer Nacht- und Nebelaktion ihre Razzien durchgeführt hat, waren die Wohnungen und Häuser unserer jüdischen Mitmenschen leer. Die darauffolgenden Tage harrten sie in ihren Verstecken aus, in Kellern und Schuppen, aber Anfang Oktober wurden die meisten von ihnen im Schutz der Nacht mit Fischerbooten über den Öresund nach Schweden gebracht. Etwa 7600 Menschen wurden auf diese Weise von der dänischen Bevölkerung gerettet, das waren fast alle dänischen Juden.«

Olive bekam eine Gänsehaut. »Und Agnes Anderson war …?«

»Eine von denen, die Leben gerettet haben«, bestätigte Elin. »Sie hatte Platz und Geld und einen Zugang zum Wasser. Im Keller dieses Hauses haben viele jüdische Familien auf ihre Überfahrt gewartet. Und wenn ich mich nicht irre, waren deine Großmutter und ihr Freund auch involviert.«

»Ihr Freund?« Olive horchte auf und blickte zu Tom.

Unterdessen begann Elin, in der Kiste zu wühlen. »Anhand der Briefe und Tagebücher hat Lola ziemlich genau rekonstruiert, was sich damals in diesem Haus abgespielt hat. Aber natürlich sind Irrtümer nicht ausgeschlossen.« Plötzlich hielt sie inne. Sie schien gefunden zu haben, wonach sie gesucht hatte, und zog zufrieden ein Foto aus dem Karton. Einen Moment lang verharrte ihr Blick auf dem Bild, dann lächelte sie Olive an. »Ich wusste gleich, dass du mir bekannt vorkommst.«

Bevor Olive nachhaken konnte, hielt Elin ihr das Bild hin. Es war ein Foto – ein Foto von einem Gemälde.

Das Bild war nicht vollendet, ein großer Teil der unteren Hälfte bestand aus unbemalter Leinwand. Dafür reichte das, was auf der oberen Hälfte zu sehen war, aus, um Olive wieder einmal den Boden unter den Füßen wegzuziehen.

Sie erblickte die junge Frau, die ihr zum Verwechseln ähnlich sah, die Frau aus der Keksdose. *Poppy.*

Auch diesmal stand ein Mann neben ihr und legte den Arm um sie, aber es war nicht Walter Beckmann. Der Mann auf dem Gemälde war jünger, groß, ein wenig schlaksig sogar, mit fast weißblonden Haaren. Der Blick, mit dem er Mathilde ansah, ließ keinen Zweifel daran, dass er verliebt war – aber das war nicht das Detail, das Olive am meisten schockierte.

Was Olives Welt vollends auf den Kopf stellte, war das Baby, das ihre Großmutter im Arm hielt.

ABSCHIED
August 2000

Sie wusste, dass es aussichtlos war, aber sie konnte nicht aufhören. Was nützte der Verstand, wenn das Herz etwas anderes glauben wollte?

Wie von Sinnen rannte sie durch den Wald und am Ufer entlang, suchte nach Spuren oder verdächtigen Geräuschen, und immer, wenn sie nach ein paar Stunden wieder beim Haus ankam, fing sie von vorne an.

Will hatte kein Verständnis, schlimmer noch: Er war sich keiner Schuld bewusst. »Woher hätte ich wissen sollen, dass er den Karton umstoßen kann? Du hättest mich vorwarnen müssen.«

»Du bist clever genug, zwei Leben zu führen, Will – da darf ich doch davon ausgehen, dass du ein bisschen mitdenken kannst!«

Sie konnte sehen, wie sich seine Kieferpartie verhärtete, dann entschied er sich gegen die Konfrontation. »Es tut mir leid, Claire. Wie oft soll ich das noch sagen?«

»Meinst du deine Frau oder den Fuchs?« Sie war ungerecht und unsachlich, aber sie wurde längst nicht mehr von ihrem Kopf kontrolliert.

»Ich wollte nur etwas schlafen.« Will gab sich Mühe, ruhig zu bleiben. »Du musst doch mitbekommen haben, was er nachts für einen Lärm gemacht hat.«

»Weil er ein Fuchs ist, und Füchse nachtaktiv sind!«

»Richtig, er ist ein Fuchs – und Füchse sind Raubtiere. Er hat hier drinnen nichts zu suchen. Du bist irrational und steigerst dich in etwas rein.«

»Sie ist noch ein Welpe!«, schrie Claire nun, ihre Stimme überschlug sich, und sie konnte nur schwer den Impuls unterdrücken, ihn zu stoßen, ihn aus dem Haus zu schubsen und aus ihrem Leben.»Ohne mich wird sie sterben!«

Will legte seinen Kopf in den Nacken, atmete tief ein und wieder aus und sah ihr dann in die Augen.»Das ist das Gesetz der Natur, Claire. Das ist der Lauf der Dinge.«

In diesem Augenblick stand alles still, die Zeit, die Welt, selbst ihr Atem. Sie starrte Will an, und auf einmal kam es ihr vor, als sähe sie ihn zum ersten Mal. Nicht wie damals in der Kanzlei und in der Rolle, die er in ihrem Leben gespielt hatte, sondern den Menschen, der in ihm steckte.

Und sie ertrug die Gedanken nicht, die damit einhergingen.

Dass sie kein Baby mit Will wollte.

Dass sie Will überhaupt nicht mehr wollte.

Deshalb bündelte sie all ihre Wut und Verzweiflung und stürmte erneut aus dem Haus, um das Einzige zu tun, was sie wirklich wollte: den Fuchs finden und ihre Arbeit zu Ende bringen. Den Welpen nicht auf dieselbe Art aufzugeben, wie sie ihre Schwester aufgegeben hatte.

Sie lief und lief und lief, aber nichts. Keine Spur von der Kleinen. Hatte der Ozean sie geholt? War sie vom Wald verschluckt worden? Unzählige Wege führten ins Verderben, und Claire war bereit, sie alle zu gehen.

Irgendwann, Claire wusste nicht, wie lange und wie weit sie

schon gelaufen war, erreichte sie die Bucht, in der Iris ihren Namen verewigt hatte. Sie ließ sich an den Felsen herab auf den Sand und stellte fest, dass sie nicht mehr konnte.

Sie konnte nicht mehr.

Nicht mehr laufen. Nicht mehr suchen.

Sie wollte endlich etwas *finden*.

Ihren Fuchs, Antworten, den richtigen Weg.

Erschöpft sank sie auf den Boden und lehnte sich an einen der dunklen Steine. Sie gab ihre Trauer und ihren Schmerz mit ihren Tränen an die Felsen weiter, ließ sie durch sich hindurch auf die Insel übergehen, und als sie dachte, dass sie nichts mehr zu geben hatte, dass sie womöglich nie wieder würde aufstehen und weitergehen können, sah sie einen dunklen Buckel aus dem Wasser ragen.

Ein Wal.

Wie oft hatte sie in den letzten Wochen vergeblich Ausschau gehalten?

Jetzt war er da, und Claire wischte sich die Tränen aus den Augen, um nach weiteren Rücken zu suchen, die die Wasseroberfläche durchbrachen, aber sie konnte nichts entdecken. Nur den einen.

Und in diesem Moment wusste sie, was sie zu tun hatte.

Will wirkte nicht überrascht, als sie ihm ihre Entscheidung mitteilte. Er stellte keine Fragen, sondern stopfte seine wenigen Sachen achtlos zurück in die Reisetasche. Als sie gemeinsam ins Boot stiegen, schien er beinahe erleichtert.

»Du meldest dich, sobald du wieder in der Stadt bist?«, fragte er zum Abschied, nachdem Claire ihn im Hafen abgesetzt hatte.

»Ich melde mich«, log sie und schenkte ihm ein Lächeln, und

weil sie noch im Boot stand und er bereits an Land, war eine Umarmung keine Option. Also hob Will seine Hand zum Gruß, drehte sich um und spazierte den Steg hinunter zur Straße.

Claire wartete, bis er aus ihrem Sichtfeld verschwunden war, und fuhr zurück auf die Insel.

Das Alleinsein hatte eine neue Dimension angenommen. Dass Will fort war, war eine Erleichterung, tröstete aber nicht darüber hinweg, dass ihr Fuchsmädchen fehlte. Die Stille im Haus war fehlerhaft, die Aufgabe, die ihr genommen worden war, wog schwer.

Claire versuchte, Vernunft anzunehmen, aber Herz und Körper trieben sie an, nicht aufzugeben. Also ging sie wieder und wieder los. Wenn sie den Fuchs schon nicht fand, brauchte sie zumindest mehr Antworten.

Die Sache mit Will stand fest. Es gab keinen Weg durch die Tür, die er ihr geöffnet hatte, und insgeheim war sie sich sicher, dass er das genauso sah.

Aber es gab andere Dinge, die eine Entscheidung erforderten. Claire hoffte, sie zwischen ihren Schritten über die Insel zu finden, im Schatten der Baumrücken oder am Ufer des Ozeans. Doch die Insel gab ihr keine Antworten.

Als sie an einem Abend von ihrer Inselrunde zurückkehrte, sah sie das Boot. Kurz spielte sie mit dem Gedanken, sich wieder in den Wald zurückzuziehen, aber als sie in sich hineinhorchte, stellte sie fest, dass Frankies Anwesenheit sie nicht störte.

Sie wartete vor der Tür, Claire konnte nicht sagen, wie lange sie schon dort stand, die Hände in den Taschen vergraben, und ihre Unruhe mit den Stiefelspitzen in den Kies schrieb. Als sie Claire auf sich zukommen sah, hielt sie inne. Die Frauen wechselten einen Blick, der auch Stunden hätte dauern können, dann deutete Claire auf die Tür.

»Warum hast du nicht drinnen gewartet? Es ist dein Haus.« Frankie schüttelte den Kopf. »Es war Iris' Haus, mehr als es jemals meins hätte sein können.«

Claire widersprach nicht und öffnete die Tür. Frankie folgte ihr mit etwas Abstand ins Haus und sah von der Mitte des Raums aus zu, wie Claire Teewasser aufsetzte.

Frankie nahm erst Platz, als Claire zwei Becher auf dem Tisch abstellte und sich setzte. »Ich habe gehört, dein Fuchs ist verschwunden.«

Claire spürte einen Stich, den sie mit heißem Tee zu betäuben versuchte. Will musste mit jemandem gesprochen haben, und das setzte ihr beinahe genauso zu wie das Verschwinden ihres Findelkindes.

»Vielleicht war sie bereit«, murmelte Frankie, und Claire nickte, obwohl sie wusste, dass sie sich damit belog.

»Du hast nichts falsch gemacht«, fuhr Frankie nach einem Schluck Tee fort, aber diesmal brachte Claire keine Bestätigung zustande. Sie hatte viele Dinge falsch gemacht, so viele, dass sie fast nicht mehr sagen konnte, wie es sich anfühlte, etwas richtig zu machen.

»Ich nehme an, er ist der Vater?«

»Er ist der Einzige, der in Frage kommt«, gab Claire zu. »Aber ein Vater ist er nicht.« Das war ihr in der Bucht klar geworden, beim Anblick des Wales. Will war nicht ihre Familie, er war nicht der, der mit ihr schwimmen würde. Er war bereits Vater, aber er würde nicht der Vater ihres Babys sein.

Sie tranken schweigend, aber Claire spürte noch immer Frankies Unruhe, und irgendwann wurde die Stille zur Belastung. »Es war nicht deine Schuld«, sagte sie deshalb und bemerkte, wie sich Frankies Schultern versteiften. »Du hast einen Fehler gemacht«, fuhr Claire fort, auch wenn ihre Stimme kaum mehr als ein Flüstern war. »Aber euer Streit war nicht der Grund dafür, dass Iris gestorben ist. Das war Pech, ein Unfall, eine falsche Entscheidung, wie wir alle sie jeden Tag treffen.« Sie legte ihre Hände fester um den warmen Becher. »Ohne dich wäre Iris schon vor Jahren gestorben, da bin ich mir sicher. Vielleicht hätte ich nicht einmal davon erfahren. Aber du hast ihr ein Zuhause gegeben und einen Raum zum Heilen, und diese Insel hat ihn auch mir gegeben.«

Frankie reagierte nicht, sie sagte nichts und rührte sich nicht. Claire konnte nicht einmal sagen, ob sie noch atmete. Sie saßen miteinander am Tisch, zwei Fremde, die durch einen gemeinsamen Verlust zusammengeführt worden waren und im Schweigen ihren Frieden fanden.

Als Claire ihren Becher geleert hatte, räusperte sich Frankie. »Was wirst du jetzt tun?«

Claire lachte leise. Sie sah zum Fenster und beobachtete die Bäume, die sich vom Abendwind wiegen ließen. »Ich habe einen neuen Job in New York angenommen, aber ein Baby kann ich dabei nicht gebrauchen.« Kaum hatte sie es ausgesprochen, fiel ihr etwas ein. Sie erhob sich vom Tisch, verschwand im Schlafzimmer und kam mit der dunkelgrünen Mappe zurück.

Die Uhr und Frankies Familienbild lagen obenauf. »Ich schätze, das solltest du haben.«

Frankie nahm die beiden Blätter an sich, aber sie brauchte einen Moment, bis sie verstand, was sie in den Händen hielt. Dann breitete sich ein Lächeln auf ihrem Gesicht aus. »Wo hast du die her?«

»Iris hat sie unterm Bett aufbewahrt.«
»Ich hatte keine Ahnung, dass sie uns gezeichnet hat«, sagte Frankie, während sie ihre Familie betrachtete.
Claire setzte sich zurück auf ihren Platz. »Und ich wusste nicht, dass du ein Kind hast.«
Frankie sah irritiert auf, aber dann verstand sie und lachte kaum hörbar. »Nein, ich habe kein Kind. Ich bin das Baby.«
»Aber die Frau …?«
»Ist meine Mutter«, klärte Frankie sie auf. »Sie sah mir sehr ähnlich.« Nachdenklich strich sie über das Bild. »Wir hatten nur ein einziges Foto von ihr, und als mein Vater starb, habe ich beschlossen, es mit ihm zu bestatten. Ich wusste nicht, dass Iris diese Zeichnung angefertigt hat.«
»Und die Uhr?« Claire beugte sich vor und deutete auf das zweite Bild. »Gehörte die auch deinem Vater?«
Frankie entwich ein leises Seufzen. »Es ist ein Kompass, keine Uhr. Es gab nur zwei davon auf der Welt. Einer gehörte von Geburt an meinem Vater, er kam aus einer Fischerfamilie, und den anderen hat er für meine Mutter anfertigen lassen, als ich zur Welt kam. Sie tragen die Koordinaten ihrer beiden Geburtsorte in sich, als Symbol dafür, dass sie sich niemals verlieren und immer wieder zueinander finden würden.«
Claire musste an die unzähligen Bilder in Frankies Schublade denken. »Und warum hat Iris ihn so oft gezeichnet?«
Frankie lächelte noch einmal, aber es lag etwas Trauriges darin, und es dauerte eine Weile, bis sie wieder zu sprechen begann.
»Meine Mutter und mein Vater wollten damals gemeinsam vor den Nazis aus Dänemark fliehen.«
Claire runzelte die Stirn. »Du bist Dänin?« Sie wartete nicht auf eine Bestätigung. »Frankie klingt ziemlich amerikanisch …«

»Frida Frederiksen«, murmelte sie, ohne ihren Blick vom Familienbild zu nehmen. »Das ist mein richtiger Name, aber seit wir hier an der Küste leben, haben mich alle nur Frankie genannt. Alle außer meinem Vater.«

Frederiksen. Der Name weckte eine Erinnerung in Claire. Sie hatte ihn auf dem Klingelschild an Frankies Haus gelesen, hatte ihm aber keine Aufmerksamkeit geschenkt. Plötzlich kamen ihr auch die fremdsprachigen Bücher aus dem Schrank im Wohnzimmer in den Sinn. »Eine Dänin also ...«

»Mein Vater war jedenfalls Däne«, fuhr Frankie nachdenklich fort. »Meine Mutter kam aus Deutschland, aber ich habe keinerlei Erinnerung an sie. Alles, was meinem Vater von ihr geblieben ist, waren das Foto und die Erinnerung an den Kompass, der sie verbinden sollte. Das Einzige, was *mir* geblieben ist, sind Iris' Zeichnungen davon. Und das hier.« Sie neigte den Kopf zur Seite und legte den Finger auf ein kleines Muttermal unterhalb ihres Ohres.

Mit einem Mal kam es Claire vor, als könnte sie Frankies Verlust fühlen, die Leerstelle in ihrem Leben und den Wunsch nach einer Verbindung.

»Was ist mit deiner Mutter passiert?«

Frankie nahm sich die Mütze vom Kopf und rieb sich mit der Hand über das Gesicht. »Offenbar war mein Großvater schuld an ihrer Trennung, aber ich kenne nur die Version meines Vaters. Meine Eltern wollten 1943 vor der Wehrmacht nach Schweden fliehen, doch der Vater meiner Mutter konnte mit dieser Vorstellung nicht leben. Meine Mutter hatte ihn in einem Abschiedsbrief davon in Kenntnis gesetzt, in der Hoffnung auf Verständnis. Aber er ist in der Nacht der Flucht in Dänemark aufgetaucht und hat meine Mutter vor die Wahl gestellt: Entweder sie gäbe ihre

Familie auf und käme mit ihm zurück nach Deutschland, oder er würde gleich eine Handvoll Flüchtlinge mit ihnen gemeinsam an die Wehrmacht verraten. Meine Mutter …« Frankie verstummte, aber Claire verstand auch so.

»Deine Mutter hat sich dafür entschieden, euch zu retten.« Frankies Nicken war zentnerschwer, und auch Claire spürte einen gewaltigen Knoten in der Brust.

»Habt ihr euch jemals wiedergesehen?«

»Nein. Mein Großvater war ein echter Scheißkerl und hat uns trotzdem verraten. Mein Vater konnte mich in fremde Hände geben, bevor er in ein deutsches KZ gebracht wurde. Man hat ihm den Kompass abgenommen, aber nicht seine Hoffnung.« Immerhin ein kleines Lächeln zeichnete sich nun auf ihrem Gesicht ab.

»Gegen Ende des Krieges wurde er von den Weißen Bussen nach Dänemark evakuiert. Er war in keiner guten Verfassung, und es hat gedauert, bis er mich wiedergefunden hat, aber dann haben wir uns gemeinsam auf den Weg nach Hamburg gemacht, um meine Mutter zu suchen. Aber sie war in der Zwischenzeit an einer Lungenentzündung verstorben.«

Die Kälte kroch zurück in Claires Nacken.

»Mein Vater war am Boden zerstört«, fuhr Frankie fast tonlos fort. »Er hatte überlebt, wusste jedoch nicht, wozu. Aber er hatte immer noch mich. Und meine Eltern hatten einen gemeinsamen Traum. Sie hatten sich ausgemalt, irgendwann am Pazifik zu leben, in einer friedlichen Welt, dort, wo die Wale auf ihrem Weg nach Hause vorbeiziehen. Also hat er seine letzten Kräfte mobilisiert und ist mit mir auf die Reise gegangen.«

»Und hier habt ihr ein Zuhause gefunden …«

»Hier haben wir ein Zuhause gefunden.« Endlich löste Frankie ihren Blick von der Zeichnung und sah zum Fenster. »Aber mein

Vater hat den Verlust niemals überwunden. Jeden Tag hat er aufs Meer hinausgesehen, als erwartete er ihre Ankunft. Sein Leben lang hat er gewartet und nach dem Kompass gesucht, ihrem oder seinem. Iris hat er nur gefunden, weil er eine Messe in Seattle besucht hat, auf der er sich Hinweise erhofft hat. Die Hinweise gab es nicht, aber dafür konnte Iris seinen Erinnerungen ein Gesicht geben. Und als er irgendwann krank wurde und auf dem Festland bleiben musste und das Haus nicht mehr verlassen konnte, da hat sie ihm das Meer ans Bett gebracht.«

Die Wandmalereien. Obwohl der Hintergrund traurig war, musste nun auch Claire lächeln. Aber Frankie war noch immer nicht fertig.

»Manchmal glaube ich, sein Warten ist ein Teil von mir geworden, diese große, leere Stelle, die ich zu füllen versuche, aber ich weiß nicht, womit. Eine Weile habe ich angenommen, es könnte Iris sein.«

Claire zögerte, dann legte sie ihre Hand auf Frankies.

Sie hatte ihre Lücken gefüllt, indem sie sich in die Arbeit gestürzt hatte, das Studium und ihre Karriere. Aber es brauchte mehr als Ablenkung, um die großen Leerstellen des Lebens zu füllen. Es brauchte Erinnerung und Vergebung, und vermutlich noch einiges mehr, um Frieden zu schließen mit sich und der Vergangenheit.

Mit einem Mal spürte sie, dass Frankie ihrerseits ihre Hand auf Claires legte. »Mein Vater war ein starker Mann, Claire, aber du bist stärker. Wenn mein Vater es geschafft hat, schaffst du es auch.«

Obwohl sie es nicht sagte, wusste Claire, wovon sie sprach.

»Woher willst du das wissen?«, flüsterte sie, während Tränen in ihre Augen stiegen. »Unsere Mutter hätte uns einmal fast mit sich im See ertränkt. Wie kann ich wissen, dass ich nicht genauso versage?«

Frankie lächelte und drückte ihre Hand. »Du weißt es längst.«

Ihre Worte klangen in Claire nach, lange nachdem Frankie die Insel verlassen hatte. Wusste sie es?

Sie horchte in sich hinein, stolperte aber jedesmal darüber, dass der Fuchs keine Geräusche mehr machte, und floh aus ihren Gedanken.

Worauf wartete sie noch?

Sie war auf die Insel gekommen, weil Will sie aus New York hatte fliehen lassen, aber jetzt hatte er keinen Einfluss mehr auf sie.

Sie war geblieben, weil sie sich um den Welpen kümmern wollte, aber nun war ihr diese Aufgabe entglitten und abgenommen worden.

Selbst das, was Iris zurückgelassen hatte, schien dort zu sein, wo es hingehörte. Claire hatte ihre Schwester wiedergefunden und auch sich selbst. Die Urne mit Iris' Asche konnte sie mitnehmen, wo immer sie hingehen würde, genau wie das Puzzleteil. Aber was war mit dem Baby?

Konnte ein Kind Teil ihrer Geschichte werden?

Der Mond stand hoch und hell am Nachthimmel, als Claire sich auf Iris' Bett fallen ließ. In diesem Moment fielen ihr die Briefe wieder ein.

Sie hatte sie noch immer nicht geöffnet, weil sie Angst hatte, dass sie damit das verlieren könnte, was sie in den vergangenen Wochen gewonnen hatte. Aber jetzt spürte sie, dass sie sich auch den letzten Fragezeichen der Vergangenheit stellen musste, um endlich einen Schritt in die Zukunft tun zu können.

Sie schaltete die Schreibtischlampe an und wartete das Flackern ab. Als sich auch ihr Puls beruhigt hatte, nahm sie den ältesten der drei Briefe zur Hand. Vorsichtig öffnete sie den Umschlag und zog das Papier daraus hervor. Es war nur eine Seite, und sie war relativ leer, datiert auf das Jahr 1997:

Meine liebe Claire,

ich würde fragen, wie es dir geht, aber ich kenne die Antwort bereits – genau wie ich immer schon gewusst habe, wo ich dich finden würde:

Claire musste schlucken und betrachtete das kleine Detail, das Iris zwischen die Zeilen gemalt hatte: ihr fehlendes Puzzleteil.

Dein Traum war immer schon mehr als ein Traum, es war ein Plan, und ich wusste von Anfang an, dass du es schaffen würdest. Vielleicht habe ich einen Teil von dir deshalb an mich genommen. Weil ich gehofft hatte, dadurch ein Teil deiner Zukunft zu sein und dich gleichzeitig immer bei mir zu tragen.
Vielleicht wirst du wütend, wenn du diesen Brief liest, ich könnte es dir nicht verübeln. Vielleicht bist du aber auch bereit, mir eine Chance zu geben. Ich möchte dir so viel erzählen.

In Liebe, Iris

Tränen waren in Claires Augen getreten, und sie musste ihnen erst etwas Raum geben, bevor sie sie wegwischen und sich dem zweiten Brief widmen konnte. Als sie ihn aus dem Umschlag befreite, sah sie, dass er ein gutes Jahr später verfasst worden war:

Liebste Claire,

auf meinen letzten Brief hast du nicht geantwortet, und ich nehme es dir nicht übel, denn als wir uns zuletzt gesehen haben, habe ich dir nicht viel Freude bereitet. Aber ich will trotzdem nichts unversucht lassen und hoffe, dass du mir die Chance gibst, dir einiges zu erklären. Es gibt so vieles, was du nicht weißt, aber wissen solltest. Zum Beispiel, wie stolz ich auf dich bin, dass ich dich aus der Ferne beobachte und dass du immer noch der wichtigste Mensch in meinem Leben bist. Aber auch einiges, was ich dir nur persönlich sagen kann.
Ich hoffe, du gibst uns nicht auf.

In Liebe, Iris

So vieles, was du nicht weißt ... Es hatte auch so viel gegeben, was Iris nicht gewusst hatte. So vieles, was Claire ihr hätte sagen wollen. Aber jetzt blieb nur noch ein letzter Brief.

Er war im Frühjahr 2000 verfasst worden und deutlich kürzer als die ersten beiden.

Liebste Schwester,

ohne dich bin ich nicht ganz. Aber ich gebe dich frei.

Bis ans Ende aller Zeit.
In Liebe, Iris

Das waren sie also. Iris' letzte Worte an Claire. Und obwohl Claire Angst gehabt hatte, dass sie etwas beenden würden, fühlte sie nun, dass etwas fehlte. Einem Instinkt folgend drehte sie das Papier in ihrer Hand – und sah, dass Iris etwas darauf gemalt hatte. Als sie verstand, was es war, musste sie lachen und gleichzeitig weinen.

Das Auge.

Iris hatte ihre letzten Zeilen an Claire auf die Rückseite des Walauges geschrieben.

Claire konnte vor Tränen kaum etwas sehen, als sie aus dem Schlafzimmer taumelte. Sie holte die Kleberolle aus der Küchenschublade, und dann vollendete sie das, was die ganze Zeit über gefehlt hatte.

Iris hatte ihr einen Teil von sich geschickt, so wie sie all die Jahre einen Teil von Claire bei sich getragen hatte.

Jetzt waren sie beide hier.

Iris war hier, und Claire. Nebeneinander, miteinander, ergaben sie ein Bild, das Claire Antwort genug war.

»Ohne dich bin ich nicht ganz«, flüsterte sie, und spürte im selben Augenblick, dass sie all die Jahre nie allein gewesen war.

Und es niemals sein würde.

St Just, Mai 1950

FRÜHLING

Mein Körper ist ein trostloses Land,
Meine Gedanken finster und kalt,
Doch du siehst das Grün im trockenen Sand
Und sagst, der Frühling kommt bald.

Du sahst auch das Rot in der dunklen See,
Alles Leben dem Tode geweiht.
Doch Blumen wachsen selbst unter Schnee,
Und auch Sterben hat seine Zeit.

Jetzt blüht der Mohn, die Sonne scheint warm,
Zum Tanze bittet der Wind.
Doch du weißt nicht, was das Leben mir nahm:
Meinen Vater, mein Herz, mein Kind.

Nach jedem Winter kommt Sonnenschein,
Nach jeder Stille ein Lied.
Doch wie soll ein Frühling möglich sein,
Wenn's Vergebung für mich nicht gibt?

BILDER
November 2022

Mathilde, Frida, Ib. Olive wiederholte die Namen mit jedem Schritt, den sie zurücklegte, *Mathilde, Frida, Ib*, als wären sie Teil eines alten Abzählreims. Sie konnte nicht sagen, wie lange sie schon unterwegs war, zwei, drei Stunden waren es mit Sicherheit. Die Fußsohlen brannten in ihren Turnschuhen, aber sie konnte nicht stehen bleiben. Sie musste sich bewegen, musste immer weiterlaufen, als hinge das Ende der Geschichte davon ab, dass sie nicht stillstand, als hingen Glück und Unglück davon ab, dass alles in Bewegung blieb. Dabei stand längst außer Zweifel, dass sich an Poppys Geschichte nichts mehr ändern ließ. Es gab Kapitel, die sich schon vor langer Zeit geschlossen haben mussten, und ihre Zeilen waren so schwer, dass selbst Olive unter ihrem Gewicht zu kämpfen hatte. Und sie kannte noch nicht einmal alle Details.

Sie wusste nur, dass ihre Großmutter eine Familie gehabt hatte, bevor sie im England der Fünfzigerjahre eine neue gegründet hatte. *Mathilde, Frida, Ib.* Beim Gehen holte Olive das Foto hervor, dass Elin ihr überlassen hatte. In den letzten Stunden hatte sie es sich so oft angesehen, dass es ihr in Fleisch und Blut übergegangen war. Sie erkannte die drei Menschen auf dem unvollendeten Gemälde, und sie erkannte auch ihre Liebe und den

Verlust, den sie erlitten hatten. Vielleicht waren diese drei schon immer ein Teil von ihr gewesen.

Als es auf Olives Wangen zu kribbeln begann, steckte sie das Bild wieder weg. Sie war immer noch dabei, die Fakten zu sortieren, erst danach durfte sie ihren Gefühlen freien Lauf lassen. Poppy hatte sich am Ende für die richtige Seite entschieden, das zumindest war eine Erleichterung. Selbst wenn sie während ihrer Jugendjahre in Hamburg bei der Hitlerjugend mitgemischt hatte, hatte sie der Unmenschlichkeit in Hellerup den Rücken gekehrt. Sie hatte Agnes Anderson bei der Rettung der jüdischen Dänen unterstützt, mehr noch: Sie hatte sich in einen jüdischen Dänen verliebt. Das zumindest ging aus der Jahresarbeit hervor, die Elins Tochter geschrieben hatte.

Eine Nacht im Oktober. Eine Reise in meine Familiengeschichte. So lautete ihr Titel, und Olive hatte sich das knapp dreißigseitige Manuskript zweimal durchgelesen, bevor sie das Haus am Wasser mit dem Foto in der Tasche verlassen hatte.

Ib Frederiksen, das war sein Name, *Ib.* Olive hatte ein paarmal nachfragen müssen, so fremd war ihr der Klang dieser zwei Buchstaben.

Mathilde, Frida, Ib. Diese drei Namen waren auf der Rückseite des Gemäldes an den Keilrahmen geschrieben worden. Außerdem stand da *August/September 1943.* In diesen Monaten musste Agnes an dem Bild gearbeitet haben, aber sie hatte es niemals fertiggestellt, und der Umstand, dass es für alle Zeiten unvollendet geblieben war, verstärkte Olives Unbehagen. Konnte ihre Großmutter sich jemals komplett gefühlt haben, obwohl ein entscheidender Part ihrer Familie kein Teil ihres restlichen Lebens gewesen war?

Mit einem Mal ergaben Poppys Worte zu ihren Fahrten mit

der alten Agnes Sinn. Ib und Frida mussten zweifellos zu den Menschen gehört haben, mit denen sie alleine auf Reisen gegangen war. Aber warum in aller Welt hatte sie über ihre Existenz geschwiegen? Sie war verliebt gewesen und jung Mutter geworden, aber das war kein Grund, sich ein Leben lang zu schämen. Es musste noch etwas anderes passiert sein, etwas, das dafür verantwortlich war, dass Agnes Anderson ihr Bild nie beendet hatte und dass Frida und Ib aus Poppys Leben verschwunden waren. Freiwillig hatte ihre Großmutter die beiden garantiert nicht aufgegeben. Irgendetwas musste im September 1943 geschehen sein, irgendetwas, das alles für immer geändert hatte.

Im Geiste ging Olive Lolas Jahresarbeit noch einmal durch. Mathilde und Ib hatten darin nur eine Nebenrolle gespielt, der Fokus lag auf Agnes Anderson und der dänischen Rettungsaktion. Ib und Mathilde wurden hauptsächlich erwähnt, weil Ibs Schwester als Hausmädchen bei Agnes tätig gewesen war und ihr Bruder gelegentlich Arbeiten am Haus übernommen hatte. So musste er auch Mathilde kennen gelernt haben – obwohl das Gedicht, das den Hinweis auf die Lage des Hauses gegeben hatte, vermuten ließ, dass die beiden sich schon seit ihrer Kindheit flüchtig gekannt hatten. Ib Frederiksen kam aus einer Fischerfamilie, er fuhr regelmäßig hinaus aufs Meer und verfügte über ein Boot. Ein Boot, das sich im Rahmen der geheimen Rettungsaktion als praktisch erwiesen hatte. Lag es nicht auch nahe, dass Ib mit dem Boot nach Schweden geflüchtet war? Er war Jude gewesen und befand sich in Lebensgefahr. Hatte er am Ende vielleicht ihre gemeinsame Tochter mitgenommen und Mathilde zurückgelassen?

Plötzlich durchfuhr es Olive wie ein Blitz, und sie blieb abrupt stehen. Esben hatte bei Weitem noch nicht alle Gedichte übersetzt, aber eine Sache war Olive auch ohne Übersetzung aufgefallen: Bis September 1943 waren die Gedichte ihrer Großmutter in Hellerup verfasst worden – und danach eine Weile in Hamburg, bevor es ab 1946 in England weitergegangen war.

Poppy hatte knapp zweieinhalb Jahre in Hamburg verbracht, vermutlich bei ihrem Vater, denn Tina Lassen hatte ihnen gesagt, dass Walter Beckmann und seine Tochter erst Anfang 1946 als vermisst gemeldet worden waren. Es gab keine Anzeichen dafür, dass auch Ib und Frida in dem Haus an der Elbe gelebt hatten – zumal es für einen jüdischen Fischer nicht gerade ratsam gewesen wäre, ausgerechnet nach Deutschland zu fliehen. Die Nächte, in denen die dänischen Juden nach Schweden gerettet wurden, mussten den Scheidepunkt in der Geschichte dieser kleinen Familie dargestellt haben, dessen war Olive sich sicher. Aber wie konnte Poppy ohne den Mann, den sie geliebt hatte, zurück nach Hamburg gehen, wie ohne ihre Tochter?

Obwohl Olive selbst keine Mutter war, konnte sie sich eine freiwillige Trennung kaum vorstellen. Warum war sie Anfang 1946 untergetaucht und hatte ihre alte Existenz komplett abgestreift?

Ib und Frida hatte sie wohl kaum gefunden, sonst hätte es die Gedichte, die Olive in der Nacht gelesen hatte, wahrscheinlich nicht gegeben. Vielmehr drängte sich die schreckliche Vermutung auf, dass Poppy ihre Lieben für immer verloren hatte ...

Olive fasste sich an den Hals, als müsste sie sich davon überzeugen, dass dort nichts war, was ihr die Luft zum Atmen abdrückte.

Elin hatte gesagt, dass es im Keller des Hauses noch unzählige Kisten mit alten Briefen und Tagebüchern gab und dass sich darin mit Sicherheit Antworten finden ließen. Sie hatte Olive angeboten, dass sie das Material mit nach London nehmen und in Ruhe sichten könne, und Olive war ihr dafür sehr dankbar.

Aber sie wusste auch, dass es noch eine andere Möglichkeit gab, an Informationen aus den entscheidenden Jahren zu kommen.

Entschlossen zog sie das Handy aus ihrer Jackentasche – und sah, dass Tom etliche Male versucht hatte, sie anzurufen. Sie hatte ihr Telefon stummgeschaltet, weil sie Ruhe zum Nachdenken gebraucht hatte. Jetzt bekam sie fast ein schlechtes Gewissen.

Noch vor dem zweiten Klingeln nahm Tom ihren Rückruf an. »Wo steckst du, Olive? Ich versuche seit einer Stunde, dich zu erreichen!« Er klang nicht verärgert, sondern eher besorgt und etwas gehetzt. Als gäbe es auf einmal Anlass zur Eile.

Olive räusperte sich, um möglichst gefestigt zu klingen. »Wir brauchen dringend die Gedichte, die meine Großmutter zwischen 1943 und 1946 in Hamburg geschrieben hat. Könntest du Esben bitten, die als Nächstes zu übersetzen?«

Am anderen Ende der Leitung hörte sie Tom ausatmen, vielleicht seufzte er auch. »Komm bitte zurück, Olive! Lola ist aus der Schule gekommen und hat Informationen für dich. Außerdem hat Tina angerufen …«

Olive horchte auf. »Tina?«

Tom schien seine Antwort hinauszuzögern. »Du erinnerst dich an die Amerikanerin, die sich in Hamburg nach dem Kompass erkundigt hat?«

Ein merkwürdiges Gefühl braute sich in Olives Mitte zusammen. »Was ist mit ihr?«

»Sie war noch einmal bei der Polizei. Tina hatte einen Vermerk hinterlassen, dass sie sich bei ihr melden solle, und … das hat sie getan.«

Die Art, wie er seine Antwort in die Länge zog, verunsicherte Olive. »Und?«

»Tina hat sich mit ihr getroffen«, fuhr Tom fort. »Sie meint, dass wir dringend mit ihr reden sollten.«

Olive stieß ein Lachen aus, das auch als Schnauben durchgehen konnte. »Wieso?«

»Nimm dir bitte ein Taxi und komm zurück.«

»Wieso, Tom?«, insistierte Olive und schob sich die Haare aus der Stirn, die ihr der Wind ins Gesicht blies.

»Weil sie unzählige Zeichnungen bei sich hatte. Und alle zeigen dasselbe Motiv ...«

Noch bevor Olive nachhaken konnte, hörte sie, wie eine Kurznachricht auf ihrem Handy einging. Sie nahm das Telefon von ihrem Ohr und öffnete die Nachricht, ohne das Gespräch mit Tom zu beenden.

Er hatte ein Foto weitergeleitet, darauf die Zeichnungen, die er erwähnt hatte.

In Olives Kopf begann es zu rattern, und dann schmerzte es plötzlich so heftig hinter ihrer Naht, als wäre sie gerade noch einmal gegen eine Scheibe geflogen.

Jede einzelne Zeichnung zeigte den Kompass.

Poppys Kompass.

Olives Kompass.

JAHRESTAGE
November 2022

Claire beendete ihr Telefonat, sah zum Fenster hinaus und stöhnte leise. Warum musste Frankie nur so stur sein? Es war viel zu nass und ungemütlich, um auf die Insel zu fahren, aber Claire hatte es nicht geschafft, sie davon zu überzeugen, ein paar Tage zu warten.

»Weihnachten kannst du auch nicht verschieben, weil dir die Beleuchtung nicht gefällt!«, hatte sie ihr am Telefon um die Ohren gehauen und dann grußlos aufgelegt. Dabei war ihr Husten schlimmer geworden, das hatte Claire gehört.

Im nächsten Sommer würde Frankie achtzig werden, die ganze Stadt arbeitete schon fieberhaft an einer Überraschungsfeier für sie, und Claire hatte gehofft, dass das Alter sie milder und weniger unbelehrbar machen würde, aber das Gegenteil war der Fall. Mit jedem Jahr, das verstrich, ging sie weniger Kompromisse ein, und Claire für ihren Teil wurde immer müder, mit ihr zu streiten.

Also würde sie auch heute mit ihr rausfahren, so wie sie es in den letzten zwanzig Jahren an ebendiesem Tag getan hatten. Sie würden Claires Boot am Steg festmachen, der mittlerweile erneuert worden war, würden kurz im Haus nach dem Rechten sehen, weil es schon seit Jahren nicht mehr bewohnt wurde, und dann zur kleinen Bucht spazieren, so langsam, dass Frankie einen

Grund hätte, sich zu beschweren. Bei dem Gedanken daran, wie sie Frankie von den Felsen in die Sandbucht hinunterkriegen sollte, wurde ihr jetzt schon schwindelig. Pete hatte vor ein paar Jahren eine Art Steintreppe angelegt, aber sie war uneben und – wenn die Felsen nass waren wie heute – auch rutschig.

Natürlich würde Frankie sich nicht darauf einlassen, oben zu warten, während Claire unten die Blumen aufs Wasser legte, und ein winziger, unvernünftiger Teil von ihr konnte das sogar verstehen.

Es war Ibs Todestag, und außerdem der Tag, an dem sie Iris' Asche im Meer vor der Bucht verstreut hatten.

Ein Tag, an dem sie zurücksahen auf die, die fehlten, und sich gegenseitig die Gewissheit gaben, dass es in Ordnung war, nach vorne zu schauen.

Aber kümmerte es die Toten, ob sie es an einem bestimmten Tag taten?

Claire sah noch einmal zum Fenster, wo der Regen ein prasselndes Konzert auf der Scheibe abhielt. Sie konnte jetzt schon spüren, wie sie bis auf die Knochen nass werden würde.

Wenn wenigstens Tilly dabei wäre. Sie konnte jedes schlechte Wetter in ein Abenteuer verwandeln, die Wärme und Heiterkeit, die ihrer Tochter innewohnte, war ansteckend. Nicht mal Frankie war gegen sie gefeit.

Claire war bewusst, dass sie Iris in ihr sah, auch wenn sie nie darüber sprachen. Und auch Claire erkannte viel mehr von ihrer Schwester in ihrer Tochter als von sich selbst. Matilda hatte ein Feuer in sich, aber es war nicht zerstörerisch, sondern fruchtbar, und jetzt gerade brannte dieses Feuer für zwei Auslandssemester in Berlin.

Claires Blick wanderte vom ihrem Bürofenster zum Schreibtisch, auf dem das Foto ihrer Tochter neben einem von Iris stand, das Frankie ihr vor vielen Jahren geschenkt hatte. Iris, die wieder in ihrem Leben eingezogen war, nachdem das Meer sie an sich gerissen hatte.

Iris, die von wo immer sie sein mochte, die Wärme zurück in ihr Leben gebracht hatte, die ihr das Leben selbst zurückgebracht hatte.

Iris' Briefe hatten das Fragezeichen in einen einfachen Punkt umgewandelt, sie hatten den Ausschlag gegeben, zu bleiben, und Claire konnte selbst jetzt, mehr als zwanzig Jahre später, nicht glauben, dass Iris sie damit gerettet hatte.

Sie hatte sich dazu entschieden, das Baby zu bekommen, ihr Baby, und war nicht nach New York zurückgekehrt.

Miles war kurzfristig angereist, um sie dazu zu bewegen, es sich anders zu überlegen, aber es hatte keine Unsicherheit mehr in ihr gegeben. Sie wollte dieses Kind, und nun, wo Iris zurück an ihrer Seite war, rechnete sie sich gute Chancen aus, die Sache nicht zu ruinieren. Sie brauchte Will nicht. Und sie brauchte auch die Partnerschaft in der neuen Kanzlei nicht. Das alles hatte Iris ihr versichert, nur ihretwegen war Claire auf der Insel geblieben.

Iris war ihr Anfang und ihr Ende, ein ewiger Kreis aus Abschied und Neubeginn. Und sie hatte ihr eine neue Familie verschafft. Nicht nur Tilly, sondern auch Frankie und Pete, und im Grunde die ganze Stadt.

Von Will hatte sie nie wieder etwas gehört, sie war sich nicht einmal sicher, ob er von der Geburt seiner Tochter wusste. Aber für Claire spielte das keine Rolle. Sie enthielt ihm nichts vor, er hätte jederzeit kommen und sich von ihrer wundervollen Tochter ein Bild machen können, aber sie ging davon aus, dass er eigene Kämpfe ausfocht.

Natürlich war es am Anfang manchmal hart gewesen, allein mit dem Baby, weit weg von der Welt, die sie jahrelang ihr Zuhause genannt hatte. Frankie war für sie da gewesen, hatte sie für die Geburt zu sich ins Haus auf dem Festland geholt, hatte Essen zubereitet, ihr etliche Stunden Schlaf ermöglicht, und ihr am Ende sogar bei der Sache mit der Kanzlei geholfen. Es hatte etwas gedauert, bis Claire sich hatte eingestehen können, dass sie ihre Arbeit als Anwältin liebte, und noch einmal eine ganze Weile, bis sie den Mut fand, eine eigene kleine Kanzlei zu eröffnen.

Das Geld, das sie in New York verdient hatte, und der Verkauf des Apartments ermöglichten ihr ein Leben ohne finanziellen Druck. Noch heute konnte sie im Prinzip von ihrer kurzen Karriere leben, konnte ihren Klientinnen und Klienten das berechnen, was sie zu zahlen imstande waren. Mal mehr, meist aber weniger.

»Alles in Ordnung bei dir?«

Claire schreckte aus ihren Gedanken auf. Sie hatte nicht gemerkt, dass Pete ins Büro gekommen war, er brachte meist ein Lunchpaket für sie beide. Seit fast zwanzig Jahren hatte sich daran nichts geändert, genauso wenig wie daran, dass sie unwillkürlich lächeln musste, wenn er sie küsste – auch wenn er sie heute ganz nass machte dabei.

»Du siehst nachdenklich aus.«

»Frankie besteht darauf, dass wir gleich rausfahren.«

Mitfühlend verzog Pete das Gesicht, während der Regen von seiner Jacke auf den Büroboden perlte. »Dann hast du wohl keine Wahl. Kein Mensch legt sich mit Frankie an!« Er zwinkerte, aber Claire wusste, dass darin auch ein Funken Wahrheit lag.

Dabei hatte sie sich in den vergangenen zwei Jahrzehnten oft mit Frankie angelegt. Manch einer in der Stadt behauptete sogar, dass sie die Einzige war, die auf Augenhöhe mit ihr streiten konnte, und Claire bildete sich darauf durchaus etwas ein.

Aber sie wusste auch, dass Diskussionen heute zu nichts führen würden. Dieser Tag war Frankie heilig, und sie würde vermutlich über Leichen gehen, um ihren Willen zu bekommen.

Als hätte sie das drohende Unheil bereits gewittert, polterte es in diesem Moment an der Kanzleitür, dann stürmte Frankie auch schon zu ihnen ins Büro und schüttelte sich den Regen ab wie ein nasser Hund.

»Wir sollten uns angewöhnen, die Tür abzuschließen«, murmelte Claire Pete zu, aber der grinste nur und wandte sich an Frankie.

»Richtig guter Tag heute, was?«

»Es gibt keine guten Tage, wann merkst du dir das endlich?«, blaffte die ihn an und hustete in den Strauß Blumen, den sie in den Händen hielt.

Pete musste lachen, stellte das Lunchpaket ungeöffnet auf Claires Schreibtisch und gab ihr einen weiteren Kuss. »Ich nehme das zum Anlass, das Weite zu suchen.«

»Willst du nichts essen?«, fragte Claire, aber da war er schon halb zur Kanzleitür raus.

»Ihr beide könnt die Stärkung dringender gebrauchen, wenn ihr heute noch auf die Insel wollt.« Dann war er weg.

»Wenn du denkst, dass ich mich zu einem Kaffeekränzchen überreden lasse, hast du dich geschnitten«, murmelte Frankie und schob sich endlich die Kapuze ihrer Regenjacke aus der Stirn.

Claire seufzte in sich hinein. »Ich bin immer noch dagegen, dass wir bei dem Mistwetter rausfahren.«

»Wenn du nicht mitwillst, kein Problem. Dann fahre ich alleine!«

»Du hast kein Boot, Frankie.«

»Ich könnte deins kurzschließen«, erwiderte sie und hustete wieder. Sie hatte sich im zweiten Pandemie-Jahr mit Covid angesteckt und seitdem Probleme mit der Atmung, aber sie war nicht gewillt, sich das einzugestehen. Claire kannte sie mittlerweile gut genug, um zu wissen, dass sie sich von ihrem Vorhaben nicht würde abbringen lassen.

»Gib mir zwei Minuten«, sagte sie und verschwand in der Kammer, in der sie ihre Gummistiefel und die Unwetterausrüstung aufbewahrte.

»Du kriegst *eine*!«, rief Frankie ihr hinterher, und Claire rollte mit den Augen. Unverbesserlich bis ins hohe Alter …

Gerade als Claire nach dem Puzzleteil in ihrer Hosentasche tastete, klingelte ihr Handy. Es war Matilda, und Claires Herz machte wie immer einen Satz, wenn ihre Tochter vom anderen Ende der Welt anrief.

»Gut, dass du dich meldest, mein Schatz – du solltest dich vorsorglich von deiner Mutter verabschieden. Frankie zwingt mich trotz Dauerregen, mit ihr auf die Insel zu fahren.«

Einen kurzen Moment war es still in der Leitung, aber dann begann Tilly doch zu reden. »Keine Ahnung, wovon du redest, Mum, aber ich habe hier etwas, das dich vielleicht interessiert.«

Claire runzelte die Stirn. Normalerweise begannen Überseegespräche mit ihrer Tochter anders. Tillys Berichte darüber, was sie in ihren Seminaren erlebt hatte, oder die Menschen, die sie getroffen hatte, überschlugen sich für gewöhnlich nur so, aber heute wirkte sie ungewohnt ernst.

»Und was soll das sein?«, hakte Claire verunsichert nach.

»Ich habe dir doch von meinem Rechtsmedizin-Seminar an der Charité erzählt, oder? Heute hat unser Prof uns von einem echt seltsamen Fall aus Hamburg berichtet …«, fuhr Matilda fort, und Claire hörte, wie im nächsten Moment eine Nachricht auf ihrem Handy einging.

»Ist das nicht das Ding, das Tante Iris jahrelang für Frankies Vater gezeichnet hat?«, hörte sie Tilly noch sagen, aber da hatte Claire das Telefon bereits von ihrem Ohr genommen und die Nachricht geöffnet.

Ein Foto.

Ein Foto, das sich nur sehr langsam in Claires Kopf zu einem Bild zusammenfügte, einem Bild, das ihr augenblicklich den Boden unter den Füßen wegzog.

Selbst als sie fünf Minuten später aus der Kammer trat, konnte sie es noch nicht glauben.

Frankies Laune hatte sich in der Zwischenzeit dramatisch verschlechtert. »In der Zeit, die du zum Anziehen gebraucht hast, hätte ich zur Insel *schwimmen* können!« Erst dann schien sie zu bemerken, dass Claire sich gar nicht angezogen hatte. Sie trug weder Regenmantel noch Stiefel, sondern hielt nur ihr Telefon in der Hand, als wäre es mit ihrem Körper verwachsen.

Jetzt war es Frankie, die stöhnte und die Augen verdrehte. »Willst du mich auf den Arm nehmen? Ich lasse mich nicht umstimmen durch deine lächerliche Zeitschinderei.«

Claire versuchte zu schlucken, aber da war ein heftiger Widerstand in ihrer Kehle. »Vielleicht musst du dieses Jahr tatsächlich alleine rausfahren«, murmelte sie. »Tilly hat gerade angerufen.«

Bei der Erwähnung ihrer Tochter veränderte sich auch etwas auf Frankies Gesicht. »Ist was passiert?«

»Nicht wie du denkst«, sagte Claire und spürte, wie sich ihr Brustkorb beim Einatmen hob. »Aber ich muss trotzdem nach Seattle fahren und einen Flug nach Deutschland buchen.«

»Steckt Matilda in Schwierigkeiten?«

»Nein, aber sie ist über etwas Seltsames gestolpert ...«

»Gestolpert?« Frankie stieß ein heiseres Lachen der Erleichterung aus. »Ich stolpere ständig, und du fliegst deswegen trotzdem nicht um die halbe Welt!«

Claire sammelte sich noch einmal und sah ihr in die Augen.

»Es kann sein, dass wir den Kompass gefunden haben, Frankie. Den Kompass deiner Mutter.«

Fairlight, November 1953

STURM

Noch immer lausch' ich dem Wellenschlag.
Dein Weg wiegt schwer in meiner Hand.
Doch der Sturm ist nun meine Heimat,
Ich trage ihn unterm Gewand.

An meinen Wänden rüttelt es,
Das Fundament scheint solide gebaut.
Niemand sieht den Sturm, der in mir tobt,
Gefräßig, dunkel und laut.

Ich bin das Schiff, das den Hafen nicht sucht,
Das nicht ankert, nicht heimfährt, nicht hinaus.
Bin die Blume, die keine Wurzeln schlägt, denn
Der Sturm ist mein Zuhaus.

DER LANGE WEG NACH HAUSE
November 2022

Es dauerte ewig, ein Taxi zu finden, und als Olive endlich zurück in das alte Haus am Öresund kam, war Lola schon wieder unterwegs.

»Sie ist nicht lange weg«, entschuldigte Elin ihre Tochter, obwohl dazu keine Notwendigkeit bestand. »Am Freitag gibt sie immer Nachhilfe, um sich ihr Taschengeld aufzubessern.«

Olive nahm ihr das nicht übel. Die Sache mit der Amerikanerin beschäftigte sie ohnehin viel mehr als alles, was Elins Tochter ihr hätte erzählen können.

Warum besaß eine fremde Frau, die auf der anderen Seite der Welt lebte, unzählige Zeichnungen von Poppys Kompass?

Tom hatte ihre Nummer von Tina bekommen und während Olives Abwesenheit bereits kurz mit ihr telefoniert. Er wusste, dass sie Claire O'Leary hieß und an der Pazifikküste bei Seattle lebte. Außerdem war sie felsenfest davon ausgegangen, dass Mathilde Beckmann seit bald achtzig Jahren tot war, und der Umstand, dass ebenjene Mathilde weitergelebt und eine Enkeltochter namens Olive hatte, hatte sie ziemlich umgehauen. Weitere Details hatte Tom aber erst in einem Videotelefonat gemeinsam mit Olive besprechen wollen.

»Es hat sich nicht richtig angefühlt, ohne dich mit ihr zu

reden«, murmelte er nun, während er das iPad, das Elin ihnen freundlicherweise zur Verfügung gestellt hatte, auf dem Esstisch einrichtete.

Olive nickte stumm, als könnte sie damit das Unwetter besänftigen, das in ihrem Inneren wütete.

»Bist du so weit?« Als Tom auf den Stuhl neben sich deutete, ging ihr auf, dass sie immer noch mitten im Raum stand, die Arme um den eigenen Oberkörper geschlungen.

»Natürlich«, sagte sie und setzte sich neben ihn an den Tisch.

Es brauchte zwei Anläufe, bis Tom eine Verbindung herstellen konnte, aber dann erschien das Gesicht einer Frau auf dem Bildschirm, die ihrerseits mit der Technik zu kämpfen schien. Als sie Olive und Tom sah, breitete sich erst ein Lächeln und dann ein ungläubiger Ausdruck auf ihrem Gesicht aus. Sie starrte derart irritiert auf den Bildschirm, dass Olive sich fragte, ob das Bild eingefroren war oder die Technik sie anderweitig im Stich ließ, aber dann schüttelte sich die Fremde auf einmal und stieß ein seltsames Lachen aus. »Ich glaube es nicht!« Sie vergrub ihr Gesicht in den Händen, und Olive war sich nicht sicher, ob sie dabei weinte oder weiterlachte, doch irgendwann gab sie sich einen Ruck und sah wieder auf den Bildschirm. »Ich kann es einfach nicht glauben.«

Olive wusste nicht, was sie sagen sollte. Sie blinzelte die Frau auf dem Display unschlüssig an, als wäre sie ein Fremdkörper, eine Diagnose, die man sich erst übersetzen lassen musste wie eines von Poppys Gedichten. Ob dabei etwas Gutes herauskommen würde, stand in den Sternen.

Die Bildqualität ließ zu wünschen übrig, aber die Fremde trug ihr rötliches Haar zu einem Zopf gebunden. Ihr Alter konnte Olive schlecht einschätzen. Sie war jünger als Mary und George, aber deutlich älter als Olive, und ihr Akzent ließ keinen Zweifel daran, dass sie gebürtige Amerikanerin war.

»Das hier ist Olive ...«, setzte Tom an, aber Olives Mund öffnete sich, und die Worte purzelten wie von selbst daraus hervor. »Woher haben Sie die Zeichnungen vom Kompass?«

Die Fremde zögerte kurz und lächelte dann, als wollte sie Entwarnung geben. »Sag bitte Claire zu mir.«

Doch Olive sagte gar nichts. Sie starrte regungslos auf den Bildschirm, bis die Amerikanerin endlich weitersprach. »Meine Schwester Iris hat sie gezeichnet.«

Olive kniff misstrauisch die Augen zusammen. »Und deine Schwester lebt in Hamburg?«

»Nein«, erwiderte Claire. »In Hamburg bin ich gerade zum ersten Mal, und das auch nur, weil diese Leiche im Keller gefunden wurde. Ich bin sehr froh, dass die Polizistin den Kontakt zu euch hergestellt hat, sonst wäre meine Reise vermutlich ins Leere gelaufen.« Sie lachte noch einmal, aber Olive war nicht in der Stimmung, auf ihre Heiterkeit einzugehen.

»Woher kannte deine Schwester den Kompass?«

Die Fremde wurde ernster, als ihr klar wurde, dass Olive Vorbehalte hatte. »Iris hat die Zeichnungen anhand von Erinnerungen eines alten Freundes angefertigt. Es ist erstaunlich, wie nahe sie dem Original gekommen ist ...«

Die Zeichnungen hatten eine frappierende Ähnlichkeit mit Poppys Kompass und auch mit dem aus den Händen der Leiche. Aber bevor Olive das kommentieren konnte, räusperte sich Tom neben ihr.

»Und woher kannte dieser alte Freund den Kompass?«

Auf dem Gesicht der Amerikanerin veränderte sich etwas, als hätte Toms Frage ein Gewicht auf ihre Schultern gelegt. »Es war ein Familienerbstück«, sagte sie schließlich. »Auf der ganzen Welt gibt es nur zwei davon. Das eine Exemplar hat er seiner großen Liebe geschenkt, es trägt die Koordinaten seines Geburtsortes. Und das zweite hat Ib bei sich getragen, bis es ihm entrissen wurde.«

Olive verschlug es die Sprache. Ihr ganzer Körper stand plötzlich in Flammen, aber gleichzeitig legte sich ein kalter Schauer in ihren Nacken und kroch von dort aus ihren Körper hinab.

Ib. Dieser Name konnte kein Zufall sein, genau wie die Koordinaten von Kopenhagen in Poppys Kompass.

»Ib Frederiksen …«, murmelte Tom, weil Olive nicht in der Lage war, zu sprechen.

»Richtig.« Claire fuhr sich mit den Schneidezähnen über die Unterlippe. »Ib hat meine Schwester bei sich aufgenommen, als es ihr sehr schlecht ging. Sie ist seit über zwanzig Jahren tot, aber die Zeit bei Ib und Frankie hat ihrem Leben eine gute Wendung gegeben.«

»Frankie?« Olive wurde hellhörig. »Ist das Ibs Frau?«

»Nein«, sagte Claire, und mit einem Mal schlich sich dieser seltsame Ausdruck der Ungläubigkeit zurück auf ihr Gesicht. »Frankie heißt eigentlich Frida und ist Ibs Tochter. Und wenn ich das sagen darf …« Sie wagte sich an ein Lächeln. »Du siehst ihr unfassbar ähnlich.«

Frida. Olive musste die Augen schließen, aber selbst dann war ihr noch schwindelig. Claires Worte brachten etwas in ihr zum Einsturz. Ziegel für Ziegel, Mauer für Mauer krachte in sich zusammen, und der Lärm hallte an den Innenwänden ihres Körpers wider.

Frankie.

Die Tochter von Mathilde und Ib …

Poppys Tochter?
Olive befand sich im freien Fall. Sie konnte ihre Augen erst wieder öffnen, als sie Toms Hand auf ihrer Schulter spürte. Ihr Blick war von Tränen verschleiert.

»Und diese Frankie, sie ... lebt noch?«

Claire lachte heiser. »Oh ja, Frankie ist ziemlich lebendig! Mittlerweile ist sie fast achtzig, deshalb konnte sie die Reise nicht selber antreten, aber grundsätzlich ist sie zäh und rüstig. Manchmal sogar ein bisschen zu rüstig für meinen Geschmack.«

Olive wollte sich bewegen, sie wollte etwas sagen, aber ihr blieb nicht mal genug Kraft zum Atmen.

Poppys Tochter lebte.

Sie war irgendwo da draußen, am anderen Ende der Welt, am Ufer eines Ozeans, während Poppy auf einem anderen Meer davondriftete.

»Ist Ib auch noch am Leben?«

Olive brauchte einen Moment, bevor sie verstand, dass Tom die Frage gestellt hatte. Sie sah, wie sich Claires Gesicht auf dem Bildschirm kaum merklich verzog.

»Er ist schon vor dreißig Jahren verstorben. Ich habe ihn nicht mehr persönlich kennengelernt, weil mich erst Iris' Tod mit Frankie zusammengeführt hat. Aber er muss ein wundervoller Mann gewesen sein. Er hat seine Tochter alleine aufgezogen, weit weg von zu Hause.«

Ihre Worte öffneten Olive einen neuen Zugang zu ihrem Sprachzentrum. »Die beiden sind 1943 in die USA gegangen?«

»Sie sind an die Pazifikküste gezogen«, bestätigte Claire. »Aber nicht 1943, sondern später. Nach Kriegsende.«

Olive warf Tom einen irritierten Blick zu. Ib und seine Tochter waren nach dem Krieg ausgewandert, während Poppy sich in England ein neues Leben aufgebaut hatte? Das ergab keinen Sinn.

»Im Herbst 1943 wollte Ib mit seiner Familie nach Schweden fliehen, um von dort aus weiter in die USA zu gehen«, fuhr Claire fort.

»Aber warum ist meine Großmutter nicht mit ihnen gegangen?«

Claire hielt die Luft an und atmete mit einem langgezogenen Seufzen aus. »Weil Ib davon ausgegangen ist, dass sie tot ist – wir alle haben das geglaubt.« Noch einmal vergrub sie das Gesicht in ihren Händen und sah Olive dann kopfschüttelnd an. »Tom hat mir vorhin bereits gesagt, dass dem nicht so war, aber glaub mir, Olive: Ib hat sein Leben lang gedacht, dass deine Großmutter tot wäre.«

»Aber wie ... konnte er so etwas glauben?« Es fiel Olive schwer, ihre Gefühle und Gedanken in Worte zu fassen, und auch Claire senkte kurz den Blick, um sich zu sammeln.

»Ich kann es nur so wiedergeben, wie Frankie es mir aus den Erinnerungen ihres Vaters erzählt hat. In der Nacht, in der Ib und Mathilde mit ihrer neugeborenen Tochter nach Schweden übersetzen wollten, stand plötzlich Mathildes Vater vor ihnen.«

»Walter Beckmann ...« Toms Lippen verzogen sich zu einer schmalen Linie.

Claire nickte. »Mathilde und Ib haben ihre Beziehung und die Schwangerschaft lange vor ihm geheim gehalten. Mathildes Großmutter hatte ihnen dazu geraten, weil sie wusste, dass Mathildes Vater auf der falschen Seite stand.« Claire holte Luft, als könnte sie damit auch ihre Kraftreserven auffüllen. »Aber als die beiden entschieden haben, Dänemark zu verlassen, hat Mathilde einen Fehler gemacht. Sie hat ihrem Vater einen Brief geschrieben, um sich zu verabschieden, in der Hoffnung, dass er Verständnis haben würde. Doch das hatte er nicht, und Mathilde hat ihren Fehler mit einem hohen Preis bezahlt.« Claire verstummte. Sie sprach erst weiter, als Olives Blick ihr keine andere Wahl ließ, aber schwer fiel es ihr trotzdem. »Bevor sie nach Schweden übersetzen konnten, stand Walter Beckmann plötzlich vor ihnen und hat Mathilde vor die Wahl gestellt: Entweder sie würde mit ihm zurück nach Hamburg kommen und Ib und ihre Tochter hinter sich lassen, oder er würde sie alle verraten. Nicht nur Ib, sondern auch Mathildes Großmutter und die anderen Menschen, die damals auf eine Flucht nach Schweden hofften.«

Obwohl Olive ihre Augen weit offen hielt, wurde alles um sie herum dunkel, als würde sich ein Schatten über sie legen.

»Mathilde wusste, dass sie keine Wahl hatte«, fuhr Claire fort, »also opferte sie ihr Glück für das aller anderen.«

Olive saß regungslos da, aber sie spürte, wie eine Träne über ihr Gesicht lief und auf ihren Handrücken fiel, und dann eine weitere.

»Natürlich hatte Ib gehofft, Mathilde irgendwann wiederzufinden«, sprach Claire weiter. »Er hatte ihr einen Kompass wie seinen geschenkt und versprochen, dass der sie irgendwann gemeinsam nach Hause führen würde. Aber sie hatten sich in Walter Beckmann getäuscht ...«

»Er hat sie trotzdem verraten?«, sprach Tom seine böse Vermutung aus.

»Er brach sein Wort«, bestätigte Claire und wirkte in diesem Moment unfassbar erschöpft. »Ibs Boot wurde aufgehalten und alle Insassen verhaftet. Ib nahm man seinen Kompass ab.«

Olive gab sich nicht die Mühe, sich die Tränen aus dem Gesicht zu wischen. »Aber Ib und seine Tochter haben überlebt.«

Es war keine Frage, sondern eine Feststellung, und trotzdem nickte Claire. »Da war viel Glück im Spiel. Ib musste die kleine Frida zeitweise in andere Hände geben, und es hat etwas gedauert, bis die beiden nach dem Krieg gemeinsam nach Mathilde suchen konnten. Ihre Großmutter Agnes war in Kopenhagen nicht auffindbar, aber irgendwann hat Ib Walter Beckmann in Hamburg gefunden. Und der hat ihm offenbart, dass Mathilde gestorben war.«

»Meine Großmutter war aber nicht tot!«

»Offensichtlich nicht.« Claire wischte sich mit dem Handrücken über die Augen. »Aber Walter Beckmann hat ihm einen Totenschein gezeigt, und auf diesem Dokument wurde Mathilde für tot erklärt. Ganz offensichtlich war der gefälscht …« Sie sah zur Seite, als müsste sie noch alles verarbeiten. »Danach gab es für Ib keinen Grund mehr, zu bleiben. Er ist mit seiner Tochter an den Ort gezogen, von dem Mathilde und er gemeinsam geträumt hatten. Dort hat er ein einsames Leben geführt, aber auch ein gutes. Er hat seine Erinnerungen an Mathilde mit Frankie geteilt und später auch mit meiner Schwester. Und die hat den Kompass für ihn gezeichnet. Sein Leben lang hat er danach Ausschau gehalten …«

»Und jetzt wurde er gefunden«, murmelte Olive nachdenklich. »In den Händen einer Leiche.«

Claire sah sie endlich wieder an. »Meine Tochter Tilly macht gerade ein Auslandsjahr in Berlin.«

»Tilly?«

»Matilda«, sagte Claire und lächelte. »Ich habe sie nach Mathilde benannt. Sie wäre selbst nach Hamburg gefahren, aber sie hat diese Woche Prüfungen. Aber weil sie die alten Geschichten kennt, hat sie den Kompass sofort erkannt, als sie vor ein paar Tagen in einem ihrer Seminare über diesen seltsamen Leichenfund gestolpert ist.« Ein weiteres Mal rieb Claire sich Tränen aus den Augenwinkeln. »Wir wussten, dass das kein Zufall sein konnte. Und auch wenn wir uns nicht allzu viel Hoffnung machen konnten, war mir klar, dass ich nach Hamburg fliegen musste, um den Kompass für Frankie nach Hause zu holen. Nie im Leben hätte ich gedacht, dass ich dabei auch dich finden würde und eine ganz andere Wahrheit über Mathildes Leben ...«

Olive richtete den Blick nach innen und wägte ihre Gedanken ab, aber dann sah sie Claire in die Augen. »Meinst du, Frankie könnte in ein Flugzeug nach London steigen?«

»Ich hatte gehofft, dass du nach Seattle fliegen könntest, um ...«

»Es geht nicht um mich«, unterbrach Olive sie und musste schlucken. »Ich glaube, es wird Zeit, dass sie ihre Mutter kennenlernt.«

Es hatte eine Weile gedauert, bis Claire die Information, dass Mathilde Beckmann *immer noch* lebte, vollständig verarbeitet hatte. Immer wieder hatte sie sich versichert, dass Olive und Tom sie nicht auf den Arm nahmen, dass sie auch wirklich von ein und derselben Frau sprachen. Tom hatte ihr in ihrem ersten Telefonat zwar erklärt, dass Olives Großmutter nicht im Hamburg der Nachkriegszeit verstorben war, wie Ib Frederiksen es den Rest seines Lebens geglaubt hatte, sondern ein neues Leben in England begonnen hatte. Aber dass sie auch jetzt noch am Leben war, zog der sonst so gefassten Amerikanerin den Boden unter den Füßen weg. Sie war hemmungslos in Tränen ausgebrochen, und selbst Olives Anmerkung, dass ihre Großmutter durch den Schlaganfall nur noch ein Schatten ihrer selbst war, tat Claires Begeisterung keinen Abbruch. Sie war kaum noch in der Lage gewesen, einen verständlichen Satz zu formulieren, und irgendwann war Olive einfach in ihr Schluchzen mit eingestiegen. Nach einer Weile hatte sich ihr Weinen in ein Lachen verwandelt, und Olive konnte es nur zu gut nachempfinden. Sie spürte Wehmut und Trauer über all die verpassten Chancen, aber gleichzeitig Erleichterung. Auf dieser Reise hatte sie so vieles gefunden, was sie nicht gesucht hatte.

Claire hatte sich schließlich verabschiedet, um ihre Tochter und Frankie anzurufen und Flüge nach London zu buchen, und als das Gespräch beendet war, saß Olive noch eine ganze Weile reglos am Tisch und starrte auf den dunklen Bildschirm. Sie kam erst zurück ins Hier und Jetzt, als Tom vorsichtig ihre Hand drückte.

»Eines verstehe ich nicht«, murmelte sie fast zu sich selbst. »Ib hat Mathilde nach dem Krieg gesucht und wurde von Walter Beckmann getäuscht. Aber warum hat meine Großmutter nie nach ihm und ihrer Tochter gesucht?«

In diesem Moment hörten sie ein Geräusch an der Tür. »Weil sie ihrerseits gedacht hat, er wäre tot.« Ein junges Mädchen stand neben Elin auf der Schwelle zum Esszimmer, zu ihren Füßen stand das Originalgemälde der unvollendeten Familie.

»Das ist Lola«, sagte Elin und legte eine Hand auf die Schulter ihrer Tochter. »Und sie hat bei ihrer Recherche noch mehr gefunden als nur die alten Tagebücher und Briefe.«

Kurze Zeit später saßen alle vier gemeinsam am Tisch und blickten auf den Briefumschlag, den Lola in die Tischmitte gelegt hatte. *Mathilde* stand in zittrigen Buchstaben darauf.

»Als ich das Bild nach Beendigung meiner Jahresarbeit zurück in den Keller bringen wollte, ist mir ein kleines Missgeschick passiert«, begann Lola in einwandfreiem Englisch zu erzählen und verzog entschuldigend das Gesicht. »Es ist umgefallen und gegen eine Schrankkante gefallen, und dabei ist die Rückwand aus Stoff aufgerissen.«

Olive sah von Lola zu deren Mutter. »Die Bilder haben noch eine Rückwand?«

»Eigentlich nicht«, räumte Elin ein. »Aber dieses eine offenbar schon.«

»Auf jeden Fall ist dieser Brief dabei rausgerutscht«, fuhr Lola fort. »Agnes Anderson muss ihn da eingenäht haben.«

»Woher weißt du, dass es Agnes war?«, hakte Tom nach.

»Weil ich den Brief gelesen habe«, gab Lola zerknirscht zu. »Zumindest die Teile, die ich verstanden habe. Er ist auf Deutsch verfasst, und mein Deutsch ist nicht besonders gut. Aber es gibt ja Übersetzungsprogramme ...«

Olive hatte das Gefühl, als würde sich eine kalte Hand in ihren Nacken legen. »Also ist dieser Brief für meine Großmutter Mathilde von ihrer Großmutter Agnes. Aber warum hat Agnes ihn in die Rückseite des Gemäldes eingenäht?«

Lola sah zu ihrer Mutter, und als die nickte, sprach sie weiter. »Das liegt vielleicht am Inhalt. Ich glaube, der war nur für Mathildes Augen gedacht ...«

Die Art, wie sie es sagte und dabei das Gesicht verzog, verstärkte Olives Unbehagen. Aber sie wusste, dass es jetzt keinen Fluchtweg mehr gab. »Darf ich?«

Sie wartete, bis Lola und Elin zustimmten, und nahm den Umschlag dann vom Tisch. Er war leicht, und Lola musste ihn sehr behutsam geöffnet haben, denn die Lasche auf der Rückseite war praktisch unversehrt. Olives Finger zitterten, als sie den Brief aus dem Umschlag zog und ihr Blick über die Zeilen flog. Die Schrift war verwackelt und ungleichmäßig, die Buchstaben und Worte brachen immer wieder zu den Seiten aus, als hätte Agnes Andersons Hand ihr nur widerwillig gehorcht, und bis auf die beiden Namen und die Datierung des Briefes verstand Olive kein Wort von dem, was da geschrieben stand. Poppys Großmutter musste die deutsche Sprache fließend beherrscht haben, wenn sie einen ganzen Brief an ihre Enkelin auf Deutsch verfasst hatte – vielleicht war es aber auch nur eine Sicherheitsmaßnahme gewesen, für den Fall, dass das Schriftstück in Dänemark in falsche Hände gefallen wäre.

Geschrieben hatte sie den Brief im Sommer 1946. Olives Kopf begann sofort, dieses Datum einzuordnen. Mathilde und ihr Vater waren Anfang desselben Jahres verschwunden, Walter Beckmann lag im Sommer 1946 also schon im Kellerfundament seines Hamburger Hauses, und Poppy hatte das europäische Festland verlassen. Wieso hatte Agnes Anderson dann ein halbes Jahr später diesen Brief für ihre Enkelin versteckt?

»Würdest du …?«, flüsterte Olive und hielt Tom das Blatt Papier hin.

Er zögerte, aber dann nahm er den Brief an sich und begann zu lesen:

Hellerup, Juli 1946

Mathilde,

ich schreibe diese Zeilen in Eile und weiß nicht, ob du sie jemals lesen wirst, aber ich hoffe, dass du irgendwann zurückkehrst zu dem, was dir am wichtigsten gewesen ist: deiner kleinen Familie. Meine Krankheit lässt mir nicht mehr viel Zeit, aber es gibt Dinge, die ich dir noch sagen muss, und ich versuche es auf diesem Wege.
Das Wichtigste zuerst: Es gibt Hinweise, dass dein Vater in der schicksalshaften Weihnachtsnacht gelogen hat und Ib und eure Tochter doch am Leben sind! Er hat dir Ibs Kompass als Beweis für ihren Tod gezeigt, aber in Wirklichkeit beweisen sie nur Walters Verrat. Meine Finger zittern stärker, als sie es ohnehin schon tun, während ich dies schreibe, aber: Ib wurde in Hellerup gesehen, als ich meinen Bruder in Aarhus besucht habe. Er lebt, Mathilde, er lebt, und eure Tochter tut es auch! Ich fürchte, mir bleibt nicht genug Zeit, ihrer Spur zu folgen, deshalb verstecke ich diesen Brief an einem Ort, der dir am ehesten ein Grund sein könnte, aus deinem Exil zurückzukehren.
Noch etwas lass dir versichert sein: Du trägst keine Schuld am Tod deines Vaters. Du magst ihn im Affekt gestoßen haben, aber dass er dabei stirbt, hattest du nicht im Sinn – obwohl es dir niemand hätte verübeln können. Durch seinen Verrat an deiner Familie hat er es mehr als verdient, dass wir ihn unter seinem Haus aus Lügen und Boshaftigkeit begraben haben.
In meinen letzten Tagen bete ich also dafür, dass du nicht von Schuld, sondern von Hoffnung durchs Leben getragen wirst, denn solange die Hoffnung lebt, ist nichts verloren.

Ich für meinen Teil verlasse diese Welt in der Hoffnung, dass das Schicksal Ib, Frida und dich wieder zusammenführt, denn darum geht es im Leben: diejenigen zu finden, die dein Leben lebenswert machen, und mit ihnen nach Hause zu kommen.
Für mich, mein Kind, warst du dieses Zuhause. Du hast mir die Freude und das Licht geschenkt, die mir mit dem Tode deiner Mutter genommen wurden.
Ich hoffe, dass du deinem Weg nach Hause folgst.

Auf ewig,
Agnes

Olive hatte nicht gewusst, dass es eine Steigerung von Stille gab, aber jetzt wurde sie eines Besseren belehrt. Als Tom den Brief auf den Tisch sinken ließ, war es so still, dass es kein Wort dafür gab. Keine Bewegung, kein Rascheln, Olive hörte die anderen nicht einmal atmen.

Tom war der Erste, der nach einer Weile wieder zu sprechen wagte. »Dann hat Walter Beckmann deiner Großmutter also gesagt, Ib und das Baby wären tot?«, sagte er mit belegter Stimme.

Olive wollte nicken, aber sie war noch immer nicht der Lage, sich zu bewegen. Dafür fügten sich die einzelnen Fragmente zu einem Bild zusammen, Stein um Stein um Stein, bis das Gemälde in ihrem Kopf einen erschreckenden Sinn ergab.

Walter Beckmann hatte seiner Tochter an einem der Weihnachtstage im Jahr 1945 von seinem Verrat erzählt. Er hatte behauptet, Ib und Frida seien tot, und hatte ihr Ibs Kompass als Beweis gezeigt, dabei musste er zu diesem Zeitpunkt längst gewusst haben, dass Ib und das Kind noch am Leben waren. Dass sie nach Mathilde gesucht hatten …

Mathilde hatte ihren Vater im Affekt gestoßen, kräftig genug, dass beim Sturz sein Genick gebrochen war, Ibs Kompass noch fest in seiner kalten Hand. Gemeinsam mit Agnes hatte sie die Leiche ihres Vaters im Keller des Hauses begraben, dort, wo sie niemals jemand hätte finden sollen. Genau wie sie selbst nicht gefunden werden wollte.

Sie hatte ein neues Leben begonnen. Mit einer alten Schuld. Und dem Gewicht des Verlustes auf ihren Schultern.

Ohne dass sie es gemerkt hatte, waren Olives Finger in ihre Jackentasche geglitten und hielten den Kompass ihrer Großmutter umschlossen.

Poppy hatte eine Familie gehabt und sie wieder verloren. Fast ihr ganzes Leben lang hatte sie um Ib und ihre Tochter getrauert und sich für den Tod ihres Vaters verantwortlich gefühlt. Dabei waren Ib und Frida noch am Leben gewesen …

»Alles in Ordnung?« Tom legte seine Hand auf ihren Rücken und riss Olive damit aus ihren Gedanken.

»Ich weiß nicht«, flüsterte sie, und als könne er ihre Gedanken lesen, stand er auf, zog sie zu sich heran und schloss sie in seine Arme. Er hielt sie, so fest er konnte, und Olive weinte an seiner Brust. Um die Wahrheit und all die Dinge, die nicht passiert waren. Um Poppy und das, was sie ihr Leben lang alleine mit sich ausgemacht hatte. Um das große Geheimnis, das seine Schatten in ihre Familie geworfen hatte. Und darum, am Ende ihrer Reise den Weg zu erkennen, der vor ihr lag.

Sie rückte langsam von Tom ab, um ihm durch ihren Schleier aus Tränen in die Augen zu sehen. »Lass uns gehen.«

»Wohin denn?«, fragte er leise, und Olive lächelte, weil sie endlich die Antwort kannte.

»Nach Hause«, sagte sie. »Lass uns nach Hause gehen.«

WELLENSCHLAG
März 2023

Die Steine waren glatt und warm unter ihren Füßen, einladend fast, als hätten sie sich den ganzen Winter danach gesehnt, berührt zu werden.

Langsam ging Olive in die Knie und legte ihre Hand auf den Felsen, als könnte sie ihm damit etwas zurückgeben und gleichzeitig einen Teil von dem, was er erlebt hatte, in sich aufnehmen.

Poppy hatte ihr manchmal erzählt, dass auch Steine ein Gedächtnis hatten, dass jeder einzelne Fels eine Geschichte erzählen konnte – oder Tausende. Jetzt war Olive hier, um eine weitere hinzuzufügen: die ihrer Großmutter.

Sie hatte Joyce keine Story geliefert, hatte das, was sie im November über das Leben ihrer Großmutter erfahren hatte, nicht für die Zeitschrift niedergeschrieben.

Joyce war hartnäckig gewesen. Immer wieder hatte sie gedrängt, mehr zu erfahren, aber Olive wusste, dass sie diese Geschichte nicht verkaufen konnte. Es stand ihr nicht zu. Sie gehörte Poppy und wurde damit zu einem Teil von Olives Geschichte, und die musste sie erst einmal für sich zu Ende erzählen, um eine neue beginnen zu können.

Gemeinsam mit Tom war sie von Kopenhagen nach Ashford

zurückgefahren, und dort hatten sie nicht nur Toms fahrtüchtigen Mini vorgefunden, sondern auch auf Frankies Ankunft gewartet.

Claire O'Leary war von Deutschland zurück nach Seattle geflogen, um ihre alte Freundin nach London zu begleiten.

Von Elin hatte Olive das unvollendete Gemälde mitbekommen, aber als sie es an Poppys Bett gestellt hatte, hatte Letztere keine Reaktion gezeigt. Insgeheim hatte Olive gehofft, dass der Anblick ihrer Familie ihre Großmutter zurückholen würde, aber Poppys Geist war im Schatten geblieben.

Erst als Frankie einen Tag später an das Bett ihrer Mutter getreten war, war ein Teil von Poppy zurückgekehrt, wenn auch nur ein kleiner. Olive hatte es in den Augen ihrer Großmutter gesehen, als sie die Hand ihrer fast achtzigjährigen Tochter gehalten hatte.

Zwei Tage später war Poppy eingeschlafen, und Olive wusste, dass sie endlich den Frieden gefunden hatte, den sie gebraucht hatte, um loszulassen.

Noch immer fragte sie sich, wer am Ende eigentlich wen beschenkt hatte. Olive hatte Poppy ihre Tochter gebracht, sie hatte eine Familie zusammengeführt, die schon vor langer Zeit verloren geglaubt schien.

Aber auch Olive fühlte sich beschenkt. Poppy hatte ihr ihren Kompass vermacht und ihrer Enkelin damit nicht nur einen Weg in die Vergangenheit gezeigt, sondern auch zu sich selbst.

In dem Moment, in dem Olive die Geschichte ihrer Großmutter zu einem Ende gebracht hatte, konnte sie ihre eigene beginnen. Als Poppy nach Hause gekommen war, war Olive es auch.

Zuerst hatte sie ihren Job in der Redaktion gekündigt. Sie

wollte nicht länger fremde Geschichten schreiben, sondern Raum und Zeit für eigene haben, und in der fanden Joyce und Horoskope keinen Platz.

Dann hatte sie die Sache mit Marcus beendet. Sie hatte nicht mit großen Protesten seinerseits gerechnet und war dann doch überrascht gewesen, wie schlecht er ihre Entscheidung akzeptieren konnte. Plötzlich meldete er sich so regelmäßig und hartnäckig, dass es Olive beinahe leidtat, ihm die kalte Schulter zeigen zu müssen. Erst als Tom einen seiner Anrufe angenommen hatte, hatte Marcus aufgegeben.

Jetzt war sie frei, und fühlte sich dabei so angekommen wie nie zuvor.

Eine Spur zu hastig richtete sie sich auf den Felsen aus der Hocke auf und schloss die Augen, bis sich der aufkommende Schwindel verflüchtigt hatte. Als sie die Lider wieder öffnete, war ihr Blick verschleiert. Schlieren vor dem Grau und Blau, als hätte jemand mit einem Pinsel über Himmel und Meer gemalt, um die Grenzen zu verwischen, genau wie es auf manchen von Agnes' alten Gemälden der Fall war.

Olive blinzelte die Schlieren mit einem Lächeln weg.

Zu ihren Füßen lag der Pazifik, der Ozean, von dem Ib und Mathilde geträumt hatten, bevor das Schicksal sie auseinandergerissen hatte. Jetzt hatte ein Kompass sie wieder zusammengeführt und Olive an diesen Ort gespült, an dem die Wale auf ihrem langen Weg nach Hause vorbeizogen. In diesem Jahr würde Olive ihnen dabei zusehen und ihnen Glück für ihre Reise wünschen, wo immer diese sie auch hinführte.

Wo ihre eigene Reise hinging, wusste sie genauso wenig, aber das spielte im Moment auch keine Rolle. Fürs Erste war sie angekommen, hier auf dieser kleinen Insel, die erst Ib und Frankie gehört hatte, und auf der zuletzt Claire und davor ihre Schwester Iris gelebt hatten.

Die Ausstattung des Hauses war einfach, aber das störte Olive nicht. Für das, was sie vorhatte, brauchte sie nicht viel. Ruhe vor allem, und etwas Zeit. Sie musste hunderte Briefe und Tagebücher durcharbeiten und dabei ihre Stimme in dieser Geschichte finden.

Poppys Gedichte hatte sie noch einmal übersetzen lassen, aber wie sich herausstellte, hatte Esben hervorragende Arbeit geleistet. Tom hatte die Texte mit Olives Erlaubnis einer Freundin geschickt, die einen Verlag leitete, und sie hatte Interesse daran bekundet, Poppys niedergeschriebenes Erbe als Gedichtband in kleiner Auflage herauszubringen. Aber Olive wusste noch nicht, wie sie dieser Sache gegenüberstand. Erst musste sie ohnehin noch ein paar andere Dinge erledigen …

In diesem Moment hörte sie Toms Schritte hinter sich.

Sie hatte ihn gestern am Flughafen in Seattle abgeholt und festgestellt, wie richtig es sich anfühlte, auf jemanden zu warten.

Auf ihrer Reise hatte sie verstanden, dass sie die wichtigsten Antworten in sich selbst fand, aber das schloss ja nicht aus, dass sie sich dabei über Menschen freute, mit denen sie eine neue Geschichte schreiben konnte.

»Bist du bereit?«, fragte er beinahe entschuldigend und deutete auf Frankie und Claire, die in der kleinen Sandbucht warteten.

Ein Lächeln legte sich auf Olives Lippen.

Barfuß wie sie war, kletterte sie über die Felsen zurück und nahm Toms Hand.

»Wir könnten auch zum Steg gehen und das Boot nehmen«, schlug Claire vor, als die beiden die windgeschützte Bucht erreichten, aber Olive tastete nach dem Kompass in ihrer Hosentasche und schüttelte den Kopf.

Ib hatte seinen Frieden an dieser Stelle gefunden und Jahre später auch Iris. Olive konnte sich keinen besseren Ort für ihre Großmutter vorstellen.

Sie nahm die Urne aus Claires Händen und bot sie Frankie an, aber die verneinte wie schon die Male davor, an denen sie über diesen besonderen Augenblick gesprochen hatten.

Ohne dass Olive ihn darum bitten musste, begleitete Tom sie ein paar Schritte ins Wasser. Die See war ruhig, zu ihren Füßen nur ein sanfter Wellenschlag.

Olive schloss kurz die Augen und lauschte dem Flüstern des Meeres, dann nahm sie den Deckel von der Urne.

Tom legte seine Hand zwischen ihre Schulterblätter, und in dem Moment, in dem sie das Gefäß kippte, zog ein Windstoß vom Land aufs Meer hinaus und trug Poppys Asche mit sich wie ein silberfarbenes Gewand.

Zu Hause, dachte Olive, und winkte ihrer Großmutter in Gedanken nach. *Jetzt bist du endlich zu Hause.*

DANK

Wie kann es sein, dass wir heute so vernetzt sind und so viele Möglichkeiten haben wie nie zuvor, und uns trotzdem so oft allein und ungesehen fühlen? – Das war die Frage, die mich 2023 dazu bewegt hat, dieses Buch zu schreiben.

Einsamkeit beschäftigt mich schon viele Jahre, ich persönlich kenne sie bereits mein Leben lang, und sie hat mit Sicherheit zu meiner Berufswahl beigetragen, denn: Bücher schreiben ist ein einsamer Job.

Ich habe mich über die Zeit mit der Einsamkeit angefreundet, mich in ihr eingerichtet und erkannt, dass sie in einigen Situationen auch eine Stärke und manchmal – wie in Claires und Iris' Fall – eine Art Rettung sein kann. Aber ich weiß auch, dass sie in den meisten Fällen als Makel empfunden wird und mit Scham behaftet ist. Dabei ist Einsamkeit schon lange kein rein persönliches Thema mehr, sondern ein gesellschaftliches und sogar politisches, ein Thema, das ausnahmslos jede Altersgruppe und jede Lebensphase betreffen kann. In den vergangenen Jahren habe ich sie schon bei sehr jungen Menschen beobachtet und auch in vielen langjährigen Beziehungen, denn: Man muss nicht zwangsläufig allein sein, um sich einsam zu fühlen.

Genau wie Glück hat Einsamkeit viele Gesichter, und ich

hoffe, dass ich mit den Lebenswegen der Frauen in meinem Buch zumindest ein paar davon beleuchten konnte.

Am Ende ist DIE ANATOMIE DER EINSAMKEIT eine Geschichte übers Nach-Hause-Kommen geworden, und ich bin einigen Menschen zu großem Dank verpflichtet, dass sie mir diese Reise ermöglicht haben:

Zuallererst möchte ich mich beim gesamten Team von Bastei Lübbe bedanken. Beim letzten Mal habe ich einzelne Namen genannt, aber es waren nicht annähernd genug, deshalb umarme ich euch mit dieser Danksagung diesmal *alle*. Jede:r Einzelne von euch macht einen großartigen Job, und ich spüre und sehe eure Begeisterung, Liebe und Hingabe jedes Mal, wenn ich eins meiner Bücher in den Händen halte. Euer Einsatz macht mich sehr glücklich und demütig.

Meiner Lektorin Martina Wielenberg gebührt wie immer besonderer Dank. Ich danke dir von Herzen für all die klugen, richtigen und wichtigen Fragen, Anmerkungen und Impulse, aber auch für die Freiheit, die du mir beim Schreiben lässt. Das ist alles andere als selbstverständlich, und ich weiß dein Vertrauen genauso zu schätzen wie dein Verständnis und deinen Humor, wenn uns doch mal eine *Belgische Waffel* unterkommt. Du bist toll!

Ich danke außerdem meiner wundervollen Agentin und Freundin Franziska Hoffmann. Du kennst mich von allen Seiten, im Licht wie im Schatten, müde und wach, glücklich und traurig und so vieles dazwischen, und ich kann gar nicht in Worte fassen, wie froh ich bin, dass es dich in meinem Leben gibt.

Buchhandlungen werden für mich immer ein ganz besonderer Ort sein, und deshalb gilt mein Dank auch diesmal wieder den großartigen Buchhändlerinnen und Buchhändlern da draußen – nicht nur für das, was ihr für meine Bücher tut, sondern auch für das Zuhause, das ihr mir jenseits von zu Hause schenkt. An keinem anderen Ort der Welt fühle ich mich so wohl und so sicher wie in einem schönen Buchladen.

In diesem Zusammenhang möchte ich mich auch bei allen Leserinnen und Lesern bedanken, die meine Bücher zur Hand nehmen, ihre Zeit und ihr Geld investieren und/oder eine meiner Lesungen besuchen. Das bedeutet mir sehr viel, und ich schätze den Austausch mit Ihnen und euch sehr!

Zuletzt gilt mein Dank wie immer meiner Familie. Ihr seid die, mit denen ich schwimme. Ihr seid die, mit denen ich atme. Überall. Für alle Zeit.

Danke.